화엄경소론찬요
華嚴經疏論纂要

화엄경소론찬요 ④
華嚴經疏論纂要

● **일러두기** ●

1. 이 책의 원서는 명말청초 때의 승려인 도패 스님※이 약술 편저한 《화엄경소론찬요》이다. 《대방광불화엄경》 80권본을 기초로 하여, 경문에 청량 스님의 소초(疏鈔)와 이통현 장자의 논(論)을 붙여 상세하게 풀이하였다.

2. 경(經), 소(疏), 논(論)은 원문에 토를 붙여서 그 뜻을 이해하기 편하도록 했으며, 원문 바로 아래 번역문을 넣었다.

3. 원문을 살려 그대로 옮겨 놓음을 원칙으로 하다 보니 본문의 제목 번호에 있어서 다소 혼동이 올 수 있다. 그럴 경우 목차를 참고하기 바란다.

4. 산스크리트 어 표기는 〈표준국어대사전〉과 〈불광 사전〉 등에 등재된 음역어를 사용하였으며, 불교 용어에 대한 설명은 주로 〈불광 사전〉을 참고하였다.

5. 내용을 좀더 쉽게 풀기 위하여 중간에 체계가 약간 바뀌었음을 밝힌다.

※ 위림도패(爲霖道霈, 1615~1702) 스님은 명말청초 때의 조동종 승려이다. 14세 때 백운사(白雲寺)에서 출가하여 경교(經敎)를 공부했다. 영각원현을 모시며 법을 이었고, 천동산(天童山) 밀운원오(密雲圓悟)에게 배워 크게 깨달았다. 그 후 백장산(百丈山)에 암자를 짓고 5년 동안 정업(淨業)을 닦았다. 나중에 고산(鼓山)으로 옮겨 20여 년 동안 살았는데 귀의하는 사람이 매우 많았다.
저술로는 《인왕반야경합소(仁王般若經合疏)》 3권을 비롯하여 《화엄경소론찬요(華嚴經疏論纂要)》 120권, 《법화경문구찬요(法華經文句纂要)》 7권, 《불조삼경지남(佛祖三經指南)》 3권, 《위림도패선사병불어록(爲霖道霈禪師秉拂語錄)》 2권, 《여박암고(旅泊庵稿)》 4권, 《선해십진(禪海十珍)》 1권, 《사십이장경지남(四十二章經指南)》, 《불유교경지남(佛遺敎經指南)》, 《고산록(鼓山錄)》 6권, 《반야심경청익설(般若心經請益說)》, 《팔십팔불참(八十八佛懺)》, 《준제참(準提懺)》, 《발원문주(發願文註)》 등이 있다.

● 간 행 사 ●

《화엄경소론찬요》 번역서를 간행하면서

《화엄경》은 비로자나 세존께서 보리도량에서 처음 정각을 성취하신 후, 일곱 도량 아홉 차례의 법문에서 일진(一眞)의 법계(法界)와 제불의 과원(果願)을 보여주시어 미묘한 현지(玄旨)와 그지없는 종취(宗趣)를 밝혀주신 최상의 경전이다. 이처럼 《화엄경》은 법계와 우주가 둘이 아닌 하나로 그 광대함을 말하면 포괄하지 않음이 없고, 그 심오함을 말하면 갖춰 있지 않음이 없어 공간으로는 법계에 다하고 시간으로는 삼세에 통하고 있다.

이러한 이유에서 《화엄경》은 근본 법륜으로 중국은 물론 동양 각국에서 높이 받들며 수많은 주석서가 간행되어 왔다. 그러나 세상에 널리 알려진 것은 청량 국사의 《대방광불화엄경소초(大方廣佛華嚴經疏鈔)》와 통현 장자의 《대방광불화엄경론(大方廣佛華嚴經論)》이다. 소초(疏鈔)는 철저한 장 구(章句)의 분석으로 본말을 지극히 밝혀주었고, 논(論)은 부처님의 논지를 널리 논변하여 자심(自心)으로 회귀하고 있는 것이 특징이다. 이처럼 청량소초와 통현론은 양대 명저(名著)로 모두 수증(修證)하는 데에 지극한 궤범(軌範)이었다.

탄허 대종사께서는 이러한 점을 토대로 통현론을 주(主)로 하고 청량소초를 보(補)로 하여 번역하심으로써 《화엄경》이 동양에 전해진 이후 동양 최초의 《화엄경》 번역이라는 쾌거를 이룩하셨다. 일찍이 한국불교에 침체된 화엄사상은 대종사의 번역에 힘입어 다시 온 누리에 화엄의 꽃비가 내려 화엄의 향기로 불국정토를 성취하여 더할 수 없는, 지극한 법륜을 설하셨다.

그러나 대종사께서 열반하신 이후, 불법은 날로 쇠퇴하고 중생의 근기는 날로 용렬하여 방대한 소초와 논을 열람하기에는 역부족이었다. 이에 대종사의 《화엄경》을 다시 한 번 밝히기 위해서는 또 다른 모색을 필요로 할 시점에 이르렀다. 보다 쉽게 볼 수 있고 간명한 데에서 심오한 데로, 물줄기에서 본원을 찾아갈 수 있는 진량(津梁)을 찾지 않는다면 대종사의 평생 정력을 저버리게 된다는 절박한 마음이 없지 않았다.

청대(清代) 도패(道霈) 대사는 청량의 소초와 통현의 논 가운데 그 정요(精要)만을 뽑아 《화엄경소론찬요(華嚴經疏論纂要)》를 편집하였다. 이는 매우 방대한 소초와 논을 축약하여, 가까이는 청량 국사와 통현 장자의 심법을 전수하였고 멀리는 비로자나불의 묘체(妙諦)를 밝혀주는 오늘날 최고의 《화엄경》 주석서이다.

이에 《화엄경소론찬요》를 대본으로 하여, 다시 대종사의 번역서를 참고하면서 현대인이 보다 쉽게 이해할 수 있는 번역서를 간행하기에 이르렀다.

이제 돌이켜 생각하면 무상한 세월 속에 감회가 적지 않다. 내 지난날 출가 입산하여 겨우 이레가 되던 날, 처음 접한 경전이《화엄경》이었다. 행자 생활을 시작한 영은사는 대종사께서 오대산 수도원이 해산된 후, 이의 연장선상에서 3년 결사(結社)를 선포하시고《화엄경》번역이라는 대작불사를 시작하여 강의하셨던, 한국불교사에 한 획을 그려준 역사의 도량이었다.

그 당시 대종사께서는 행자인 나에게《화엄경》을 청강하라 하시면서 "설령 알아듣지 못할지라도 들어두면 글눈이 생겨 안 들은 것보다 낫다."고 권면하셨다. 이제 생각해보면 행자 출가 즉시《화엄경》공부 자리에 참여했다는 것은 전생의 숙연(宿緣)이 아니었으면 어떻게 그 당시 그 법회에 참석이나 할 수 있었겠는가. 이는 행운 중 행운으로 다겁의 선근공덕이 아닐까 생각되며, 아울러 늦게나마 대종사의 영전에 하나의 향을 올리는 바이다.

처음《화엄경》설법을 듣는 순간, 끝없는 우주법계의 장엄세계가 황홀하고 법계를 밝혀주고 무진 보배를 담고 있는 바다의 불가사의한 공덕이라는 대종사의 사자후가 머릿속에 쟁쟁하게 울려왔을 뿐, 그 도리를 이해한다는 것은 나의 근기로서는 도저히 불가능한 일이었다. "쭉정이만도 못하다."고 꾸지람을 하시던 대종사의 방할(棒喝)을 맞으며 영은사에서의 결사가 끝난 후, 나는 단 한 번도《화엄경》을 펼쳐 볼 엄두를 내지 못했다.

그러던 몇 해 전, 무비 스님께서 범어사에서《화엄경》을 강좌하시면서 서울에서도 《화엄경》 강좌를 열어보라고 권할 적만 하더라도 언감생심 《화엄경》을 강의하겠다는 생각을 하지 못하였다. 그러나 씨앗을 뿌려놓으면 새싹이 돋아나듯, 반드시 인연법은 사라지지 않는 모양이다. 영은사에서의 《화엄경》 인연이 자곡동 탄허기념박물관에 화엄각건립불사를 발원하게 되었고, 화엄각건립불사를 위하여 《화엄경》 강좌를 열기에 이를 줄은 꿈에도 생각지 못하였다.

미력한 소견으로 강좌를 열면서 정리된 강의 자료를 여러 뜻있는 이들과 다시 한 번 토론하고 강마하면서 우선 〈세주묘엄품〉 출간을 시작으로 계속 연차적으로 간행하고 있다.

이 책이 나오도록 기꺼이 설판제자가 되어주신 김철관(金澈官), 오정순(吳貞順) 불자(佛子)의 심신이 건강하고 사업이 번창하여 세세생생 부처님 가피가 충만하시기를 바라 마지않으며, 무주상으로 동참해주신 무애지, 법연심 등, 그리고 화엄각 불사에 앞장서주신 모든 불자들의 향연공덕이 무량하여 이 책이 간행된 인연으로 다시 한 번 화엄사상이 꽃피어 온 누리에 탄허 대종사의 공덕이 빛나고, 아울러 화엄정토가 구현되어 남북의 통일과 세계의 평화 속에서 부처님 세계 화엄정토가 이루어지길 진심으로 축원하는 바이다.

2017년 5월
五臺山 後學 彗炬 合掌 再拜

◉ 목차 ◉

간행사 《화엄경소론찬요》 번역서를 간행하면서 5

화엄경소론찬요 제16권 ◉ 화장세계품 제5-1

1. 유래한 뜻 17
2. 품명에 대한 해석 17
3. 종취 20
4. 경문의 해석 39

제1. 화장의 인과 자체를 밝히다 39

   1. 장항 40

   (1) 풍륜(바람바퀴) 50
   (2) 풍륜이 유지해주는 향수바다 54
   (3) 향수바다에 피어난 연꽃 55
   (4) 연꽃이 유지해주는 세계바다 57

   2. 게송 58

제2. 화장세계바다에 펼쳐진 장엄을 밝히다 68

   1. 사방으로 둘러져 있는 대륜위산 68
   2. 보배의 땅으로 이뤄진 대면臺面 79

3. 지면의 향수바다 88
　　4. 향수바다 사이의 향수강하 98
　　5. 향수하 사이의 꽃과 숲 107
　　6. 장엄을 총괄하여 끝맺다 121

　제3. 화장세계바다에 지니고 있는 세계그물의 차별을 밝히다 131
　　1. 대중에게 설법을 허락하다 132
　　2. 종자와 세계를 밝히다 132
　　3. 종자와 세계를 자세히 해석하다 135

　　1) 세계종자가 똑같지 않은 점을 통틀어 밝히다 135
　　(1) 장항 136
　　(2) 게송 147

　　2) 별상으로 세계종자, 세계 및 향수해를 밝히다 157
　　(1) 장항 158
　　첫째, 모든 바다가 의지하는 대상을 총괄하여 말하다 158

　　둘째, 향수해, 종자 및 세계를 차례차례 별상으로 밝히다 160
　　　1. 중앙 향수해 160
　　　　1) 향수해에 연꽃이 피어나 세계종자를 가지고 있음을 밝히다 160
　　　　2) 지니고 있는 세계 163
　　　　(1) 큰 수효를 총괄하여 열거하다 163
　　　　(2) 별상으로 20층의 큰 세계를 논변하다 163
　　　　(3) 나머지 세계를 유별로 끝맺다 186

화엄경소론찬요 제17권 ● 화장세계품 제5-2

　　2. 우측으로 선회한 10개의 향수해 205
　　　• 제1 이구염장해離垢燄藏海 205

- 제2 무진광명륜해無盡光明輪海 218
- 제3 금강보염광명해金剛寶燄光明海 225
- 제4 제청보장엄해帝靑寶莊嚴海 231
- 제5 금강륜장엄저해金剛輪莊嚴底海 237
- 제6 연화인다라망해蓮華因陀羅網海 242
- 제7 적집보향장해積集寶香藏海 248
- 제8 보장엄해寶莊嚴海 254
- 제9 금강보취해金剛寶聚海 260
- 제10 천성보첩해天城寶堞海 265

화엄경소론찬요 제18권 ◉ 화장세계품 제5-3

3. 10개의 향수해가 관할하는 향수해 275
- 제1 향수해 275
- 제2 향수해 283
- 제3 향수해 285
- 제4 향수해 289
- 제5 향수해 292
- 제6 향수해 294
- 제7 향수해 297
- 제8 향수해 300
- 제9 향수해 303
- 제10 향수해 306

셋째, 총괄하여 해석을 간단하게 끝맺다 310
(2) 다시 게송하다 313

화엄경소론찬요 제19권 ◉ 비로자나품 제6

1. 유래한 뜻 373
2. 품명에 대한 해석 374
3. 종취 374

4. 경문의 해석 379
    1) 본사本事의 시간을 총체로 밝히다 379
    2) 본사의 장소, 즉 공간을 별개로 밝히다 380
    3) 시간 속의 본사를 개별로 밝히다 393

제1. 일체공덕산 수미승운불一切功德山須彌勝雲佛을 친견하다 395
    1) 부처님의 명호를 총체로 밝히다 395
    2) 상서가 나타나고 근기가 성숙하다 396
    3) 부처님이 연꽃 속에서 출현하심을 바로 밝히다 399
    4) 부처님의 미간에서 놓으신 광명으로 대중을 불러 경계하다 405
    5) 현세에 이익을 얻는 당기중當機衆이 운집하다 413
      (1) 희견선혜왕喜見善慧王을 자세히 밝히다 414
      (2) 모든 왕을 간단하게 나열하다 435
    6) 법문을 널리 연설하다 437
      (1) 부처님께서 법륜을 굴리다 437
      (2) 위신력의 광명으로 이익을 얻다 438
      (3) 게송으로 찬탄하다 447
      (4) 중생을 교화하여 전해주다 451
      (5) 부처님께서 찬탄과 격려를 더하다 453

제2. 바라밀 선안장엄왕불波羅蜜善眼莊嚴佛을 친견하다 458
    (1) 바라밀 선안장엄왕불이 나오심을 밝히다 460
    (2) 바라밀 선안장엄왕불의 모습을 보고서 이익을 얻다 461
    (3) 덕을 찬탄하면서 귀의할 것을 권하다 472
    (4) 권속이 함께 귀의하다 477
    (5) 경문을 듣고서 깨달음을 얻다 477

제3. 최승공덕해불最勝功德海佛을 친견하다 488

제4. 명칭보문 연화안당불名稱普聞蓮華眼幢佛을 친견하다 503

화엄경소론찬요 제20권 ⦿ 여래명호품 제7

1. 유래한 뜻 511
2. 품명에 대한 해석 512
3. 종취 514
4. 문답 517
5. 경문의 해석 539

⦿ 하나의 법회

제1. 서분序分 540
    1. 법주의 시간과 도량을 나타내다 540
    2. 3가지의 일을 개별로 밝히다 540
    3. 보필하는 보살의 원만 546

제2. 청분請分 550
    1. 보살을 들어 그들의 생각을 밝혀주다 550
    2. 그 연설하실 대상을 들어 말하다 561

제3. 설법분說法分 569
    (1) 여래의 현상에 대한 대답 569
    • 부처님이 신통을 나타내다 569
    • 대중이 운집하다 573
    (2) 문수보살이 말씀하신 대답 603
    • 대중의 희유하고 기이함을 찬탄하다 603
    • 물음에 이어서 총체로 찬탄하다 622
    • 물음을 찬탄하고 총체로 해석하다 623
    • 불가사의함을 자세히 나타내다 625

● 경문의 해석

제1. 사바세계의 안에 그 나름 백억 세계가 있다 639
    1) 사주四洲 639
    2) 사주의 인근 10계 642
- 선호善護세계 643
- 난인難忍세계 647
- 친혜親慧세계 649
- 사자師子세계 650
- 묘관찰妙觀察세계 651
- 희락喜樂세계 653
- 심견뢰甚堅牢세계 654
- 미묘지微妙地세계 655
- 염혜焰慧세계 656
- 지지持地세계 657

    3) 사바세계를 총체로 끝맺다 660

제2. 사바세계 인근의 시방을 나타내다 661
- 동방 밀훈密訓세계 661
- 남방 풍일豊溢세계 662
- 서방 이구離垢세계 663
- 북방 풍락豊樂세계 664
- 동북방 섭취攝取세계 666
- 동남방 요익饒益세계 667
- 서남방 선소鮮少세계 668
- 서북방 환희歡喜세계 669
- 하방 관약關鑰세계 671
- 상방 진음振音세계 672

제3. 일체세계를 유별로 통하다 673

제4. 세계 차별의 유래를 해석하다 674

14

화엄경소론찬요 제16권
華嚴經疏論纂要 卷第十六

◉

화장세계품 제5-1
華藏世界品 第五之一

一

初는 來意라

1. 유래한 뜻

◉ 疏 ◉

來意者는 前品에 通明諸佛刹海어늘 今此別明本師所嚴依果하야 答世界海問일새 故次來也니라

유래한 뜻이란 앞의 제4 세계성취품에서 제불의 세계바다를 전체로 밝혔는데, 이 품에서는 본사의 장엄한 依果를 별도로 밝혀서 세계바다에 대한 물음에 대답한 까닭에 제4 세계성취품의 다음으로 이 품을 쓰게 된 것이다.

二

第二 釋名

2. 품명에 대한 해석

◉ 疏 ◉

釋名者는 準梵本컨대 具云華藏莊嚴嚴具世界海之徧淸淨功德海光明品이어늘 譯者嫌繁하야 乃成太略이니 處中인댄 應云蓮華藏莊嚴世界海品이니 謂蓮華含子之處를 目之曰藏이라 今刹種及刹이 爲大蓮華之所含藏이라 故云華藏이오 其中一一境界에 皆有刹海塵數淸淨功德이라 故曰莊嚴이오 世界深廣이라 故名爲海라 有云世界依海일

17

세 故立海名者는 恐非文意니라

'품명에 대한 해석'은 범본에 준하여 보면 구체적으로 "화장의 장엄으로 장엄이 구족한 세계바다의 청정공덕바다 광명이 두루 한 품[華藏莊嚴嚴具世界海之徧淸淨功德海光明品]"이라고 말해야 하는데, 이를 번역하는 사람이 너무 품명이 번거롭다고 생각하여 이에 크게 생략한 것이다. 그 중간쯤으로 대처한다면 마땅히 '연화장으로 장엄한 세계바다의 품[蓮華莊嚴世界海品]'이라고 말해야 할 것이다.

연꽃에 씨앗을 머금고 있는 곳을 藏이라고 말한다. 여기에서 세계의 종자와 세계가 큰 연꽃의 씨앗을 머금고 있기에 이를 '華藏'이라고 말한다. 화장세계 가운데 하나하나 모든 경계에 모두 티끌과 같이 셀 수 없이 무한한 세계바다의 청정공덕이 있다. 이 때문에 '莊嚴'이라고 말한다. 세계가 깊고 광대한 까닭에 '바다'라고 말한다. "세계가 바다에 의지하고 있는 까닭에 바다라는 이름을 내세운 것이다."고 말하는 것은 문장의 본의가 아닌 것으로 생각된다.

以下에 云華藏莊嚴世界海는 住在華中일세 故約事可爾어늘 何因刹海하야 相狀如斯오

略擧二因이니 一約衆生이니 如來藏識은 卽是香海오 亦法性海라 依無住本을 是謂風輪이오 亦妄想風이니 於此海中에 有因果相이오 恒沙性德은 卽是正因之華니 世出世間·未來果法은 皆悉含攝이라 故名爲藏이라 若以法性爲海인댄 心卽是華오 含藏亦爾니라 然此藏識相分之中에 半爲外器는 不執受故오 半爲內身은 執爲自性하야 生覺受故니라 如來藏識은 何緣如此오 法如是故며 行業引故니라

이하의 경문에서 '華藏莊嚴世界海'라 말한 것은 연꽃 가운데 머물러 있기 때문에 그런 일을 가지고 말하는 것은 옳지만, 어떻게 '세계바다[刹海]'로 인하여 현상의 모습이 이와 같을 수 있을까? 이에 대해 간단히 말하면 여기에는 2가지의 요인이 있다.

(1) 중생으로 말한 것이다. 여래장식은 곧 향기바다[香海]이며, 또한 법성의 바다이다. 無住에 의지하여 근본을 삼는 것을 風輪이라 하고 또한 망상의 바람이라고 말한다. 이런 바다 가운데 인과의 모습이 있고 항하사처럼 수많은 성품의 덕은 곧 正因의 꽃이다. 출세간과 세간, 그리고 미래과의 법은 모두 다 여기에 간직되어 있기에 이를 藏이라고 말한다.

만약 법성을 바다라고 한다면 마음은 꽃이요, 含藏 또한 그러하다. 그러나 이런 藏識相分 가운데 절반이 外器가 되는 것은 '물질적인 요소를 자기의 존재 기반으로 취하는, 執受'가 아니기 때문이고, 절반이 內身이 되는 것은 '자성임을 고집하여 눈, 귀, 코, 혀, 몸, 마음의 느낌[覺受]'을 일으켰기 때문이다. 여래장식은 무슨 인연으로 이와 같은가. 법이 이와 같기 때문이며, 業引을 행한 때문이다. 二는 約諸佛이니 謂以大願風으로 持大悲海하야 生無邊行이오 華含藏二利하야 染淨果法이 重疊無礙라 故所感刹에 相狀如之니라 是以로 出現品中에 多將世界하야 以喩佛德이니 細尋文意컨대 乃由佛德하야 世界如之니라【鈔_ 約事可爾下는 覈其本源컨대 不爲此釋이니 豈委刹海之興由아】

(2) 여러 부처님으로 말한 것이다. 큰 誓願의 바람으로써 큰 자

비의 바다를 가지고서 끝없는 萬行을 낳고, 연꽃은 自利와 利他를 간직하고서 오염과 청정의 果法이 거듭거듭 걸림이 없는 것이다. 이 때문에 感現하는 세계에 그 현상의 모습이 이와 같은 것이다. 이 때문에 여래출현품에서는 세계를 가지고 부처님의 덕을 비유한 부분이 많다. 자세히 경문의 뜻을 살펴보면 부처님 덕에 의하여 세계가 이와 같은 것이다.【초_ '約事可爾' 이하는 그 본원을 규명하여 보면 이러한 해석을 할 수 없다. 어떻게 '세계바다[刹海]'가 일어나는 유래에 붙여 이처럼 말할 수 있겠는가.】

第三 宗趣

3. 종취

◉ 疏 ◉

宗趣者는 別顯本師依報에 具三世間融攝無盡으로 爲宗하고 令諸菩薩로 發生信解하야 成就行願으로 爲趣니라 餘如前品이로되 但總別異耳라 融攝之相은 亦見前文이오 賢首는 立華藏觀하야 復有十德하니 大同小異는 如彼文說이라【鈔_ 言有十德者는 前品已引이라】

종취란 별개로 본사의 의보에 삼세간을 모두 갖추어 두루 끝없이 받아들이는 것으로 '宗'을 삼고, 모든 보살로 하여금 신심과 깨달음을 내어 行願을 성취하는 것으로 '趣'를 삼음을 나타낸 것이다.

나머지는 앞의 품과 같지만 단 총상과 별상의 차이가 있다. 두루 섭수[融攝]한 모습은 또한 앞의 경문에 보이며, 현수 스님은 華藏觀을 내세워 또한 10가지의 덕으로 말하였다. 대동소이한 점은 경문에서 말한 바와 같다. 【초_ "10가지의 덕"으로 말한 것은 앞의 여래현상품 '有大蓮華 忽然出現'에 대해서 이미 ① 教義, ② 事理, ③ 境智, ④ 行位, ⑤ 因果, ⑥ 依正, ⑦ 體用, ⑧ 人法, ⑨ 逆順, ⑩ 感應으로 인용한 바 있다.】

◉ 論 ◉

將釋此品에 畧作十門分別호리니

一은 釋品來意오

二는 釋品名目이오

三은 釋華藏世界海이 因何報得이오

四는 釋華藏世界의 形狀安立이오

五는 配華藏世界의 安立屬因이오

六은 釋華藏世界海의 純雜無礙오

七은 釋華藏世界海이 圓攝三世業境이오

八은 釋華藏世界本空이어늘 出生所緣이오

九는 明華藏世界이 因何得隱現自在오

十은 隨文釋義니라

　앞으로 본 품을 해석함에 있어 간단하게 10가지 부분으로 분별하고자 한다.

　⑴ 본 품이 유래한 뜻을 해석하였고,

⑵ 본 품의 명목을 해석하였고,

⑶ 화장세계해가 무엇으로 인연하여 이런 과보를 얻었는가를 해석하였고,

⑷ 화장세계의 형상이 안립함을 해석하였고,

⑸ 화장세계의 안립이 인연에 속함을 배대하였고,

⑹ 화장세계해는 순수하고 뒤섞임에 걸림이 없음을 해석하였고,

⑺ 화장세계해가 두루 삼세업경을 섭수함을 해석하였고,

⑻ 화장세계는 본래 공한 것인데 그 무슨 인연으로 나오게 되었는가를 해석하였고,

⑼ 화장세계가 무엇으로 인연하여 보였다가 안 보였다[隱現] 함에 자재함을 얻었는가를 밝혔고,

⑽ 경문을 따라 그 뜻을 해석하였다.

'一釋品來意'者는 此品은 答前三十七問中 佛世界海·衆生海·波羅蜜海 等이니 此品이 擧如來五位中行業因果報得하야 答前三十七問故로 此品이 須來니라

"⑴ 본 품이 유래한 뜻을 해석하였다."는 것은 본 품은 앞의 37가지 물음 가운데 부처님세계바다, 중생바다, 바라밀바다 등에 대해 답한 것이다.

본 품에서 여래의 五位 가운데 행업인과로 얻어진 것을 들어서 앞의 37가지 물음에 답한 까닭에 본 품을 여기에 쓰게 된 것이다.

'二釋品名目'者는 爲說此佛境報得之土이 蓮華所持로 含藏一切淨穢境界하야 皆在其中일세 故名華藏이니라

"(2) 본 품의 명목을 해석하였다."는 것은 이처럼 부처님 경계에 얻어진 국토가 연꽃으로 단장한 바로 淨土이든 穢土이든 모든 경계를 포괄하고 간직하여 모두 그 가운데 있다는 것을 말한 까닭에 이를 華藏이라 명명하였다.

'三釋華藏世界因何報得'者는 以從初信心으로 至於八地已來히 恒以大願力持하야 令其不退菩提하고 諸波羅蜜海로 教化饒益一切衆生이라가 至於八地에 任利無功이니 當知風輪이 是大願波羅蜜의 所成報故라 衆生世間은 妄想業風所持어니와 如來世間은 以大願力智風으로 能持諸境이니 爲以智能隨願하고 願能成智일새 還以大願法身大智之所報로 成風輪之體라 若無法身이면 一切諸行이 總有爲故며 若無智願이면 法身은 無性하야 不能自成이어든 何況成他아 以此三事爲緣하야사 方堪利生하야 不滯空有하고 進修功熟에 任利無功이라

"(3) 화장세계해가 무엇으로 인연하여 이런 과보를 얻었는가를 해석하였다."는 것은 初地 信心으로부터 제8地 이하에 이르기까지 항상 대원력을 지니고서 그들로 하여금 보리에서 退屈하지 않고 모든 바라밀바다로 일체중생을 교화하여 도움을 주다가 제8지에 이르게 되면 自利利他에 맡겨 더 이상 하는 일이 없게[八地無功用] 된다.

이는 風輪이 대원바라밀로 성취한 과보이기 때문임을 알아야 한다. 중생의 세간은 망상의 업장바람[業風]으로 부지하지만, 여래의 세계는 大願力의 지혜바람[智風]으로 모든 경계를 부지하는 것이다. 지혜가 誓願을 따르고 서원이 지혜를 성취하였기에 또한 大願

·法身·大智의 과보로 風輪의 형체를 이룬 것이다.

만일 법신으로 행하지 않으면 일체 모든 행이 다 有爲이기 때문이며, 큰뜻의 서원이 없으면 법신은 자성이 없어 自利도 이룰 수 없는데 하물며 利他를 성취할 수 있겠는가. '대원·법신·대지' 3가지의 일을 반연해야만 비로소 중생에게 이로움을 주되 空과 有에 막히지 않고 정진수행의 공부가 성숙하여 자리이타에 맡겨둘 뿐, 하는 일이 없는 것이다.

夫報不虛得이오 皆有所因이니 若不知因이면 云何修果오 是故로 此品之初에 云 此華藏莊嚴世界海는 是毘盧遮那如來이 往昔於世界海微塵數佛의 一一佛所에 淨修世界海微塵數大願之所嚴淨이라하시니 但云願者는 爲行由願成이라 又下에 云 普賢智地行悉成하니 一切莊嚴從此出이라하시니 如香水海는 大慈悲業之所報得이오 香水河는 是進修之行之所報得이라

과보는 그저 얻어지는 게 아니다. 모두 원인이 있기 마련이다. 만일 그 원인을 알지 못한다면 어떻게 과보를 닦아나갈 수 있겠는가. 이 때문에 본 품의 서두에서 말한 '화장장엄세계해'는 "비로자나여래께서 지난 세월, 세계바다 티끌과 같이 셀 수 없이 무한한 만큼 수많은 부처님이 계시는 곳마다 하나하나 찾아가, 세계바다 티끌과 같이 셀 수 없이 무한한 만큼 수많은 대원을 청정하게 닦아서 이처럼 장엄하고 청정하게 된 것이다."고 하였다. 여기에서 '대원·법신·대지' 3가지의 일 가운데 '대원'만을 들어 말한 것은 모든 행이 誓願에 의해 이뤄지기 때문이다.

또 아래의 보현보살 게송에서 이르기를, "보현보살 大智의 터전, 萬行이 모두 이뤄지니 모든 장엄이 여기에서 나온다."고 하였다. '향수의 바다[香水海]'와 같은 경우는 대자비업에 의해 얻어진 것이며, 이보다 작은 '향수의 강물[香水河]'은 정진수행에 의해 얻어진 것이다.

如下文殊師利常隨衆中에 總以名表法은 卽見名知行이오 如此華藏世界海는 見果知因이니 不可別引餘經하야 將來證此라 此經은 見名에 卽知法하고 見果에 卽知因하야사 方可識此經之意趣니 餘經은 法相門戶이 多不與此經으로 相應이라 餘經엔 云苦諦어든 此經엔 云苦聖諦라하니 卽義有餘오 餘經엔 說四諦어든 此經엔 說十種聖諦와 及十二因緣하니 若廣說無量差別인댄 不可卒申이라 以是義故로 此配因果는 不可引於餘教하야 配此經文이니 此經은 見名知行하고 以果識因이니라

아래의 경문을 살펴보면, 문수사리보살이 常隨大衆 가운데 있으면서 모두 세계바다의 이름을 빌려 법을 나타낸 것은 곧 그 이름을 보면 그에 따른 행을 알 수 있고, 이와 같은 화장세계해는 결과를 보면서 그 원인을 알 수 있기에, 별개로 다른 경문을 인용하여 이를 증명할 필요가 없다.

이렇듯이 본 경문은 그 이름을 보면 곧 그에 따른 법을 알아야 하고 결과를 보면 곧 그에 따른 원인을 알아야만 비로소 본 경문의 뜻을 알 수 있다. 그러나 다른 경문은 法相을 표현한 부분이 대부분 이 경문과는 서로 맞지 않다. 다른 경문에서 '苦諦'를 말할 때,

본 경문에서는 '苦聖諦'를 말하여 그에 관한 뜻을 넉넉히 언급하였고, 다른 경문에서 '四諦'를 말할 때, 본 경문에서는 '10가지의 최고 진리[十種聖諦] 및 10가지의 12인연을 말하였다.

만일 한량없는 차별을 자세히 말하려고 하면 끝이 없을 것이다. 이러한 뜻이 있기 때문에 이러한 인과를 配對하는 것은 다른 경문의 가르침을 인용하여 이 경문에다가 배대할 수 없다. 본 품의 경문은 세계바다의 이름을 보면 그에 따른 행을 알 수 있고 결과를 통하여 그 원인을 알 수 있다.

四는 釋華藏世界海形狀者는 以無盡大願風輪으로 持大悲水하야 生無邊行華하고 以法性虛空으로 能容萬境하야 重疊無礙일새 於其水上에 生一大蓮華하야 周空法界하니 名種種藥香幢이라 明根本智로 起差別智하야 行差別行이 名藥香幢이오 於蓮華內日珠王寶上에 有大輪圍山하니 經에 云日珠王蓮華之上者는 只是華內有寶이 名日珠王이오 非別有華也라 其寶所成林樹香水에 妙華開敷는 經自有文하야 具陳其事니라

"(4) 화장세계의 형상이 안립함을 해석하였다."는 것은 끝이 없는 큰 서원의 바람[大願風輪]으로써 대자비의 물을 뿌려주어 끝없는 行門의 꽃을 피워주고, 법성의 허공으로써 모든 경계를 함유하여 거듭거듭 장애가 없기에 그 물 위에 하나의 큰 연꽃이 피어나 허공의 법계에 가득 넘쳐나는 것이다. 이를 '갖가지 꽃술 향기의 깃대[種種藥香幢]'라고 말한다. 모든 존재의 있는 그대로의 진실한 모습을 밝게 아는, 곧바로 진리에 계합하여 能緣과 所緣의 차별이 없는 절

대의 참 지혜[根本無分別智]로 인간 세상의 각 분야 부류를 아는 지혜[差別智]를 일으켜 인간 세상의 각 분야 부류를 실행[差別行]하는 것이 '꽃술 향기 깃대[蘂香幢]'임을 밝힌 것이다.

연꽃 속의 햇빛구슬왕보배[日珠王寶] 위에 大輪圍山이 있다. 아래의 경문에서 '햇빛구슬왕연꽃[日珠王蓮華]의 위'라고 말한 것은 단 연꽃 속에 있는 보배를 '햇빛구슬왕[日珠王]'이라 말한 것이지, 또 다른 연꽃이 있다는 것이 아니다.

그 수많은 보배로 이뤄진 나무숲, 향기 어린 물 위에 피어난 부분은 해당 경문에 그 나름 기재되어 그에 관한 일들을 구체적으로 말하고 있다.

五는 配華藏世界海安立屬因者는 夫果不自生이라 從因而得이니 經에 云廣大願雲周法界하야 於一切劫化羣生이라 普賢智地行悉成하니 所有莊嚴從此出이라하시니 如經에 總擧不可說佛刹微塵數世界種者는 明普賢行攝化之境이 徧法界故라 卽是座內衆眉間衆의 所行覺行報得之境이니 總是都擧果行圓周之境이라 於彼엔 但言佛世界微塵衆하니 對不可說佛刹微塵數컨댄 於彼엔 是略擧數오 此是廣數며 如說普賢之行에 且但言萬行은 此是畧言이니 意在無盡等法界行也라

"(5) 화장세계의 안립이 인연에 속함을 배대하였다."는 것은, 결과란 저절로 발생한 것이 아니다. 반드시 원인에 의해 얻어지는 것이다. 아래의 보현보살 게송에 이르기를, "제불보살의 광대한 서원 구름, 법계 두루 뒤덮어 일체 모든 겁에 나타나 중생을 교화하

네. 보현 지혜의 지위에 닦아온 行願 모두 성취되니 여기에 있는 모든 장엄이 그 속에서 나오네."라고 하였다.

아래의 경문에서 "열 개의 말할 수 없는 부처님 세계에 티끌과 같이 셀 수 없이 무한한 수많은 세계종자"를 모두 들어 말한 것은 보현행으로 섭수하고 교화한 경계가 법계에 두루 함을 밝히고자 하기 때문이다. 이는 곧 법좌 내에 있는 대중과 미간의 광명 속의 대중이 행한 바의 覺行에 의한 과보로 얻은 경계인바, 이는 전체가 果行이 원만하고 두루 함의 경계를 모두 들어 말한 것이다.

제4 세계성취품의 게송에서는 "티끌과 같이 셀 수 없이 무한한 제불국토의 수많은 대중"을 말했는데, 본 품에서 말한 "열 개의 말할 수 없는 부처님 세계에 티끌과 같이 셀 수 없이 무한한 수많은 세계종자"를 상대로 살펴보면, 세계성취품에서는 그 수효를 간략하게 들어 말하였고, 본 품에서는 그 수효를 광범위하게 들어 말한 것이다. 보현보살의 행을 말함에 있어서 또한 '萬行'이라고만 말한 것은 그 수효를 간략하게 들어 말한 것이다. 이처럼 말한 뜻은 끝이 없는, 법계와 똑같은 행[等法界行]에 있다.

卽此二重擧果中普賢滿行은 卽如座內衆眉間衆이오 卽此華藏莊嚴世界海不可說佛刹微塵世界種이 如天帝網하야 分布在種種藥香幢大蓮華之中은 是其彼果行所攝生報滿果所得之境이어늘 今在經中에 不擧大數하고 但擧中心十一箇世界種이 上下二十重이오 重別相去이 一佛刹塵이어든 最下重世界에 各有一佛刹塵世界이 周帀圍繞而住其中하며 次上第二重中엔 卽云二佛刹世界이 周帀圍繞

하며 次上第三重中엔 卽言三佛刹塵數世界이 周帀圍繞하고 以次向上엔 一重加一하야 直至最上重世界中에 有二十佛刹塵世界이 周帀圍繞라 此中心十一箇世界種이 總皆如是하니 此는 明十一地行門進修攝化境界報得이니 中心十一箇는 卽十一地報得이오 上下二十重이 漸漸增廣者는 明十一地行門中에 一地이 有兩重因果니 爲地地進修中에 皆一正果一向果오 其二十重中所有佛號는 皆是勝進中因果佛也며 所有世界는 是隨位中所化之境界也니 卽明十一地進修攝化層降佛果故니 各隨位配之하면 可見이라

이처럼 2중으로 결과를 들어 말한 가운데 보현의 완전하고 원만하게 수행하는 일[滿行]은 곧 여래의 법좌 내에 있는 대중[如來座內衆]과 여래의 눈썹 사이 백호광에서 쏟아지는 빛이 비춰지는 대중[如來眉間毫中衆]과 같고, 곧 이 화장장엄세계해의 "열 개의 말할 수 없는 부처님 세계에 티끌과 같이 셀 수 없이 무한한 수많은 세계종자"가 하늘의 帝網처럼 펼쳐져 갖가지 꽃술 향기 깃대 큰 연꽃 속에 있는 것은 그의 果行으로 발생한 대상인 報滿의 결과로 얻은 경계임에도, 본 품의 경문에서 큰 수효를 들어 말하지 않고 그저 중심의 11개 세계종자가 상하 20겹이다.

20겹이 개별로 서로의 거리가, 하나의 부처세계가 티끌과 같이 셀 수 없이 무한한데, 최하층의 세계에 각각 하나의 티끌과 같이 셀 수 없이 무한한 부처세계가 두루 에워싸고 있는 그 가운데 머물며, 다음으로 그 위의 제2겹의 가운데 두 개의 부처세계가 두루 에워싸고 있으며, 그다음으로 그 위의 제3겹의 가운데 세 개의

부처세계가 두루 에워싸고 있으며, 차례로 그 위에 한 겹마다 하나를 더하여 바로 최상의 겹에 있는 세계에 이르면, 20개의 부처세계가 티끌과 같이 셀 수 없이 무한한 세계로 두루 에워싸여 있다.

그 중심에 11세계종자가 모두 다 이와 같다. 이는 11地 行門을 닦아 교화하는 경계에 의한 과보로 얻음을 밝힌 것이다. 중심의 11개 세계는 곧 11地의 과보로 얻음이며, 상하의 20겹이 차츰차츰 더 넓혀가는 것은 11지 행문 가운데, 하나의 지위마다 양 겹의 인과가 있음을 밝힌 것이다. 한 지위 한 지위를 닦아가는 가운데 모두 하나의 正果(本果)와 하나의 向果(行果)가 되고, 그 20겹 가운데 소유한 佛號는 모두 훌륭하게 닦아가는 가운데 因果佛이며, 소유한 세계는 지위를 따른[隨位] 가운데 교화해야 할 대상의 경계이다. 이는 곧 11지 행문을 닦아가고 교화하는, 한 층 한 층 내려가는 佛果를 밝히기 위한 때문이다. 각각 지위를 따라 이를 배대하면 그 뜻을 알 수 있다.

除此十一箇世界外에 周圍別擧出一百箇世界種者는 卽明此十一地攝化十波羅蜜行이 徧輪圍山法界內故오 且隨方次第하야 各有其十하야 都言一百은 明徧不可說佛刹塵境界滿故오 近金剛輪圍山周圍에 有十箇世界種이 上下有四重者는 明十一地中四攝法徧故오 餘九十箇世界種에 不云重數者는 明但是十波羅蜜이 十中具百하야 所攝化境故니 此是一箇因果 竟하다

이러한 11세계를 제외하고 주위에 있는 별개의 1백 가지 세계종자를 들어 말한 것은 곧 11지에서 교화하는 십바라밀행이 輪圍

山 법계 내에 두루 하고 있음을 밝힌 때문이며,

또한 방위의 차례를 따라 각각 10개씩 있어 이를 도합 1백이라고 말한 것은 "열 개의 말할 수 없는 부처님 세계에 티끌과 같이 셀 수 없이 무한한 수많은 경계"에 가득함을 밝힌 때문이며,

금강륜위산 가까운 주위에 10개의 세계종자가 있는데 상하로 4겹이 있다는 것은 11지 가운데 四攝法이 두루 가득함을 밝힌 때문이며,

나머지 90개 세계종자에서 정작 거듭 수를 말하지 않은 것은 다만 이 십바라밀이 열 가지 가운데에 1백 가지를 갖추어 교화할 대상의 경계를 밝힌 때문이다.

이는 하나의 인과에 대해 끝마치다.

六釋華藏世界純雜無礙者는 爲佛所行之行이 徧法界衆生界故니 旣是行徧인댄 所得依果도 亦徧이로데 但業不相應者는 同居而不見이 猶如靈神과 及諸鬼趣이 與人同處호대 人不能見이니 如經에 云譬如人身에 常有二天이 隨逐하야 天常見人호대 人不見天이라하시니라 此經은 爲佛行周徧이실새 依正도 亦徧하야 不同三乘의 推淨土於餘方하야 而致去來自他之相이니 爲彼小心根劣者하야 且如是設敎網故로 畢竟求大菩提心者는 還須歸此不二之門하야 興徧周法界之行願也니라

"(6) 화장세계해는 순수하고 뒤섞임에 걸림이 없음을 해석하였다."는 것은 부처님이 행하셔야 할 행이 법계와 중생계에 두루 존재하기 때문이다. 이처럼 부처님의 행이 두루 존재한다면 얻어지는 依果 또한 두루 존재할 것이다. 다만 업이 이에 상응하지 못한

자는 부처님과 함께 살면서도 부처님을 보지 못하는 것이 마치 신령 및 모든 귀신들이 사람들과 함께 살면서도 사람들이 신들을 보지 못하는 것과 같다. 入法界品에 이르기를, "비유를 들면 사람의 몸에 항상 同生과 同名이라는 두 하늘이 따라다니는데, 하늘은 항상 사람을 볼 수 있지만 사람은 하늘을 보지 못하는 것과 같다."고 하였다.

본 품에서는 부처님께서 행하신 일이 두루 가득한 까닭에 依報와 正報 또한 두루 갖춰, 정토를 餘力으로 미루어 오고 떠나감, 그리고 나와 남의 형상을 이루는 三乘과는 다르다. 소심하고 근기가 못난 그들을 위하여 이와 같은 방편으로 가르침을 베푼 것이다. 따라서 결국 대보리심을 추구하는 자는 또한 반드시 不二의 법문에 돌아와 법계에 두루 한 行願을 일으켜야 한다.

七明華藏世界圓攝三世業境者는 此華藏世界海로 明此教法이 一念三世故니 一念者는 爲無念也라 無念은 即無三世古今等法이니 以明法身이 無念하야 一切衆生妄念三世多劫之法이 不離無念之中이라 以是義故로 此華藏世界所有莊嚴境界 能現諸佛業과 衆生三世所行行業하야 因果 總現其中호대 或過去業이 現未來中하고 或未來業이 現過去中하며 或過去未來業이 現現在中하고 或現在業이 現過去未來中홈이 如百千明鏡을 俱懸에 四面前後에 影像이 互相徹故니 爲法界之體性이 無時故로 妄計三世之業이 頓現無時法中이라 是故라 經에 言智入三世호되 而無來往이라하시고 經에 云佛子汝應觀 刹種威神力하라 未來諸國土를 如夢悉令見하며 十方諸世界와 過去國土

海를 咸於一刹中에 現像猶如化하며 三世一切佛과 及以其國土를 於一刹種中에 一切悉觀見이라하시니 論主頌曰 三世無有時어늘 妄計三世法이니 以眞無妄想일세 一念現三世라 三世無時者는 亦無有一念이니 計著三世法이 總現無時中이라 了達無時法하면 一念成正覺이니라

"⑺ 화장세계해가 두루 삼세업경을 섭수함을 해석하였다."는 것은 이러한 화장세계해를 들어 가르침의 법이 '一念三世'임을 밝히기 위한 때문이다. '一念'이란 無念이다. 무념은 곧 삼세이니 고금이니 따위의 법이 없다. 법신이 무념하여 일체중생의 망념인 삼세 多劫의 법이 무념의 가운데 여의지 못함을 밝힌 것이다.

이러한 뜻으로 말한 까닭에 이처럼 화장세계에 소유한 장엄경계에 제불의 업과 중생이 삼세에 행하여 온 행업이 모두 나타나, 인과가 모두 그 가운데 나타나되 어떨 때는 과거의 행업이 미래 속에 나타나고, 어떨 때는 미래의 행업이 과거 속에 나타나고, 어떨 때는 과거와 미래의 행업이 현재 속에 나타나고, 어떨 때는 현재의 행업이 과거와 미래 속에 나타나기도 한다. 이는 마치 백 개, 천 개의 밝은 거울을 한꺼번에 달아놓으면 사방과 전후로 영상이 서로서로 비치는 것과 같기 때문이다. 법계의 체성이 일정한 시간이 없기 때문에 妄計인 삼세의 업이 갑자기 일정한 시간이 없는 가운데 나타나게 된다.

이 때문에 앞의 경문에서 이르기를, "지혜가 삼세에 들어가되 오고 감이 없다."고 하였고, 본 품의 아래 게송에서 이르기를, "불자여, 그대는 보라. 세계종자를 성취한 불보살의 위신력을…. 미

래의 모든 국토를 꿈처럼 모두 앞서 보여주네. 시방의 모든 세계에 과거의 국토바다가 모두 한 세계 속에서 형상이 化現하듯 나타나네. 삼세의 모든 부처님과 소유한 그 모든 국토를 하나의 세계종자 속에서 모두 다 볼 수 있네."라고 하였다.

論主가 이에 대해 게송으로 말하였다.

"과거 미래 현재는 일정한 때가 없는데, 부질없이 과거 미래 현재의 법을 계교한다.

참마음은 망상이 없는 법, 일념에 과거 미래 현재가 나타난다. 과거 미래 현재에 일정한 때가 없다는 것은 또한 일념마저도 없는데,

과거 미래 현재의 법을 계교하는 생각이 모두 일정한 때가 없다.

일정한 때가 없는 법을 깨달으면 한 생각 사이에 正覺을 이루게 된다."

'八釋佛國本空何爲華藏世界出生所緣者는 緣何事意오 緣意有四하니 一은 爲明二乘이 雖得解脫三界麤業이니 無有福智하야 不利衆生하고 滯於涅槃이오 二는 爲三乘菩薩이 有樂生淨土淨相이 常存하야 障法性如理하야 染淨이 當情에 知見不普하야 情存淨土하야 不得自在일세 不如此法의 隱現自在하야 爲利衆生하야 顯勝福德故로 即具相萬差하야 光明顯照니 若令衆生으로 情無取著이면 如幻雲散에 一物便無하야 無有所得이 存其繫故오 三은 爲怖一切法空衆生이 爲法空無相之理로 謂言斷見이라 空無福智라하야 不樂觀空하고 樂取相縛하야 隨境存業에 不能解脫者하야 所現福德依正果故로 令觀空法하야 空卻無明하고 成福德業이오 四는 總爲一切三乘과 及一切凡夫하야 現廣大

願行과 福智境界와 量度樣式하사 令其倣學하야 不偏執故니 經에 云 諸佛國土如虛空하야 無等無生無有相이어늘 爲利衆生普嚴淨하사 本願力故住其中이라하시니라

"⑻ 불국토는 본래 공한 것인데, 어떻게 화장세계해가 나오게 되었는지 인연의 대상을 해석하였다."는 것은 무슨 일로 반연하는가. 반연에 대한 뜻에는 4가지가 있다.

① 二乘이 비록 삼계의 거친 업[麤業]에서 해탈을 하였다고 하지만 복과 지혜가 없어서 중생에게 이로움을 주지 못하고 열반에 막혀 있음을 밝힌 것이다.

② 삼승보살이 정토에 태어나기를 좋아하는 생각이 항상 있기에 법성의 如理한 자리에 장애가 있어 더러움과 청정함을 마주하여 지견이 넓지 못하여, 마음이 정토에 머물러 있어 자유자재하지 못하다. "이 법이 보였다가 안 보였다 함에 자재하여 중생에게 이로움을 주기 위하여 훌륭한 복덕을 나타내는 까닭에 곧 수만 가지의 각기 다른 모습을 갖춰 광명이 밝게 비춰지는 것"만 같지 못하다. 만일 중생으로 하여금 정에 집착함이 없도록 하면, 마치 허깨비와도 같은 구름이 흩어지는 것처럼 갑자기 그 어느 것도 없어 그 얻고자 한 대상에 얽매임이 사라지기 때문이다.

③ 일체 법이 공하다는 사실을 두려워하고 겁내는 중생이 '법이 공하여 형상이 없다.'는 이치에 대하여 "그것은 斷見이다. 공하여 복과 지혜가 없다."고 잘못 생각한 나머지, 空을 觀하는 것을 좋아하지 않고 도리어 형상에 얽매인 집착을 좋아하여 경계에 따라

업을 둠으로써 해탈하지 못한 것이다. 이런 중생을 위해서 복덕의 依報와 正報의 결과를 보여준 까닭에 그들로 하여금 空法을 관하여 無明을 비우고 복덕의 업을 성취하도록 하기 위함이다.

④ 일체 삼승 및 일체 범부를 모두 위하여 광대한 원행(願行), 복과 지혜의 경계, 사물을 헤아리는[量度] 표본을 보여주어, 그들로 하여금 이를 본받아 배워서 편협한 집착이 없도록 하고자 한 까닭이다. 본 품의 아래 보현보살 게송에 이르기를, "모든 부처님 국토, 허공과 같아 짝할 수도 생겨남도 형상도 없지만, 중생의 이익 위해 널리 장엄 청정케 하여, 제불의 본래 원력으로 그 속에 머무신다."고 하였다.

九明華藏世界因何得隱現自在者는 爲從一切法空之理하야 隨智現故로 得隱現自在니 世間龍鬼는 具有三毒이로대 猶能隱現이온 何況法空은 空諸三毒하야 純淸淨智어니 不能隱現自在아 如善財 入彌勒樓閣하사 以三昧力으로 具見衆莊嚴이라가 從三昧起에 忽然不見하야 一相都無어늘 善財 白言하사대 此莊嚴이 何處去니잇고 彌勒이 答言하사대 從來處去니라 曰從何處來니잇고 曰從菩薩智慧神通來하야 依菩薩智慧神力而住일새 無有去處하며 亦無住處하야 非集非常이라 遠離一切니라 又如幻師이 作諸幻事에 無所從來며 無所至去라 雖無來去나 以幻力故로 分明可見인달하야 彼莊嚴事도 亦復如是하야 無所從來며 亦無所去라 雖無來去나 然以慣習不可思議幻智力故며 及往昔大願力故로 如是顯現이라하시니 華藏世界도 亦復如是하야 以如來大願智力과 法性自體空無性力으로 隱現自在니 若隨法性이면 萬相都無

로대 隨願智力하야 衆相隨現이라 隱現隨緣에 都無作者오 但以理智로 法爾自具니 不思議功이며 不思議變이라 無能作者하야 自在隱現이어늘 凡夫執著하야 用作無明하나니 執障이 旣無면 智用自在라 順法身에 萬象이 俱寂이오 隨智用에 萬象이 俱生이며 隨大悲에 常居生死호대 但隨理智일새 生死恒眞이니 以此三事로 隱顯萬端이라 不離一眞之智코 化儀百變이니라

"(9) 화장세계가 무엇으로 인연하여 보였다가 안 보였다 함에 자재함을 얻었는가를 밝혔다."는 것은 일체 법이 공하다는 이치로부터 지혜를 따라 나타나는 까닭에 보였다가 안 보였다 함에 자재함을 얻은 것이다. 세간에 용과 귀신은 三毒을 가지고서도 오히려 보였다가 안 보였다 함을 자유자재로 하는데, 하물며 법공은 모든 삼독을 비워 순전히 청정한 지혜이다. 그런 법공으로서 보였다가 안 보였다 함을 자유자재하지 못할 턱이 있겠는가.

예를 들면, 선재동자가 미륵보살의 누각에 들어가 삼매의 힘으로 수많은 오묘한 장엄을 모두 보았는데, 삼매에서 일어나자 갑자기 하나도 보이지 않았다. 그 어떤 형상도 도무지 찾아볼 수 없었다.

선재동자가 미륵보살에게 여쭈었다.

"그 숱한 장엄이 모두 어느 곳으로 갔습니까?"

미륵보살이 대답하였다.

"왔던 곳으로 갔느니라."

"어느 곳에서 왔습니까?"

"보살의 지혜신통에서 와서 보살의 지혜신력에 依해 머물렀기

에 떠나간 곳도 없으며, 또한 머문 곳도 없어서 모인 것[集]도 아니고 떳떳한 것[常]도 아니다. 일체를 멀리 여읜 것이다."

또한 요술사와도 같다. 요술사가 수많은 요술을 부릴 때 그 어떤 유래도 없고 그 어떤 갈 곳도 없다. 비록 오고 감이 없으나 마술의 힘 때문에 분명히 볼 수 있는 것과 같다. 저 장엄 또한 이와 같다. 그 어떤 유래도 없고 그 어떤 갈 곳도 없다. 비록 오고 감이 없으나 익혀온 불가사의의 허깨비와도 같은 지혜의 힘 때문이며, 지난날의 대원력 때문에 이처럼 나타난다고 하였다.

화장세계 또한 이와 같다. 여래의 대원지력과 법성 자체의 공하여 체성이 없는 힘으로써 보였다가 안 보였다 함이 자재하다. 만일 법성을 따르면 모든 형상이 모두 없지만 願智力을 따라서 수많은 형상이 따라 나타나는 것이다.

보였다 안 보였다 하는 것은 반연을 따라 모두 이를 만들어내는 자가 없고 다만 理智로써 그처럼 법이 절로 갖춰진 것이다. 불가사의의 공덕이며 불가사의의 변화이다. 이를 만들어내는 존재가 없어서 자유자재로 보였다 안 보였다 하는 것인데, 범부가 집착하여 無明을 만들어낸 것이다. 집착의 장애가 이미 없으면 지혜의 묘용이 자재하다. 법신을 따르면 삼라만상이 모두 고요하고, 지혜의 묘용을 따르면 삼라만상이 모두 생겨나고, 大悲를 따르면 항상 생사에 거처하되 다만 理智를 따르면 생사가 항상 참답게 된다. 이처럼 法身·智用·大悲 3가지의 일로써 보였다 안 보였다 하는 것이 수없이 많은 것이다. 一眞의 지혜를 여의지 않고 化儀가 백 가지로 변화하는 것이다.

十隨文釋義者는 此一品經을 長科爲十二段이라 如文自具니라

"(10) 경문을 따라 그 뜻을 해석하였다."는 것은 본 품의 경문을 長科(大科)로 12단락으로 나눈다. 경문에서 말한 바와 같이 스스로 갖춰 있다.

第四 釋文

4. 경문의 해석

一品分三이니 初明華藏因果自體오 二明藏海安布莊嚴이오 三明所持刹網差別이라 三段은 如次 釋華藏莊嚴世界之名이라 今初는 二니 先長行이오 後偈頌이라 長行도 亦二니 初는 擧果屬人하야 顯因深廣이오 二는 彰果體相하야 辯其寬容이라 今은 初라

본 품을 3단락으로 나눈다.

제1. 화장의 인과 자체를 밝힘이며,

제2. 화장세계바다에 펼쳐진 장엄을 밝힘이며,

제3. 화장세계바다에 지니고 있는 세계그물의 차별을 밝힘이다.

3단락은 차례와 같이 화장장엄세계의 명제를 해석하였다.

제1. 화장의 인과 자체를 밝히다

이는 2부분으로 나뉜다. 앞부분은 長行(산문. 게송을 제외한 경문)

이며, 뒷부분은 게송이다.

앞의 장항은 또다시 2부분으로 나뉜다. 첫째는 결과가 사람에 속함을 들어서 원인이 깊고 광대함을 나타냄이며, 둘째는 결과의 體相을 나타내어 그처럼 관대하게 포용을 논변하였다.

이는 앞부분의 장항이다.

經

爾時에 普賢菩薩이 復告大衆言하사대 諸佛子여 此華藏莊嚴世界海는 是毘盧遮那如來가 往昔於世界海微塵數劫에 修菩薩行時에 一一劫中에 親近世界海微塵數佛하사 一一佛所에 淨修世界海微塵數大願之所嚴淨이니라

그때 보현보살이 다시 대중들에게 말하였다.

"모든 불자들이여, 이 화장장엄세계바다는 비로자나여래께서 지난 옛적 세계바다의 티끌과 같이 셀 수 없이 무한한 영겁 동안, 보살행을 닦으실 적에 하나하나 겁 가운데 세계바다 티끌과 같이 셀 수 없이 무한한 부처님을 친근하면서 하나하나 부처님 처소에서 세계바다 티끌과 같이 셀 수 없이 무한한 큰 서원을 청정하게 닦아 장엄, 청정케 하신 것이다."

◉ 疏 ◉

謂指此刹海 是我本師修因所淨이라 然因深廣에 有三勝相하나니
一은 長時修刹海塵劫故로 不唯三祇며

二는 於多劫에 一一遇多勝緣이니 不唯勝觀釋迦等佛이며

三은 於多勝緣에 一一淨多大願하야 願淨國等이라 不唯淨一無生等이니 由上三重일세 故云深廣이라하니라【鈔】初華藏等者나 然第二安布莊嚴도 亦是果相故니라 應對果分因은 總爲二段이니 謂先明利因이오 後彰果相이니라

以第一段長行에 具有因果하고 偈文에 雙頌因果라 故合於因屬自體中이니 不唯勝觀等者니라 俱舍論第十八에 說호되 於三無數劫에 各供養七萬이오 又如次供養하야 五六七千佛이라 三無數劫滿에 逆次逢勝觀이오 然燈寶髻佛이오 初釋迦牟尼라하다 釋曰 此二偈中에 初偈는 明供養佛數니 謂初無數劫에 供養七萬五千佛이오 第二無數劫에 供養七萬六千佛이오 第三無數劫에 供養七萬七千佛이며 後頌은 明逢何佛供養이니 言逆次者는 從第三無數劫向前以明이니 謂第三無數劫滿에 逢勝觀佛이오 第二無數劫滿에 逢然燈佛이오 第一無數劫滿에 逢寶髻佛이오 最初發心에 逢釋迦佛하야 發誓願言호되 願我當作佛하야 一如今世尊이라 彼佛世尊은 末劫出世하사 法住千年어늘 今我如來에 一一同彼라하니라 故今疏에 云不唯勝觀者는 擧第三阿僧祇劫滿佛이오 言釋迦者는 擧初發心之佛이어늘 而言等者는 乃有三義하니 一은 等然燈寶髻오 二는 等所供佛數오 三은 等餘教所明이니 設言供養三十六恒과 三十八恒佛等이라도 皆未足爲多也라

'不唯淨一無生忍'者는 如智論說에 '五華供養然燈하야 得無生法忍故'라하고 金剛經云'若有少法可得인댄 然燈佛則不與我授記等'이니 無法可得은 是無生相이어늘 而言等者는 等餘法門이라 俱舍頌에 云

'但由悲普施하야 被折心無悋이라 讚欸底沙佛이오 次無上菩提라 六波羅蜜多는 於如是四位오 一二又一二하야 如次修圓滿이라하니 釋曰 初之四句는 卽是四位니 初位一滿은 謂普施成檀이오 次位二滿은 謂尸及忍이니 被折不報일세 故能滿尸오 由內無悋일세 故成於忍이오 第三位中에 但一度滿이니 謂精進度이오 第四位中에 定慧雙滿일세 故云 一二又一二'等이오 言底沙者는 此云圓滿이니 讚佛偈에 云'天地此界多聞室은 逝宮天處十方無라 丈夫牛王大沙門을 尋地山林徧無等'이라하다 七日七夜에 忘下一足하고 欸底沙故로 超於彌勒九劫先成佛이라 智論之中에 亦同此說이라 故六度滿하니 前後不多라 今經一一佛所하야 淨修世界海微塵數大願이온 況於多佛이며 況多劫耶아 故疏에 結云'由上三重 故云廣深'이라하다 】

첫째, 이 화장장엄세계바다가 우리 본사의 수행 인연으로 청정하게 된 바임을 가리켜 말한 것이다.

그러나 원인이 깊고 광대한 데에는 비로자나여래의 3가지 훌륭한 모습이 있다.

(1) 영겁의 긴긴 세월 동안 수행하였다. 세계바다의 티끌과 같이 셀 수 없이 무한한 오랜 겁을 수행한 까닭에 단순히 3아승기겁에 그치지 않았다.

(2) 영겁에 하나하나 수많은 좋은 인연을 만났다. 단순히 勝觀佛, 석가모니불 등만을 만난 데에 그치지 않았다.

(3) 수많은 좋은 인연에 하나하나 수많은 큰 誓願을 청정하게 닦아 청정불국토를 서원한 따위를 말한다. 단순히 하나의 無生忍

등만을 청정하게 닦은 데에 그친 것이 아니다.

위 3가지의 훌륭한 점을 연유한 까닭에 "원인이 깊고 광대하다."고 말한 것이다. 【초_"제1. 화장의 인과 자체를 밝혔다." 등이라고 말하지만, 그러나 제2의 장엄을 펼쳐놓은 것 또한 결과의 현상이기 때문이다. 결과를 상대로 원인을 구분하는 것은 모두 2단락이다. 앞에서는 세계의 원인을 밝혔고, 뒤에서는 결과의 형상을 나타낸 것이다. 제1단락의 장항 산문에 인과가 갖춰져 있고, 게송에서는 원인과 결과를 모두 들어 찬탄하였기 때문이다. 따라서 원인에 속한 자체에 부합된 것인바, 오직 승관불 등만을 친견하는 데에 그치지 않는다.

구사론 제18 分別業品의 게송은 다음과 같다.

〈제1게송〉 세 차례의 無數劫 동안, 각각 7만 부처님을 공양하였고, 또 이처럼 차례로 5천, 6천, 7천 부처님을 공양하였다.

〈제2게송〉 세 차례의 무수겁이 가득 차자, 逆으로 차례대로 승관불을 친근하고, 그다음에 然燈寶髻佛을 친근하고, 최초발심에 석가모니를 만났다.

이에 대해 다음과 같이 해석하였다.

"두 게송 가운데 앞의 게송은 부처님에게 공양했던 수효를 밝힌 것이다. 처음 무수겁에 7만 5천 불에게 공양하였고, 제2 무수겁에 7만 6천 불에게 공양하였고, 제3 무수겁에 7만 7천 불에게 공양하였음을 말한다. 뒤의 게송은 어떤 부처님을 만나 공양했는가를 밝힌 것이다. 역으로 차례대로 친근했던 것은 거꾸로 제3 무수겁에서 시작하여 앞으로 제2, 제1 무수겁으로 나아감을 밝힌 것이다. 제3 무수겁이 가득 차자 勝觀佛을 친근하였고, 제2 무수겁이 가득 차자 然燈佛을 친근하였고, 제1 무수겁이 가득 차자 寶髻佛을 친근하였고, 최초발심에 석가모니불을 만나서 소원을 일으켜 말씀드렸다. '원하옵건대 저는 마땅히 부처가 되어 지금의 세존과 똑같이 될 것입니다. 저 불세존은 말겁의 세상에 나오시어 천 년 동안 머무셨는데 지금 우리 여래께서는 하나하나 그와 똑같습니다.'라고 하였다."

이 때문에 이의 청량 疏에서 "단순히 勝觀佛, 석가모니불 等만을 만난 것이 아니다."고 말한 것은 제3 아승기겁이 가득 찬 데에서 만난 부처님들을 들어 말한 것이며, 석가모니불을 말한 것은 최초 발심한 부처님을 들어 말한 것인데, "석가모니불 等만을 만난 것이 아니다."의 '… 等' 자에는 3가지의 뜻이 담겨 있다.

① 연등불, 보계불과 대등하다는 것이며,
② 공양 올린 부처님의 수효와 대등하다는 것이며,
③ 그 밖의 가르침에서 밝힌 바와 대등하다는 것이다.

설령 36恒佛, 38항불 등에게 공양했을지라도 그 모두가 이보다 더 많다고 말할 수 없다.

"단순히 하나의 무생인 등만을 청정하게 닦은 데에 그친 것이 아니다[不唯淨一無生等]."라는 것은, 예컨대 지도론에서는 "5색의 꽃으로 연등불에게 공양 올려 무생법인을 얻었기 때문이다."고 하였고, 금강경에서는 "만약 조금만큼이라도 법을 얻은 바 있다면 연등불은 나에게 授記 등을 주지 않았다."고 하였다. 조금만큼이라도 법을 얻은 바 없다는 것은 無生의 모습임에도, "연등불은 나에게 授記 등을 주지 않았다."의 '… 等' 자를 말한 것은 나머지 법문과 똑같은 것이다.

구사론 분별업품의 게송은 다음과 같다.

〈제1게송〉 단 자비로 말미암아 보시를 널리 베풀어 굴욕을 당하여도 마음에 분함이 없다. 底沙佛을 찬탄하고 다음으로 무상보리이다.

〈제2게송〉 육바라밀다는 이와 같이 4위이며, 1, 2 또는 1, 2로써 차례와 같이 원만하게 닦아간다.

이에 대해 다음과 같이 해석하였다.

"두 게송 가운데 앞의 게송 4구는 곧 4위이다. 초위 1이 원만함은 보시를 널리 베풀어 단바라밀을 성취함이며, 다음 지위 2가 원만함은 계바라밀과 인바라밀을 말하니, 굴욕을 당하고서도 보복하지 않기에 계바라밀이 원만하고 안으로 분한 마음이 없기에 인바라밀을 성취함이며, 제3위 가운데 단 하나의 바라밀이 원만하니 정진바라밀을 말하며, 제4위 가운데 定·慧가 모두 원만한 까닭에 '1, 2 또는 1, 2' 등이라 말하였다. 底沙라 말한 것은 중국에서는 '원만'이라는 뜻이다. 찬불게송에 이르기를, "천지 이 경계에 多聞室이여, 逝宮(梵王宮) 하늘, 시방 그 어느 곳에도 찾아볼 수 없는 분. 장부시여 우왕이시여 대사문이시여, 땅의 산림에 두루 찾아보아도 똑같은 분이 없다."고 하였다. 7일 밤낮으로 하나의 만족함을 잊고

底沙¹를 찬탄한 까닭에 미륵보다 9겁을 초월하여 먼저 성불한 것이다. 지도론에서도 또한 이처럼 말하였다. 이 때문에 육바라밀이 원만하니 전후에 이런 일은 많지 않다. 이에 하나하나 부처님이 계신 곳을 지나오면서 세계바다 티끌과 같이 셀 수 없이 무한한 수많은 큰 誓願을 청정하게 닦아왔는데 하물며 수많은 부처님을 친근하고, 하물며 영겁에 닦아온 수행이야 오죽하겠는가. 이 때문에 청량疏에서 "위의 3가지 훌륭한 점을 연유한 까닭에 원인이 깊고 광대하다."고 끝맺은 것이다.】

然瑜伽起信等은 約三乘教일세 一方化儀와 一類世界에 定說三祇어니와 今約一乘일세 該通十方과 及樹形等界라 故云刹海塵數라하니라 是以로 寶雲經言 我爲淺識衆生하야 說三僧祇劫修行이나 然我實經無量阿僧祇劫修行이라하고 又時無別體하야 依法上立이니 法旣無盡일세 時亦無窮이온 況念劫圓融하야 不應剋執가라하다【鈔_ 時無別體下는 別教一乘融攝以說이니 如毘目仙人이 執善財手하야 時經多劫하고 處歷無邊이라 故不可以長短思也니라 若顯超勝이면 一生頓圓이어니와 若約甚深이면 多劫莫究라 故云不可定執이오 貴在入玄이라하니라】

그러나 유가경, 기신론 등에서는 삼승의 가르침으로 말한 까닭에 한 지방에서의 교화 의식과 한 부류의 세계에 삼승지겁으로 정하여 말했지만, 여기에서는 일승으로 말한 까닭에 시방세계 및 나무 형태 등의 경계에 모두 통틀어 말한 것이다. 이런 까닭에 "티끌

....

1 底沙: Tiya 또는 불사(弗沙)·보사(補沙). 번역하여 명(明)·원만(圓滿)·귀수(鬼宿).

과 같이 셀 수 없이 무한한 세계바다"라고 말한 것이다.

　이 때문에 寶雲經에 이르기를, "나는 견식이 얕은 중생을 위하여 삼승지겁의 수행을 말했지만 나는 실로 한량없는 아승지겁 동안 수행을 하였다."고 하고, 또한 "시간은 개별의 체상이 없어서 법의 위에 의지하여 세워지는 것이다. 법이 이미 다함이 없기에 시간 또한 다함이 없다. 생각과 劫이 원융하기에 그 어느 하나만을 잡을 수 없는데 오죽하겠는가."라고 하였다.【초_ "시간은 개별의 체상이 없다." 이하의 문장은 別敎의 一乘融攝으로 말한 것이다. 예를 들면 毘目仙人이 선재동자의 손을 잡고서 시간으로는 많은 겁을 지내고 처소로는 끝이 없는 곳을 거쳐 온 것과 같다. 이 때문에 시간의 길고 짧은 것으로 생각할 수 없다. 만약 뛰어나고 훌륭함으로 밝힌다면 한 번 태어나면서 단번에 원만하겠지만 매우 심오한 것으로 말하면 영겁에도 다할 수 없다. 이 때문에 일정하게 고집하여 말할 수 없고 고귀함은 현묘한 데 들어감에 있다고 말한 것이다.】

二諸佛子下彰果體相者는 植因旣深이면 果必繁奧니라 然所依刹量이 諸敎不同이라 小乘은 但一娑婆오 三乘은 有大小之化하니 或色究竟으로 爲實하고 或他方에 別有淨邦이로되 今一乘十佛之境은 大小無礙하고 淨穢相融하니 且依一相하야 說有邊表나 實則一重이 橫尋無邊이온 況復重重 塵含法界아【鈔_ 然所依下는 彰其分量이오 言大小之化者는 如梵網經에 周帀千華上 復現千釋迦는 卽大化也오 一華百億國 一國一釋迦는 卽小化也라 小化는 唯一四洲오 大化는 總

該百億이라 '且依一相'者는 且依一種義相하야 不壞邊表하고 有蓮華外에 別佛刹海等이나 實則稱性하야 橫不可尋이라 故云法界無差別이어니와 若以性融相인댄 則一塵中에 法界無盡이라하나라 】

둘째, "모든 불자들이여, 이 화장장엄세계바다" 이하의 문단에서 "결과의 體相을 나타낸다."는 것은 원인을 이미 깊이 심었기에 결과가 반드시 번성하고 심오한 것이다. 그러나 의지한 바의 세계 한량이 여러 가르침에 따라 똑같지 않다. 소승은 단 하나의 사바세계이며, 삼승은 크고 작은 교화가 있기에 혹은 色究竟으로 실상을 삼고 혹은 다른 지방에 별개로 청정한 국토를 두지만, 여기에서 말한 一乘十佛의 경계는 크고 작은 데에 걸림이 없고 정토와 예토가 모두 원융하다. 또한 一相에 의하여 변두리와 바깥이 있음을 말했으나 실상은 한 겹을 공간의 횡으로 찾아봐도 끝이 없는데, 하물며 또한 겹겹이 하나의 티끌 속에도 법계를 포함하고 있음이야. 【초_ "그러나 의지한 바의 세계 한량이 여러 가르침에 따라 똑같지 않다."의 이하는 그 분량을 나타낸 것이다. "크고 작은 교화"란, 범망경에서 "두루 피어난 1천 꽃송이 위에 또한 1천 석가모니불이 나타난다."는 것은 곧 큰 교화이며, "한 송이의 꽃에 백억 나라가 있고, 하나의 나라마다 하나의 석가모니불이 있다."는 것은 작은 교화이다. '작은 교화'는 오직 하나의 四洲天이며, '큰 교화'는 백억 국토를 총괄하여 갖추고 있다. "또한 一相에 의한다."는 것은 또한 하나의 義相에 의하여 변두리와 바깥이 무너지지 않고 연꽃의 밖에 별개의 부처세계바다 등이 있으나 실제로는 법성과 하나가 되어 공간의 횡으로 찾을 수 없다. 이 때문에 "법계는 차별이 없지만 만약 自性으로써 형상에 융합하여 말한다면 하나의 티끌 속에도 끝없는 법계가 있다."고 말한 것이다.】

然準下別顯컨대 應有十事니 一所依風輪이오 二風持香海오 三海出蓮華오 四華持刹海오 五繞臺輪山이오 六臺面寶地오 七地有香海오 八海間香河오 九 河間樹等이오 十總結多嚴이라 今文之中에 唯闕一河니라

文且分四니 第一은 能持風輪이오 第二는 所持香海오 第三은 海出蓮華오 第四는 華持刹海니라【鈔 應有十事者 以文廣釋十事故며 此中長行에 畧標列故니라 是以로 古德一品之中에 先分土因하고 就果相中에 卽分十段이라 今不依者는 以下六事에 各有長行偈頌이어늘 而前四事는 同一長行이라 故科十段은 於文不便일새 先科爲三하야 於第一華藏自體長行之內에 方分爲四耳니라】

　그러나 아래의 문장에서 별개로 밝힌 바에 준하면 당연히 10가지의 일이 있다.

　　⑴ 의지의 대상이 되는 풍륜

　　⑵ 풍륜이 유지해주는 향수바다

　　⑶ 향수바다에 피어난 연꽃

　　⑷ 연꽃이 유지해주는 세계바다

　　⑸ 臺面에 둘러 있는 金剛輪山

　　⑹ 요대 앞의 보배땅

　　⑺ 보배땅에 있는 향수바다

(8) 향수바다 사이에 향수강하

(9) 향수강하 사이에 나무숲 등

(10) 수많은 장엄을 총괄하여 끝맺다.

본 경문에는 오직 하나의 河水가 빠졌다.

경문은 또한 4단락으로 나뉜다.

(1) 유지의 주체로서의 풍륜

(2) 유지의 대상으로서의 향수바다

(3) 향수바다에 피어난 연꽃

(4) 연꽃이 세계바다를 유지하다. 【초_ "당연히 10가지의 일이 있다."는 것은 경문을 10가지의 일로 자세히 해석한 까닭이며, 이의 장항 산문에서는 간단하게 열거하여 내세운 까닭이다. 이 때문에 옛 스님은 본 품을 먼저 국토의 원인을 구분하고, 결과의 형상 부분에서 10단락으로 나누었다. 그러나 여기에서 이를 따르지 않는 것은 아래의 6가지 일에는 각기 장항 산문과 게송 운문이 있는데, 앞의 4가지 일은 장항에서 말한 바와 같다. 이 때문에 10단락으로 과목을 나누는 것은 문맥상 온당하지 못한 까닭에 먼저 3가지로 과목을 삼아 '제1 화장장엄세계바다'의 해당 부분을 바야흐로 4단락으로 나눈 것이다.】

今初風輪

(1) 풍륜(바람바퀴)

諸佛子여 此華藏莊嚴世界海가 有須彌山微塵數風輪所持하니

其最下風輪은 名平等住니 能持其上一切寶焰熾然莊嚴하며

次上風輪은 名出生種種寶莊嚴이니 能持其上淨光照耀摩尼王幢하며

次上風輪은 名寶威德이니 能持其上一切寶鈴하며

次上風輪은 名平等焰이니 能持其上日光明相摩尼王輪하며

次上風輪은 名種種普莊嚴이니 能持其上光明輪華하며

次上風輪은 名普淸淨이니 能持其上一切華焰師子座하며

次上風輪은 名聲徧十方이니 能持其上一切珠王幢하며

次上風輪은 名一切寶光明이니 能持其上一切摩尼王樹華하며

次上風輪은 名速疾普持니 能持其上一切香摩尼須彌雲하며

次上風輪은 名種種宮殿遊行이니 能持其上一切寶色香臺雲하니라

諸佛子여 彼須彌山微塵數風輪의 最在上者는 名殊勝威光藏이니

"모든 불자들이여, 이 화장장엄세계바다는 수미산처럼 크나큰, 티끌과 같이 셀 수 없이 무한한 바람바퀴[風輪]가 있어서 유지하는 것이다.

(1) 가장 아래에 있는 풍륜의 이름은 평등주(平等住)라 하니 그

위에 온갖 보배 불꽃이 치성한 장엄을 유지한 때문이며,

(2) 다음 그 위의 풍륜 이름은 출생종종보(出生種種寶)장엄이라 하니 그 위에 청정한 광명이 밝게 비치는 마니왕 깃대를 유지한 때문이며,

(3) 다음 그 위의 풍륜 이름은 보위덕(寶威德)이라 하니 그 위에 온갖 보배 방울을 유지한 때문이며,

(4) 다음 그 위의 풍륜 이름은 평등염(平等焰)이라 하니 그 위에 햇빛처럼 밝은 모양의 마니왕 바퀴를 유지한 때문이며,

(5) 다음 그 위의 풍륜 이름은 종종보(種種普)장엄이라 하니 그 위에 광명바퀴꽃을 유지한 때문이며,

(6) 다음 그 위의 풍륜 이름은 보청정(普淸淨)이라 하니 그 위에 온갖 꽃불길 사자좌를 유지한 때문이며,

(7) 다음 그 위의 풍륜 이름은 성변시방(聲徧十方)이라 하니 그 위에 온갖 구슬왕 깃대를 유지한 때문이며,

(8) 다음 그 위의 풍륜 이름은 일체보광명(一切寶光明)이라 하니 그 위에 온갖 마니왕나무꽃을 유지한 때문이며,

(9) 다음 그 위의 풍륜 이름은 속질보지(速疾普持)라 하니 그 위에 온갖 향마니수미구름을 유지한 때문이며,

(10) 다음 그 위의 풍륜 이름은 종종궁전유행(種種宮殿遊行)이라 하니 그 위에 온갖 보배빛 향대(香臺)구름을 유지한 때문이다.

또한 모든 불자들이여, 저 수미산처럼 크나큰, 티끌과 같이 셀 수 없이 무한한 풍륜의 가장 위에 있는 것은 이름이 수승위광장(殊

勝威光藏)이라 하는데,

● 疏 ●

風輪之因은 卽大願等이니 亦如前釋하다
於中文三이니 初總標數요 二其最下는 畧列名이오 三諸佛子下는 別
擧最上이라
列中에 名平等住者는 一徧持諸位故오 二稱實性故라 餘名可知라
風並在下오 寶在臺面하니 以力遙持니라【鈔_ 以力遙持者는 古有
二釋이니 一云一重風輪이 持一重物이니 疏에 以出現品中有十風輪
持欲色等이 皆是遙持일새 故今案定이라 】

　풍륜의 원인은 곧 큰 서원(誓願) 등을 말하는바, 이 또한 앞에서 해석한 바와 같다.
　본 경문은 3단락으로 나뉜다.
　⑴ 풍륜의 수효를 총상으로 밝힘이며,
　⑵ 풍륜의 명제를 간단하게 열거함이며,
　⑶ 가장 위에 있는 풍륜을 별상으로 열거함이다.
　명제를 열거한 가운데 '평등주'라 명명한 것은 첫째, 모든 지위를 두루 유지시켜주기 때문이다. 둘째, 實性에 상응하기 때문이다. 나머지의 명제는 이로 미뤄보면 말하지 않아도 알 수 있다. 바람바퀴는 모두 아래에 있고 보배는 대(臺)의 위에 있다. 그런 힘으로 멀리 유지한 것이다.【초_ "그런 힘으로 멀리 유지한다[以力遙持]."에 대해 옛사람은 2가지로 해석하였다. 일설에 의하면, 한 층의 풍륜

53

이 한 층의 물건을 유지하는 것이다. 청량 疏는 여래출현품에서 10개의 풍륜이 욕계천·색계천 등을 유지한다는 것이 모두 '멀리 유지'한 것이라고 생각한 까닭에 여기에서 이처럼 확정 지어 말한 것이다.】

三擧·最上·者는 勝力能持香海일세 故立其名이라

"(3) 가장 위에 있는 풍륜"을 들어 말한 것은 가장 훌륭한 힘으로 향기바다를 유지한 까닭에 그와 같은 명제를 내세운 것이다.

―

第二 所持香海

(2) 풍륜이 유지해주는 향수바다

經

能持普光摩尼莊嚴香水海어든

보광마니장엄향수바다를 유지해주는데

● 疏 ●

以摩尼發光으로 普照一切嚴海底岸과 及寶色香水일세 故立此名이오 又藏識名海는 具德深廣故오 流注名水는 刹那性故며 又佛性名水오 遠熏名香은 聞未證故니라【鈔 又佛性名水下는 約通生佛이니 佛性은 即是眞法性故일세니라 故此品初에 海表三義어늘 今擧其二는 畧不說悲니라】

마니주에서 쏟아지는 광명으로 널리 모든 것을 비춰주어 바다 언덕과 보배 색상의 향수를 장엄해주는 까닭에 '보광마니장엄향수바다'라는 이름을 붙인 것이다.

또 藏識(阿羅耶識: 種子識)을 바다[海]라고 말한 것은 깊고도 광대한 덕을 갖추고 있기 때문이다.

유식에서 전전하여 변화하면서 끊임없이 흘러가는[流注] 것을 물[水]이라고 말함은 찰나의 자성이기 때문이며, 또 불성을 물[水]이라 말하기도 한다.

오랫동안 薰習한 것을 향기[香]라고 말함은 불법을 듣고서도 바로 증득하지 못한 까닭이다.【초_"또 불성을 물[水]이라 말한다[又佛性名水]." 이하는 중생과 부처를 통틀어 말한 것이다. 佛性은 곧 참 법성이기 때문이다. 이 때문에 본 품의 첫 부분에서 말한 海 자에서 3가지의 뜻을 나타냈는데, 여기에서 그중 2가지만을 열거한 것은 자비를 생략하여 말하지 않은 때문이다.】

第三 所出蓮華
(3) 향수바다에 피어난 연꽃

經
此香水海에 **有大蓮華**하니 **名種種光明蘂香幢**이라
이 향수바다에 큰 연꽃이 피어나니 그 연꽃을 '갖가지 광명으

로 이뤄진 꽃술 향기 깃대'라고 부른다.

◉ 疏 ◉

所出蓮華에 蘂放異光하고 又發勝香하야 高出降伏이라 故立此名이오 又所發萬行이 一一覺性일새 故曰光明이오 皆能普熏이 卽香義也니라【鈔_'又所發萬行'下는 上約事釋이오 此約表法이라 但通相表行이로되 若別說者댄 畧示十德하야 表於十度니 一은 開敷鮮榮으로 以表施度하고 二는 自性無染으로 以表戒度하고 三은 香氣芬馥이오 四는 寶莖堅固오 五는 寶葉扶疎오 六은 寶蘂光幢이오 七은 相巧成就오 八은 含藏蓮子오 九는 寶臺堅住오 十은 普放光明이라 下八은 如次 顯於八度니라】

향수바다에 피어난 연꽃의 꽃술에서 기이한 광명이 쏟아지고, 또한 아주 맑은 향기가 풍겨 나오는데, 그 줄기가 높이 솟아 있고 다른 것을 항복받은 까닭에 '갖가지 광명으로 이뤄진 꽃술 향기 깃대'라는 이름을 붙인 것이다.

또한 피어난 연꽃의 만행이 하나하나 모두 覺性인 까닭에 '광명'이라 말하고, 널리 쐬어주는 것이 곧 '향기[香]'의 뜻이다.【초_ "또한 피어난 연꽃의 만행[又所發萬行]" 아래의 문장은 그 위에서는 연꽃이 지니고 있는 일을 들어 해석한 것이며, 여기에서는 연꽃을 들어 법을 나타낸 부분으로 말하고 있다. 단 연꽃의 모습을 통하여 만행을 말한 것이지만, 만약 별상으로 구분 지어 말한다면 간략히 10가지의 덕을 나타내어 십바라밀을 밝힌 것이다.

① 신선하고 빛나게 피어나는 것으로 보시바라밀을 나타내고,
② 자성이 더럽혀짐이 없는 것으로 지계바라밀을 나타내고,
③ 향기가 물씬거리는 것으로 〈인바라밀을〉
④ 보배 줄기가 견고함으로 〈정진바라밀을〉
⑤ 보배 잎이 듬성듬성함으로 〈선바라밀을〉
⑥ 보배 꽃술에 광명의 깃발이 있는 것으로 〈혜바라밀을〉
⑦ 모습이 잘 생긴 것으로 〈방편바라밀을〉
⑧ 연꽃 씨앗을 머금은 것으로 〈원바라밀을〉
⑨ 寶臺의 견고하고 안정된 것으로 〈역바라밀을〉
⑩ 광명이 널리 쏟아지는 것으로 〈지바라밀을〉
아래의 8가지는 차례대로 8가지의 바라밀을 밝힌 것이다.】

第四 所持刹海
(4) 연꽃이 유지해주는 세계바다

經
華藏莊嚴世界海 住在其中하니 **四方**이 **均平**하고 **淸淨堅固**하며 **金剛輪山**이 **周帀圍繞**하고 **地海衆樹 各有區別**하니라
　화장장엄세계바다가 그 가운데 안주하고 있는데 사방이 고루 평탄하며 청정하고 견고하였다. 금강륜산(金剛輪山)이 두루 에워싸고 있으며 땅과 바다와 온갖 나무들이 각각 구별되어 있다."

● 疏 ●

所持刹海 四方均平은 總顯形相이오 淸淨堅固는 彰其體性이오 金剛圍等은 別明所有니 卽下別顯이어늘 此爲其本이라 一山 二地 三海 四樹 各別區分은 卽總顯多嚴이로되 但闕一河라 以下에 有別顯일새 故此畧明이오 下亦畧頌이라

유지해주는 세계바다가 사방으로 고루 평탄한 것은 총체로 형상을 나타낸 것이며, 청정하고 견고함은 그 체성을 밝힘이며, "금강륜산이 두루 에워싸고" 등은 별상으로 소유한 바를 밝힌 것이다. 아래의 경문에서 별상으로 밝히고 있는데, 이는 그 근본이 된다. ① 山, ② 地, ③ 海, ④ 樹는 각각 별개로 구분하여 말한 것은 곧 장엄이 많다는 것을 총체로 나타냄이다. 그러나 그 가운데 하나의 河가 누락되었다. 아래의 경문에서 별상으로 河를 밝히고 있기에 여기에서 생략한 것이며, 아래의 게송에서도 이를 생략한 것이다.

經

是時에 普賢菩薩이 欲重宣其義하사 承佛神力하사 觀察十方하고 而說頌言하사대

이때 보현보살이 그 뜻을 거듭 말하고자 부처님의 헤아릴 수 없는 영묘하고도 불가사의한 힘을 받들어 시방중생을 살펴보고서 게송으로 말하였다.

世尊往昔於諸有에   微塵佛所修淨業이실세

故獲種種寶光明하사　　　華藏莊嚴世界海로다
　　세존께서 지난 옛적 수많은 세계에서
　　무한한 부처님 도량에서 청정한 업 닦으시어
　　갖가지 보배 광명 얻어
　　화장장엄세계바다 성취하셨네

廣大悲雲徧一切하사　　　捨身無量等刹塵하시니
以昔劫海修行力으로　　　今此世界無諸垢로다
　　광대무변 자비구름 일체중생 덮어주어
　　한량없는 미진수 국토에 몸을 나투셨네
　　옛적 억겁바다 수행하신 힘으로
　　지금 이 세계에 더러움이 없는 터이네

● 疏 ●

第二偈中이라 然長行偈頌에 有十例五對하니 謂有無·廣畧·離合·先後 爲八이오 九或超間이오 十或頌已重頌일세 故釋頌文에 不可一例니 上下準之니라
此文 畧有四例니
一 宿因現緣은 經離頌合이오【鈔_ 一宿因現緣者는 此中에 名長行 爲經이니 以取長行綴葺하야 畧說所應說義하야 別相修多羅故니라 言 經離者는 宿因은 卽顯因深廣이오 現緣은 卽前風持香海等이니 此二 는 明離오 言'頌合'者는 初偈頌總에 前半은 宿因이오 後半은 現緣이오

第二偈에 三句는 宿因이오 第四句는 是現緣故니라】

　第二는 偈中이다. 그러나 장항과 게송에 10가지의 예[十例]와 5가지의 대칭[五對]이 있다. 有와 無, 廣과 畧, 離와 合, 先과 後가 도합 8가지이며, 제9는 혹 간격을 뛰어넘고 제10은 혹 게송을 마쳤는데 다시 게송을 읊은 것이다. 이 때문에 게송을 해석함에 있어 한 가지의 예로 볼 수 없다. 상하의 게송은 이에 준한다.

　이의 게송에는 간단히 4가지의 예가 있다.

　⑴ 옛적의 인연[宿因]과 현재의 반연[現緣]을 장항의 경문에서는 나누어 썼는데, 게송에서는 합하여 썼다.【초_"⑴ 옛적의 인연[宿因]과 현재의 반연[現緣]"이라는 것은 여기에서 장항은 경문이라[長行爲經] 하니 장편의 문장으로 엮어 응당 말해야 할 뜻을 간단하게 말하여 修多羅를 別相으로 밝힌 때문이다.

　"경문에서는 나누어 썼다[經離]."는 것은 옛적의 인연[宿因]이란 곧 앞에서 "인연이 깊고도 광대함을 나타낸 것"이며, 현재의 반연[現緣]이란 곧 앞에서 "풍륜이 향수바다를 유지"한다는 등이다. 이 두 문장은 옛적의 인연과 현재의 반연을 나누어서 밝힌 것이다.

　"게송에서는 합하여 썼다[頌合]."는 것은 總相으로 읊은, 제1게송의 제1, 2구는 옛적의 인연을, 제3, 4구는 현재의 반연을 말하였고, 제2게송의 3구절은 옛적의 인연을, 제4구는 현재의 반연을 말하였기 때문이다.】

二 所成果相은 經畧頌廣이오【鈔_ 二所成果相者는 長行云'華藏世界海住在其中'者는 即所成果相이니 此文則畧이로되 以十偈之內에

皆有果相일세 故云頌廣'이라하다 】

⑵ 성취된 결과의 형상은 장항의 경문에서는 간단하게 썼는데, 게송에서는 자세히 썼다. 【초_ "⑵ 성취된 결과의 형상"이란, 장항의 경문에서 말한 "화장세계바다가 그 가운데 있다."는 것은 곧 성취된 결과의 형상이다. 이처럼 경문에서는 간단하게 썼지만, 10수의 게송에는 모두 결과의 형상이 있기에 "게송에서는 자세히 썼다."고 말한 것이다.】

三 現緣風輪은 經廣頌畧이오【鈔_ '三現緣風輪'者는 經列十種風輪이로되 偈中에 但云風力所持無動搖耳라하다 】

⑶ 현재의 반연인 풍륜은 장항의 경문에서는 자세하게 썼는데, 게송에서는 간단하게 썼다. 【초_ "⑶ 현재의 반연인 풍륜"이란 장항의 경문에서는 10가지의 풍륜을 열거했는데, 게송에서는 다만 "풍륜의 힘으로 유지되어 흔들림이 없다."고 말했을 뿐이다.】

四 山地海樹는 經有頌無오【鈔_ '四山地海樹'者는 長行에 云'金剛輪山이 周帀圍繞하고 地海衆樹는 各有區別'이라하니 此經有也어늘 頌無를 可知라 上言有四者는 但有四例로되 唯廣畧一種으로 乃成一對니 離合·有無는 但成一例耳라 若成對者댄 應須經合頌離오 經無頌有하야 方成三對오 餘四는 例二對니 此中則無오 下頌則有니라 】

⑷ 山·地·海·樹는 장항의 경문에서는 말했으나 게송에서는 말하지 않았다. 【초_ "⑷ 山·地·海·樹"란 장항의 경문에서 "금강륜산이 두루 에워싸고 있으며 땅과 바다와 온갖 나무들이 각각 구별되어 있다."고 말하였다. 이는 경문에서는 말했지만 게송에서는

말하지 않았음을 알 수 있다.

위에서 山·地·海·樹 4가지가 있다고 말한 것은 단 4가지의 예를 들어 말한 것이지만 오직 '자세히 또는 간단하게 말하였다.'는 한 가지로써 하나의 대칭을 이루고 있다. 離合·有無는 단 하나의 예를 들어 말한 것이다. 만약 대칭을 이룬 것이라면 당연히 장항의 경문에서는 합하여 말하고 게송에서는 나누어서 말하고, 장항의 경문에서는 말하지 않고 게송에서만 말해야 만이 비로소 3가지의 대칭이 이뤄질 것이다. 나머지 선후 등 4가지는 앞에서 말한 2가지의 대칭에 준하여 보는 것인바, 이의 게송에는 없고 아래의 게송에는 있다.】

十偈分二니 初二는 頌上因相이니 卽辨因招果니라

10수의 게송은 2단락으로 나뉜다. 제1, 2의 게송은 위에서 말한 원인의 형상[因相]을 읊은 것으로, 곧 원인이 결과를 부름에 대해 논변한 것이다.

放大光明徧住空하니　風力所持無動搖라
佛藏摩尼普嚴飾하니　如來願力令淸淨이로다

　큰 광명을 놓아 허공에 두루 머무니
　풍력으로 유지하여 흔들림 없고
　여래장[佛藏]을 마니주로 널리 꾸미니
　부처님 원력으로 이처럼 청정하게 만드셨네

普散摩尼妙藏華하니　　　以昔願力空中住라

　마니주 묘장화(妙藏華) 널리 흩으니
　옛적 발원의 힘으로 허공에 머물고

● 疏 ●

餘頌果相이라 於中分四니 初에 一偈半은 頌風輪이니 皆上句所持오 下句能持라 初半偈는 以果持果오 後偈는 兼明能成之因이니 前半은 離障이니 願令淸淨故며 後半은 無礙니 願依空住故니라

　나머지 8수 게송은 果相을 읊은 것이다. 8수의 게송은 4단락으로 나뉜다.
　제1단락의 제3게송과 제4게송의 제1, 2구는 풍륜을 읊은 것으로 모두 위 구절, 즉 제3게송의 제1, 3구와 제4게송의 제1구는 유지의 대상으로 말하였고, 아래 구절, 즉 제3게송의 제2, 4구와 제4게송의 제2구는 유지의 주체로 말하였다.
　초반의 제3게송은 결과로써 결과를 유지함이다. 뒤의 제4게송은 유지해줄 수 있는 주체[能成]의 원인을 겸하여 밝힌 것으로, 제1구는 장애를 여읨이니 원력으로 청정케 하려는 때문이며, 제2구는 걸림이 없음이니 원력으로 허공을 의지하여 머문 때문이다.

種種堅固莊嚴海여　　　光雲垂布滿十方이로다

갖가지 견고한 장엄바다여

광명구름 펼쳐져 시방세계 가득하네

諸摩尼中菩薩雲이　　　　**普詣十方光熾然**하고

　온갖 마니주 구름 속에 보살구름이

　시방세계 널리널리 방광이 빛나고

◉ 疏 ◉

二有一偈는 **頌香海**니 **尋此了名**이니라

　제2단락에 하나의 게송은 '향수바다'를 읊은 것이다. 여기에 담긴 뜻을 찾아보면 '향수바다'에 붙인 그 이름의 의미를 알 수 있다.

經

光焰成輪妙華飾하니　　　　**法界周流靡不徧**이라

　광명 불꽃 바퀴 이뤄 미묘한 연꽃 꾸며내니

　법계에 두루 흘러 가득하여라

一切寶中放淨光하니　　　　**其光普照衆生海**라
十方國土皆周徧하야　　　　**咸令出苦向菩提**로다

　온갖 보배에서 청정 광명 쏟아져

　그 광명, 중생바다 널리 비추고

　시방 제불국토 모든 곳에 두루 하여

모든 중생 고통에서 벗어나 보리 향하게 하네

寶中佛數等眾生하사　　從其毛孔出化形하시니
梵主帝釋輪王等이며　　一切眾生及諸佛이로다

　보배 속 부처님 수, 중생처럼 많아
　부처님 모공마다 화신이 나타나니
　범천왕, 제석천왕, 전륜왕 등이여
　일체중생과 제불의 화신이네

化現光明等法界하니　　光中演說諸佛名이라
種種方便示調伏하야　　普應群心無不盡이로다

　변화로 나온 광명, 법계처럼 끝없는데
　광명 속에 제불 명호 연설하고
　갖가지 방편으로 중생 조복 보여주어
　중생 마음 널리 맞춰 다하지 않으심 없네

◉ 疏 ◉

三에 有三頌半하니 頌蓮華니

初一偈半은 釋種種光明藥이니 則顯此華以寶爲體오

次一偈는 釋香義니 就法以明인댄 寶中出佛하고 佛出世主 如從質發香하야 遠熏之義오

後一은 釋幢義니 演佛은 是高出義오 調生은 是摧伏義니라

제3단락에 게송 3수 반은 연꽃을 읊었다.

처음 제5게송 제3, 4구와 제6게송은 갖가지 광명의 꽃술을 해석하였다. 곧 이 연꽃이 보배로 근간을 삼고 있음을 나타냄이다.

다음 제6게송은 향기의 의의를 해석하였다. 법으로 이를 밝힌다면 보배 속에서 부처님이 나오고 부처님이 세간의 주인으로 나옴이, 바탕에서 향기가 발산하여 멀리까지 풍겨 나오는 뜻과 같다.

뒤의 제7게송은 깃대[幢]의 의의를 해석하였다. 제불의 명호를 연설함은 높이 솟은 깃대의 의의이며, 중생을 조복함은 꺾고 굴복시킨다는 뜻이다.

經

華藏世界所有塵이여　　一一塵中見法界라
寶光現佛如雲集하니　　此是如來刹自在로다

　　화장세계에 있는 티끌이여
　　하나하나 티끌 속에 법계를 보니
　　보배광명 속에 구름처럼 부처님 나타나니
　　이것이 여래세계의 자재함이네

廣大願雲周法界하야　　於一切劫化群生이라
普賢智地行悉成하시니　　所有莊嚴從此出이로다

　　제불보살의 광대한 서원 구름, 법계 두루 뒤덮어
　　일체 모든 겁에 나타나 중생을 교화하네

보현 지혜의 지위에 닦아온 行願 모두 성취되니
여기에 있는 모든 장엄이 그 속에서 나오네

◉ 疏 ◉

四에 有二頌하니 明刹自在니 總頌上所持刹海니라
初偈 自在는 一一稱性故로 卽同時具足相應門也니 心塵準思니라
寶光現佛者는 依正互融故니라
後偈는 結歸普因이라 故能含攝이니라
初華藏因果自體 竟하다

제4단락은 제9, 10게송 2수이다. 이는 세계바다의 밝힘이니, 위에서 말한 유지해주는 세계바다를 총괄하여 읊은 것이다.

처음 제9게송에서 말한 '여래찰자재(如來刹自在)'의 '자재'는 여래 세계 하나하나가 모두 법성에 하나가 된 때문이다. 이는 곧 '동시에 구족하게 상응하는 법문'이니, 마음과 微塵을 하나로 준하여 생각할 수 있다. "보배광명 속에 부처님이 나타난다[寶光現佛]."는 것은 依報와 正報가 서로 하나가 된 때문이다.

뒤의 제10게송은 보현보살 행원의 원인으로 귀결 지은 까닭에 시방법계와 일체중생을 모두 받아들인 것이다.

제1. 화장의 인과 자체에 대해 끝마치다.

第二는 別顯安布莊嚴이라 文分爲六이니 第一은 四周輪山이오 二는 寶地오 三은 香海오 四는 香河오 五는 樹林이오 六은 總結이니 名別有偈니라 今初輪山은 則淸淨戒德이니 內攝外防之所成也니라

제2. 별상으로 화장세계바다에 펼쳐진 장엄을 밝히다

본 경문은 6단락으로 나뉜다. 1. 사방으로 둘러져 있는 대륜위산, 2. 보배의 땅, 3. 향수바다, 4. 향수강하, 5. 나무숲, 6. 전체를 끝맺음이다. 단락마다 각각 별도의 게송이 있다.

1. 사방으로 둘러져 있는 대륜위산은 곧 청정 持戒의 덕이다. 안으로 섭수하고 밖으로 막음에 의해 성취된 것이다.

經

爾時이 普賢菩薩이 復告大衆言하사대 諸佛子여 此華藏莊嚴世界海에 大輪圍山이 住日珠王蓮華之上이어든
栴檀摩尼로 以爲其身하고
威德寶王으로 以爲其峰하고
妙香摩尼로 而作其輪하고
焰藏金剛으로 所共成立이라
一切香水가 流注其間하며
衆寶爲林하야 妙華開敷하며
香草布地하고 明珠間飾하며
種種香華가 處處盈滿하며

摩尼爲網하야 周帀垂覆하니
如是等이 有世界海微塵數衆妙莊嚴하니라

그때 보현보살이 다시 대중들에게 말하였다.

"모든 불자들이여, 이 화장장엄세계바다에 대륜위산이 '일주왕(日珠王: 日寶王)'의 연꽃 위에 실려 있는데,

⑴ 전단 마니주로 대륜위산의 몸통이 만들어졌고

⑵ 위엄과 덕을 갖춘 보배왕으로 대륜위산의 봉우리가 만들어졌고

⑶ 미묘한 향기가 나는 마니주로 대륜위산의 바퀴가 만들어졌고

⑷ 불꽃같은 금강으로 온통 대륜위산이 이뤄졌다.

⑸ 온갖 향수가 그 사이로 흐르며,

⑹ 온갖 보배가 숲을 이뤄 미묘한 꽃들이 피어나며,

⑺ 향기로운 풀들이 땅에 가득 널려 있고

⑻ 밝은 구슬로 사이사이 장식하였으며

⑼ 갖가지 향기로운 꽃이 곳곳에 가득하며

⑽ 마니주로 그물을 이뤄 두루 뒤덮고 있다.

이처럼 세계바다에 티끌과 같이 셀 수 없이 무한한, 온갖 미묘한 장엄이 있다."

● 疏 ●

長行中三이니 初는 總擧所依라 山所依處는 卽地面四周니라 '日珠王'者는 所依處地일세 故舊經云 "依蓮華日寶王地住"라하다 所以地受此

名者는 前華名種種光明蘂라하고 偈中에 云 光焰成輪이라하고 又云一切寶中放淨光이라하니 明知此華는 以寶爲體니라 是則如日輪之珠王爲蓮華也니 斯卽總華之稱이니라

장항은 3단락으로 나뉜다.

제1단락은 의지한 대상을 총괄하여 말하였다. 대륜위산이 의지한 곳이란 곧 지면의 사방 주위이다.

'日珠王'이란 의지한 곳의 땅을 말한다. 이 때문에 옛 경문에서는 "연화의 日寶王地를 의지하여 있다[依蓮華日寶王地住]."고 하였다. 그 땅을 '日珠王'이라고 부르게 된 까닭은 앞의 경문에서 연꽃이 "갖가지 광명의 꽃술"로 이뤄졌기에 게송에서는 "광명의 불꽃이 둥근 바퀴를 이뤘다."고 하고, 또한 "일체 보배 속에 청정한 광명이 쏟아진다."고 하였다. 그 연꽃이 보배로 몸통이 이뤄져 있음을 분명히 알 수 있다. 이는 태양처럼 둥근 큰 구슬로 연꽃이 이뤄진 것이다. 이는 곧 연꽃의 총상으로 말한 것이다.

二栴檀下는 別顯體相이라 前取堅利일세 且云金剛이어니와 今明具德일세 畧有十相이니 前四는 自體圓滿이오 後六은 外相莊嚴이라

一은 身爲總形이니 摩尼圓明과 栴檀芬郁이 皆戒之德也니라

二는 山峯이니 謂秀出孤絶하야 威伏諸惡이라

三은 山輪이니 古有二義하니 一은 山彎曲之處오 二는 山腹朓出이 如師子座半月爲輪이라 準下偈文컨대 輪居山下하야 爲山所依니라

四는 成山之緣이니 上擧三事 各別有體오 今顯金剛은 內含光焰하야 徧成其體하나니 如世土石雜而成山이나 金剛이 徧故로 得金輪名이니라

餘六은 文顯하니 竝在山間이라

제2단락의 '栴檀' 이하는 별상으로 대륜위산의 몸통과 그 모습을 나타낸 것이다.

앞의 경문에서는 '견고하고 예리'하다는 뜻을 취한 까닭에 또한 '금강'이라고 말했지만, 이의 경문에서는 '구족한 덕[具德]'을 밝힌 까닭에 간단하게 10가지의 모습으로 말한 것이다. 앞의 4가지는 대륜위산 그 자체가 원만함이며, 뒤의 6가지는 대륜위산의 바깥 모습에 대한 장엄이다.

⑴ 몸통이란 전체의 모습이다. 둥글고 빛나는 마니주와 향기가 물씬거리는 전단은 모두 持戒의 덕으로 이뤄진 것이다.

⑵ 산봉우리. 빼어나고 드높아 모든 악을 위엄으로 굴복시킴을 말한다.

⑶ 대륜위산의 원형[山輪]. 옛적에 이에 대해 2가지의 뜻으로 말하였다. ① 산의 굽이진 곳, ② 산의 중간 부분이 불룩 올라온 모습이 마치 사자좌가 반달처럼 반원형을 이룬 것이다. 아래의 게송에 준하여 보면, 山輪이란 산 아래에 있는 것으로 산이 의지한 곳을 말한다.

⑷ 산이 이뤄진 인연. 위에서 말한 3가지(몸통, 봉우리, 山輪)는 각각 별상으로 그 모습을 들어 말하였고, 여기에서는 금강이 안으로는 광명의 불꽃을 간직하여 두루 그 전체를 이루고 있음을 나타낸 것이다. 세간의 산의 경우는 흙과 돌이 뒤섞여 산이 만들어졌으나 이 대륜위산은 온통 금강으로 이뤄진 까닭에 金輪이라는 이름을

얻은 것이다.

나머지 6가지는 그 글 뜻이 분명하기에 굳이 설명할 게 없다. 그 모두가 대륜위산 사이에 있다.

三如是下는 結德無盡이라

제3단락의 '如是' 이하는 그지없는 덕을 끝맺음이다.

經

爾時에 普賢菩薩이 欲重宣其義하사 承佛神力하사 觀察十方하고 而說頌言하사대

그때 보현보살이 그 뜻을 거듭 말하고자 부처님의 헤아릴 수 없는 영묘하고도 불가사의한 힘을 받들어 시방중생을 살펴보고서 게송으로 말하였다.

〈제1 總公頁圍山〉

世界大海無有邊이여　　寶輪淸淨種種色이라
所有莊嚴盡奇妙하니　　此由如來神力起로다

끝이 없는 세계의 큰 바다여
보배바퀴 청정하여 갖가지 빛이어라
소유한 장엄 모두 기묘하니
이는 여래의 위신력으로 생겨난 것

● 疏 ●

應頌有十이니 文分爲二라 前六은 明山體相莊嚴이니 頌前別顯이오 後四는 辨山妙用自在하고 亦顯依正無礙니 卽頌前結文이라

게송은 10수로, 이는 2단락으로 나뉜다.

앞 단락의 6수는 대륜위산의 모습이 장엄함을 밝힌 것인바, 앞서 말한 몸통, 봉우리, 山輪 등의 별상을 밝혔다. 뒤 단락의 4수는 대륜위산의 묘용자재를 말하고, 또한 의보와 정보에 걸림이 없음을 나타낸 것이다. 이는 곧 앞서 말한 끝맺은 부분을 읊은 것이다.

前中 五니 初一은 總頌圍山이니 初句는 所圍오 次二句는 能圍오 後句는 出因이라 言無邊者는 有其二義하니 一은 但總相顯多일세 故云無邊이나 實有邊表오 二는 說有圍山外者는 是無邊之邊이니 不礙理而卽事故오 今云無邊者는 是邊之無邊이니 不壞相而卽理故일세니라【鈔_ 是‘無邊之邊'者는 意明理無分限일세 總曰無邊이오 事有分限일세 故名有邊이라 若依理成事하야 理性全隱이면 則無邊卽邊이오 若會事歸理하야 事相全盡이면 則邊卽無邊이어니와 今則不爾라 不失理而現事일세 云無邊之邊이라하고 不壞事而理顯일세 云邊之無邊이라하니 此是事理無礙義오 不是相卽相作之義를 思之어다】

앞 단락의 6수는 5가지로 나뉜다. 제1의 첫 게송은 대륜위산을 총괄하여 읊은 것으로, 제1구는 대륜위산을 에워싸고 있는 대상을, 제2, 3구는 에워싸고 있는 주체를, 제4구는 생겨나게 된 원인이다.

'無有邊'이라 말한 데에는 2가지의 뜻이 있다. ① 다만 總相으

로 많은 것을 밝히려는 까닭에 "끝이 없다."고 말했지만 실제로는 끝자락이 있다. ② "대륜위산 밖에 있다."고 말한 것은 끝이 없는 끝이니 理法界에 걸리지 않고 事法界와 하나가 되기 때문이며, 여기에서 "끝이 없다."고 말한 것은 끝이 있으나 끝이 없음이니 형상을 버리지 않고서 이법계와 하나가 되기 때문이다.【초_ "끝이 없는 끝"이라는 뜻은, 이법계란 구분과 한계가 없기에 이를 총괄하여 "끝이 없다."고 말하였고, 사법계는 구분과 한계가 있기에 이를 "끝이 있다."고 밝힌 것이다. 만일 이법계에 의해 사법계를 이루어 理性이 온전히 보이지 않으면 끝이 없는 것이 바로 끝이요, 사법계를 화통하여 이법계에 귀결 지어 事相이 온전히 다하면 끝이 곧 끝이 없다. 그러나 여기에서는 곧 그와 같지 않다. 이법계를 잃지 않고서 사법계를 나타내기에 "끝이 없는 끝"이라 말하고, 사법계를 무너뜨리지 않고서도 이법계가 나타난 까닭에 "끝이 있으나 끝이 없다."고 말한다. 이는 이 사법계와 이법계에 걸림이 없다는 뜻이지, 서로가 하나가 되고 서로가 서로를 이뤄준다는 뜻이 아님을 생각해야 한다.】

〈제2 頌山輪〉

摩尼寶輪妙香輪과　　及以眞珠燈焰輪이
種種妙寶爲嚴飾하니　　淸淨輪圍所安住로다

　　마니보배바퀴와 미묘한 향기바퀴

진주등불바퀴들이

갖가지 미묘한 보배로 장엄한 자리

청정한 대륜위산이 안주한 곳이라네

◉ 疏 ◉

二有一頌은 頌前山輪이라

제2의 게송은 앞에서 말한 山輪에 대해 읊은 것이다.

經

〈제3 頌山體〉

堅固摩尼以爲藏하고　　**閻浮檀金作嚴飾**하야
舒光發焰徧十方하니　　**內外暎徹皆淸淨**이로다

견고한 마니주로 창고 삼고

염부단금으로 장엄하여

빛이 나고 불꽃 퍼져 시방에 가득하니

안팎이 밝게 사무쳐 모두 청정하네

◉ 疏 ◉

三一은 頌山體라

제3의 게송은 山體에 대해 읊은 것이다.

> 經

〈제4 頌成山之緣〉

金剛摩尼所集成이어든　　復雨摩尼諸妙寶하니
其寶精奇非一種이라　　　放淨光明普嚴麗로다

　　금강과 마니주로 모아 성취된 곳
　　또한 마니주와 온갖 미묘한 보배를 쏟으니
　　그 보배 곱고 기묘함이 한 가지 아니어라
　　청정한 광명 놓아 널리 장엄하였네

◉ 疏 ◉

四一頌成山之緣

　　제4의 게송은 대륜위산이 만들어진 인연에 대해 읊은 것이다.

> 經

〈제5 頌諸嚴〉

香水分流無量色이요　　散諸華寶及栴檀하며
衆蓮競發如衣布하고　　珍草羅生悉芬馥이로다

　　흐르는 향수 그 빛이 한량없고
　　온갖 꽃과 보배와 전단을 흩으니
　　많은 연꽃 다투어 피어나 옷자락 펼친 듯
　　진기한 풀 두루 나서 향기가 자욱하네

〈제6 頌諸嚴〉

無量寶樹普莊嚴하니 **開華發蘂色爛然**이라
種種名衣在其內어든 **光雲四照常圓滿**이로다

그지없는 보배나무로 널리 장엄하니
꽃피고 꽃술 나와 그 빛이 눈부신데
갖가지 이름 있는 옷 그 안에 있고
광명구름 사방 비쳐 언제나 원만하네

◉ 疏 ◉

五六二偈는 頌前水等諸嚴과 及加衣等이라

제5, 6의 두 게송은 앞에서 말한 향수 등 여러 가지의 장엄 및 옷자락 등에 대해 읊은 것이다.

經

〈제7 頌妙用自在〉

無量無邊大菩薩이 **執蓋焚香充法界**라
悉發一切妙音聲하야 **普轉如來正法輪**이로다

한량없고 끝없는 대보살들이
일산 들고 향 사르며 법계에 가득한데
모두가 온갖 미묘한 음성 내어
여래의 바른 법륜 널리 굴리네

〈제8 頌妙用自在〉

諸摩尼樹寶末成하니　　一一寶末現光明이어든
毘盧遮那淸淨身이　　　悉入其中普令見이로다

　여러 가지 마니나무 보배가루 이뤄
　하나하나 가루마다 광명을 나타내어
　비로자나의 청정한 몸
　모두 그 속에 들어가 널리 보여주셨네

〈제9 頌妙用自在〉

諸莊嚴中現佛身호대　　無邊色相無央數라
悉往十方無不徧하시니　所化衆生亦無限이로다

　모든 장엄 가운데 나타나신 부처님 몸
　그지없는 색상 끝없는 수효
　시방세계 모두 찾아가 두루 하시니
　교화받은 중생 또한 한이 없어라

〈제10 頌妙用自在〉

一切莊嚴出妙音하야　　演說如來本願輪호대
十方所有淨刹海에　　　佛自在力咸令徧이로다

　온갖 장엄이 미묘한 소리 내어
　여래의 본원(本願) 법륜 연설하시니
　시방의 청정한 세계바다에

부처님의 자재한 힘으로 모두 가득하여라

◉ 疏 ◉

後四는 妙用自在니 竝顯可知니라

뒤의 제7~10의 4게송은 묘용이 자재함이니, 모두 그 뜻이 분명하여 말하지 않아도 알 수 있다.

第二, 臺面寶地는 卽體心性定之所成也라

2. 보배의 땅으로 이뤄진 臺面

이는 선정을 얻은 심성에 의해 이뤄진 것이다.

經

爾時에 普賢菩薩이 復告大衆言하사대 諸佛子여 此世界海 大輪圍山內의 所有大地가 一切皆以金剛所成이라 堅固莊嚴하야 不可沮壞며 淸淨平坦하야 無有高下하며 摩尼爲輪하고 衆寶爲藏하며 一切衆生의 種種形狀인 諸摩尼寶로 以爲間錯하며 散衆寶末하고 布以蓮華하며 香藏摩尼를 分置其間하며 諸莊嚴具가 充徧如雲호대 三世一切諸佛國土의 所有莊嚴으로 而爲校飾하며 摩尼妙寶로 以爲其網하야 普現如來의 所有境界가 如天帝網하야 於中布列하니 諸佛子여 此世界海地에 有如是等世界海微塵數莊嚴하니라

79

그때 보현보살이 다시 대중들에게 말하였다.

"모든 불자들이여, 이 세계바다의 대륜위산 안에 있는 대지는 아래와 같았다.

⑴ 모두가 다 금강으로 이뤄진 터라, 견고한 장엄을 깨뜨릴 수 없으며,

⑵ 청정하고 평탄하여 높고 낮음이 없으며,

⑶ 마니주로써 바퀴를 삼고

⑷ 여러 가지 보배로 창고를 삼고

⑸ 모든 중생의 갖가지 형상인 온갖 마니주로 사이사이로 꾸몄고

⑹ 온갖 보배가루를 흩뿌리고

⑺ 연꽃을 펼쳐놓았고

⑻ 향기를 머금은 마니주를 그 사이에 나누어 두었고

⑼ 모든 장엄 도구가 구름처럼 충만한데, 삼세 일체제불의 국토에 있는 장엄으로 아름답게 꾸몄고

⑽ 마니주의 미묘한 보배로 그물을 만들어 여래께서 소유한 경계에 널리 나타남이 마치 제석천의 그물처럼 그 가운데 펼쳐져 있었다.

모든 불자들이여, 이런 세계바다의 대지에 이처럼 티끌과 같이 셀 수 없이 무한한 세계바다의 장엄이 있다."

● 疏 ●

長行文三이니 初標所在오 二一切下는 別顯體相莊嚴이니 有十句라

初一은 地體니 標以金剛하고 釋以堅固不壞는 徧華藏地 盡是金剛일세 故上菩提場地 徹華藏也니라 二는 地相平淨이오 餘八은 皆莊嚴이니 謂三은 飾以寶輪이오 四는 畜以寶藏이오 五는 間以異寶오 六는 散以寶末이오 七은 布以蓮華오 八은 分置香摩尼오 九는 充以莊嚴具로되 但云 諸嚴은 嚴有多少하니 三世佛國之嚴으로 而爲嚴者는 顯無盡之嚴具也라 十은 覆以寶網하야 隱映莊嚴이라 網有何用고 普現佛影이니라 此網何相고 如天帝網而布列也니라 又此帝網이 重現無盡하야 成上 '普現如來境界' 及上 '一一境界皆無盡也니라【鈔_ 但云諸嚴 下는 此句稍長일세 故牒釋之오 卽從諸莊嚴具 下는 是第九句오 '摩尼妙寶' 下는 皆第十句오 三諸佛子 下는 總結이라】

장항의 경문은 3단락이다.

제1단락은 있는 장소를 나타냄이며, 제2단락 '일체' 이하는 별상으로 체상의 장엄을 나타낸 것으로 10구이다.

⑴ 地體. 금강으로 나타내어 견고하고 무너지지 않는 것으로 해석한 것은 온통 화장세계가 모두 금강으로 이뤄진 까닭이다. 이 때문에 위 보리도량은 전체가 화장세계이다.

⑵ 그 땅의 모습이 평탄하고 청정함이다.

나머지 아래의 8가지는 모두 장엄이다.

⑶ 보배바퀴로 꾸몄고,

⑷ 보배 창고를 쌓아두었고,

⑸ 기이한 보배를 사이사이로 두었고,

⑹ 보배가루를 흩뿌렸고,

⑺ 연꽃이 펼쳐 있고,

　⑻ 향기 나는 마니주를 군데군데 나누어 설치하였고,

　⑼ 장엄 도구가 충만함에도 단 '모든 장엄[諸嚴]'이라고 말한 것은 장엄에는 다소의 차이가 있기 때문이다. '삼세 제불국토의 장엄으로 장엄했다.'는 것은 그지없는 장엄 도구를 나타낸 말이다.

　⑽ 보배그물로 덮어 보이지 않는 것과 비춰지는 것을 장엄함이다. 그물이란 무슨 작용이 있는가? 제불의 그림자를 널리 나타낸 것이다. 그물은 어떤 모습일까? 제석천의 그물처럼 펼쳐져 있다. 또한 제석천의 그물이 거듭거듭 끝이 없음을 나타내어 위에서 말한 '보현여래의 경계' 및 '하나하나의 경계가 모두 끝이 없다.'는 것을 밝히려는 것이다.【초_ 아홉 번째에서 말한 '但云諸嚴' 이하는 문장의 구절이 다소 긴 편이기에 이를 뒤이어서 해석하고자 한다. 경문의 '諸莊嚴具' 이하는 제9의 장엄에 관한 구절이며, 경문의 '摩尼妙寶' 이하는 모두 제10의 장엄에 관한 구절이다. 제3단락 '諸佛子' 이하는 총괄하여 끝맺음이다.】

經

爾時에 普賢菩薩이 欲重宣其義하사 承佛神力하사 觀察十方하고 而說頌言하사대

　그때 보현보살이 그 뜻을 거듭 말하고자 부처님의 헤아릴 수 없는 영묘하고도 불가사의한 힘을 받들어 시방중생을 살펴보고서 게송으로 말하였다.

其地平坦極淸淨하고　　　安住堅固無能壞라
摩尼處處以爲嚴이요　　　衆寶於中相間錯이로다
　　그 땅은 평탄하며 지극히 청정하고
　　견고하게 안주하여 깨뜨릴 수 없어라
　　마니주로 곳곳을 장엄하였고
　　온갖 보배로 그 속을 사이사이 꾸몄네

金剛爲地甚可悅하니　　　寶輪寶網具莊嚴이라
蓮華布上皆圓滿하고　　　妙衣彌覆悉周徧이로다
　　금강으로 마련한 땅, 매우 즐겁고
　　보배바퀴 보배그물 장엄 갖추어
　　연꽃이 위에 펴져 다 원만하며
　　미묘한 옷을 가득 펼쳐 두루 덮었네

菩薩天冠寶瓔珞을　　　悉布其地爲嚴好하고
栴檀摩尼普散中하니　　　咸舒離垢妙光明이로다
　　보살의 천관과 보배영락을
　　그 땅에 모두 펼쳐 곱게 장엄하고
　　전단과 마니주 널리 흩뿌리니
　　때 없는 미묘한 광명 모두 빛나네

寶華發焰出妙光하니　　　光焰如雲照一切라

散此妙華及衆寶하야　　　普覆於地爲嚴飾이로다

　보배꽃에 불꽃 일어 미묘한 광명 쏟아내니

　광명불빛 구름처럼 모든 것을 비추고

　미묘한 꽃과 온갖 보배 널리 뿌려

　온통 그 땅 뒤덮어 장엄하여라

偈有十頌을 分二니 前七은 頌前別顯이오 後三은 頌總結이라
前中三이니 初四는 頌前八段이로되 而小不次者는 顯前無優劣故며 或
重或廣者는 顯義無方也라 恐繁不配하노니 可以意得이니라

　게송의 10수는 2단락으로 나뉜다. 앞의 7수는 앞서 말한 부분을 별상으로 밝혔고, 뒤의 3수는 총괄하여 끝맺음을 읊고 있다.

　앞의 7수는 다시 작은 3단락으로 나뉜다.

　첫 단락의 4수는 앞의 8단락의 모습을 읊고 있지만 다소 차례가 맞지 않은 것은 앞의 8단락에서 말한 모습에 우열이 없음을 나타내주기 때문이다. 혹은 거듭 말하고 혹은 자세히 말한 것은 그 의의가 일정하지 않음을 나타내주기 때문이다. 문장이 번거로울까 두려운 마음에 하나하나 배대하지 않은바, 이는 말하지 않아도 그 뜻을 알 수 있을 것이다.

經

密雲興布滿十方하니　　　廣大光明無有盡이라

普至十方一切土하야　　演說如來甘露法이로다

　　짙은 구름 일어나 시방세계 가득하니
　　넓고 큰 광명이 끝이 없어라
　　시방세계 모든 국토 널리 찾아가
　　여래의 감로법을 연설하여라

一切佛願摩尼內에　　普現無邊廣大劫하니
最勝智者昔所行을　　於此寶中無不見이로다

　　일체제불 서원이 마니주 속에
　　끝없이 광대한 겁 두루 나타나니
　　가장 훌륭한 지혜 지닌 부처님, 옛적 행하신 바가
　　마니주 보배 속에 모두 보이네

◉ 疏 ◉

次二는 頌嚴具如雲이라

　　작은 3단락 가운데 다음 2수(제5, 6게송)는 장엄 도구가 구름과 같음을 읊은 것이다.

經

其地所有摩尼寶에　　一切佛刹咸來入하며
彼諸佛刹一一塵에　　一切國土亦入中이로다

　　그 땅에 있는 마니주 보배마다

모든 부처님 세계 모두 들어 있고
그 모든 부처님 세계, 하나하나 티끌마다
모든 국토 또한 그 속에 들어 있네

● 疏 ●

後一偈는 頌如天帝網이니 謂一寶旣收一切댄 則彼刹諸塵 復攝一切니 卽重重也라

작은 3단락 가운데 마지막 1수(제7게송)는 제석천의 그물과 같음을 읊은 것이다. 하나의 보배마다 이미 일체 제불국토를 거둬들였는바, 그 제불국토의 모든 티끌 속에도 다시 일체 국토를 받아들이고 있다. 이는 곧 거듭거듭 펼쳐진 세계이다.

經

妙寶莊嚴華藏界에　　菩薩遊行徧十方하야
演說大士諸弘願하니　　此是道場自在力이로다

　미묘한 보배로 화장세계 장엄하고
　보살들이 시방세계 두루 찾아
　부처님의 모든 큰 서원 연설하니
　이것이 도량의 자재한 힘이다

摩尼妙寶莊嚴地에　　放淨光明備衆飾하야
充滿法界等虛空하니　　佛力自然如是現이로다

마니주 미묘한 보배로 장엄한 땅
해맑은 광명 빛나 온갖 장식 다 갖추고
법계에 가득하여 허공과 같으니
부처님의 힘 저절로 이처럼 나타나네

諸有修治普賢願하야　　**入佛境界大智人**은
能知於此刹海中에　　　**如是一切諸神變**이로다

여러 세계 두루 거쳐 보현의 서원 닦아
부처님 경계에 들어간 큰 지혜 있으신 분
이렇게 수많은 세계바다 속에서
이처럼 온갖 신통변화 부릴 줄 아시네

◉ 疏 ◉

後三偈頌總結者는 結其所屬이니 初偈는 結屬道場이오 次屬佛力이오 後結能知之人이니라

뒤의 3수를 '총괄하여 끝맺음'이라고 말한 것은 그 소속에 대해 끝맺음이다. 처음 제8게송은 도량에 속한 부분을 끝맺었고, 그다음 제9게송은 부처님의 힘에 속한 부분을 끝맺었고, 맨 끝의 제10게송은 이를 알 수 있는 사람으로 끝맺고 있다.

第三 地面香海者는 上之大海 旣是藏識인댄 今明心華之內에 攝諸

87

種子니 一一種子 不離藏識海일세 故有多香海니라 然一一具於性德이라 故皆有莊嚴이니라

3. 지면의 향수바다

이는 위에서 말한 '큰 바다[大海]'가 앞에서 장식(藏識)을 말한 것이라면, 여기에서는 마음의 꽃[心華] 속에 많은 종자를 지니고 있음을 밝힌 것이다. 하나하나의 종자가 '장식바다[藏識海]'를 떠날 수 없기에 많은 '향수바다'가 있다. 그러나 하나하나마다 본성의 덕을 갖추고 있는 까닭에 모두 장엄을 지니고 있다.

經

爾時에 普賢菩薩이 復告大衆言하사대 諸佛子여 此世界海
大地中에 有十不可說佛刹微塵數香水海하니
一切妙寶로 莊嚴其底하고
妙香摩尼로 莊嚴其岸하며
毘盧遮那摩尼寶王으로 以爲其網하고
香水暎徹에 具衆寶色하야 充滿其中하며
種種寶華가 旋布其上하고
栴檀細末이 澄垽其下하며
演佛言音하고
放寶光明하며
無邊菩薩이 持種種蓋하야 現神通力하고
一切世界所有莊嚴이 悉於中現하니라

十寶階陛가 行列分布하고
十寶欄楯이 周帀圍繞하며
四天下微塵數一切寶莊嚴芬陀利華가 敷榮水中하고
不可說百千億那由他數十寶尸羅幢과
恒河沙數一切寶衣鈴網幢과
恒河沙數無邊色相寶華樓閣과
百千億那由他數十寶蓮華城과
四天下微塵數衆寶樹林寶焰摩尼로 以爲其網하며
恒河沙數栴檀香과 諸佛言音光焰摩尼와
不可說百千億那由他數衆寶垣墻이 悉共圍繞하야 周徧嚴飾하니라

그때 보현보살이 다시 대중들에게 말하였다.

"모든 불자들이여, 이 세계바다 대지 가운데 열 가지 말할 수 없는, 티끌과 같이 셀 수 없이 무한한 부처님 세계의 향수바다가 있다.

⑴ 온갖 미묘한 보배로 향수바다의 바닥을 장엄하였고,

⑵ 미묘한 향기 나는 마니주로 향수바다의 언덕을 장엄하였으며,

⑶ 비로자나 마니보배왕으로 향수바다의 그물을 만들고,

⑷ 향수가 훤하게 비쳐 온갖 보배색상을 갖추고서, 향수바다의 안에 가득하며

⑸ 갖가지 보배꽃이 향수바다의 위를 뒤덮고,

⑹ 전단향의 미세한 가루가 향수바다의 밑에 깔렸으며,

(7) 부처님의 음성을 연설하고,

(8) 보배광명이 쏟아져 나오며,

(9) 끝없는 보살들이 갖가지 일산을 들고서 신통력을 나타내고,

(10) 온갖 세계에 있는 장엄이 모두 향수바다의 가운데에 나타나고 있다.

(1) 열 가지 보배로 된 층계들이 열 지어 늘어섰고,

(2) 열 가지 보배로 된 난간들이 사방 주위를 에워쌌으며,

(3) 사천하(四天下)의 티끌과 같이 셀 수 없이 무한한 온갖 보배로 장엄한 분다리화(芬陀利華)가 물속에 피어나고,

(4) 말할 수 없는 백천억 나유타 수의 열 가지 보배로 만들어진 시라(尸羅)깃대,

(5) 항하의 모래 수처럼 수많은 온갖 보배옷 방울그물깃대,

(6) 항하의 모래 수처럼 끝없는 색상의 보배꽃 누각,

(7) 백천억 나유타 수의 열 가지 보배로 만들어진 연꽃성곽,

(8) 사천하의 티끌과 같이 셀 수 없이 무한한 온갖 보배나무숲에서 보배불꽃이 나오는 마니주로 향수바다의 그물을 만들고,

(9) 항하의 모래 수와도 같은 전단향과 모든 부처님의 음성을 울려내는 불꽃 마니주,

(10) 말할 수 없는 백천억 나유타 수의 온갖 보배로 된 담장들이 모두 다 향수바다를 에워싸고서 두루두루 장엄하였다."

◉ 疏 ◉

長行分二니 初總擧數니 準下刹種과 及梵本中에 皆有十不可說컨대 今闕十字라 或是譯人之漏어나 或是傳寫之失이오 下標種處도 亦然하다

장항의 경문은 2단락으로 나눈다.

제1단락은 총괄하여 그 수효를 들어 말하였다. 아래 경문에서 말한 '세계종자[刹種]'와 범본에 모두 '十不可說'이 있는 부분을 준하여 살펴보면 이의 경문에는 '十' 자가 누락되었다. 이는 역경 하던 사람이 누락했거나 아니면 베껴 쓰는 과정에서 잘못을 범한 것으로 생각된다. 아래 경문의 '종자[種]'를 들어 밝힌 부분 또한 이와 같다.

二一切下는 別顯莊嚴이니 準後總結컨대 應云'一一香海 各有若干莊嚴'이어늘 今文畧無라 若按文取義인댄 一切之言은 卽一切海에 總以妙寶而爲其底等이니라

文有二十句하니 前十은 明海體狀이니 一底. 二岸. 三網. 四水. 五華. 六坁. 七聲. 八光. 九人衛現通. 十結廣無盡이라

後十寶下十句는 攝異莊嚴이니 唯白蓮華 當於水中이오 餘皆在岸이니라 言十寶者는 有云金 銀 瑠璃 硨磲 瑪瑙 珊瑚 琥珀 眞珠 玫瑰 琴瑟爲十이니 十中前七은 卽是七寶니라 芬陀利者는 卽白蓮華며 亦是正敷榮時라 尸羅幢者는 應云試羅니 此云美玉이라 若言尸羅댄 此云淸淨이니 二義俱通이오 餘竝可知니라 以法門合之면 可以意得이니라【鈔】芬陀利卽白蓮華者는 卽唐三藏等諸師所翻이며 而言亦是正敷榮時者는 卽什公意라 故叡公法華序에 云"華有三時之異하니 華而未敷는 名屈摩羅오 彫而將落은 名迦摩羅오 處中盛時는 名芬

陀利라'하고 生公 亦云"器像之妙는 莫踰蓮華니 蓮華之美는 榮在始
敷이라 始敷之盛이면 則子-盈於內하야 色香味足을 謂之芬陀利라"하니
意亦同也니라 今存二譯은 各是一義니 梵語多含일세 故兩存耳니라】

제1단락 '일체' 이하는 별상으로 장엄을 나타낸 것이다. 뒤의
'總結' 부분에 준하여 보면 마땅히 "하나하나 향수바다마다 각각 약
간의 장엄이 있다."고 말했어야 한다. 하지만 이의 경문에서는 이
를 생략하여 해당 문장이 없다. 만일 경문의 뜻으로 그 의의를 취
한다면 一切妙寶의 '일체'란 곧 일체 바다가 모두 미묘한 보배로 바
다의 바닥을 삼는다는 등을 말한다.

경문은 20구이다. 앞의 10구는 향수바다의 형체와 모습을 밝
힌 것이다. ① 바닥, ② 언덕, ③ 그물, ④ 물, ⑤ 꽃, ⑥ 앙금, ⑦ 음
성, ⑧ 광명, ⑨ 보살이 호위하면서 신통력을 나타냄이며, ⑩ 끝이
없이 광대한 세계를 끝맺음이다.

뒤의 '十寶' 이하 10구는 다른 장엄을 들어 말한 것이다. 오직
백련화만이 물속에 있을 뿐, 그 밖의 나머지는 모두 언덕에 있다.

10가지 보배에 대해 혹자는 "금·은·유리·차거·마노·산
호·호박·진주·매괴(붉은 옥)·금슬을 10가지 보배라 한다."고 말하
였다. 10가지 보배 가운데 앞의 7가지는 곧 七寶라 한다. **芬陀利**
란 백련화이며, 또한 활짝 피어난 시절을 말한다. **尸羅幢**이란 마
땅히 **試羅**로 말해야 한다. 중국말로는 '아름다운 옥[美玉]'을 말한
다. 만일 '尸羅'라고 말한다면 중국말로는 '청정'을 말한다. 이 2가
지의 뜻이 모두 통한다. 나머지 부분은 말하지 않아도 모두 알 수

있다. 법문에 합하여 보면 그 뜻을 알 수 있다. 【초_ "芬陀利란 백련화이다."라는 것은 당나라 삼장 법사 등이 번역한 것이며, "또한 활짝 피어난 시절을 말한다."라는 것은 구마라습이 번역한 뜻이다. 이 때문에 叡公의 법화경 서문에 이르기를 "꽃에는 3시기의 차이가 있다. 꽃송이가 아직 피어나지 않을 적에는 '屈摩羅'라 말하고, 꽃잎이 시들어 떨어지려고 할 적에는 '迦摩羅'라 말하고, 한창 무성하게 피어날 적을 '분다리'라 말한다."고 하였다. 生公 또한 이르기를 "형상의 존재 가운데 가장 아름다운 것으로는 연꽃보다 더 아름다운 화초는 없다. 연꽃이 가장 아름다울 때는 처음 꽃송이가 막 피어날 때이다. 처음 꽃송이가 피어나 무성할 적에 씨앗이 꽃송이 속에 가득 차 색상·향기·미감이 가장 만족스러울 때를 '분다리'라고 말한다."고 하였다. 두 사람의 뜻이 또한 똑같다. 여기에 두 사람의 번역을 모두 실어둔 것은 제각기 그 나름대로의 뜻이 담겨 있기 때문이다. 하나의 범어라 할지라도 여러 가지의 뜻을 포함하고 있는 까닭에 여기에 2가지의 번역을 모두 실어둔 것이다.】

經

爾時에 **普賢菩薩**이 **欲重宣其義**하사 **承佛神力**하사 **觀察十方**하고 **而說頌言**하사대

그때 보현보살이 그 뜻을 거듭 말하고자 부처님의 헤아릴 수 없는 영묘하고도 불가사의한 힘을 받들어 시방중생을 살펴보고서 게송으로 말하였다.

此世界中大地上에　　　有香水海摩尼嚴이어든
淸淨妙寶布其底하야　　安住金剛不可壞로다

　이 같은 장엄세계 대지의 위에
　향수바다, 마니주로 장엄하여
　청정한 미묘한 보배, 바닥에 펼쳐 있고
　금강 위에 안주하여 깨뜨릴 수 없네

香藏摩尼積成岸이어든　　日焰珠輪布若雲하며
蓮華妙寶爲瓔珞하야　　　處處莊嚴淨無垢로다

　향기 나는 마니주로 언덕을 쌓았는데
　태양의 빛, 둥근 진주구름처럼 펼쳐 있고
　연꽃 미묘한 보배로 구슬 목걸이 만들어
　곳곳마다 장엄하여 때 없이 맑다

香水澄渟具衆色하고　　　寶華旋布放光明하며
普震音聲聞遠近하니　　　以佛威神演妙法이로다

　향수가 맑고 맑아 온갖 색상 갖추고
　보배연꽃 두루 펴서 광명 놓으며
　음성을 널리 떨쳐 원근에 다 들리니
　부처님의 위신력으로 미묘한 법 연설하네

● 疏 ●

頌中菩薩持蓋는 經有頌無오 日焰珠輪은 經無頌有니라 且分爲二니 初三은 頌初十句니 一은 頌底오 二는 頌岸及網이나 瓔卽網類오 三은 頌餘七이니 細尋可見이라

게송에 보살이 들었던 일산은 장항의 경문에는 있으나 게송에는 없고, 日焰珠輪은 경문에는 없으나 게송에는 있다.

또 게송은 2단락으로 나뉜다. 첫 단락의 게송 3수는 앞의 10구(① 底~⑩ 結廣無盡)를 읊고 있다. 제1게송은 향수바다의 바닥을, 제2게송은 향수바다의 언덕과 그물을 읊고 있다. 목걸이 줄[瓔]이 곧 그물의 유이다. 제3게송은 나머지 7가지(④ 水, ⑤ 華, ⑥ 坻, ⑦ 聲, ⑧ 光, ⑨ 人衛現通, ⑩ 結廣無盡)를 읊은 것으로 자세히 살펴보면 이런 의미를 볼 수 있다.

經

階陛莊嚴具衆寶어든   復以摩尼爲間飾하며
周迴欄楯悉寶成이어든   蓮華珠網如雲布로다

　　층계의 장엄, 온갖 보배 갖췄는데
　　또한 마니주로 사이사이 꾸몄으며
　　둘러 있는 난간도 모두 보배인데
　　연꽃 진주그물 구름처럼 펼쳐 있네

摩尼寶樹列成行하야   華蘂敷榮光赫奕이라

種種樂音恒競奏하니　　　佛神通力令如是로다
　　마니보배 나무가 줄지어 서 있고
　　연꽃송이 만발하여 그 빛이 눈부시다
　　갖가지 음악소리 언제나 울려나니
　　부처님 신통력 이처럼 만드셨네

種種妙寶芬陀利가　　　敷布莊嚴香水海하니
香焰光明無暫停하야　　廣大圓滿皆充徧이로다
　　갖가지 미묘한 보배로 만들어진 분다리
　　향수바다 널리 피어 장엄 이루니
　　향기불꽃광명 잠시도 멈추지 않아
　　광대하고 원만하여 모든 곳에 가득하네

明珠寶幢恒熾盛에　　　妙衣垂布爲嚴飾이라
摩尼鈴網演法音하야　　令其聞者趣佛智로다
　　밝은 구슬 보배깃대 언제나 치성하고
　　미묘한 옷자락 펼쳐 장엄하였네
　　마니주로 만든 방울그물 법음을 내어
　　듣는 이마다 부처님 지혜에 나아가도록 하네

妙寶蓮華作城郭하니　　衆彩摩尼所嚴瑩이며
眞珠雲影布四隅하야　　如是莊嚴香水海로다

미묘한 보배 연꽃, 성곽을 이뤄
　　온갖 빛깔 마니주로 장엄하였고
　　진주구름 그림자 사방에 펼쳐 있어
　　향수바다 이와 같이 장엄하였네

垣墻繚繞皆周帀하고　　**樓閣相望布其上**이어든
無量光明恒熾然하야　　**種種莊嚴淸淨海**로다

　　나지막한 담장, 두루두루 사방으로 둘러져 있고
　　누각은 서로 이어 그 위에 서 있는데
　　한량없는 광명이 언제나 빛나
　　갖가지로 청정한 바다 장엄하였네

毘盧遮那於往昔에　　**種種刹海皆嚴淨**하시니
如是廣大無有邊이　　**悉是如來自在力**이로다

　　지난 옛적 비로자나불께서
　　갖가지 세계바다 모두 장엄, 청정케 하시니
　　이처럼 광대하고 끝없음은
　　모두 여래의 자재한 힘이로다

● 疏 ●

餘七偈는 頌後十句로되 而小不次라 謂一頌階陛欄楯이오 二頌樹林이오 三頌華敷오 四頌幢相이오 五頌城珠오 六頌墻閣이니 繚者는 纏也

라 七頌結嚴屬佛이니 一昔因이오 二現力이라

　나머지 7게송은 뒤의 10구(① 十寶階陛~⑩ 不可說百千億那由他數衆寶垣墻)를 읊은 것이지만 조금 차례가 맞지 않다.

　⑴ 제4게송은 계단과 난간을,

　⑵ 제5게송은 나무숲을,

　⑶ 제6게송은 피어난 꽃송이를,

　⑷ 제7게송은 깃대 모습을,

　⑸ 제8게송은 성곽과 구슬을,

　⑹ 제9게송은 담장과 누각을 읊고 있다. '垣墻繚繞'의 繚는 얽어맴을 말한다.

　⑺ 제10게송은 모든 장엄이 부처님의 신통력임을 읊은 것인바, 첫째는 부처님의 옛 원인[昔因]이요, 둘째는 현재의 업력[現力]이다.

━━

第四 海間香河니 卽隨一一心하야 同時相應功德流注也라【鈔_ 卽隨一一心'者는 大海旣喩藏識하고 小海復表種子인댄 二皆心王일세 故河表同時心所니 謂善十一과 徧行別境二千福河가 流注心地니라】

　4. 향수바다 사이의 향수강하

　이는 곧 하나하나 모든 중생의 마음을 따라서 동시에 상응한 공덕으로 흘러감[流注]을 말한다.【초_ "하나하나 모든 중생의 마음을 따라서"라는 것은 큰 바다를 앞서 藏識에 비유하였고 작은 바다는 또한 종자를 나타낸 것으로 보면 이 2가지는 모두 마음을 말한

다. 따라서 '강하'는 동시의 작은 장소를 말함이니, '善의 11가지'와
'偏行別境인 2천 福河'는 마음에서 흘러나온 것이다.】

經

爾時에 普賢菩薩이 復告大衆言하사대 諸佛子여 一一香水
海에 各有四天下微塵數香水河가 右旋圍繞어든
一切皆以金剛으로 爲岸하고
淨光摩尼로 以爲嚴飾이라
常現諸佛의 寶色光雲과 及諸衆生의 所有言音하며
其河所有漩澓之處에 一切諸佛의 所修因行과 種種形相이
皆從中出하며
摩尼爲網하고
衆寶鈴鐸이라
諸世界海所有莊嚴이 悉於中現하며
摩尼寶雲으로 以覆其上하야 其雲이 普現華藏世界毘盧遮
那의 十方化佛과 及一切佛神通之事하고
復出妙音하야 稱揚三世佛菩薩名하며
其香水中에 常出一切寶焰光雲하야 相續不絶하니
若廣說者인댄 一一河에 各有世界海微塵數莊嚴하니라

그때 보현보살이 다시 대중들에게 말하였다.

"모든 불자들이여, 하나하나 모든 향수바다에 각각 사방 천하
의 티끌과 같이 셀 수 없이 무한한 향수의 강하가 있는데 오른쪽으

로 선회하며 에워싸고 있다.

(1) 일체가 모두 금강으로 언덕을 삼고,

(2) 청정한 광명 마니주로 장엄하였으며,

(3) 항상 모든 부처님의 보배색상 광명구름과 모든 중생이 가진 음성을 나타내며,

(4) 그 물이 소용돌이치는 곳에 모든 부처님의 닦으신 인행(因行)과 갖가지 형상이 모두 그 속에서 나오며,

(5) 또한 마니주로 그물을 삼고

(6) 온갖 보배방울을 달았으며,

(7) 모든 세계바다에 있는 장엄이 그 속에 다 나타나며,

(8) 마니보배구름으로 그 위를 덮었는데, 그 구름이 화장세계 비로자나의 시방에 변화한 부처님과 모든 부처님의 신통한 일을 널리 나타내고,

(9) 또한 미묘한 음성으로 삼세 부처님과 보살들의 명호를 일컬어 울려 퍼지며,

(10) 그 향수 가운데 온갖 보배불꽃광명구름이 항상 나와 계속 끊어지지 않는다.

만약 이를 자세히 말한다면 하나하나 향수강하마다 각각 세계바다의 티끌과 같이 셀 수 없이 무한한 장엄이 있다."

◉ 疏 ◉

長行亦三이니 初擧數오 二一切下는 辨嚴이니 嚴事 竝無差別일세 故

云一切皆以라하니 謂竝用寶體寶嚴하야 聖靈游集하고 光雲相映하며 萬象浮輝하니 十句可知니라

三若廣下는 結廣中에 旣繞小海之小河 已有刹海塵數之嚴인댄 彌顯諸標結文이 非唯約事라 皆是一多無礙耳니라

장항은 또한 3단락으로 나뉜다.

제1단락은 수효를 들어 말하였다.

제2단락의 '一切皆以金剛' 이하의 경문은 장엄을 말한 것이다. 장엄의 모든 일이 모두 차별이 없기 때문에 "일체가 모두…"라고 말한 것이다. 모두가 보배의 체성과 보배의 장엄을 사용하여 聖靈이 모여 있고 광명구름이 서로 비추어 삼라만상이 빛남을 말한다. 10구는 말하지 않아도 알 수 있다.

제3단락의 '若廣' 이하의 경문은 廣說로 끝맺는 가운데 이미 작은 바다를 둘러싼 작은 강하에 대해 이미 "세계바다의 티끌과 같이 셀 수 없이 무한한 장엄이 있다."고 말한 것으로 보면, 모든 경문에 끝맺은 문장들이 오직 그 어떤 하나의 일만을 들어 말하는 데에 그치지 않고, 모두가 하나와 수많은 것들이 서로 장애가 없음[一多無礙]을 더욱 밝힌 것이다.

經

爾時에 普賢菩薩이 欲重宣其義하사 承佛神力하사 觀察十方하고 而說頌言하사대

그때 보현보살이 그 뜻을 거듭 말하고자 부처님의 헤아릴 수

없는 영묘하고도 불가사의한 힘을 받들어 시방중생을 살펴보고서 게송으로 말하였다.

淸淨香流滿大河하니　　　**金剛妙寶爲其岸**하며
　　청정한 향수 강물, 대하에 넘실대니
　　금강 미묘한 보배, 강 언덕 되고

⊙ 疏 ⊙
偈中初半偈는 頌岸體金剛이라
　　10수의 게송 가운데 제1게송의 제1, 2구는 언덕이 온통 금강으로 이뤄졌음을 읊은 것이다.

經
寶末爲輪布其地하니　　　**種種嚴飾皆珍好**로다
　　보배가루 바퀴 되어 언덕에 흩뿌리니
　　갖가지 장엄 모두 진귀하여라

寶階行列妙莊嚴하고　　　**欄楯周迴悉殊麗**하며
眞珠爲藏衆華飾하니　　　**種種瓔鬘共垂下**로다
　　보배층계 줄을 지어 미묘하게 장엄하고
　　두루 돌린 난간은 모두 아름다우며
　　진주로 창고 삼아 온갖 꽃 꾸미며

갖가지 목걸이 줄 모두 아래로 드리웠네

◉ 疏 ◉

次一偈半은 頌摩尼嚴岸이라

　다음 제1게송의 제3, 4구와 제2게송은 강 언덕을 마니주로 장엄했음을 읊은 것이다.

經

香水寶光淸淨色이　　　恒吐摩尼競疾流어든
衆華隨浪皆搖動하야　　悉奏樂音宣妙法이로다

　향수의 보배빛 청정한 색깔이

　항상 마니를 토하여 다투어 흐르고

　온갖 꽃이 물결 따라 다 요동해서

　모두 음악을 연주하여 묘법(妙法)을 펴네

◉ 疏 ◉

三一은 頌光雲言音이라

　세 번째, 제3게송은 광명구름의 음성을 읊은 것이다.

經

細末栴檀作泥垽하니　　一切妙寶同洄澓이라
香藏氛氳布在中하야　　發焰流芬普周徧이로다

고운 전단가루, 강바닥 앙금 되니

온갖 미묘한 보배, 휘감아 돈다

향기 어린 기운, 그 속에 펼쳐 있어

불꽃 내고 향기 흘려 시방 널리 가득하네

河中出生諸妙寶하야　　　**悉放光明色熾然**이어든
其光布影成臺座하니　　　**華蓋珠瓔皆具足**이로다

　강하 속에서 수많은 미묘한 보배 나와

　모두 광명 쏟아 그 빛이 찬란한데

　그 광명 그림자 좌대가 되니

　꽃일산과 진주영락 모두 구족하네

摩尼王中現佛身하야　　　**光明普照十方刹**이라
以此爲輪嚴飾地하니　　　**香水暎徹常盈滿**이로다

　마니왕 속에 부처님 현신하여

　광명이 시방세계 널리 비추네

　이것으로 바퀴 삼아 땅을 장엄하니

　향수하 맑고 맑아 항상 가득하네

● **疏** ●

次三은 **皆頌旋澓出影**이라

　다음 제4~6의 3수 게송은 모두 소용돌이의 물결에서 나온 그

림자를 읊은 것이다.

經

摩尼爲網金爲鐸하야 徧覆香河演佛音호대
克宣一切菩提道와 及以普賢之妙行이로다

　　마니주로 그물 삼고 황금으로 목탁 삼아
　　향수하 두루 덮고 부처님 음성 내니
　　모든 보리의 도와
　　보현보살의 묘한 대행(大行) 연설하여라

 疏

七은 頌網鐸垂覆 及總現諸嚴이니 前現事嚴이오 此說道行이니라

　　제7게송은 그물과 목탁이 향수강하의 위를 뒤덮음과 모든 장엄을 총괄하여 나타냄을 읊은 것이다. 앞에서는 부처님이 하신 일의 장엄을 밝혔고, 여기에서는 부처님의 도와 보현보살의 행을 말하고 있다.

經

寶岸摩尼極淸淨하야 恒出如來本願音호대
一切諸佛曩所行을 其音普演皆令見이로다

　　보배언덕의 마니주 지극히 청정한데
　　여래의 본래 서원 항상 연설하여

일체제불 옛적에 행한 것을
그 소식 널리 말해 모두 보여주네

◉ 疏 ◉

八은 頌現佛依正이니라
　제8게송은 부처님의 의보와 정보가 나타남에 대해 읊은 것이다.

經

其河所有漩流處에　　　　菩薩如雲常踊出하야
悉往廣大刹土中하며　　　乃至法界咸充滿이로다

　향수하 굽이돌아 흐르는 곳
　보살이 구름처럼 언제나 솟아나와
　넓고 큰 세계를 모두 찾아가
　법계까지 모두 충만하여라

◉ 疏 ◉

九는 頌浪出妙音이라
　제9게송은 향수하의 물결이 미묘한 부처님의 법음을 낸 데 대해 읊은 것이다.

經

淸淨珠王布若雲하야　　　一切香河悉彌覆하니

其珠等佛眉間相하야　　**炳然顯現諸佛影**이로다

　　청정한 진주왕, 구름처럼 펼쳐 있어
　　모든 향수하 모두 가득 뒤덮으니
　　그 진주, 부처님 미간 백호상 같아
　　모든 부처님 그림자 환하게 보여주네

◉ 疏 ◉

十은 **頌水出光雲**이라 **更有影畧**하니 **可以意得**이니라

　　제10게송은 향수하의 물결에서 광명구름이 피어남을 읊은 것이다. 여기에는 또한 어느 한 부분을 생략한 것이다. 이는 설명하지 않아도 생각하면 그 뜻을 알 수 있다.

第五河間華林
　　5. 향수하 사이의 꽃과 숲

經

爾時에 **普賢菩薩**이 **復告大衆言**하사대 **諸佛子**여 **此諸香水河兩間之地**를 **悉以妙寶**로 **種種莊嚴**하니
一一各有四天下微塵數衆寶莊嚴인 **芬陀利華**가 **周帀徧滿**하며
各有四天下微塵數衆寶樹林이 **次第行列**이라

一一樹中에 恒出一切諸莊嚴雲하며
摩尼寶王이 照耀其間하며
種種華香이 處處盈滿하며
其樹에 復出微妙音聲하야 說諸如來一切劫中所修大願하며
復散種種摩尼寶王하야 充徧其地하니
所謂蓮華輪摩尼寶王과
香焰光雲摩尼寶王과
種種嚴飾摩尼寶王과
現不可思議莊嚴色摩尼寶王과
日光明衣藏摩尼寶王과
周徧十方普垂布光網雲摩尼寶王과
現一切諸佛神變摩尼寶王과
現一切衆生業報海摩尼寶王이라
如是等이 有世界海微塵數하니 其香水河兩間之地에 一一悉具如是莊嚴하니라

그때 보현보살이 다시 대중들에게 말하였다.

"모든 불자들이여, 이 모든 향수하 양쪽 사이의 땅을 모두 미묘한 보배로 갖가지 장엄을 하였다.

하나하나마다 제각각 사천하 티끌과 같이 셀 수 없이 무한한 온갖 보배로 장엄한 분다리꽃이 두루 가득하며, 제각각 사천하 티끌과 같이 셀 수 없이 무한한 온갖 보배로 된 나무숲이 차례로 줄지어 서 있다.

이에 하나하나 나무마다 항상 온갖 장엄구름을 피어내며,

마니보배왕이 그 사이를 밝게 비추며,

갖가지 꽃향기가 곳곳마다 그윽하며,

그 나무에서는 또한 미묘한 음성을 내어 모든 여래께서 일체겁 동안 닦으신 큰 서원을 연설하며,

또한 갖가지 마니보배왕을 흩뿌려 그 땅에 온통 가득하다.

이른바 연꽃바퀴 모양의 마니보왕,

향기불꽃광명구름 모양의 마니보왕,

가지가지로 장엄한 마니보왕,

불가사의의 장엄한 색상을 연출한 마니보왕,

햇빛광명의 옷 창고가 쏟아져 나오는 마니보왕,

시방세계에 두루 펼쳐 드리운 광명그물구름 모양의 마니보왕,

일체제불의 신통변화가 나타나는 마니보왕,

일체중생의 업보바다가 나타나는 마니보왕이 있다.

이와 같이 마니보왕들이 세계바다 티끌과 같이 셀 수 없이 한량없다.

그 향수하 양쪽 사이의 땅에 하나하나 모두가 이처럼 장엄을 갖추고 있다."

◉ **疏** ◉

長行有三이니 初總標오 次一一下는 別顯二事니 謂華及樹라 水陸各一이나 實有多事라 然此一段은 文勢少異라 不列十事하야 以顯無

盡이오 而但擧二하야 展轉明多하니 謂初一은 白蓮이오 後一은 寶樹라 於此一樹에 出五業用하니 一出莊嚴雲이오 二寶王照耀오 三華香盈滿이오 四出音演法이오 五雨寶徧地니라

於中에 文有總別及結이오 別有八事하야 通三世間하니 初六은 現器오 次一은 現正覺이오 後一은 現衆生世間이니 如劒葉林等은 現惡業報오 天意樹等은 卽善業報오 男女林中 朝生暮落은 皆業報海니라【鈔 如劒葉林者는 其林樹葉이 猶如刀劒이어늘 下卽傷人이라

天意樹者는 涅槃四十二問中에 當第二十四問云이라 云何觀三寶 猶如天意樹오하니 言天意樹者는 隨天意轉故니라 至第九經에 方始答之호되 云復次善男子여 如菴羅樹 及閻浮提樹는 一年三變이어늘 有時生華하야 光色敷榮하고 有時生葉하야 滋茂翁鬱하고 有時彫落하야 狀若枯死니라 善男子여 於意云何오 是樹 實爲枯死不耶아 不也니이다 世尊이시여 善男子여 如來亦爾라 於三界中에 示三種身하니 有時初生하고 有時長大하고 有時涅槃이로되 而如來身은 實非無常이라하니라 釋曰 意明三寶는 隨物轉變이나 而實常存이 如天意樹隨天意轉이나 而實不死니 隨天之意는 明是善業이니라

男女林者는 卽楞伽第一百六問에 云何男女林고 一百七問에 云何訶梨勒과 阿摩勒고하니 解曰 謂令觀世間 如男女林等이라 依立世阿毘曇論第一컨대 云閻浮提林外에 有二林하니 一名訶梨勒이오 二名阿摩勒이라 此二林南에 復有七林하니 中有人林이라 是人林中에 果形如人하야 如閻浮提勝人王種이러늘 若男子十六歲하고 如女一十五歲하야 莊嚴具足하야 狀如行嫁라 是人林果 可愛如是니라 其子蔕形

이 如人頭髻일세 未離欲者 見此果子면 便生愛心이오 諸外道等 有離欲人이 若見此果면 卽失禪定하고 欲心還生하고 其子熟時에 唯鳥競食이어늘 鳥食之餘에 殘落於地면 如屍陀林이라 甚可厭惡니라 退禪定者 見是相已면 深生厭離하야 還得本定이라하니 意表世間男女如林이라 所見榮飾이 悉皆如幻하야 與此無別이라 徧計所執으로 妄謂之實이나 菩薩觀之면 都無所有니라 故楞伽云 觀諸衆生 如死屍無知라하니 以妄想故로 見有往來어니와 若離妄想이면 如彼死屍 無鬼入中하야 云爲自在이라 故有經說호되 菩薩所見은 世間資生이 無非實相이라하니 此之謂矣니라 】

장항은 3단락이다.

제1단락은 총상으로 들어 밝혔고,

제2단락 '一一' 이하는 별상으로 2가지의 일을 밝혔다. 백련화와 보배나무를 말한다. 물과 육지에 각각 하나씩 있으나 실로 많은 일이 있다. 그러나 이 단락은 문맥이 여느 부분과 조금 다르다. 여느 부분처럼 10가지의 일을 들어 끝이 없음을 나타내지 않고 단 2가지 일만을 들어 전전하여 많은 부분을 밝힌 것이다. 앞에서는 백련화를, 뒤에서는 보배나무를 말하였다. 이 하나의 보배나무에 5가지의 작용이 나오고 있다.

⑴ 장엄구름이 피어나고,

⑵ 보왕이 빛나고,

⑶ 꽃향기가 가득하고,

⑷ 음성으로 법문을 연설하고,

(5) 보배를 내려 땅에 가득하였다.

본 경문은 총상과 별상 및 끝맺은 말인데, 별상으로 8가지 일을 들어 삼세간에 통하고 있다.

첫째 6가지 일은 器世間을 나타냈고,

다음 한 가지의 일은 正覺을 나타냈고,

뒤의 한 가지의 일은 중생세간을 나타냄이니, 저 劒葉林 등은 악업의 과보를 나타냄이며, 天意樹 등은 선업의 과보를 나타냄이며, '남녀 숲 속에 아침에 태어났다가 저녁에 떨어지는' 것은 모두 업보의 바다이다. 【초_ '劒葉林과 같은 유'란 그 숲의 나뭇잎이 마치 칼날 같아서 그곳에 떨어지면 곧 사람을 다치게 만든다.

'天意樹'란 열반경 42가지의 물음 가운데, 제24물음의 "어떻게 하면 三寶(三身)²가 天意樹와 같음을 볼 수 있습니까?"에 해당한다. '천의수'라 말한 것은 하늘의 뜻을 따라 전전하기 때문이다. 열반경 제9경문에 이르러서야 바야흐로 이에 대해 답하고 있다.

"또한 선남자여, 저 암라수 및 염부제나무가 1년에 세 번 변하는데, 어떤 때는 꽃이 피어 아름답게 빛나고, 어떤 때는 잎이 피어나 무성하고 울창하며, 어떤 때는 잎이 떨어져 그 모습이 메말라 죽은 것과 같다. 선남자여, 그 뜻이 어떠한가? 그 나무가 실제로 메말라 죽었느냐?"

"아닙니다. 세존이시여!"

....

2 三寶(三身): 이의 삼보는 삼신의 오류로 생각된다. 탄허 스님 역시 이를 삼신으로 번역하고 있다.

"선남자여, 여래 또한 그러하다. 삼계 중에 3가지의 몸을 나타내는 것이다. 어떤 때는 처음 태어나고 어떤 때는 장대하고 어떤 때는 열반하지만, 여래의 몸은 실로 무상한 것이 아니다."

이에 대해 다음과 같이 해석하였다.

그 뜻은 三寶(三身)가 外物을 따라 전변하지만 실로 항상 존재함이 천의수가 하늘의 뜻에 따라 전변하지만 실은 죽지 않음과 같다는 점을 밝힌 것이다. 하늘의 뜻을 따른다는 것은 선업임을 밝힘이다.

'男女林'이란 능가경 제106물음에 "어떤 것이 남녀림인가?"라고 하며, 제107물음에 "어떤 것이 訶梨勒과 阿摩勒인가?"라고 하니 이에 대해 다음과 같이 해석하였다.

중생세간이 남녀림 등과 같은 줄을 보도록 하기 위함을 말한다. 立世阿毘曇論 제1에 준하여 보면, "염부제 숲 밖에 2가지 숲이 있다. 하나의 숲은 가리륵이라 하고, 또 다른 하나는 아마륵이라고 한다. 이 2가지 숲 남쪽에 다시 7가지의 숲이 있다. 그 가운데에 人林이 있다. 그 인림 가운데 열매 모습이 사람처럼 생겼는데 염부제의 훌륭한 사람, 왕족을 닮았다. 그 젊은 모습이 16세의 남자와 15세의 여자와 같아서 장엄이 구족하고 그 모습이 마치 시집가는 모습처럼 아름답다. 인림의 과실이 이처럼 사랑스럽다. 그 열매의 꼭지 형태는 사람의 상투와 같다. 욕심을 여의지 못한 자가 그 열매를 보면 갑자기 애욕의 마음을 내고, 욕심을 여읜 모든 외도 등이 만일 그 열매를 보면 곧장 선정을 잃고 도리어 욕심을 일으키게 된다. 그 열매가 익을 때엔 새들이 앞다투어 따먹는데, 새가 먹다 남은 열매가 땅바닥에 떨어지면 屍陀林과 같아서 보기에 매우 역겹다. 선정에서 물러난 자가 땅바닥에 떨어진 열매 모습을 보면 아주 싫어하는 마음을 일으켜 도리어 本定을 얻는다고 하였다.

　그처럼 말한 뜻은 세간 남녀가 인림과 같다는 것이다. 눈으로 보는 영화와 꾸밈이 모두 허깨비와 같아서 이와 다를 바가 없다. 徧計所執으로 헛되이 실상이라고 생각하지만 보살의 견지에서 이를 보면 모두 있는 바가 없음을 나타낸 것이다.

　이 때문에 능가경에 이르기를, "모든 중생이 아무런 지각이 없는 시체와 같은 줄 보라."고 하였다. 망상 때문에 생사에 오고 감이 있음을 보게 되지만, 만일 망상을 여의면 저 죽은 시체의 귀신이 들어갈 곳이 없는 것처럼 언어와 행동이 자재하다. 이 때문에 어떤 경에서 말하기를, "보살의 소견은 세간의 삶이 실상 아닌 게 없다."고 하니 이를 두고 말한 것이다.】

'如是等'下는 且結樹之雨寶 已有刹海塵數라 例上'出雲'等四컨대 一一皆然이라 一樹之中에 已有多刹海之嚴矣오 次例芬陀利華컨대 亦同於樹니 其華與樹 各有四天下塵하야 一一皆爾이오 如華樹等 類復應有刹海塵數之物일세 故爲無盡之嚴也니라

　'如是等有世界海' 이하는 또 나무에서 보배가 쏟아져 내리는 것이 이미 티끌과 같이 셀 수 없이 무한한 세계바다가 있음을 끝맺은 것이다.

　위의 '피어나는 구름[出雲]' 등 4가지에 준하여 보면 하나하나가

모두 그러하다. 하나의 나무 가운데 이미 수많은 세계바다의 장엄이 있다. 다음 분다리화에 준하여 보면 그 또한 나무와 같다. 그 꽃과 나무가 각각 사방천하의 티끌과 같이 셀 수 없이 무한수가 있다. 그 하나하나가 모두 그러하다. 꽃과 나무와 같은 유가 모두 또한 티끌과 같이 셀 수 없이 무한한 물건이 있기에 끝없는 장엄이 되는 것이다.

'其香水下는 總結이라

맨 끝의 '그 향수' 이하의 문장은 총괄하여 끝맺음이다.

經

爾時에 普賢菩薩이 欲重宣其義하사 承佛神力하사 觀察十方하고 而說頌言하사대

그때 보현보살이 그 뜻을 거듭 말하고자 부처님의 헤아릴 수 없는 영묘하고도 불가사의한 힘을 받들어 시방중생을 살펴보고서 게송으로 말하였다.

其地平坦極淸淨하니　　眞金摩尼共嚴飾이요
諸樹行列蔭其中하니　　聳幹垂條萃若雲이로다

　그 땅이 평탄하고 지극히 청정한데
　진금과 마니주 섞어 장식하였네
　온갖 보리수 줄 잇고 그 사이 그늘 덮어
　뻗은 줄기 나지막한 가지 구름처럼 모여 있네

枝條妙寶所莊嚴에 　　華焰成輪光四照어든
摩尼爲果如雲布하야 　　普使十方常現覩로다

　　보리수 가지 미묘한 보배로 장엄하고
　　불빛 같은 꽃송이, 바퀴 이뤄 사방을 비추는데
　　마니주로 맺힌 열매, 구름처럼 펼쳐 있어
　　널리 시방에서 항상 환히 보도록 하였네

摩尼布地皆充滿이어든 　　衆華寶末共莊嚴하고
復以摩尼作宮殿하야 　　悉現衆生諸影像이로다

　　마니주 땅에 깔아 온통 가득한데
　　온갖 꽃과 보배가루로 함께 장엄하고
　　또 마니주로 궁전 만들어
　　중생의 모든 그림자 다 보여주네

諸佛影像摩尼王을 　　普散其地靡不周하니
如是赫奕徧十方하야 　　一一塵中咸見佛이로다

　　모든 부처님의 그림자 보이는 마니왕을
　　그 땅에 널리 뿌려 가득하니
　　이처럼 빛나고 빛나 시방세계 두루 하여
　　하나하나 티끌마다 부처님 볼 수 있네

妙寶莊嚴善分布하고 　　眞珠燈網相間錯이어든

處處悉有摩尼輪하야　　一一皆現佛神通이로다

　　미묘한 보배장엄 잘도 펼쳐 있고
　　진주로 만든 등불과 그물 사이사이 뒤섞였는데
　　곳곳마다 모두 마니주로 만든 바퀴가 있어
　　하나하나 어디서나 부처님 신통을 나타내네

衆寶莊嚴放大光하고　　光中普現諸化佛하니
一一周行靡不徧하사　　悉以十力廣開演이로다

　　온갖 보배의 장엄, 큰 광명 쏟아내고
　　광명 속에 여러 화신불 두루 나타내니
　　하나하나 두루 행하여 시방에 가득하사
　　모두 열 가지 힘으로 널리 연설하여라

 疏 ◉

後 應頌은 不次라 文分爲三이니 初六은 頌寶樹니라

　　뒤의 게송은 장항 경문에서 서술한 차례와 맞지 않다. 게송은 3단락으로 나뉜다. 제1단락의 6수(제1~6게송)는 보배나무를 읊은 것이다.

經

摩尼妙寶芬陀利가　　一切水中咸徧滿호대
其華種種各不同하야　　悉現光明無盡歇이로다

마니주 미묘한 보배의 분다리꽃

모든 향수하에 모두 가득하련만

분다리꽃 갖가지 똑같지 않고

모두 광명 놓아 다함이 없네

● 疏 ●

次一은 頌白蓮華니라

다음 제2단락 제7게송은 백련화를 읊은 것이다.

經

三世所有諸莊嚴이　　摩尼果中皆顯現호대
體性無生不可取니　　此是如來自在力이로다

시방삼세 모든 장엄들이

마니주 열매 속에 모두 나타나지만

체성은 무생(無生)이라 취할 수 없으니

이는 여래의 자재하신 신통력이네

此地一切莊嚴中에　　悉現如來廣大身호대
彼亦不來亦不去니　　佛昔願力皆令見이로다

이 땅의 모든 장엄마다

모두 여래의 광대한 몸 나타내지만

그는 오지도 않고 가지도 않는 법을

부처님 예전 원력으로 모두 보여주신 것이네

此地一一微塵中에　　　一切佛子修行道하야
各見所記當來刹이　　　隨其意樂悉淸淨이로다

　이 땅의 하나하나 티끌 속에
　모든 불제자 보리 도를 닦아
　각기 수기(授記) 받은 미래 세계가
　그 마음 좋아하는 데 따라 모두 청정함을 보네

◉ 疏 ◉

後三은 結嚴所因이니 謂由佛等力하야 明體用無礙일새 現而常如니라 然此偈有多意趣하니

一者는 初一偈則器世間이오 次一 智正覺이오 後一 衆生이니 欲明 一一事中에 皆現三世間嚴하야 影畧其文耳니라

又初는 明一果能現이오 次는 例一切莊嚴이오 後는 明塵塵皆爾니 從畧至廣이오 從麁至細니라

又初明佛力이오 次彰願力이오 後隨樂力이며

又初自 後他오 願通自他며

又初는 明卽性無性이니 體本不生이오 次는 明卽相無相이니 現無來去오 後는 明不壞於相이니 各見不同이라 方顯華藏之嚴 皆言亡慮絶하야 非可情求也니라

　맨 끝의 제3단락 3수(제8~10게송)는 장엄의 원인이 되는 대상을

끝맺은 것이다. 부처님의 평등한 법력[佛等力]으로 말미암아 본체와 작용에 걸림이 없기에 현신하여 항상 如如함을 밝힌 것이다.

그러나 이 3수의 게송에는 많은 뜻을 담고 있다.

⑴ 제8게송은 器世間을, 제9게송은 智正覺을, 제10게송은 중생을 말하고 있다. 모든 일마다 모두 삼세간의 장엄이 나타남을 밝히고자, 그 경문을 상호 보완하였다.

⑵ 제8게송은 一果의 현신 주체를 밝혔고, 제9게송은 일체 장엄을 예시하였고, 제10게송은 티끌마다 모두 그와 같음을 밝힌 것이다. 이는 작은 부분으로부터 광대한 자리에 이르고, 거친 세계로부터 미세한 세계에 이르고 있다.

⑶ 제8게송은 佛力을 밝혔고, 제9게송은 원력을 나타냈고, 제10게송은 樂力을 따른 것이다.

⑷ 제8게송은 자력을, 제10게송은 타력을, 제9게송에서 말한 원력은 자타에 모두 통한다.

⑸ 제8게송은 본성 자리에 나아가 본성이 없음을 밝힌 것으로 체성이 본래 생겨나지 않음을 말하였고, 제9게송은 형상에 나아가 형상이 없음을 밝힌 것으로 현신의 오고 감이 없음을 말하였고, 제10게송은 형상을 버리지 않음을 밝힌 것으로 제각기 소견이 똑같지 않음을 말하였다.

바야흐로 화장세계의 장엄이란 모두 말로 형용할 수 없고 생각이 끊어져 情識으로 求할 게 아님을 밝힌 것이다.

一

第六辨總結莊嚴

6. 장엄을 총괄하여 끝맺다

經

爾時에 普賢菩薩이 復告大衆言하사대 諸佛子여 諸佛世尊의 世界海莊嚴이 不可思議니라
何以故오 諸佛子여 此華藏莊嚴世界海의 一切境界가 一一皆以世界海微塵數淸淨功德之所莊嚴일세니라

그때 보현보살이 다시 대중들에게 말하였다.

"모든 불자들이여, 모든 부처님 세존의 세계바다 장엄이 불가사의하다.

무슨 까닭인가. 모든 불자들이여, 이 화장장엄세계바다의 모든 경계가 하나하나 모두 세계바다의 티끌과 같이 셀 수 없이 무한한 청정한 공덕으로 장엄한 것이다."

◉ **疏** ◉

上來諸段에 雖說莊嚴이나 猶未能盡일세 故今總顯이라 一一之境에 若說不說이 皆具刹海塵數功德莊嚴이라 是以로 文云一切境界라하니라 長行文二니 先標莊嚴難測이오 二何以下는 徵釋所由니라
淸淨功德은 文含二義니 一謂衆多果嚴이 卽是淸淨功德이오 二謂一一果嚴이 從多淸淨功德因生이라

121

以因望果컨대 應成四句니 謂多因一果과 一因多果等이라 故隨一一事하야 卽曰'難思'니라 【鈔_ '應成四句'者는 文出二句니 三'一因一果'오 四'多因多果'니라 隨修一行하야 無德不招니 廣如問明과 及昇兜率品이라 四句相融일세 故一一'難思'니라 】

위의 여러 단락에서 장엄을 말하긴 했지만 그래도 미진한 바 있었기에 여기에서 장엄을 총괄하여 밝힌 것이다.

하나하나의 경계마다 말한 부분이나 말하지 않은 부분이나 모두 티끌의 수와 같이 무한한 공덕의 장엄을 갖추고 있기에 경문에서 '일체경계'라 말한 것이다.

장항의 산문은 2단락이다. 앞 단락에는 불가사의한 장엄을 밝혔고, 뒤 단락의 '何以故' 이하에서는 장엄의 유래를 스스로 묻고 스스로 해석한 것이다.

'청정공덕'은 이의 경문에 2가지의 뜻을 포함하고 있다.

⑴ 수많은 결과의 장엄 그 자체가 곧 청정공덕이다.

⑵ 하나하나 결과의 장엄이 수많은 청정공덕의 원인에서 생겨난 것이다.

원인으로써 결과에 대비하여 보면 당연히 4구로 써야 한다. ① '수많은 원인이 하나의 결과를 낳는다.' ② '하나의 원인이 수많은 결과를 낳는다.' 등이다. 이 때문에 하나하나의 일마다 모두가 불가사의하기에 이를 '생각할 수 없다[難思].'고 말한 것이다. 【초_ "당연히 4구로 써야 한다."는 것은 이의 문장에서는 2구만을 나타내고 있다. 그 뒤를 덧붙여 말하면 다음과 같다.

③ '하나의 원인이 하나의 결과를 낳는다.'

④ '수많은 원인이 수많은 결과를 낳는다.'

하나의 행을 닦음에 따라서 그에 걸맞은 결과를 불러오지 않음이 없다. 이에 대해 제10 問明品 및 제23 승도솔천궁품에서 자세히 말한 바와 같다. 4구가 서로 융합되어 있기에 하나하나가 모두 불가사의하여 생각할 수 없다.】

是以로 頌에 云但由如來昔所行하야 神通願力而出生이라하니 斯卽因也라 若語果嚴인댄 畧有五相이라

이 때문에 아래의 게송에 이르기를, "오직 여래께서 옛적에 행하신 일이라, 신통력과 원력에서 나온 것이다."고 하니 이것이 바로 원인이다. 만일 결과의 장엄을 말한다면 간단하게 5가지의 모습이 있다.

一者는 令多니 周給一切오【鈔_ '一者令多'者는 第四偈 '一切刹海咸周徧'이 是令周給他也니라 】

⑴ 많도록 만듦이니 모든 것에 빠짐없이 주는 것이다.【초_ '⑴ 많도록 만듦'이란 아래의 제4게송에 "모든 세계바다에 모두 두루하다."는 것이 그 세계에 두루 줌을 말한다.】

二者는 令常이니 永無乏絕이오【鈔_ 第二偈中에 '靡暫停'과 第三偈中에 '恒聞見'은 是令常也니라 】

⑵ 영원하도록 만듦이니 영원히 부족하거나 끊임이 없는 것이다.【초_ 제2게송에 "잠시도 멈춤이 없다."는 것과 제3게송에 "항상 보고 들을 수 있다."는 것은 바로 영원하도록 만들어줌이다.】

三者는 令妙니 悅可衆心이오【鈔_ 第三偈中에 '其音美妙'는 是令妙 也니라】

(3) 미묘하도록 만듦이니 중생의 마음을 기쁘게 함이다.【초_ 제3게송에 "그 음성이 아름답고 미묘하다."는 것은 바로 미묘하도록 만들어줌이다.】

四者는 稱性이니 無生無相이오【鈔_ 第十偈中에 '無等無生無有相'은 是稱性也니라】

(4) 본성에 부합함이니 생겨남도 없고 형상도 없다.【초_ 제10게송에 "짝할 수도 생겨남도 형상도 없다."는 것은 바로 본성에 부합함이다.】

五者는 自在니 鎔融無礙니 偈文具之니라 總斯五義일세 故曰難思온 況因果相卽가【鈔_ 第八偈等에 '能於一切微塵中 普現其身淨衆刹'과 及第九偈에 '一刹那中悉能現'은 皆自在也니라】

(5) 자재함이니 원융하여 걸림이 없음이니 게송에 자세히 말하고 있다.

이처럼 5가지의 뜻을 총괄한 까닭에 불가사의하여 '생각할 수 없다.'고 말하는데, 하물며 인과가 서로 하나가 되는 자리야 오죽하겠는가.【초_ 제8게송 등에 "모든 미세한 티끌 속에서 그 몸을 널리 나타내어 모든 세계를 청정하게 만들리라."는 것과 제9게송에 "하나의 찰나 속에 모두 나타난다."는 것은 바로 모두 자재함이다.】

爾時에 普賢菩薩이 欲重宣其義하사 承佛神力하사 觀察十方하고 而說頌言하사대

그때 보현보살이 그 뜻을 거듭 말하고자 부처님의 헤아릴 수 없는 영묘하고도 불가사의한 힘을 받들어 시방중생을 살펴보고서 게송으로 말하였다.

제1게송 果嚴用勝: 別明嚴用

此刹海中一切處가　　　悉以衆寶爲嚴飾이라
發焰騰空布若雲하니　　光明洞徹常彌覆로다

　화장세계바다 그 모든 곳
　모두 수많은 보배로 장엄하였네
　불꽃 일어 하늘 높이 구름처럼 펼쳐지니
　광명이 훤히 비쳐 항상 덮고 있네

제2게송 果嚴用勝: 別明嚴用

摩尼吐雲無有盡하니　　十方佛影於中現이라
神通變化靡暫停하시니　一切菩薩咸來集이로다

　마니주에 피어오른 구름 끝이 없는데
　시방세계 부처님이 그 속에 현신하여
　신통변화 잠시도 멈추지 않으니
　모든 보살 찾아와 모두 모여드네

125

제3게송 果嚴用勝: 別明嚴用

一切摩尼演佛音하니　　其音美妙不思議라
毘盧遮那昔所行을　　　於此寶內恒聞見이로다

　모든 마니주마다 부처님의 음성을 내니
　그 음성이 아름답고 미묘하여 불가사의일세
　비로자나불 옛적에 닦으신 제행(諸行)
　이 보배 속에서 언제나 듣고 보네

제4게송 果嚴用勝: 別明嚴用

淸淨光明徧照尊이　　　莊嚴具中皆現影호대
變化分身衆圍繞하야　　一切刹海咸周徧이로다

　청정 광명 두루 비추시는 세존이여
　장엄마다 그 속에 그림자 나타내되
　변화 분신불이 대중 주위 감싸고서
　모든 세계바다 모든 곳 두루 계시네

● 疏 ●

偈文有十이니 大分爲二라 前六은 果嚴用勝이오 後四는 對因辨果라 前中은 分三이니 初四는 別明嚴用이라

　게송은 10수이다. 크게 2단락으로 나뉜다. 앞의 6수(제1~6게송)는 결과 장엄의 妙用이 훌륭함을, 뒤의 4수(제7~10게송)는 원인을 상대로 그 결과를 논변하였다.

앞의 6수(제1~6게송)는 다시 3부분으로 나뉜다.

첫 부분의 4수(제1~4게송)는 별상으로 장엄의 묘용을 밝혔다.

經

제5게송 果嚴用勝: 結屬現緣

所有化佛皆如幻하시니　　求其來處不可得이로대
以佛境界威神力으로　　一切剎中如是現이로다

여기에 계신 화신불 모두 마술과 같아

그 오신 곳 찾으려 해도 찾을 길 없네

부처님의 경계, 영묘하신 신통력으로

온갖 세계에 이처럼 나타나셨네

疏

次一은 結屬現緣이라

제2부분 제5게송은 현신에 관한 인연을 끝맺음이다.

經

제6게송 果嚴用勝: 總結多類

如來自在神通事가　　悉徧十方諸國土하시니
以此剎海淨莊嚴하야　　一切皆於寶中見이로다

여래의 자재하시며 신통하신 일

시방 모든 국토 모두 계시니

이 세계바다 청정한 장엄을
모두 다 보배 속에 보여주었네

◉ 疏 ◉

後一은 總結多類니라
제3부분 제6게송은 많은 유를 총괄하여 끝맺음이다.

經

제7게송 對因辨果: 行願神通爲因 變化鏡像爲果

十方所有諸變化여　　　　**一切皆如鏡中像**하니
但由如來昔所行하야　　　**神通願力而出生**이로다

시방세계에 보이는 모든 변화여
모두 다 거울 속에 비춰진 그림자 같다
오직 여래께서 옛적에 행하신 일이라
신통력과 원력으로 나온 것일세

◉ 疏 ◉

後四 對因辨果中에 一은 由行願神通爲因일세 故獲變化如鏡像果니라
뒤 4수(제7~10게송)의 원인을 상대로 그 결과를 논변한 가운데, 첫째(제7게송)는 大行大願과 신통력으로 원인을 삼았기에 거울에 비춰지는 것과 같은 변화의 결과를 얻은 것이다.

經

제8게송 對因辨果: 普行勝智爲因 一塵淨刹爲果

若有能修普賢行하야　　入於菩薩勝智海면
能於一切微塵中에　　普現其身淨衆刹이로다

만약 보현 행원(行願)을 닦아
보살의 훌륭한 지혜바다에 들어가면
모든 미세한 티끌 속에서
그 몸을 널리 나타내어 모든 세계를 청정하게 만들리라

◉ 疏 ◉

二는 以普行勝智爲因일새 故得一塵淨衆刹果니라

둘째(제8게송)는 보현행과 훌륭한 지혜로 원인을 삼았기에 하나의 미세한 티끌 속에서 모든 세계를 청정하게 하는 결과를 얻은 것이다.

經

제9게송 對因辨果: 長時近友爲因 刹那頓現爲果

不可思議億大劫에　　親近一切諸如來일새
如其一切之所行을　　一刹那中悉能現이로다

불가사의 억대겁(億大劫)에
일체 여래 친근했기에
일체제불 행하신 것처럼

하나의 찰나 속에 모두 나타나네

● 疏 ●

三은 由長時近友爲因일세 故得刹那頓現之果니라

셋째(제9게송)는 오랜 세월 착한 벗을 가까이하는 것으로 원인을 삼았기에 하나의 찰나에 모든 것이 일시에 나타나는 결과를 얻은 것이다.

經

제10게송 對因辨果: 彰淨國之意

諸佛國土如虛空하야　　無等無生無有相이어늘
爲利衆生普嚴淨하사　　本願力故住其中이로다

　모든 부처님 국토, 허공과 같아
　짝할 수도 생겨남도 형상도 없지만
　중생의 이익 위해 널리 장엄 청정케 하여
　제불의 본래 원력으로 그 속에 머무시네

● 疏 ●

四는 彰淨國之意하야 使倣而行之니

前半은 智境이라 嚴卽無嚴이니 謂自受用土 周徧無等하고 法性之土 體性無生이니 二皆無相이오

後半은 悲應이니 無嚴之嚴으로 嚴徧法界하고 無住之住로 常住刹中이라

上釋莊嚴 竟하다【鈔_ '悲應已下 後半은 卽他受用과 及變化淨이니 一偈之中에 四土具矣니라 藏海安布莊嚴 竟하다】

넷째(제10게송)는 모든 국토가 청정하다는 뜻을 나타내어 이를 본받아 행하도록 하기 위함이다.

제1, 2구는 대지혜의 경계[智境]이다. 장엄이 곧 장엄함이 없다. 자수용토는 두루 하여 같은 유가 없고, 법성의 국토는 체성이 본디 생겨남이 없다. 이처럼 자수용토와 법성의 국토 2가지는 모두 형상이 없다.

제3, 4구는 대자비의 응신[悲應]이다. 장엄이 없는 장엄으로 법계를 두루 장엄하고, 머묾이 없는 머묾으로 일체국토에 항상 머무는 것이다.

이상은 장엄에 대한 해석을 끝마치다.【초_ '悲應 이하의 제3, 4구는 곧 타수용토 및 변화정토이다. 이처럼 하나의 제10게송에는 四土가 모두 갖춰져 있다.

제2. 화장세계바다에 펼쳐진 장엄에 대해 끝마치다.】

第三 明所持刹網하야 釋品目世界之言이오 又前明本刹하고 今辨末界일세 故兼染淨이라
文分三別이니 第一은 告衆許說이라

제3. 화장세계바다에 지니고 있는 세계그물의 차별을 밝혀 품목에서 말한 세계에 관한 뜻을 해석하였다.

또 앞에서는 근본 세계[本刹]를 밝혔고, 여기에서는 지말의 세계[末界]를 논변한 까닭에 염토와 정토를 모두 들어 말하였다.

이의 경문은 3단락으로 나뉜다.

1. 대중에게 설법을 허락하다

經

爾時에 **普賢菩薩**이 **復告大衆言**하사대 **諸佛子**여 **此中**에 **有何等世界住**오 **我今當說**호리라

그때 보현보살이 다시 대중들에게 말하였다.

"모든 불자들이여, 이 가운데 어떠한 세계가 머무는지를 내가 여기에 있는 불자들에게 일러주리라.

―

二는 雙標二章이라

2. 종자와 세계[二章]를 밝히다

經

諸佛子여 **此十不可說佛刹微塵數香水海中**에 **有十不可說佛刹微塵數世界種**이 **安住**어든 **一一世界種**에 **復有十不可說佛刹微塵數世界**하니라

모든 불자들이여, 열 개의 말할 수 없는 부처님 세계에 미세한 티끌 수효처럼 수많은 향수바다 속에 또한 열 개의 말할 수 없는

부처님 세계에 미세한 티끌 수효처럼 수많은 세계종자가 있다.

하나하나의 세계종자 속에는 또한 말할 수 없는, 티끌과 같이 셀 수 없이 무한한 수많은 세계가 있다."

◉ 疏 ◉

二章者는 謂種及刹이라 然刹種은 依刹海하고 諸刹은 依刹種하니 則寬陜可知니라 名從何得고 欲明世界無邊하야 方便顯多일세 故立此名이니 謂積多世界 共在一處하야 攝諸流類일세 故名爲種이오 如是種類復有衆多하야 深廣無邊일세 故名爲海니 如積多魚하야 以成一種이라 魚龍龜鼈과 山泉島嶼 乃有多種이로되 並悉攝在一大海中이어늘 而言世界無邊者는 海外有海하야 海海無窮也니라

若爾인댄 種無別體라 攬界以成이어늘 何以下文에 說有形體오 雖依種類하야 以立種名이나 何妨此種에 別有其體리오 如多蠡孔이 其成一窠에 豈妨此窠 別有其體리오 上擧魚龍은 蓋分喩耳라 卽依後義인댄 亦得名爲種性이니 依於此種하야 能生世界니 如依一禾하야 有多穀粒니라 舊經云性은 多取此義어니와 恐濫體性일세 故改爲種이니라

言有不可說者는 若準下文컨댄 香海及種에 皆有十不可說이라 梵本亦有어늘 今脫十字니 多是傳寫之漏耳니라 【鈔_ 蜂孔如刹이오 一窠如種이며 以禾喩種이오 以粒喩刹이니 禾能生穀일세 故有性義니라】

二章이란 종자와 세계를 말한다. 그러나 세계종자는 세계바다에 의지하고 모든 세계는 세계종자에 의지하고 있는바, 그 범주의 크고 작음을 말하지 않아도 알 수 있다.

133

'종자와 세계'라는 이름은 어떤 이유로 이처럼 붙여졌을까? 끝이 없는 세계를 밝히고자 임시방편으로 수많은 것을 나타내려고 이런 이름을 붙인 것이다. 수많은 세계가 쌓여 모두 한곳에서 모든 종류를 받아들이기에 이를 '종자'라 명명하였고, 이와 같은 종류가 또한 많고 많아서 심오하고 광대하여 그 끝이 없기에 이를 '바다'라 명명한 것이다. 이는 마치 수많은 물고기가 모여 하나의 종류를 이루는 것과 같다. 물고기·용·거북·자라 및 산악·하천·섬 들의 수많은 종류가 있지만 모두 하나의 큰 바다 속에 들어 있는 격이다. 그럼에도 '끝없는 세계'라 말한 것은 바다 밖에 바다가 있어 바다와 바다가 그지없기 때문이다.

이와 같은 경우로 보면 종자에는 개별의 체성이 없다. 경계를 가지고서 이런 이름들이 붙여진 것인데 무엇 때문에 아래의 경문에 '형체가 있다.'고 말했을까? 비록 종류에 따라 종자라는 이름을 붙였으나 어찌 이 종자에 별개로 그 체성이 있다는 것이 나쁠 게 있겠는가. 저 많은 벌집 구멍들이 하나의 벌집을 이루는 데에 어찌 그 벌집에 별개로 그 체성이 있다 한들 그 무엇이 나쁠 게 있겠는가.

위에서 물고기와 용을 들어 말한 것은 나누어서 비유한 것이다. 곧 뒤에서 말한 의의에 따라 말한다면 그것 또한 '種性'이라고 이름 붙여야 한다. 이런 종자에 의하여 세계를 만들어낸 것인바, 마치 한 줄기의 벼 이삭에 수많은 낱알이 붙어 있는 것과 같다. 예전 경전에 '性'을 말한 것은 대부분 이런 의의를 취해 말한 것이지만 體性과 뒤섞여 구분하지 못할까 두려운 마음에 이를 '종자[種]'로 바꾸어 말한 것이다.

'不可說'이라 말한 부분은 아래의 경문에 준하여 보면 '향수바다'와 '종자[種]'에 대해 모두 '十不可說'로 말하고 있다. 범본 역시 이처럼 말했는데, 본 경문에서 '十' 자가 빠진 것이다.[3] 이는 대부분 경문을 베껴 쓰는 과정에서 누락되었기 때문이다.【초_ 벌집의 구멍은 세계와 같고 하나의 벌집은 종자와 같으며, 한 줄기의 벼 이삭으로 종자를 비유하고 낱알로 세계를 비유하였다. 벼는 곡식 낱알을 만들어주기에 '性'의 의의가 있다.】

三廣釋二章에 文分爲二니 初는 通明刹種不同하야 釋刹種章하고 二는 別明刹種香海하야 雙釋二章이니 二段에 各有長行與偈하다
今初長行은 文二니 初列十門이오 後隨門廣釋호리라
今은 初라

3. 종자와 세계를 자세히 해석하다

경문은 2단락으로 나뉜다.

1) 세계종자가 똑같지 않은 점을 통틀어 밝혀 세계종자를 해석하였다.

2) 별상으로 세계종자와 향수해를 밝혀 쌍으로 종자와 세계를 해석하였다.

....
3 원래는 경문에 '十' 자가 누락되었으나, 본 찬요에서는 이미 '十' 자를 보완하였다.

두 단락에는 각각 장항과 게송이 있다.

1)의 장항은 2부분으로 나뉜다. 첫째, 10가지 부분을 열거하였고, 둘째, 부분을 따라 자세히 해석하였다.

이는 첫째, 10가지 부분을 열거한 것이다.

經

諸佛子여 彼諸世界種이 於世界海中에 各各依住며 各各形狀이며 各各體性이며 各各方所며 各各趣入이며 各各莊嚴이며 各各分齊며 各各行列이며 各各無差別이며 各各力加持니라

"모든 불자들이여, 저 모든 세계종자가 세계바다 가운데 다음과 같이 있다.

⑴ 제각각 각자가 서로 의지하며,

⑵ 제각각 각자의 형상이 있으며,

⑶ 제각각 각자의 체성이 있으며,

⑷ 제각각 각자의 장소가 있으며,

⑸ 제각각 각자의 들어가는 길이 있으며,

⑹ 제각각 각자의 장엄이 있으며,

⑺ 제각각 각자의 구분과 한계가 있으며,

⑻ 제각각 각자의 항렬이 있으며,

⑼ 제각각 각자의 차별이 없으며,

⑽ 제각각 각자의 力加持가 있다."

● 疏 ●

然此十門刹種之異 並悉不離所依華藏이라 故云於世界海中'이라하니라 所列十事는 與成就品으로 都望全異니 彼通一切海요 此明一海種故일세니라 若別別相望이면 互有互無니 起具因緣·淸淨·佛出·劫住·轉變은 彼有此無하고 方所·分齊·行列·趣入·力持等五는 彼無此有하고 依住·形·體·莊嚴·無別은 彼此名同하니 前後互出이라 都有十五니라 皆顯十者는 俱表無盡이로되 而或異者는 彰義多端이요 復有同者는 恐濫全別이라 然與前同은 已如前釋이어니와 不同五事는 今當說之라

그러나 이처럼 10부분의 각기 다른 세계종자가 모두 다 의지하고 있는 화장세계를 여의지 않기에 '세계바다 가운데'라고 말한 것이다.

여기에 열거한 10가지의 일들은 제4 세계성취품과 모두 대조하여 보면 전혀 다르다. 세계성취품에서는 '일체바다'에 통하고, 여기에서는 '하나의 바다종자'를 밝혔기 때문이다.

만일 개별로 하나하나를 들어 대조하여 보면 서로 있기도 하고 서로 없기도 하다. 起具因緣·淸淨·佛·劫住·轉變은 세계성취품에는 있으나 여기에는 없고, 方所·分齊·行列·趣入·力持 등 5가지는 세계성취품에는 없으나 여기에는 있으며, 依住·形·體·莊嚴·無別은 세계성취품과 여기에 같은 이름으로 전후에 모두 나와 있다. 이렇게 해서 모두 15가지의 일이 된다.

모두 10가지의 일로 나타낸 것은 모두 끝이 없음을 밝힌 것이

지만, 간혹 다른 것은 그 뜻을 여러 가지로 나타낸 때문이며, 또한 같은 것은 전체와 별개를 뒤섞어 볼까 두렵다. 그러나 앞의 세계성취품에서 말한 바와 똑같은 것은 이미 앞에서 해석한 바와 같지만, 세계성취품에서 말한 바와 다른 5가지의 일에 대해서는 여기에서 당연히 설명할 것이다.

'各各方所者는 若圓滿方所인댄 周滿法界하야 無處不有라 不卽三界오 不離三界어니와 若隨宜方所인댄 隨十方中하야 向背各別이니라【鈔_ 釋此五句 皆十八圓滿中意니 次下當明하리라 此中每句는 各具二義니 方所二者는 圓滿方所란 卽自受用方所니 如上引唯識하야 明自受用土相이어니와 若隨宜方所는 卽他受用 及變化淨이라 然依佛地 十八圓滿컨대 唯約他受用說이어니와 今約圓通이라 故進入自受用이오 下該變化나라】

"(4) 제각각 각자의 장소가 있다."는 것은 만일 원만한 곳이라면 법계에 두루 가득하여 어느 곳이든 있지 않은 데가 없다. 삼계에 있지도 않고 삼계를 떠나지도 않으려니와 만일 일시의 편의에 따른 곳이라면 시방세계에 따라서 앞으로 나가는 곳과 뒤로 물러서는 것이 각기 다르다.【초_ 이 5구(若圓滿方所…不離三界)가 모두 18원만[4]에 있는 뜻임을 해석한 것인바, 이에 대해서는 다음 아래 해당 부분

---

[4] 18원만: ①顯色원만, ②形色원만, ③分量원만, ④方所원만, ⑤因원만, ⑥果원만, ⑦主원만, ⑧輔翼원만, ⑨眷屬원만, ⑩任持원만, ⑪事業원만, ⑫攝益원만, ⑬無畏원만, ⑭住處원만, ⑮路원만, ⑯乘원만, ⑰門원만, ⑱依持원만이다.

에서 밝힐 것이다. 이 5구에는 각각 2가지의 뜻을 갖추고 있다. '方所'에 대한 2가지의 뜻이란 원만한 곳[圓滿方所]은 곧 自受用의 장소[方所]이다. 위에서 유식을 인용하여 自受用土의 형상임을 밝힌 바와 같거니와 만일 일시의 편의에 따른 곳이라면[隨宜方所] 그것은 곧 타수용 및 變化淨이다. 그러나 불지론의 18원만에 의하면 오직 타수용토만을 들어 말했지만 여기에서는 원통을 들어 말하고 있기에 자수용토에 나아가고 아래의 경문에서 변화를 갖추고 있다.】

'各各趣入'者는 依門趣入이로되 約法門者인댄 謂三解脫이오 又互相現入이로되 而無來去等이니라【鈔_ '依門趣入'者는 彼有事門이니 卽如向說이오 二는 約法爲門이니 今但出此니라 又'互相現入'者는 是約此宗하야 以辨門義니 並如下說이라】

"(5) 제각각 각자의 들어가는 길이 있다."는 것은 문을 따라 들어가는 것이지만, 법문으로 말한다면 3가지의 해탈을 말한다. 또 서로서로 들어가는 곳을 밝히고 있지만 오고 감이 없다는 등이다.【초_ "문을 따라 들어간다."는 것은 저기에서는 현상의 일에 관한 문인바, 곧 앞에서 말한 바와 같고, 둘째로 법을 가지고 문을 말한 것이다. 여기에서는 다만 이곳을 나가는 것만으로 말하였다. 또 "서로서로 들어가는 곳을 밝히고 있다."는 것은 이는 이런 종지를 가지고서 '문'이라는 뜻을 논변한 것으로 아울러 아래의 경문에서 말한 바와 같다.】

'各各分齊'者는 約事隨宜인댄 廣陿異故어니와 約佛分齊인댄 則十方無際니라【鈔_ 分齊分二니 隨宜는 卽他受用等이오 約佛은 卽自受用土니라】

"(7) 제각각 각자의 구분과 한계가 있다."는 것은 현상에서 일의 편의를 따르는 것으로 말하면 넓고 좁음의 차이가 있기 때문이라고 말할 수 있지만, 부처님의 분상에서 말하면 시방세계가 끝이 없다. 【초_ '구분과 한계'의 뜻도 2가지가 있다. 현상에서 일의 편의를 따르는 것으로 말하면 타수용토 등이며, 부처님의 분상에서 말하면 그것은 곧 자수용토이다.】

'各各行列'은 卽是道路니 約事可知어니와 約法인댄 謂大念慧行으로 以爲游路니라

'各各力加持者는 卽食能令住어니와 約法인댄 廣大法味를 喜樂所持니라

"(8) 제각각 각자의 항렬이 있다."는 것은 곧 도로이다. 현상의 일로 말하면 이는 말하지 않아도 알 수 있지만, 법으로 말하면 大念慧의 행으로 길을 삼는 것을 말한다.

"(10) 제각각 각자의 力加持가 있다."는 것은 곧 음식이 있으면 가던 길도 멈추는 것이지만 법으로 말하면 광대한 법의 맛으로 기쁨을 가지는 것이다.

二는 隨門廣釋이로되 但釋其三이니 謂依住·形·體오 餘七은 雖畧이나 義上已說이라

今初는 依住라

둘째, 10가지 부분을 따라 자세히 해석하다
여기에서는 그중 3가지만을 들어 말하고 있다. 그것은 依住·

形狀·體性이다. 나머지 7가지 부분은 비록 생략했지만 그에 관한 의의는 이미 위에서 말한 바 있다.

① 세계종자의 依住

經

諸佛子여 此世界種이 或有依大蓮華海住하며 或有依無邊色寶華海住하며 或有依一切眞珠藏寶瓔珞海住하며 或有依香水海住하며 或有依一切華海住하며 或有依摩尼寶網海住하며 或有依漩流光海住하며 或有依菩薩寶莊嚴冠海住하며 或有依種種衆生身海住하며 或有依一切佛音聲摩尼王海住하니 如是等을 若廣說者인댄 有世界海微塵數하니라

"모든 불자들이여, 이 세계종자는 다음과 같다.

(1) 어떤 것은 큰 연꽃의 바다에 의지하여 있고,

(2) 어떤 것은 그지없는 색상의 보배꽃의 바다에 의지하여 있고,

(3) 어떤 것은 일체 진주 창고 보배로 만든 목걸이의 바다에 의지하여 있고,

(4) 어떤 것은 향수바다에 의지하여 있고,

(5) 어떤 것은 일체 꽃바다에 의지하여 있고,

(6) 어떤 것은 마니주의 그물바다에 의지하여 있고,

(7) 어떤 것은 소용돌이치며 흐르는 광명바다에 의지하여 있고,

(8) 어떤 것은 보배로 장엄한 보살의 천관(天冠)바다에 의지하여 있고,

(9) 어떤 것은 갖가지 중생의 몸바다에 의지하여 있고,

(10) 어떤 것은 일체제불 음성이 울려나오는 마니왕바다에 의지하여 있다.

이와 같은 등등을 만약 자세히 말하면 세계바다의 티끌과 같이 셀 수 없이 무한한 모습이 있다."

● 疏 ●

初列後結이니 文並可知니라

앞에서는 10가지의 부분을 열거하였고, 뒤에서는 끝맺고 있다. 이의 경문은 설명하지 않아도 알 수 있다.

二 形狀

② 세계종자의 형상

經

諸佛子여 彼一切世界種이 或有作須彌山形하며 或作江河形하며 或作廻轉形하며 或作漩流形하며 或作輪輞形하며 或作壇墠形하며 或作樹林形하며 或作樓閣形하며 或作山幢形하며 或作普方形하며 或作胎藏形하며 或作蓮華形하며 或作佉勒迦形하며 或作衆生身形하며 或作雲形하며 或作諸佛相好形하며 或作圓滿光明形하며 或作種種珠網形하

며 或作一切門闥形하며 或作諸莊嚴具形하니
如是等을 若廣說者인댄 有世界海微塵數하니라

"모든 불자들이여, 저 온갖 세계종자는 다음과 같다.

(1) 어떤 세계종자는 위는 넓고 아래가 좁은 수미산의 모습을 만들었고,

(2) 어떤 세계종자는 강하의 모습을 만들었고,

(3) 어떤 세계종자는 선회하는 모습을 만들었고,

(4) 어떤 세계종자는 소용돌이치는 모습을 만들었고,

(5) 어떤 세계종자는 수레바퀴의 모습을 만들었고,

(6) 어떤 세계종자는 제단[壇墠]의 모습을 만들었고,[5]

(7) 어떤 세계종자는 숲의 모습을 만들었고,

(8) 어떤 세계종자는 누각의 모습을 만들었고,

(9) 어떤 세계종자는 우뚝 솟은 산의 모습을 만들었고,

(10) 어떤 세계종자는 여러 방면의 모습을 만들었고,

(11) 어떤 세계종자는 태아의 모습을 만들었고,

(12) 어떤 세계종자는 연꽃의 모습을 만들었고,

(13) 어떤 세계종자는 佉勒迦(竹篅)의 모습을 만들었고,

(14) 어떤 세계종자는 중생의 몸처럼 그 모습을 만들었고,

(15) 어떤 세계종자는 구름의 모습을 만들었고,

----

5 제단[壇墠]: 壇이란 흙을 쌓아 3尺·5척·7척·9척 등의 높이로 凸形을 만들고, 墠은 지표면보다 3척·5척·7척·9척 등을 낮게 凹形으로 만든 것이다.

(16) 어떤 세계종자는 제불의 그 어떤 한 형상의 모습을 만들었고,

(17) 어떤 세계종자는 원만광명의 모습을 만들었고,

(18) 어떤 세계종자는 가지가지 구슬그물의 모습을 만들었고,

(19) 어떤 세계종자는 일체 큰 문과 작은 문의 모습을 만들었고,

(20) 어떤 세계종자는 수많은 장엄 도구(향로·촛대·화병 등)의 모습을 만들었다.

이와 같은 등등을 만약 자세히 말하면 세계바다의 티끌과 같이 셀 수 없이 무한한 수많은 모습들이 있다."

● 疏 ●

初列二十種이오 後結塵數不同이라
今初廻轉形者는 襵䙢往來之形也오 壇墠形者는 築土爲壇이오 除地爲墠이며 佉勒迦者는 梵音이니 此云竹篅이라

앞에서는 20가지의 모습을 나열하였고, 뒤에서는 티끌과 같이 셀 수 없이 무한한, 각기 다른 수많은 모습들을 끝맺고 있다.

이의 첫 부분에서 말한 '廻轉形'이란 것은 주름잡는 다리미가 오가는 모습이다.

'壇墠形'이란, 흙을 높이 쌓아올리는 것은 壇이라 하고 흙을 파내어 만든 것을 墠이라고 한다.

'佉勒迦'란 범음이다. 중국말로는 죽축, 감곡기 또는 대동구미를 말한다.

三 明體

③ 세계종자의 체성을 밝히다

經

諸佛子여 彼一切世界種이 或有以十方摩尼雲爲體하며 或有以衆色焰爲體하며 或有以諸光明爲體하며 或有以寶香焰爲體하며 或有以一切寶莊嚴多羅華爲體하며 或有以菩薩影像爲體하며 或有以諸佛光明爲體하며 或有以佛色相爲體하며 或有以一寶光爲體하며 或有以衆寶光爲體하며 或有以一切衆生福德海音聲爲體하며 或有以一切衆生諸業海音聲爲體하며 或有以一切佛境界淸淨音聲爲體하며 或有以一切菩薩大願海音聲爲體하며 或有以一切佛方便音聲爲體하며 或有以一切刹莊嚴具成壞音聲爲體하며 或有以無邊佛音聲爲體하며 或有以一切佛變化音聲爲體하며 或有以一切衆生善音聲爲體하며 或有以一切佛功德海淸淨音聲爲體하니 如是等을 若廣說者인댄 有世界海微塵數하니라

"모든 불자들이여, 저 온갖 세계종자는 다음과 같다.

⑴ 혹 시방의 마니구름으로 체성을 삼고,

⑵ 혹은 여러 색깔 불꽃으로 체성을 삼고,

⑶ 혹은 모든 광명으로 체성을 삼고,

⑷ 혹은 보배향불꽃으로 체성을 삼고,

⑸ 혹은 온갖 보배로 장엄한 다라화(多羅華)로 체성을 삼고,

⑹ 혹은 보살의 영상으로 체성을 삼고,

⑺ 혹은 모든 부처님의 광명으로써 체성을 삼고,

⑻ 혹은 부처님의 빛과 형상으로써 체성을 삼고,

⑼ 혹은 한 가지 보배광명으로 체성을 삼고,

⑽ 혹은 여러 가지 보배광명으로 체성을 삼고,

⑾ 혹은 일체중생의 복덕바다음성으로써 체성을 삼고,

⑿ 혹은 온갖 중생들의 모든 업바다음성으로써 체성을 삼고,

⒀ 혹은 모든 부처님 경계의 청정한 음성으로써 체성을 삼고,

⒁ 혹은 모든 보살들의 큰 서원바다음성으로써 체성을 삼고,

⒂ 혹은 모든 부처님의 방편 음성으로써 체성을 삼고,

⒃ 혹은 온갖 세계의 장엄거리가 이루어지고 무너지는 음성으로써 체성을 삼고,

⒄ 혹은 끝없는 부처님의 음성으로써 체성을 삼고,

⒅ 혹은 모든 부처님의 변화하는 음성으로써 체성을 삼고,

⒆ 혹은 모든 중생들의 선한 음성으로써 체성을 삼고,

⒇ 혹은 모든 부처님의 공덕바다 청정한 음성으로써 체성을 삼는다.

이와 같은 등등을 만약 자세히 말하면 세계바다의 티끌과 같이 셀 수 없이 무한한 체성이 있다."

◉ 疏 ◉

先列後結이라 列中에 亦二十種이니 前十은 色相이오 後十은 是聲이니 會釋如前이라

앞에서는 체성을 나열하였고, 뒤에서는 티끌과 같이 셀 수 없이 무한한, 각기 다른 수많은 체성으로 끝맺고 있다.

앞에서는 체성을 나열한 가운데 또한 20가지는 앞의 10가지 체성은 색상을, 뒤의 10가지 체성은 음성을 말하고 있다. 이에 대한 해석은 앞에서 말한 바와 같다.

經

爾時에 普賢菩薩이 欲重宣其義하사 承佛神力하사 觀察十方하고 而說頌言하사대

그때 보현보살이 그 뜻을 거듭 말하고자 부처님의 헤아릴 수 없는 영묘하고도 불가사의한 힘을 받들어 시방중생을 살펴보고서 게송으로 말하였다.

제1게송: 頌依住

刹種堅固妙莊嚴이여　　廣大淸淨光明藏이
依止蓮華寶海住하며　　或有住於香海等이로다

　세계종자 견고하고 미묘한 장엄
　광대하고 청정한 광명의 창고
　연꽃 또는 보배바다 의지하고

혹은 향수바다 의지하네

◉ 疏 ◉

應頌有十이니 分爲六段이니 初一은 頌依住라
    게송은 10수이다. 6단락으로 나뉜다.
    제1단락의 제1게송은 세계종자의 의주에 대해 읊었다.

經

    제2게송: 形狀 及布列安住

須彌城樹壇墠形인 　　一切剎種徧十方이어든
種種莊嚴形相別하야 　　各各布列而安住로다

    수미산, 성곽, 나무, 제단의 형상으로
    일체 세계종자 시방에 가득한데
    갖가지 장엄과 형상을 달리
    제각각 열을 지어 안주하였네

◉ 疏 ◉

次一은 形狀 及布列安住라
    다음 제2단락 제2게송은 세계종자의 형상 및 줄지어 안주함에 대해 읊었다.

제3게송: 體性

或有體是淨光明이요 **或是華藏及寶雲**이며
或有刹種焰所成이라 **安住摩尼不壞藏**이로다

혹 체성이 청정한 광명이며
혹은 꽃창고며 보배구름이며
혹은 세계종자 불꽃으로 이뤄져
마니주 무너지지 않는 창고에 안주하네

제4게송: 體性

燈雲焰彩光明等이여 **種種無邊淸淨色**이며
或有言音以爲體하니 **是佛所演不思議**로다

등불구름과 불꽃채색 광명들이며
갖가지 그지없는 청정한 색상
혹은 음성으로 체성 삼으니
이는 부처님이 연설하신 불가사의다

제5게송: 體性

或是願力所出音과 **神變音聲爲體性**하고
一切衆生大福業과 **佛功德音亦如是**로다

혹은 원력으로 나온 음성과
신통변화의 음성으로 체성 삼고

일체중생의 큰 복업과

　　부처님의 공덕 음성 또한 이와 같네

◉ 疏 ◉

次三은 體性이라

　　다음 제3단락 3수의 게송(제3~5게송)은 세계종자의 체성에 대해 읊었다.

經

　　제6게송: 頌三事(頌所入門·方所·莊嚴)

刹種一一差別門이　　　　不可思議無有盡이라
如是十方皆徧滿하니　　　廣大莊嚴現神力이로다

　　세계종자 하나하나 차별의 문

　　불가사의하여 다함이 없네

　　이와 같이 시방세계 모두 가득하니

　　광대한 장엄이 신통력으로 나타났네

　　제7게송: 頌分齊·趣入(以多入一)

十方所有廣大刹이　　　　悉來入此世界種하니
雖見十方普入中이나　　　而實無來無所入이로다

　　시방에 있는 광대한 세계

　　모두가 세계종자 속으로 들어오니

비록 시방세계 널리 그 속으로 들어온 것 보이지만
사실은 옴도 없고 들어감도 없다

제8게송: 頌趣入(一多互入)

以一刹種入一切하며　　　**一切入一亦無餘**하니
體相如本無差別이라　　　**無等無量悉周徧**이로다

　하나의 세계종자, 일체 속에 들어가고
　일체의 세계종자, 하나 속에 들어가되 남음 없으니
　체상은 근본자리 같아 차별이 없어
　짝도 없고 한량없어 모든 곳 두루 하네

● 疏 ●

次三은 頌於三事니 謂初二句는 頌所入門이오 次句는 方所오 第四句는 莊嚴이라 餘二偈中에 廣大刹之本相은 即是分齊廣陿이오 此彼相入은 亦頌趣入이라

初偈는 以多入一이오 後偈는 一多互入이니 皆入而無入이니 入則壞緣起오 不入이면 壞性用이니라【鈔_ 皆入而無入下는 通釋二偈라 入無入言은 前偈中有나 義通後偈일새 故致皆言이라 總有三意하니 初一은 反釋이니 通緣起相由와 及法性融通二門이라

約緣起門者인댄 凡緣起法 要有三義하니 一은 諸緣各異義오 二는 互徧相資義오 三은 俱存無礙義어늘 今云 入則壞緣起者는 反釋不入이니 入則失緣은 則無諸緣各異義오 言不入則壞性用者는 反釋入義

151

니 則不得不入이어늘 不入則不得力用交徹이라 故無互徧相資義면 則壞用也니라 若具入不入이면 則俱存無礙하야 成緣起門이니라 言'法性融通門'者는 卽性之一字니 夫法性融通하야 要不壞相而卽眞性이라 '入則壞緣起'者는 無可相入이오 '不入則壞性用'者는 則性不徧一切法이니 由不壞相性而能普徧이라야 方是法性融通義也니라 】

다음 제4단락 3수의 게송(제6~8게송)은 세계종자 3가지(趣入·方所·莊嚴)의 일에 대해 읊었다.

제6게송의 제1, 2구는 들어가는 문에 대해서, 제3구는 方所에 대해서, 제4구는 장엄에 대해 읊고 있다. 나머지 제7~8게송에서 말한 광대한 세계의 본 모습은 곧 각자의 구분과 한계가 크고 작은 [分齊廣陿] 것이며, 이것과 저것이 서로 들어가는 것은 또한 趣入을 읊은 것이다.

제6게송은 일체가 하나의 자리에, 제7~8게송은 하나가 일체의 자리에 서로 들어가는 것이다. 이 모두가 들어가면서도 들어감이 없다. 들어가면 緣起가 무너지고 들어가지 않으면 性用이 무너진다. 【초_ "이 모두가 들어가면서도 들어감이 없다." 이하는 제7~8게송을 통틀어 해석한 것이다. '들어가다', '들어가지 않는다'고 말한 것은 앞의 제6게송에서 말했지만 그 뜻이 제7~8게송과 상통한 까닭에 이를 '모두[皆]'라고 말하게 된 것이다.

여기에는 모두 3가지의 뜻이 있다.

첫째, 반대의 뜻으로 해석한 것이다. 연기법이 서로 유래한다는 것과 법성의 융통이라는 2가지의 법문에 통하기 때문이다. 연기법문으로 말한다면, 연기법요에는 3가지의 뜻이 있다. ① 모든 연기가 각기 다르다는 뜻, ② 서로 두루 함께 의뢰한다는 뜻, ③ 모두 함께 있으면서도 장애가 없다는 뜻이다. 그럼에도 여기에서 "들어가면 緣起가 무너진다."는 것은 '들어가지 않다'는 뜻을 반대의 뜻으로 해석한 것이다. 들어가면 연기를 잃는다고 할 경우, 이는 곧 "① 모든 연기가 각기 다르다는 뜻"이 없는 것이다.

"들어가지 않으면 性用이 무너진다."는 것은 '들어가다'의 뜻을 반대의 뜻으로 해석한 것이다. 이는 들어가지 않을 수 없는 것인데 들어가지 않으면 力用이 서로 통하지 못한 까닭에 "② 서로 두루 함께 의뢰한다는 뜻"이 없는 것이다. 그렇게 되면 性用이 무너지는 것이다.

만일 '들어가다', '들어가지 않는다'를 모두 갖추면 "③ 모두 함께 있으면서도 장애가 없다는 뜻"으로 연기법문을 이룬 것이다.

'법성의 융통 법문'이라 말한 것은 곧 법성을 뜻하는 '性'이라는 한 글자이다. 법성이 융통하여 요컨대 형상을 파괴하지 않고서 眞性과 하나가 됨을 말한다. "들어가면 緣起가 무너진다."는 것은 서로 들어갈 것이 없음을 말하고, "들어가지 않으면 性用이 무너진다."는 것은 곧 법성이 일체 법에 두루 있지 못하기 때문이다. 형상과 법성을 파괴하지 않고서 널리 두루 해야만이 비로소 '법성의 융통 법문'이라는 뜻이다.】

又要由不入이라야 方能入耳니라【鈔_ 二又要由不入方能入者는 卽順釋也니 亦通二門이라 唯就相說이라 若約緣起門인댄 要由諸緣歷然不入이라야 方得相資하야 徧相入耳어니와 若約法性融通門者인댄 要

由事相歷然이라야 方隨理融入一切法이라 故說若唯約理인댄 無可卽入이라하니라 】

또한 요컨대 들어가지 않아야 만이 비로소 들어갈 수 있다.
【초_ 둘째, "또한 요컨대 들어가지 않아야 만이 비로소 들어갈 수 있다."는 것은 순리의 뜻으로 해석한 것이다. 연기법이 서로 유래한다는 것과 법성의 융통이라는 2가지의 법문에 통하지만, 여기에서는 오직 형상만을 들어 말하였다.

만일 연기법문으로 말한다면 모든 인연이 분명히 들어가지 않아야 만이 비로소 연기와 법성이 서로 힘입어 두루 서로 들어갈 수 있다. 하지만 법성의 융통 법문으로 말한다면 요컨대 事相이 뚜렷함을 따라야 만이 비로소 이치를 따라 일체 법에 원만하게 들어갈 수 있다. 이 때문에 "만일 이치만을 가지고 말한다면 곧 들어갈 게 없다."고 말한 것이다.】

又約體本空일세 故無來無入이오 約相不壞일세 故如本無差니 以性融相이라 故得互入이니라【鈔_ 三'又約體本空下는 亦順明이로되 而雙約性相이라 上第一義는 相卽不入이오 性卽能入이로되 今此一義는 獨相獨性이 俱不能入이니 要二相融이라야 方能入故니라
言又約體空則無來無入'者는 是若唯約性인댄 無可卽入이오 言約相不壞如本無差者는 卽若唯約事인댄 不能卽入이니 上二는 皆不入義어니와 以性融相일세 故得互入者는 卽釋入義니 是顯正義니라 謂不異理之一事 全攝法性時에 令彼不異理之多事로 隨所依理하야 皆於一中現等이니 一事攝理 旣爾인댄 多事攝理도 亦然이니 則一事隨所

依理하야 皆於多中現이라 故得互入이니 是는 法性融通門也니라】

또한 본체가 본래 공한 것으로 말한 까닭에 오는 것도, 들어오는 것도 없고, 현상이 무너지지 않은 것으로 말한 까닭에 근본자리와 똑같아 차이가 없다. 법성으로 현상에 융합한 까닭에 법성과 현상이 서로 들어가는 것이다. 【초_ 셋째, "또한 본체가 본래 공한 것으로 말하다." 이하는 또한 순리의 뜻으로 밝힌 것이다. 그러나 법성과 현상을 모두 들어 말하고 있다. 위의 첫째에서 말한 뜻은 현상이란 들어가지 않아야 하고 법성이 들어간다는 것이지만, 여기에서의 하나의 뜻은 독자적인 현상과 독자적인 법성은 모두 서로 들어갈 수 없다. 법성과 현상이 서로 융합해야 비로소 들어갈 수 있기 때문이다.

"또한 본체가 본래 공한 것으로 말한 까닭에 오는 것도, 들어오는 것도 없다."고 말한 것은 이는 만약 오직 법성만을 가지고 말한다면 그것은 들어갈 것조차 없고, "현상이 무너지지 않은 것으로 말한 까닭에 근본자리와 똑같아 차이가 없다."고 말한 것은 곧 오직 事相만을 들어 말한다면 들어갈 수 없음을 말한다. 위의 2가지는 모두 '들어가지 않는다'는 뜻이지만 법성으로 事法界의 현상에 융합한 까닭에 "법성과 현상이 서로 들어간다."는 것은 곧 '들어가다'의 뜻으로 해석한 것이다. 이는 바른 뜻을 나타낸 것이다. 근본진리와 다르지 않은 하나의 일이 온전히 법성을 받아들일 때에 저 근본진리와 다르지 않은 많은 일들로 하여금 의지할 대상의 근본진리를 따라서 모두 하나의 자리 속에서 나타난다는 등등이다. 하나의 일이 진리를 받아들이는 바가 이미 그러하다면 수많은 일들이 진리를 받아들이는 것 또한 그러하다. 곧 하나의 일이 의지할 대상의 근본진리를 따라서 모두 수많은 일 가운데 나타나는 까닭에 서로서로 들어갈 수 있는 것이다. 이것이 법성의 융통 법문이다.}

經

제9게송: 頌無差

一切國土微塵中에　　　普見如來在其所하사
願海言音若雷震하야　　一切衆生悉調伏이로다

모든 국토 미세한 티끌 속에까지
부처님 그곳에 계시면서
원력바다 말씀 소리 우레 같아
모든 중생이 모두 조복함을 널리 볼 수 있다

 疏

次一은 頌無差니 謂塵容佛海하야 等無差故니라

다음 제5단락 제9게송은 세계종자의 무차별에 대해 읊었다. 하나의 티끌 속에도 수많은 부처님 용납하여 평등하게 차이가 없기 때문이다.

經

제10게송: 頌力持

佛身周徧一切刹하시며　　無數菩薩亦充滿하니
如來自在無等倫하사　　普化一切諸含識이로다

　　부처님의 몸, 모든 세계 두루 계시고
　　수없는 보살 또한 가득하니
　　여래의 자재하심 짝할 이 없어
　　일체 모든 중생[含識] 널리 교화하셨네

◉ 疏 ◉

後一은 頌力持主伴이니 皆是神力任持니라 普化之言은 兼於法味니라

　　맨 끝의 제6단락 제10게송은 세계종자의 力持 主伴에 대해 읊었다. 이는 모두 이 여래의 신통력으로 그처럼 만든 것이다. "널리 교화하였다[普化]."는 말에는 法味의 뜻을 겸하고 있다.

第二는 別明種刹香海하야 雙釋二章者는 謂香海依刹海하고 刹種依香海하고 諸刹依刹種이니 亦有長行偈頌이라
長行分三이니 初는 總擧諸海所依요 二는 次第別顯海種及刹이오 第三은 總畧結釋이라
今은 初也라

　　2) 별상으로 세계종자, 세계 및 향수해를 밝혀서 쌍으로 종자와 세계를 해석한 것은 향수해는 세계바다를 의지하고 세계종자는 향수해를 의지하고 모든 국토는 세계종자를 의지하고 있다. 이 또

한 장항과 게송이 있다.

　장항은 3부분으로 나뉜다.

　첫째, 모든 바다가 의지하는 대상을 총괄하여 들어 말하였고,

　둘째, 향수해, 종자 및 세계를 차례차례 별상으로 밝혔고,

　셋째, 총괄하여 해석을 간단하게 끝맺고 있다.

　이는 첫째, 모든 바다가 의지하는 대상을 총괄하여 들어 말한 부분이다.

經

爾時에 普賢菩薩이 復告大衆言하사대 諸佛子여 此十不可說佛刹微塵數香水海가 在華藏莊嚴世界海中호대 如天帝網하야 分布而住하니라

　그때 보현보살이 다시 대중들에게 말하였다.

　"모든 불자들이여, 열 개의 말할 수 없는 부처님 세계에 미세한 티끌 수효처럼 수많은 향수해가 모두 화장장엄세계바다 가운데 제석천의 보배그물처럼 펼쳐져 있다."

● 疏 ●

上來에 雖復但標刹種及刹二章이나 而釋依住中에 皆云依海라 故列海數니 此多香海 並在刹海地面일세 故云所依니라
言如帝網者는 大都分布는 則似車輪이어니와 其有別者는 謂帝釋殿網이 貫天珠成이어늘 以一大珠當心하고 次以其次大珠로 貫穿帀繞이

라 如是展轉遞繞하야 經百千帀일세 若上下四面四角으로 望之면 皆行伍相當이니 今此香海 雖在地面이나 分布相似하고 又有涉入重重之義일세 故云如也니라

위에서는 비록 다시 세계종자 및 세계를 나타냈지만 依住를 해석한 데에서는 모두 "향수해를 의지한다."고 말한 까닭에 향수해의 수효를 열거한 것이다. 이처럼 수많은 향수해가 모두 세계바다의 지면에 있는 까닭에 '의지한 바[所依]'라고 말한 것이다.

"제석천의 보배그물과 같다."고 말한 것은 전체의 분포는 수레바퀴와 같지만 그 차별이 있는 것은 제석천왕 궁전의 그물이란 天珠를 꿰어 만들었는데, 가장 큰 구슬을 그 중심에 두고 그다음 구슬은 다음 크기의 구슬 차례대로 꿰어서 만드는 것이다. 이처럼 전전하여 둘러가는 것이 백 겹 천 겹을 넘는다. 상하·사면·사각으로 바라보면 모든 줄들이 반듯하다. 여기에서 말한 향수해는 비록 지면에 있으나 분포되어 있는 모습이 서로서로 비슷하고 또한 거듭거듭 쌓여 있는 듯이 보이기에 이를 '같다[如: 如天帝網]'라고 말한 것이다.

第二는 次第別顯諸海種刹이라
文分爲三이니 初辨中間一海오 次辨右旋十海오 後明十海所管之海니라 然十海는 各管不可說佛刹塵數之海니 總顯인댄 則有十不可說佛刹塵數어니와 次第說者는 但有一百一十一海니 餘는 皆畧指니라
今初中央一海는 文分爲二니 先明香海出華以持刹種이오 後有不

可說下는 明所持世界라
今은 初라

둘째, 향수해, 종자 및 세계를 차례차례 별상으로 밝히다
경문은 3단락으로 나뉜다.
1. 중앙 향수해를 논변하다.
2. 우측으로 선회한 10개의 향수해를 논변하다.
3. 10개의 향수해가 관할하는 향수해를 밝히다.

그러나 10개의 향수해는 각각 말할 수 없는 부처님 세계, 티끌과 같이 셀 수 없이 무한한 수많은 바다를 관할하고 있다. 이를 총체로 밝히면 10개의 말할 수 없는 부처님 세계, 티끌과 같이 셀 수 없이 무한한 수많은 바다가 있거니와, 차례차례 말하면 다만 111개의 바다가 있다. 나머지 바다는 모두 생략하였다.

1. 중앙 향수해에 관한 경문은 2부분으로 나뉜다.
1) 향수해에 연꽃이 피어나 세계종자를 가지고 있음을 밝혔고,
2) '有不可說' 이하에서는 지니고 있는 세계를 밝히고 있다.

1. 중앙 향수해

經

諸佛子여 此最中央香水海 名無邊妙華光이라
以現一切菩薩形摩尼王幢으로 爲底하고 出大蓮華하니 名一切香摩尼王莊嚴이오
有世界種이 而住其上하니 名普照十方熾然寶光明이라 以

一切莊嚴具로 **爲體**하야

 "모든 불자들이여, 가장 중앙에 있는 향수해의 이름은 '무변묘화광(無邊妙華光)'이다. 모든 보살의 형상을 나타내는 마니왕깃대로 바닥을 삼았고, 큰 연꽃이 피어나 있는데 그 이름은 '일체향마니왕장엄(一切香摩尼王莊嚴)'이며, 세계종자가 그 위에 있는데 그 이름은 '보조시방치연보광명(普照十方熾然寶光明)'이다. 온갖 장엄 도구로 체성을 삼아

● 疏 ●

文三이니

初는 香海名이니 以多華發光故며 亦由菩薩行華而爲因故오

二는 華名이니 謂以香摩尼로 嚴此華故며 又從摩尼底而出生故니 約法인댄 卽萬行圓明之所成故니 海能有華일새 故受華名하고 華依於海일새 取海底稱이니라【鈔_ 海能有華等者는 以海名無邊妙華光故니 如蓮華池는 池受華名이오 華依於海者는 海以摩尼王幢爲底故로 華名摩尼王莊嚴이니 如泥中華는 華受泥稱이라】

三은 種名이니 約事인댄 寶光遠照故며 約法인댄 其世界種이 正是所含種子니 一一皆有大智光明徧照法界義故며 性德互嚴故일세니라

 이의 경문은 3부분으로 나뉜다.
 (1) 향수해의 명칭. 수많은 연꽃에서 빛이 쏟아져 나오기 때문이며, 또한 보살행화에 의해 원인을 삼기 때문이다.
 (2) 연꽃의 명칭. 향기 나는 마니주로 연꽃을 장엄한 까닭이며,

또한 마니왕깃대로 바닥을 삼은 데에서 피어난 연꽃이기에 '一切香摩尼王莊嚴'이라 하였다.

향수해와 연꽃의 명칭을 법으로 대비하여 말한다면 곧 만행이 원만하고 밝은 데에서 이뤄졌기 때문이다. 바다에 연꽃이 있는 까닭에 '끝없이 미묘한 연꽃이 빛나는 향수해'라는 이름을 붙였고, 연꽃은 바다에 의지하고 있는 까닭에 마니왕깃대의 바다 바닥을 일컬을 것이다. 【초_ "바다에 연꽃이 있는 까닭" 등은 향수해의 명칭이 "끝없이 미묘한 연꽃이 빛나기" 때문이다. 이는 '연꽃의 연못'이라 부르는 것과 같다. 그 연못이 연꽃에 의해 붙여진 이름이라는 것과 같다. "연꽃은 바다에 의지하다."라는 것은 향수해가 마니왕깃대로 바닥을 삼은 까닭에 연꽃의 이름이 '모든 향기가 나는 큰 마니주로 장엄한 연꽃'이다. 이는 '진흙 속의 연꽃'이라 부르는 것과 같다. 그 연꽃은 진흙에 의해 그런 명칭을 받게 된 것과 같다.】

(3) 종자의 명칭. 현실의 일로 말한다면 보배광명이 멀리 비치기 때문이며, 법으로 말한다면 그 세계종자가 바로 연꽃에 쌓여 있는 종자이다. 그 종자 하나하나가 모두 대지혜 광명이 법계를 두루 비춘다는 뜻이 있기 때문이며, 체성의 덕이 서로서로 장엄한 때문이다.

第二는 所持世界中三이니 初는 總擧大數오 次其最下方下는 別辨二十層大刹이오 後諸佛子下는 類結所餘라

今은 初라

2) 지니고 있는 세계

이 경문은 3부분으로 나뉜다.

⑴ 큰 수효를 총괄하여 열거하다.

⑵ '其最下方' 이하는 별상으로 20층의 큰 세계를 논변하다.

⑶ '諸佛子' 이하는 나머지 세계를 유별로 끝맺다.

經

有不可說佛剎微塵數世界 於中布列하니라

말할 수 없는 부처님 세계, 티끌과 같이 셀 수 없이 무한한 수많은 세계가 그 가운데 사방으로 펼쳐져 있다.

◉ 疏 ◉

初文可知니라

"⑴ 큰 수효를 총괄하여 열거한" 경문은 말하지 않아도 알 수 있다.

第二는 別辨二十層大刹이라

⑵ 별상으로 20층의 큰 세계를 논변하다

經

〈제1층 最勝光徧照世界　淨眼離垢燈佛〉

其最下方에 有世界하니 名最勝光徧照라 以一切金剛莊嚴
光耀輪으로 爲際하고 依衆寶摩尼華而住하니 其狀이 猶如
摩尼寶形하야 一切寶華莊嚴雲으로 彌覆其上하고 佛刹微
塵數世界 周帀圍繞하야 種種安住하며 種種莊嚴하니 佛號
는 淨眼離垢燈이시니라

그 가장 아래에 세계가 있는데 그 이름은 '최승광변조(最勝光遍
照)'이다.

모든 금강으로 장엄하여 광명이 찬란한 바퀴로써 가장자리를
삼고, 온갖 보배마니꽃을 의지하여 있는데, 그 형상은 마치 마니보
배의 형상과 같아서 온갖 보배꽃으로 장엄한 구름으로 그 위를 뒤
덮고, 부처님 세계의 티끌과 같이 셀 수 없이 무한한 세계가 두루
에워싸서 갖가지로 안주하며 갖가지로 장엄하였으니, 그곳에 계신
부처님의 명호는 '정안이구등(淨眼離垢燈)'이시다.

● 疏 ●

準標及結컨대 皆有不可說刹塵이로되 其別辨中에 但列十九佛刹塵
數하야 爲二十重하고 其能繞刹은 但有二百一十佛刹塵數하니 下當
會釋호리라 二十層은 卽分二十段이라
最下層中에 文有七事하니
一은 擧名이오【鈔_ '但有二百一十'者는 第一層엔 一佛刹微塵數
世界오 第二層에 二佛刹이니 一上加二爲三이오 第三層엔 加三爲六
이오 第四層엔 加四爲十이오 第五層엔 加五成十五오 第六層엔 加六

成二十一이오 第七層엔 加七成二十八이오 第八層엔 加八成三十六이오 第九層엔 加九成四十五이오 第十層엔 加十成五十五니 下十層에 有五十五오 上十層에 一一漸加면 算數亦有五十五오 而各有十하니 謂十一·十二·十三·十四等이라 上十層에 更有一百하야 都有一百五十五오 并下十層五十五일세 故有二百一十矣니라

問호되 既有二十層인댄 何以但云十九佛刹爲主刹耶아 答호되 以最下一層에 但云一世界는 非一佛刹塵數世界일세 故云從此一界하야 云此上過一佛刹微塵數世界하야 至第二層이라 故二層共有一佛刹塵數刹耳니라 如豎二千錢爲二十百호되 最下取一錢하야 如最下一刹하고 此上에 過一百하야 取一錢爲第二層이면 方共一百耳오 此上에 過一百至第三層이면 方是二百이오 乃至二十層이면 方是一千九百文耳니라 故二十層에 成十九佛刹이니 思之니라

下當會釋者는 卽第三會能繞所繞類結之中이라】

二는 辨際니 謂世界所據之際니 如金剛際오

三은 依住니 若準此名인댄 大同刹種所依蓮華로되 而舊釋에 云於前無邊香海所出華上에 更有此華하야 持此一界者는 以例上諸層컨대 別有依住일세 故爲此釋이어니와 何妨最下에 依於總華리오 思之어다

四는 形如摩尼者는 爲摩尼狀에 有於八楞하야 似方不方이오 似圓不圓이라 故異下八隅하다

五는 上覆오

六은 眷屬이오【鈔_ 六眷屬者는 卽經中云種種安布며 種種莊嚴이니 是辨眷屬刹之相耳라】

七은 本界佛名이니 離二障垢하야 智眼淸淨으로 照世如燈이라 然佛德無邊이라 各隨一義니라

二層已去에 或有八事는 謂加去此遠近故며 或有九事는 加純淨言故니라 準此면 若無此言인댄 卽通染淨이라 此上眷屬은 漸加刹數니 中間諸事는 可以準知니라

　맨 처음의 標와 맨 끝의 結論에 준하여 보면 모두 "말할 수 없는 부처님 세계, 티끌과 같이 셀 수 없이 무한한 수많은 세계[標: 十不可說佛刹微塵數, 結: 有不可說佛刹微塵數世界於中布列]"가 있다고 한다. 그러나 별상으로 큰 세계를 논변하는 가운데 단 19개의 말할 수 없는 부처님 세계, 티끌과 같이 셀 수 없이 무한한 수많은 세계를 나열하여 20층이 되고, 그 주변을 두른 세계는 단 210 부처님 세계, 티끌과 같이 셀 수 없이 무한한 수많은 세계가 있다. 아래의 해당 부분에서 해석할 것이다. 20층은 곧 20단락으로 나뉜다.

　가장 아래층의 세계에 관한 경문에는 7가지의 일이 있다.

　⑴ 이름을 열거함이다. 【초_ "단 210 부처님 세계가 있다."는 것은 제1층은 하나의 티끌과 같이 셀 수 없이 무한한 제불국토의 세계요, 제2층은 2개의 티끌과 같이 셀 수 없이 무한한 제불국토의 세계이다. 제1층의 1 위에 제2층의 2를 더하면 3세계가 된다. 제3층에 3세계를 더하여 6세계가 되고, 제4층에 4세계를 더하여 10세계가 되고, 제5층에 5세계를 더하여 15세계를 이루고, 제6층에 6을 더하여 21세계를 이루고, 제7층에 7세계를 더하여 28세계를 이루고, 제8층에 8세계를 더하여 36세계를 이루고, 제9층에 9세계를

더하여 45세계를 이루고, 제10층에 10세계를 더하여 55세계를 이 루고 있다.

아래 10층에 55세계가 있고, 위의 10층에 하나하나를 점점 더 하면 이에 대한 수효 또한 55세계가 있고 각각 10세계가 있다. 11 ·12·13·14층 등도 이와 같음을 말한다. 위의 10층에 또한 1백 세 계가 있어 모두 155세계가 있는데, 아래 10층의 55세계를 합한 까 닭에 210세계가 있다.

다음과 같이 물었다.

"이처럼 20층의 세계가 있다고 하면서 어찌하여 단 19개의 부 처님 세계만을 들어서 주된 세계를 삼는 것일까?"

이에 대해 답하였다.

"가장 아래의 층에서 하나의 세계만을 말한 것은 하나의 부처 님 세계, 티끌과 같이 셀 수 없이 무한한 수많은 세계가 아니다. 이 때문에 이 하나의 세계로부터 그 위에 '하나의 부처님 세계, 티끌 과 같이 셀 수 없이 무한한 수많은 세계'를 지나서 제2층에 이른다 고 말한 것이다. 이 때문에 2층에도 제1층과 똑같이 '하나의 부처 님 세계, 티끌과 같이 셀 수 없이 무한한 수많은 세계'가 있다. 이 는 마치 2천 냥의 돈을 쌓아서 20냥씩 백 무더기를 만들 때, 가장 아래에 있는 1냥을 취하여 가장 아래에 있는 세계처럼 두고서 그 위에 1백 냥을 지나서 다시 1냥을 취하여 제2층을 삼으면 바야흐로 제1층의 돈과 똑같이 1백 냥이 되고, 그 위에 1백 냥을 지나서 다시 1냥을 취하여 제3층을 삼으면 바야흐로 2백이 되고, 이렇게 20층에 이르면 바야흐로 1,900냥이 되는 것과 같다. 이 때문에 20층에 19개의 부처님 세계가 이뤄지는 것이다. 이처럼 생각해야 한다."

"아래의 해당 부분에서 해석한다."는 것은 곧 제3회의 선요하는 주체[能繞]와 그 대상[所繞]을 유별로 끝맺는 부분을 말한다.】

(2) 가장자리에 대한 논변이다. 세계의 근거한 가장자리로 '금강으로 가장자리를 삼은 것'과 같음을 말한다.

(3) 의지하여 머묾이다. 만일 그 이름에 준하여 보면 세계종자가 의지하는 연꽃과 크게는 같다. 옛 주석에 이르기를, "앞의 끝없는 향수해에서 피어난 연꽃 위에 또다시 이 연꽃이 하나의 세계를 유지한다."고 한 것은 위의 여러 층의 전례로 보면 의지하여 머문 곳이 별개로 있는 까닭에 이러한 해석을 한 것이겠지만, 어찌 가장 아래에서 총괄하는 연꽃에 의지한다는 말이 나쁠 게 있겠는가. 이에 대해 생각해야 할 것이다.

(4) 형상이 마니주와 같다는 것은 마니주의 모습이 8각의 팔방이기에 모난 듯하면서 모나지 않고 둥근 듯하면서 둥글지 않다. 이 때문에 아래의 여덟 모퉁이[八隅]와는 다르다.

(5) 위의 덮개이다.

(6) 권속이다. 【초_ 육권속이란 것은 곧 경중에 이르되 종종안포하며 종종장엄이라 함이 이 권속찰의 상을 변함이다.】

(7) 그곳 세계에 계신 부처님의 이름이다. 煩惱障과 所知障의 업을 여의고 지혜의 눈이 청정하여 세간을 비춰봄이 등불과도 같다. 그러나 부처님의 덕이 끝이 없기에 각각 하나의 의의만을 따라

말한 것이다.

제2층 이후에 간혹 여덟 가지의 일[八事]이 있는 것은 거리의 원근을 더하였기 때문이며, 간혹 아홉 가지의 일[九事]이 있는 것은 순수하고 청정함을 더하였기 때문이다. 이에 준하여 보면 만일 이처럼 첨가한 말이 없을 경우에는 곧 染淨에 통하는 것이다. 이 위의 권속은 점점 세계의 수효를 더한 것이다. 중간에 나머지 모든 일들은 이에 준하면 말하지 않아도 알 수 있다.

經

〈제2층 種種香蓮華妙莊嚴世界 師子光勝照佛〉

此上에 過佛刹微塵數世界하야 有世界하니 名種種香蓮華妙莊嚴이라 以一切莊嚴具로 爲際하고 依寶蓮華網而住하니 其狀이 猶如師子之座하야 一切寶色珠帳雲으로 而覆其上하고 二佛刹微塵數世界 周帀圍繞하니 佛號는 師子光勝照이시니라

그(최승광변조세계) 위에 부처님 세계의 티끌과 같이 셀 수 없이 무한한 제불국토를 지나서 또다시 하나의 세계가 있는데 그 이름은 '종종향연화묘장엄(種種香蓮華妙莊嚴)'이다.

온갖 장엄거리로 가장자리를 삼고 보배연꽃그물을 의지하여 있으며, 그 형상은 마치 사자좌 같아서 온갖 보배빛 나는 구슬휘장 구름으로 그 위를 덮고, 두 부처님 세계의 티끌과 같이 셀 수 없이 무한한 세계가 두루 에워싸고 있는데, 그곳에 계신 부처님의 명호

는 '사자광승조(師子光勝照)'이시다.

〈제3층 一切寶莊嚴普照光世界 淨光智勝幢佛〉
此上에 過佛刹微塵數世界하야 有世界하니 名一切寶莊嚴普照光이라 以香風輪으로 爲際하고 依種種寶華瓔珞住하니 其形이 八隅라 妙光摩尼日輪雲으로 而覆其上하고 三佛刹微塵數世界 周帀圍繞하니 佛號는 淨光智勝幢이시니라

그(종종향연화묘장엄세계) 위에 부처님 세계의 티끌과 같이 셀 수 없이 무한한 세계를 지나서 또다시 하나의 세계가 있는데 그 이름은 '일체보장엄보조광(一切寶莊嚴普照光)'이다.

향기풍륜(風輪)으로 가장자리를 삼고 갖가지 보배꽃으로 엮은 목걸이를 의지하여 있으며, 그 형상은 팔각이며 미묘한 빛마니일륜(日輪)구름으로 그 위를 덮고, 세 부처님 세계의 티끌과 같이 셀 수 없이 무한한 세계가 두루 에워싸고 있는데, 그곳에 계신 부처님의 명호는 '정광지승당(淨光智勝幢)'이시다.

〈제4층 種種光明華莊嚴世界 香光喜力海佛〉
此上에 過佛刹微塵數世界하야 有世界하니 名種種光明華莊嚴이라 以一切寶王으로 爲際하고 依衆色金剛尸羅幢海住하니 其狀이 猶如摩尼蓮華하야 以金剛摩尼寶光雲으로 而覆其上하고 四佛刹微塵數世界 周帀圍繞하야 純一淸淨하니 佛號는 金剛光明無量精進力善出現이시니라

그(일체보장엄보조광세계) 위에 부처님 세계의 티끌과 같이 셀 수 없이 무한한 세계를 지나서 또다시 하나의 세계가 있는데 그 이름은 '종종광명화장엄(種種光明華莊嚴)'이다.

온갖 보배왕으로 가장자리를 삼고 온갖 빛깔 나는 금강시라(金剛尸羅)깃대바다를 의지하여 있으며, 그 형상은 마치 마니로 된 연꽃과 같으며 금강마니보배빛구름으로 그 위를 덮고, 네 부처님 세계의 티끌과 같이 셀 수 없이 무한한 세계가 두루 에워쌌으며 순일하고 청정한데, 그곳에 계신 부처님의 명호는 '금강광명무량정진력선출현(金剛光明無量精進力善出現)'이시다.

〈제5층 普放妙華光世界　金剛光明無量精進力善出現佛〉
此上에 過佛刹微塵數世界하야 有世界하니 名普放妙華光이라 以一切寶鈴莊嚴網으로 爲際하고 依一切樹林莊嚴寶輪網海住하니 其形이 普方而多有隅角이라 梵音摩尼王雲으로 而覆其上하고 五佛刹微塵數世界 周帀圍繞하니 佛號는 香光喜力海시니라

그(종종광명화장엄세계) 위에 부처님 세계의 티끌과 같이 셀 수 없이 무한한 세계를 지나서 또다시 하나의 세계가 있는데 그 이름은 '보방묘화광(普放妙華光)'이다.

온갖 보배방울이 장엄된 그물로 가장자리를 삼고 온갖 숲이 장엄된 보배바퀴그물바다를 의지하여 있으며, 그 형상은 넓고 방정하며 모가 많은데 범천의 음성마니왕구름으로 그 위를 덮고, 다섯

부처님 세계의 티끌과 같이 셀 수 없이 무한한 세계가 두루 에워싸고 있는데, 그곳에 계신 부처님의 명호는 '향광희력해(香光喜力海)'이시다.

◉ 疏 ◉

五中에 云'普方'者는 都望卽方이로되 而一面之中에 亦有多角이라 隅卽是角이니 文體容爾니라

　제5세계 가운데서 말한 '普方'이란 어느 곳에서나 모두 바라보면 모나 보이지만 한 면의 가운데 또한 수많은 각이 있다. 隅는 곧 각을 말한다. 문장을 이처럼 형용한 것이다.

經

〈제6층 淨妙光明世界　普光自在幢佛〉

此上에 過佛刹微塵數世界하야 有世界하니 名淨妙光明이라 以寶王莊嚴幢으로 爲際하고 依金剛宮殿海住하니 其形이 四方이라 摩尼輪髻帳雲으로 而覆其上하고 六佛刹微塵數世界 周帀圍繞하니 佛號는 普光自在幢이시니라

　그(보방묘화광세계) 위에 부처님 세계의 티끌과 같이 셀 수 없이 무한한 세계를 지나서 또다시 하나의 세계가 있는데 그 이름은 '정묘광명(淨妙光明)'이다.

　보배왕장엄깃대로 가장자리를 삼고 금강궁전바다를 의지하여 있으며, 그 형상은 네모났으며 마니바퀴상투휘장구름으로 그 위를

172

덮고, 여섯 부처님 세계의 티끌과 같이 셀 수 없이 무한한 세계가 두루 에워싸고 있는데, 그곳에 계신 부처님의 명호는 '보광자재당(普光自在幢)'이시다.

〈제7층 眾華焰莊嚴世界　歡喜海功德名稱自在光佛〉
此上에 過佛刹微塵數世界하야 有世界하니 名眾華焰莊嚴이라 以種種華莊嚴으로 爲際하고 依一切寶色焰海住하니 其狀이 猶如樓閣之形하야 一切寶色衣眞珠欄楯雲으로 而覆其上하고 七佛刹微塵數世界 周帀圍繞하야 純一淸淨하니 佛號는 歡喜海功德名稱自在光이시니라

그(정묘광명세계) 위에 부처님 세계의 티끌과 같이 셀 수 없이 무한한 세계를 지나서 또다시 하나의 세계가 있는데 그 이름은 '중화염장엄(眾華焰莊嚴)'이다.

갖가지 꽃장엄으로 가장자리를 삼고 온갖 보배빛깔불꽃바다를 의지하여 있으며, 그 형상은 마치 누각의 형상과 같아서 온갖 보배빛의복진주난간구름으로 그 위를 덮고, 일곱 부처님 세계의 티끌과 같이 셀 수 없이 무한한 세계가 두루 에워쌌으며 순일하게 청정한데, 그곳에 계신 부처님의 명호는 '환희해공덕명칭자재광(歡喜海功德名稱自在光)'이시다.

〈제8층 出生威力地世界　廣大名稱智海幢佛〉
此上에 過佛刹微塵數世界하야 有世界하니 名出生威力地

라 以出一切聲摩尼王莊嚴으로 爲際하고 依種種寶色蓮華座虛空海住하니 其狀이 猶如因陀羅網하야 以無邊色華網雲으로 而覆其上하고 八佛刹微塵數世界 周帀圍繞하니 佛號는 廣大名稱智海幢이시니라

그(중화염장엄세계) 위에 부처님 세계의 티끌과 같이 셀 수 없이 무한한 세계를 지나서 또다시 하나의 세계가 있는데 그 이름은 '출생위력지(出生威力地)'이다.

온갖 소리를 내는 마니왕장엄으로 가장자리를 삼고 갖가지 보배빛연꽃자리허공바다를 의지하여 있으며, 그 형상은 마치 인다라의 그물 같아서 그지없는 빛의 꽃그물구름으로 그 위를 덮고, 여덟 부처님 세계의 티끌과 같이 셀 수 없이 무한한 세계가 두루 에워싸고 있는데, 그곳에 계신 부처님의 명호는 '광대명칭지해당(廣大名稱智海幢)'이시다.

〈제9층 出妙音聲世界 淸淨月光明相無能摧伏佛〉

此上에 過佛刹微塵數世界하야 有世界하니 名出妙音聲이라 以心王摩尼莊嚴輪으로 爲際하고 依恒出一切妙音聲莊嚴雲摩尼王海住하니 其狀이 猶如梵天身形하야 無量寶莊嚴師子座雲으로 而覆其上하고 九佛刹微塵數世界 周帀圍繞하니 佛號는 淸淨月光明相無能摧伏이시니라

그(출생위력지세계) 위에 부처님 세계의 티끌과 같이 셀 수 없이 무한한 세계를 지나서 또다시 하나의 세계가 있는데 그 이름은 '출

묘음성(出妙音聲)'이다.

    심왕(心王) 마니로 장엄한 바퀴로써 가장자리가 되고 온갖 미묘한 음성을 항상 내는 장엄구름마니왕바다를 의지하여 있으며, 그 형상은 범천의 몸 형상과 같아서 한량없는 보배로 장엄한 사자좌구름으로 그 위를 덮고, 아홉 부처님 세계의 티끌과 같이 셀 수 없이 무한한 세계가 두루 에워싸고 있는데, 그곳에 계신 부처님의 명호는 '청정월광명상무능최복(淸淨月光明相無能摧伏)'이시다.

〈제10층 金剛幢世界 一切法海最勝王佛〉

此上에 過佛刹微塵數世界하야 有世界하니 名金剛幢이라 以無邊莊嚴眞珠藏寶瓔珞으로 爲際하고 依一切莊嚴寶師子座摩尼海住하니 其狀이 周圓이라 十須彌山微塵數一切香摩尼華須彌雲으로 而覆其上하고 十佛刹微塵數世界 周帀圍繞하야 純一淸淨하니 佛號는 一切法海最勝王이시니라

    그(출묘음성세계) 위에 부처님 세계의 티끌과 같이 셀 수 없이 무한한 세계를 지나서 또다시 하나의 세계가 있는데 그 이름은 '금강당(金剛幢)'이다.

    끝없이 장엄한 진주창고보배영락으로 가장자리를 삼고 온갖 장엄보배사자좌마니바다를 의지하여 있으며, 그 형상은 두루 둥글며 열 수미산 티끌과 같이 셀 수 없이 무한한 온갖 향마니꽃수미구름으로 그 위를 덮고, 열 부처님 세계의 티끌과 같이 셀 수 없이 무한한 세계가 두루 에워쌌으며 순일하게 청정한데, 그곳에 계신 부

처님의 명호는 '일체법해최승왕(一切法海最勝王)'이시다.

⟨제11층 恒出現帝靑寶光明世界　無量功德法佛⟩
此上에 過佛刹微塵數世界하야 有世界하니 名恒出現帝靑寶光明이라 以極堅牢不可壞金剛莊嚴으로 爲際하고 依種種殊異華海住하니 其狀이 猶如半月之形하야 諸天寶帳雲으로 而覆其上하고 十一佛刹微塵數世界 周帀圍繞하니 佛號는 無量功德法이시니라

　그(금강당세계) 위에 부처님 세계의 티끌과 같이 셀 수 없이 무한한 세계를 지나서 또다시 하나의 세계가 있는데 그 이름은 '항출현제청보광명(恒出現帝靑寶光明)'이다.
　지극히 견고하여 깨뜨릴 수 없는 금강장엄으로 가장자리를 삼고 갖가지 특수한 꽃바다를 의지하여 있으며, 그 형상은 마치 반달의 모양과 같아서 모든 하늘의 보배휘장구름으로 그 위를 덮고, 열하나 부처님 세계의 티끌과 같이 셀 수 없이 무한한 세계가 두루 에워싸고 있는데, 그곳에 계신 부처님의 명호는 '무량공덕법(無量功德法)'이시다.

⟨제12층 光明照耀世界　超釋梵佛⟩
此上에 過佛刹微塵數世界하야 有世界하니 名光明照耀라 以普光莊嚴으로 爲際하고 依華旋香水海住하니 狀如華旋이라 種種衣雲으로 而覆其上하고 十二佛刹微塵數世界 周

市圍繞하니 佛號는 超釋梵이시니라

그(항출현제청보광명세계) 위에 부처님 세계의 티끌과 같이 셀 수 없이 무한한 세계를 지나서 또다시 하나의 세계가 있는데 그 이름은 '광명조요(光明照耀)'이다.

널리 빛나는 장엄으로 가장자리를 삼고 꽃으로 둘러 있는 향수해를 의지하여 있으며, 형상은 꽃으로 두른 것 같고 갖가지 옷구름으로 그 위를 덮었으며, 열둘 부처님 세계의 티끌과 같이 셀 수 없이 무한한 세계가 두루 에워싸고 있는데, 그곳에 계신 부처님의 명호는 '초석범(超釋梵)'이시다.

〈第13층 娑婆世界 毘盧遮那如來世尊佛〉

此上에 過佛刹微塵數世界하야 至此世界하니 名娑婆라 以金剛莊嚴으로 爲際하고 依種種色風輪所持蓮華網住하니 狀如虛空이라 以普圓滿天宮殿莊嚴虛空雲으로 而覆其上하고 十三佛刹微塵數世界 周市圍繞하니 其佛은 卽是毘盧遮那如來世尊이시니라

그(광명조요세계) 위에 부처님 세계의 티끌과 같이 셀 수 없이 무한한 세계를 지나서 이 세계에 이르니, 이름이 '사바(娑婆)'이다.

금강장엄으로 가장자리를 삼고 갖가지 빛풍륜으로 유지하는 연꽃그물을 의지하여 있으며, 형상은 허공과 같고, 넓고 원만한 하늘궁전으로 장엄한 허공구름으로 그 위를 덮고, 열셋 부처님 세계의 티끌과 같이 셀 수 없이 무한한 세계가 두루 에워싸고 있는데,

그곳에 계신 부처님의 명호는 '비로자나여래세존(毘盧遮那如來世尊)'이시다.

◉ 疏 ◉

其第十三層主刹은 卽此娑婆니라 言形如虛空者는 靜法云'大小乘經에 並說虛空 體無形質하야 不可見相이라하야늘 今云有形者는 迴文者誤니라

梵本에 云'三曼多(周圓) 第嚩皤嚩曩(天宮) 伽伽那(虛空) 阿楞迦羅(莊嚴蓋覆) 僧塞怛那(形狀)'이라하니 迴文인댄 應以形狀으로 置周圓之前 虛空安天宮之上이라야 然後合綴飾호되 云其形周圓이오 以空居天宮莊嚴之具로 而覆其上이니 靜法此正이 深有理致로되 今依經通之컨대 亦有理在니 謂空雖無形이나 隨俗說故일세니라 以俗典에 指空爲天이오 謂天爲圓穹하야 其形如鏊라 故說天勢圍平野니 亦如法華云'梵王爲衆生之父'도 亦隨俗說耳니라【鈔_ 謂天爲圓穹者는 外典說天에 或謂有形이라 故云'天形穹隆하야 其形如鏊'이라 故天圓地方이라하니 若莊子云'天者 自然也'라하니 則無形質이라 如法華者는 卽第六經 藥王本事品中에 云'譬如大梵天王이 爲一切衆生之父'라하니 此經도 亦復如是하야 爲一切衆生之父라하니 以梵王 劫初初生이라가 後有諸天下降이어늘 梵王凡夫 皆悉妄計梵王爲父일세 諸經論 皆破爲非하나니 是外道計어늘 今法華經에 如來自引以譬法華하시니 豈佛不知是父爲妄이리오 故是世尊隨俗說耳라 今亦隨俗說天有形이나 於理何違오 然今疏意는 非是不許靜法之見이로되 但已著在經하야

【小有可通이라 卽爲會釋하야 不欲使人輕毀聖敎耳니라】

그 제13층의 주된 세계는 곧 사바세계이다.

"형상이 허공과 같다[形如虛空]."고 말한 것은 정법 스님이 이르기를, "대소승경에 모두 허공은 체가 형질이 없어서 가히 상을 보지 못한다."고 말했음에도 본 경문에서 형상이 있는 것처럼 말한 것은 이를 번역한 자가 잘못 번역한 것이다.

범본에서는 "두루 둥그런[三曼多(周圓)] 천궁[第嚩皤嚩囊(天宮)]의 허공[伽伽那(虛空)]을 장엄하게 뒤덮은[阿楞迦羅(莊嚴蓋覆)] 형상[僧塞怛那(形狀)]"으로 쓰여 있다. 이를 번역한다면 당연히 '형상[僧塞怛那(形狀)]'을 '두루 둥그런[三曼多(周圓)]'의 앞에 써야 하고, '허공[伽伽那(虛空)]'을 '천궁[第嚩皤嚩囊(天宮)]'의 위에 쓰고서 이를 종합하여 연결 지어 이르기를 "그 형상이 두루 둥그렇고 허공이 천궁의 장엄 도구로 그 위를 뒤덮고 있다."고 말했어야 한다.

정법 스님이 이를 바로잡아 말한 데에는 그 나름대로 깊이 이치가 있으나, 본 경문을 따라 통하여 보면 이 또한 그 나름 이치가 있다. 허공이란 비록 형체가 없으나 세속의 말을 따라 말하였기 때문이다. 세속의 경전에서는 허공을 가리켜 '하늘[天]'이라 하고, '하늘'을 가리켜 둥그런 天宮이라 하여 그 형상이 세 발 달린 번철[鏊]처럼 생겼다고 인식하고 있다. 이러한 인식에 의해 "하늘이 지구를 감싸고 있다."고 말한 것이다. 이는 법화경에서 "범왕이 중생의 아버지"라고 말한 것 또한 속설을 따라 이처럼 말한 것과 같다. 【초_ "하늘을 가리켜 둥그런 天宮이라 말한다."는 것은 불경 이외의 경전에서 하늘에 대해 말할 적에 혹은 형상이 있는 것처럼 말하였다. 이 때문에 "하늘이 둥그런 天宮으로 그 형상이 세 발 달린 번철[鏊] 처럼 생겼다고 인식하였다." 이런 이유로 "하늘은 둥글고 지구는 모나다."고 말하였다. 장자에서는 "하늘이란 자연이다."고 말하였다. 이는 하늘이란 형상과 바탕이 없음을 말한다.

법화경이란 제6경 藥王本事品의 비유를 말한다.

"비유하면 대범천왕이 일체중생의 아버지가 되는 것처럼 이 법화경 또한 이와 같아서 일체중생의 아버지가 된다."

범왕은 겁초에 처음 나셨다가 그 후 諸天에서 내려온 것인데, 범왕의 범천이 모두 "대범천왕이 일체중생의 아버지"라고 잘못 생각한 까닭에 모든 경론에서 모두 그 잘못된 말을 타파하였다. 이는 외도의 잘못된 생각임에도 정작 법화경에서 여래께서 스스로 인용하여 이로써 법화경을 비유하셨다. 어찌 부처님께서 "대범천왕이 일체중생의 아버지"라는 말이 잘못되었음을 모를 턱이 있겠는가. 이 때문에 세존께서 속설을 따라 이처럼 말씀했을 뿐이다. 본 경문에서 또한 속설을 따라 "하늘이 둥그런 세 발 달린 번철처럼 생겼다."고 말한들 이치에 그 무엇이 어긋남이 있겠는가.

그러나 본 청량 疏에서 말한 뜻은 정법 스님의 견해를 인정하지 않은 것은 아니지만 이미 경문에 나타나 있는 터라 조금은 통하는 부분이 있기에, 곧 이를 함께 해석하여 이를 읽는 사람으로 하여금 성인의 가르침을 가볍게 여기거나 훼손하지 않도록 하고자 함이다.】

〈제14층 寂靜離塵光世界 徧法界勝音佛〉
此上에 過佛刹微塵數世界하야 有世界하니 名寂靜離塵光이라 以一切寶莊嚴으로 爲際하고 依種種寶衣海住하니 其狀이 猶如執金剛形하야 無邊色金剛雲으로 而覆其上하고 十四佛刹微塵數世界 周帀圍繞하니 佛號는 徧法界勝音이시니라

그(사바세계) 위에 부처님 세계의 티끌과 같이 셀 수 없이 무한한 세계를 지나서 또다시 하나의 세계가 있는데 그 이름은 '적정이진광(寂靜離塵光)'이다.

온갖 보배장엄으로 가장자리를 삼고 갖가지 보배옷바다를 의지하여 있으며, 그 형상은 마치 집금강(執金剛)의 형상과 같으며 그지없는 빛금강구름으로 그 위를 덮고, 열넷 부처님 세계의 티끌과 같이 셀 수 없이 무한한 세계가 두루 에워싸고 있는데, 그곳에 계신 부처님의 명호는 '변법계승음(徧法界勝音)'이시다.

〈제15층 衆妙光明燈世界 不可摧伏力普照幢佛〉
此上에 過佛刹微塵數世界하야 有世界하니 名衆妙光明燈이라 以一切莊嚴帳으로 爲際하고 依淨華網海住하니 其狀이 猶如卍字之形하야 摩尼樹香水海雲으로 而覆其上하고 十五佛刹微塵數世界 周帀圍繞하야 純一淸淨하니 佛號는 不可摧伏力普照幢이시니라

그(적정이진광세계) 위에 부처님 세계의 티끌과 같이 셀 수 없이 무한한 세계를 지나서 또다시 하나의 세계가 있는데 그 이름은 '중묘광명등(衆妙光明燈)'이다.

온갖 장엄휘장으로 가장자리를 삼고 깨끗한 꽃그물바다를 의지하여 있으며, 그 형상은 마치 만자(卍字)의 모양과 같아서 마니나 무향수해구름으로 그 위를 덮고, 열다섯 부처님 세계의 티끌과 같이 셀 수 없이 무한한 세계가 두루 에워쌌으며 순일하게 청정한데, 그곳에 계신 부처님의 명호는 '불가최복력보조당(不可摧伏力普照幢)'이시다.

〈제16층 淸淨光徧照世界 淸淨日功德眼佛〉
此上에 過佛刹微塵數世界하야 有世界하니 名淸淨光徧照라 以無盡寶雲摩尼王으로 爲際하고 依種種香焰蓮華海住하니 其狀이 猶如龜甲之形하야 圓光摩尼輪栴檀雲으로 而覆其上하고 十六佛刹微塵數世界 周帀圍繞하니 佛號는 淸淨日功德眼이시니라

그(중묘광명등세계) 위에 부처님 세계의 티끌과 같이 셀 수 없이 무한한 세계를 지나서 또다시 하나의 세계가 있는데 그 이름은 '청정광변조(淸淨光徧照)'이다.

다함이 없는 보배구름마니왕으로 가장자리를 삼고 갖가지 향불꽃연꽃바다를 의지하여 있으며, 그 형상은 마치 거북의 껍질 모양 같으며 둥근 빛마니바퀴전단구름으로 그 위를 덮고, 열여섯 부

처님 세계의 티끌과 같이 셀 수 없이 무한한 세계가 두루 에워싸고 있는데, 그곳에 계신 부처님의 명호는 '청정일공덕안(淸淨日功德眼)'이시다.

〈제17층 寶莊嚴藏世界　無礙智光明徧照十方佛〉
此上에 過佛刹微塵數世界하야 有世界하니 名寶莊嚴藏이라 以一切衆生形摩尼王으로 爲際하고 依光明藏摩尼王海住하니 其形이 八隅라 以一切輪圍山寶莊嚴華樹網으로 彌覆其上하고 十七佛刹微塵數世界 周帀圍繞하니 佛號는 無礙智光明徧照十方이시니라

그(청정광변조세계) 위에 부처님 세계의 티끌과 같이 셀 수 없이 무한한 세계를 지나서 또다시 하나의 세계가 있는데 그 이름은 '보장엄장(寶莊嚴藏)'이다.

온갖 중생들의 형상인 마니왕으로 가장자리를 삼고 광명창고 마니왕바다를 의지하여 있으며, 그 형상은 팔각이며, 모든 윤위산(輪圍山)보배장엄꽃나무의 그물로 그 위를 덮고, 열일곱 부처님 세계의 티끌과 같이 셀 수 없이 무한한 세계가 두루 에워싸고 있는데, 그곳에 계신 부처님의 명호는 '무애지광명변조시방(無礙智光明徧照十方)'이시다.

〈제18층 離塵世界　無量方便最勝幢佛〉
此上에 過佛刹微塵數世界하야 有世界하니 名離塵이라 以

一切殊妙相莊嚴으로 爲際하고 依衆妙華師子座海住하니 狀如珠瓔이라 以一切寶香摩尼王圓光雲으로 而覆其上하고 十八佛刹微塵數世界 周币圍繞하야 純一淸淨하니 佛號는 無量方便最勝幢이시니라

그(보장엄장세계) 위에 부처님 세계의 티끌과 같이 셀 수 없이 무한한 세계를 지나서 또다시 하나의 세계가 있는데 그 이름은 '이진(離塵)'이다.

온갖 수승하고 묘한 모양의 장엄으로 가장자리를 삼고 온갖 묘한 꽃 사자좌바다를 의지하여 있으며, 형상은 진주영락과 같으며 온갖 보배향마니왕의 둥근 빛구름으로 그 위를 덮고, 열여덟 부처님 세계의 티끌과 같이 셀 수 없이 무한한 세계가 두루 에워쌌으며 순일하게 청정한데, 그곳에 계신 부처님의 명호는 '무량방편최승당(無量方便最勝幢)'이시다.

〈제19층 淸淨光普照世界 普照法界虛空光佛〉

此上에 過佛刹微塵數世界하야 有世界하니 名淸淨光普照라 以出無盡寶雲摩尼王으로 爲際하고 依無量色香焰須彌山海住하니 其狀이 猶如寶華旋布하야 以無邊色光明摩尼王帝靑雲으로 而覆其上하고 十九佛刹微塵數世界 周币圍繞하니 佛號는 普照法界虛空光이시니라

그(이진세계) 위에 부처님 세계의 티끌과 같이 셀 수 없이 무한한 세계를 지나서 또다시 하나의 세계가 있는데 그 이름은 '청정광보

조(清淨光普照)'이다.

다함없는 보배구름을 내는 마니왕으로 가장자리를 삼고 한량없는 빛의 향기불꽃수미산바다를 의지하여 있으며, 그 형상은 마치 보배꽃을 둘러 편 듯하며 끝없는 색의 광명마니왕제청구름으로 그 위를 덮고, 열아홉 부처님 세계의 티끌과 같이 셀 수 없이 무한한 세계가 두루 에워싸고 있는데, 그곳에 계신 부처님의 명호는 '보조법계허공광(普照法界虛空光)'이시다.

〈제20층 妙寶焰世界 福德相光明佛〉

此上에 過佛刹微塵數世界하야 有世界하니 名妙寶焰이라 以普光明日月寶로 爲際하고 依一切諸天形摩尼王海住하니 其狀이 猶如寶莊嚴具하야 以一切寶衣幢雲과 及摩尼燈藏網으로 而覆其上하고 二十佛刹微塵數世界 周帀圍繞하야 純一淸淨하니 佛號는 福德相光明이시니라

그(청정광보조세계) 위에 부처님 세계의 티끌과 같이 셀 수 없이 무한한 세계를 지나서 또다시 하나의 세계가 있는데 그 이름은 '묘보염(妙寶焰)'이다.

널리 광명 비치는 일월의 보배로 가장자리를 삼고 온갖 모든 하늘 형상의 마니왕바다를 의지하여 있으며, 그 형상은 마치 보배장엄거리와 같으며 온갖 보배옷깃대구름과 마니로 된 등불창고그물로 그 위를 덮고, 스무 부처님 세계의 티끌과 같이 셀 수 없이 무한한 세계가 두루 에워쌌으며 순일하게 청정한데, 그곳에 계신 부

처님의 명호는 '복덕상광명(福德相光明)'이시다."

第三은 類結所餘니 此中엔 非唯結數라 兼總顯上文所依住等이라
文分爲四니 一은 總結都數오 二 各各所依下는 結形類오 三 此一一
下는 結眷屬이오 四 如是所說下는 彰其所在라
今은 初라

(3) 나머지 세계를 유별로 끝맺다

여기에서는 나머지 세계의 수효를 유별로 끝맺었을 뿐 아니라, 아울러 위 경문의 依住 등을 총괄하여 나타낸 것이다.

이의 경문은 4단락으로 나뉜다.

① 총괄하여 모든 수효를 끝맺다.

② '各各所依' 이하는 형상의 유를 끝맺다.

③ '此一一' 이하는 권속을 끝맺다.

④ '如是所說' 이하는 그 소재처를 밝히다.

經

諸佛子여 此徧照十方熾然寶光明世界種에 有如是等不可說佛刹微塵數廣大世界하야

"모든 불자들이여, 이 시방에 두루 비치는 치성한 보배광명세계종에 이와 같은 것이 말할 수 없는 부처님 세계의 티끌과 같이 셀 수 없이 무한수 같은 넓고 큰 세계가 있어

● 疏 ●

卽擧本刹種하야 結有若干이라 此所結刹이 定是主刹이니 以下文指此不可說佛刹이 更有兩重繞故니라 其直上中間에 但有十九佛刹이어늘 而結有不可說者는 以旁論故오 不爾댄 豈一刹種最下에 唯一主刹이리오 故知如向所說主刹을 橫豎共論에 有不可說일새 故下結其所在호되 云及在香水河中이라하니 思之어다 【鈔】此所結刹者는 以昔人云經言此一一世界者는 此上二百一十佛刹塵數之刹耳오 非此上不可說佛刹塵數之刹也니라 以二百一十塵數刹로 爲所繞하야 兩重繞竟이라야 方有不可說耳니라 故立理云若不將此以會大數댄 一은 卽此刹種中에 非唯有不可說刹塵數廣大世界며 二는 卽三處說數相違라하니 釋曰 此公意云若所繞 已有不可說佛刹塵數오 更加兩重繞刹인댄 則有衆多不可說佛刹塵刹也라

言三處說數相違者는 一은 是標中에 有不可說이오 二는 中間說에 但有二百一十이오 三은 是結文이라 兩重能繞는 初則有不可說이오 後則有無量不可說이오 中間則不滿不可說이라 故相違也라 此釋도 亦似有理로되 而經此一一言은 遠承於前二百一十이니 殊已隔越이오 文中에 旣云如是有不可說佛刹微塵數佛刹이라하니 卽云此一一世界에 各有十佛刹微塵數廣大世界 周帀圍繞니 明知合繞前不可說也라 又以二百一十爲所繞者는 前中間說刹은 但超間明有二百一十하니 望其文意면 直上十九佛刹塵數之刹하야 一一各有衆多佛刹圍繞하니 應有不可說不可說也니라 何者오 且如最下一刹에 已有一佛刹微塵數佛刹圍繞하고 向上過一佛刹微塵數世界이라야 方至第二層

187

一刹하야 有二佛刹微塵數世界圍繞니 此第一層向上으로 至第二層이어늘 中間諸刹에 何以無繞刹고 無繞댄 則刹網不成이라 故知直上一佛刹塵數之刹이 一一皆應有繞를 不能具說이라 故有超過하야 擧二十重耳니라 旣最下層一刹에 有一佛刹塵數刹繞하니 此上次第二刹에 更加一刹爲能繞하고 第三도 亦加一刹이니 如是漸上至百하고 加百至千하고 加千至萬하고 加萬至滿佛刹微塵數하고 到第二層하야 還加一佛刹微塵數刹爲能繞라 故有二佛刹微塵數刹繞니 如是乃至第二十層도 亦復如是하야 一一漸增이라 故但直上 至一佛刹塵數世界하야 并其能繞하야 已有衆多佛刹微塵數箇佛刹微塵數世界하야 不可知數오 且就一期之數하야 云不可說耳니 明知所繞는 定是主刹이니라

若爾댄 云何不與標文相違오 標文엔 但云一刹種에 有不可說佛刹微塵數世界故오 旣加兩重에 能繞多多故니라 答호되 此有二意하니 一言不可說者는 就主標耳오 二者는 其兩重能繞도 並不出不可說刹塵刹中이니라 何者오 觀其文意면 但是諸刹이 互爲主伴하야 爲相繞耳라 如百人共聚에 一人爲主면 則九十九人繞之오 餘九十九人이 一一爲主時에 皆得九十九人繞之니라 若不爾者는 最下一刹에 已有一佛刹塵數世界圍繞니 此能繞刹에 更有兩重能繞하야 已有不可說不可說刹塵數刹也니라 思之컨대 明知互爲主伴이면 則本數不增이니라 】

이는 이곳의 세계종자를 들어서 얼마나 되는가를 끝맺음이다. 여기에서 끝맺은 말로 나타낸 세계가 결코 주된 세계이다. 아래의 경문에서 말한 "말할 수 없는 부처님의 세계" 또한 2중으로 둘러

있음을 가리킨 때문이다.

그 직상 중간에는 19개의 부처님의 세계가 있을 뿐인데, '말할 수 없다.'고 끝맺은 것은 공간의 횡으로 논하였기 때문이다. 그렇지 않다면 어떻게 하나의 세계종자 가장 아래에 오직 하나의 주된 세계뿐이겠는가. 이 때문에 앞에서 말한 주된 세계는 시공의 종횡으로 '말할 수 없는 세계'가 있음을 논한 것임을 알 수 있다. 따라서 아래의 경문에서 그 소재처를 끝맺으면서 "무변묘화광향수해 및 이를 둘러싸고 있는 香水河 가운데에 있다."고 말하였다. 이런 점을 생각해야 할 것이다.【초_"여기에서 끝맺은 말로 나타낸 세계[此所結刹]"란 옛사람의 말에 "경문에서 말한 하나하나의 세계란 위의 경문에서 제시한 210개의 부처세계 미세한 티끌처럼 셀 수 없는 세계를 말한 것이지, 그 위에 별개로 말할 수 없는 부처세계 미세한 티끌처럼 셀 수 없는 세계가 있는 것이 아니다. 210개의 미세한 티끌처럼 셀 수 없는 세계가 에워싸고 있어 2겹으로 둘러 있기에 비로소 말할 수 없는 세계가 있게 된다."고 하였기에 논지를 세워 다음과 같이 말한 것이다.

"만약 이를 가지고서 큰 숫자로 모으지 않으면 첫째는 이 세계종자 가운데 오직 말할 수 없는 부처세계 미세한 티끌처럼 셀 수 없는 광대한 세계가 있을 뿐만이 아니며, 둘째는 곧 3곳에서 말한 숫자가 서로 어긋난다."

이에 대해 다음과 같이 해석하였다.

"이 사람의 뜻은 만약 에워싸고 세계가 이미 말할 수 없는 부처세계 미세한 티끌처럼 셀 수 없는 세계가 있고, 여기에 또다시 2겹으로 세계를 에워싸고 있다면 수많은 말할 수 없는 부처세계 미세한 티끌처럼 셀 수 없는 무한한 세계가 있다는 것이다."

"3곳에서 말한 숫자가 서로 어긋난다[三處說數相違]."는 것은 첫째는 이 표의 가운데에 말할 수 없는 세계가 있고, 둘째는 중간에 단 210개의 세계만을 말하였고, 셋째는 끝맺은 문장이다. 2겹으로 에워싸고 있다는 것은, 처음에는 '말할 수 없는 세계'를 말했다가 뒤에서는 '한량없는 말할 수 없는 세계'를 말했고, 중간에서는 '말할 수 없는 세계'를 채우지 못한 것이다. 이 때문에 전후의 말이 서로 어긋난다고 지적한 것이다. 이러한 해석 또한 이치에 그럴싸하지만, 경문에서 말한 "하나하나의 세계[一一世界]"란 멀리 앞에서 말한 210세계를 이어서 말한 것이기에 서로 매우 차이가 나는 것이다. 그리고 경문에서 이미 "이처럼 말할 수 없는 부처세계 미세한 티끌처럼 셀 수 없는 무한한 제불세계가 있다."고 하니, 그것은 곧 이 하나하나의 세계에 각기 10개의 티끌과 같이 셀 수 없이 무한한 광대세계가 두루 에워싸고 있음을 말한다. 이는 분명 앞에서 말한 말할 수 없는 부처세계가 에워싸고 있다는 말과 일치함을 알 수 있다.

또한 "210개의 미세한 티끌처럼 셀 수 없는 세계가 에워싸고 있다."는 것은 맨 앞에서와 중간에서 말한 세계는 단 한 단계를 건너뛰어서 210세계가 있음을 밝히고 있다. 그 문장의 뜻을 살펴보면 곧 위로 19개의 제불세계 미세한 티끌처럼 셀 수 없는 무한한 세계로 올라가 하나하나의 세계를 각기 수많은 제불세계가 에워싸고 있다. 당연히 '말할 수 없는, 도저히 말할 수 없는 세계'가 있다.

무엇 때문인가. 예를 들면 맨 아래 하나의 세계에 이미 하나의 부처세계 티끌과 같이 셀 수 없이 무한한 제불국토가 에워싸고 있으며, 위로는 하나의 부처세계 티끌과 같이 셀 수 없이 무한한 세계를 초월해야 만이 비로소 제2층의 하나 세계에 이르러 두 개의 부처세계 티끌과 같이 셀 수 없이 무한한 세계가 둘러싸고 있는 것이다. 이는 제1층에서 위로 제2층에 이른 것인데, 중간의 모든 세계에 어떻게 에워싸고 있는 세계가 없을 수 있겠는가. 에워싸고 있는 세계가 없다면 세계의 그물이 이뤄질 수 없다. 이 때문에 그 위로 하나의 부처세계 티끌과 같이 셀 수 없이 무한한 세계가 하나하나의 세계마다 모두 다 에워싸고 있다는 것을 구체적으로 말하지 않았다는 점을 알 수 있다. 이 때문에 건너뛰어 20층을 들어 말한 것이다.

이처럼 가장 아래층의 한 세계에 티끌과 같이 셀 수 없이 무한한 제불국토의 세계가 에워싸고 있는바, 그 위로 다음 제2층의 세계에 다시 하나의 세계를 더하여 수많은 세계가 에워싸게 되고, 제3층의 세계 또다시 하나의 세계를 더하고 있다.

이와 같이 차츰차츰 위로 1백 층에 이르고, 백 층을 더하여 1천 층에 이르고, 천 층을 더하여 1만 층에 이르고, 만 층을 더하여 부처세계 티끌과 같이 셀 수 없이 무한한 세계에 이르게 되고, 제2층에 이르러서는 다시 하나의 부처세계 티끌과 같이 셀 수 없이 무한한 세계가 더 에워싸고 있다. 이 때문에 2개의 부처세계 티끌과 같이 셀 수 없이 무한한 세계가 더 에워싸고 있다. 이와 같이 제20층까지도 또한 하나하나 점점 더해지는 것이다. 그러므로 단 곧장 위로 하나의 부처세계 티끌과 같이 셀 수 없는 세계에 이르러 아울러 모두 에워싸고 있어야 만이 이미 '수많은 부처세계 티끌과 같이 셀 수 없이 무한한 세계'와 '하나하나의 부처세계 티끌과 같이 셀 수 없이 무한한 세계'가 있어 그 수효를 알 수 없다. 또한 一期의 수로 '말할 수 없는 세계'를 말한 것이다. 이는 분명 에워싸고 있는 세계는 바로 주된 세계임을 알 수 있다.

"만약 그렇다면 어떻게 맨 앞의 경문과 서로 어긋나지 않는다고 할 수 있겠는가. 맨 앞의 경문에서는 단 하나의 세계종자에 말할 수 없는 부처세계 티끌과 같이 셀 수 없이 무한한 세계가 있다고 말하였기 때문이며, 이미 2겹을 더함에 수없이 많고 많은 세계들이 에워싸고 있기 때문이다."

이에 대해 답하였다.

"여기에는 2가지의 뜻이 있다. 첫째, 말할 수 없는 세계라 말한 것은 주된 세계의 입장에서 나타낸 것이다. 둘째, 2겹으로 에워싸는 세계도 모두 아울러 말할 수 없는 티끌과 같이 셀 수 없이 무한한 세계에서 벗어나지 않는다."

무엇 때문일까? 그 문장의 뜻을 살펴보면 단 모든 세계가 서로 주객이 되어 서로 얽혀 있기 때문이다. 예를 들면 백 사람이 함께 모인 자리에 한 사람이 주가 되면 나머지 99인은 그를 에워싸고 있으며, 나머지 99인이 하나하나 주가 되었을 적에는 모두 99인이 그를 에워싸고 있는 것과 같다.

만약 그러하지 않다면 가장 아래의 한 세계에 이미 하나의 부처세계 티끌과 같이 셀 수 없이 무한한 세계가 에워싸고 있다. 여기에 세계를 에워싸고 있는 데에 다시 2겹으로 에워싸고 있어 이미 말할 수 없고 도저히 말로 할 수 없는 티끌과 같이 셀 수 없이 무한한 세계가 있다. 이처럼 생각하면 분명 서로 주객이 될 경우, 본래 숫자에서 더하지 않은 사실을 알 수 있다.】

二 結形類

② 형상의 유를 끝맺다

經

各各所依住와 **各各形狀**과 **各各體性**과 **各各方面**과 **各各趣入**과 **各各莊嚴**과 **各各分齊**와 **各各行列**과 **各各無差別**과 **各各力加持**가 **周帀圍繞**하니

(1) 제각각 각자의 의지함,

(2) 제각각 각자의 형상,

(3) 제각각 각자의 체성,

(4) 제각각 각자의 방면,

(5) 제각각 각자의 들어가는 길,

(6) 제각각 각자의 장엄,

(7) 제각각 각자의 구분과 한계,

(8) 제각각 각자의 항렬,

(9) 제각각 각자의 차별이 없음,

(10) 제각각 각자의 힘으로 가지(加持)함이 두루 에워싸고 있다.

所謂十佛刹微塵數迴轉形世界와 十佛刹微塵數江河形世界와 十佛刹微塵數旋流形世界와 十佛刹微塵數輪輞形世界와 十佛刹微塵數壇墠形世界와 十佛刹微塵數樹林形世界와 十佛刹微塵數樓觀形世界와 十佛刹微塵數尸羅幢形世界와 十佛刹微塵數普方形世界와 十佛刹微塵數胎藏形世界와 十佛刹微塵數蓮華形世界와 十佛刹微塵數佉勒迦形世界와 十佛刹微塵數種種衆生形世界와 十佛刹微塵數佛相形世界와 十佛刹微塵數圓光形世界와 十佛刹微塵數雲形世界와 十佛刹微塵數網形世界와 十佛刹微塵數門闥形世界라 **如是等**이 **有不可說佛刹微塵數**어든

(1) 이른바 열 부처님 세계의 티끌과 같이 셀 수 없이 무한한 회전하는 형상의 세계,

(2) 열 부처님 세계의 티끌과 같이 셀 수 없이 무한한 강물 형상의 세계,

(3) 열 부처님 세계의 티끌과 같이 셀 수 없이 무한한 소용돌이 치며 흐르는 형상의 세계,

⑷ 열 부처님 세계의 티끌과 같이 셀 수 없이 무한한 수레바퀴 형상의 세계,

⑸ 열 부처님 세계의 티끌과 같이 셀 수 없이 무한한 제단(祭壇) 형상의 세계,

⑹ 열 부처님 세계의 티끌과 같이 셀 수 없이 무한한 수림 형상의 세계,

⑺ 열 부처님 세계의 티끌과 같이 셀 수 없이 무한한 누각 형상의 세계,

⑻ 열 부처님 세계의 티끌과 같이 셀 수 없이 무한한 시라(尸羅) 깃대 형상의 세계,

⑼ 열 부처님 세계의 티끌과 같이 셀 수 없이 무한한 넓게 모난 형상의 세계,

⑽ 열 부처님 세계의 티끌과 같이 셀 수 없이 무한한 태(胎) 속 형상의 세계,

⑾ 열 부처님 세계의 티끌과 같이 셀 수 없이 무한한 연꽃 형상의 세계,

⑿ 열 부처님 세계의 티끌과 같이 셀 수 없이 무한한 거룩가 형상의 세계,

⒀ 열 부처님 세계의 티끌과 같이 셀 수 없이 무한한 갖가지 중생 형상의 세계,

⒁ 열 부처님 세계의 티끌과 같이 셀 수 없이 무한한 부처님 형상의 세계,

(15) 열 부처님 세계의 티끌과 같이 셀 수 없이 무한한 둥근 광명 형상의 세계,

(16) 열 부처님 세계의 티끌과 같이 셀 수 없이 무한한 구름 형상의 세계,

(17) 열 부처님 세계의 티끌과 같이 셀 수 없이 무한한 그물 형상의 세계,

(18) 열 부처님 세계의 티끌과 같이 셀 수 없이 무한한 문 형상의 세계이다.

이와 같은 것이 말할 수 없는 부처님 세계의 티끌과 같이 셀 수 없이 무한수가 있다.

◉ 疏 ◉

文三이니

初列十門이니 旣言周帀圍繞인댄 則知旁去니라【鈔_ 而疏言旁去者는 經中現說下狹上濶이 如倒立浮圖와 倒安雁齒이니 亦合更說上尖下廣이 如正浮圖와 仰安雁齒니 則上下櫛比하야 皆悉周滿하야 間無空處라야 方爲刹網이라 上下四周 皆悉相當이어늘 經欲揀別諸重호되 不能備擧일새 故且增數하야 說繞刹殊하고 又欲令斜望相當일새 故爲此說이라 所以梵網經에 云 世界不同이 猶如網孔이라하니 若但取二百一十以爲所繞면 殊非得意니라】

二 所謂下는 廣說十門形狀이 有十八事니라 望前刹種컨대 形中에 闕須彌山形과 及嚴具形이오 餘皆全同이로되 但此約刹爲異耳니라

三如是等下는 結歸都數니라

경문은 3단락으로 나뉜다.

(1) 10부분의 나열이다. 앞의 경문에서 "두루 에워싸고 있다."고 말했는바, 사방으로 미뤄 감을 알 수 있다. 【초_ 청량 疏에서 "사방으로 미뤄간다."는 것은 경문에서 현재 말한 아래는 좁고 위는 넓다는 것이 거꾸로 세워놓은 부도와 거꾸로 정렬한 기러기의 줄과 같다 말한다면 또한 마땅히 위는 좁고 아래가 넓은 것이 반듯하게 세워진 부도와 위로 도열한 기러기의 줄과 같다고 말해야 할 것이다. 곧 상하가 즐비하여 모두 두루 가득히 사이에 빈틈이 없어야 바야흐로 세계의 그물이 되어 상하 사방으로 모두 상당할 수 있다. 그러나 경문에서는 수많은 중점을 가려서 열거하고자 하되 모두 열거할 수 없는 까닭에 또한 숫자를 더하여 세계를 둘러싸고 차이를 말했고, 또한 종횡으로 상당하게 하고자 한 까닭에 이처럼 말한 것이다. 이 때문에 범망경에 이르기를, "세계의 각기 다른 모습이 마치 그물의 구멍과 같다."고 하였다. 만일 210세계만을 취하여 에워싸고 있는 세계라고 생각한다면 이는 그 본의를 알지 못한 것이다.】

(2) '所謂' 이하의 경문은 10부분의 형상을 자세히 말하는 데에 18가지의 일이 있다. 앞의 경문에서 말한 세계종자와 대조하여 보면 이의 형상에는 수미산 모습과 장엄 도구의 형상이 빠졌고 나머지는 모두 똑같다. 그러나 이는 세계만을 가지고 말한 까닭에 차이가 있다.

(3) '如是等' 이하의 경문은 모든 숫자를 끝맺어 귀결 지음이다.

三 結眷屬

③ 권속을 끝맺다

經

此一一世界에 **各有十佛刹微塵數廣大世界 周帀圍繞**하고 **此諸世界**에 **一一復有如上所說微塵數世界**하야 **而爲眷屬**하니

이 하나하나의 세계에 각각 열 부처님 세계의 티끌과 같이 셀 수 없이 무한한 넓고 큰 세계가 두루 에워쌌으며, 이 모든 세계에 하나하나 또한 위에서 말한 것과 같은 티끌과 같이 셀 수 없이 무한한 세계로 권속을 삼았다.

● 疏 ●

然有兩重主伴하니 '此一一'者는 指上不可說塵數也라 若望前文主刹인댄 直上繞數漸增이어늘 今總相說일세 故云 '一一各有十刹塵'也니 又是欲顯無盡義故니라
'一一復有如上所說微塵數'者는 如上之言이니 文含二義니 一은 卽總指前能繞所繞之數 繞一世界니 不欲繁文일세 故云如上이라 二者는 如上亦用十佛刹爲能繞也라 依此면 則似譯人文繁理隱이니 何

不言——復有十佛刹塵數耶아 若依前義댄 則譯者之妙니라【鈔_
依此則似者는 若言十佛刹인댄 但有三字어늘 今云如上所說이면 則
有四字라 故爲文繁이라 但云如上所說이면 言不分明이니 卽是理隱
이라 若依前義者는 能繞所繞 其數旣多어늘 但云如上則言省畧일새
故云妙耳니라 雖有二釋이나 疏意는 存第二釋이니 但用十佛刹塵數
而爲能繞면 爲順經宗하야 明無盡故며 前後體勢 類皆然故니라 餘如
疏文이니 細尋可見이라】

그러나 2중의 주객이 있다. '이 하나하나의 세계'란 위에서 말한 "말할 수 없는 티끌과 같이 셀 수 없이 무한한 세계"를 가리킨다. 만일 앞의 경문에서 말한 '주된 세계'와 대조하여 보면 곧 그 위에 둘러 에워싼 숫자가 점점 더해지는 것인데, 여기에서는 총상으로 말한 까닭에 "하나하나의 세계에 각각 열 부처님 세계의 티끌과 같이 셀 수 없이 무한한 넓고 큰 세계가 있다."고 말한 것이다. 이 또한 끝이 없다는 뜻을 나타내고자 한 때문이다.

"하나하나 또한 위에서 말한 것과 같은 티끌과 같이 셀 수 없이 무한한 세계"란 위에서 말한 바와 같으니, 이의 경문에는 2가지의 뜻이 담겨 있다.

(1) 곧 앞에 둘러 에워싸고 있는 주체와 대상의 수가 하나의 세계를 둘러 에워싸고 있다는 점을 총상으로 가리킴이니, 문장을 번거롭게 쓰지 않고자 이를 생략하여 '위와 같다'고 말한 것이다.

(2) 위와 같이 또한 '열 부처님 세계의 티끌과 같이 셀 수 없이 무한한 넓고 큰 세계'로써 둘러 에워싸고 있는 주체를 삼음이다.

이를 따르면 번역한 사람이 문장을 너절하게 씀으로써 오히려 그 이치가 묻혀버린 경우인 듯싶다. 어찌 "하나하나 또한 위에서 말한 것과 같은 티끌과 같이 셀 수 없이 무한한 세계"를 말하지 않았는가. 만일 앞의 뜻을 따른다면 번역자의 미묘한 솜씨라 할 것이다.【초_ "이를 따르면 … 듯싶다."는 것은 만일 '十佛刹'이라 말하면 단 3자이지만 여기에서 '如上所說'이라 말하는바, 이는 4자이다. 이처럼 한 글자가 더 많다고 하여 문장이 너절하다 말한 것이다. 다만 여상소설이라 운하면 말이 분명치 못함이니 곧 이 理隱이다. "만일 앞의 뜻을 따른다면"이란 둘러 에워싸고 있는 주체와 대상의 수가 이미 많음에도 단 '위와 같다'고 말하면 말이 생략된 까닭에 '미묘하다'고 말한 것이다. 이에 비록 2가지의 해석이 있으나 청량 疏의 뜻은 제2의 해석에 그 뜻을 두고 있다. 다만 열 부처님 세계의 티끌과 같이 셀 수 없이 무한한 넓고 큰 세계로 둘러 에워싸고 있는 주체를 삼으면 경문의 종지에 거슬림이 없이 끝이 없다는 뜻을 밝힐 수 있기 때문이며, 전후 문장의 맥락이 모두 그와 같기 때문이다. 나머지 부분은 청량 疏의 문장과 같다. 자세히 살펴보면 이를 볼 수 있다.】

四彰所在

④ 소재처를 밝히다

如是所說一切世界 皆在此無邊妙華光香水海와 及圍繞
此海香水河中하니라

    이와 같이 말한 모든 세계가 모두 이 무변묘화광향수해(無邊妙華光香水海)와 이 향수해를 에워싼 향수하(香水河) 가운데에 있다.

◉ 疏 ◉

卽最中香海라 旣言及在香水河인댄 明知旁去니라

    이는 가장 중앙의 향수해이다. 앞서 향수하에 있다는 점을 말했는바, 사방으로 미뤄 감을 분명히 알 수 있다."

화장세계품 제5-1 　華藏世界品 第五之一
화엄경소론찬요 제16권 　華嚴經疏論纂要 卷第十六

화엄경소론찬요 제17권
華嚴經疏論纂要 卷第十七

◉

화장세계품 제5-2
華藏世界品 第五之二

一

第二明右旋十海니 卽繞處中之海 有其十也라 各有種刹하야 十海卽爲十段이라

今初는 第一離垢焰藏海라

2. 우측으로 선회한 10개의 향수해를 밝히다

곧 가장 중앙에 처한 향수해를 둘러 에워싼 바다가 바로 10개가 있다. 각각 세계종자와 세계가 있어 10개의 향수해는 곧 10단이다.

제1. 이구염장해

經

爾時에 普賢菩薩이 復告大衆言하사대 諸佛子여 此無邊妙華光香水海東에

그때 보현보살이 다시 대중들에게 말하였다.

"모든 불자들이여, 이 무변묘화광(無邊妙華光) 향수해의 동쪽에

● 疏 ●

文二니 先牒中海以定方이니 卽是所繞 從東爲首니라

경문은 2단락으로 나뉜다.

⑴ 가장 중앙에 처한 향수해를 들어서 방향을 정함이니, 곧 에워싼 세계가 동쪽으로부터 첫머리가 된다.

經

次有香水海하니 名離垢焰藏이며 出大蓮華하니 名一切香
摩尼王妙莊嚴이오 有世界種이 而住其上하니 名徧照刹旋
이라 以菩薩行吼音으로 爲體하니라

그다음 향수해가 있는데 그 이름은 '이구염장(離垢焰藏)'이며,

큰 연꽃이 피어나 있는데 그 이름은 '일체향마니왕묘장엄(一切
香摩尼王妙莊嚴)'이며,

세계종자가 그 위에 있는데 그 이름은 '변조찰선(徧照刹旋)'이며,
보살행의 사자후 음성으로 체성을 삼았다.

此中最下方에 有世界하니 名宮殿莊嚴幢이라 其形이 四方
이며 依一切寶莊嚴海住하야 蓮華光網雲으로 彌覆其上하고
佛刹微塵數世界 圍繞하야 純一淸淨하니 佛號는 眉間光徧
照시며

이 가운데 가장 아래쪽에 세계가 있으니 이름은 '궁전장엄당(宮
殿莊嚴幢)'이다. 그 형상이 사각이고 온갖 보배장엄바다를 의지하여
머물며, 연꽃광명그물구름이 그 위를 덮고, 티끌과 같이 셀 수 없
이 무한한 제불국토 세계가 둘러싸고 순일하게 청정한데, 그곳에
계신 부처님의 명호는 '미간광변조(眉間光徧照)'이시다.

● **疏** ●

二는 明能繞之海니 於中二니 先은 明海·華·刹種하고 後此中最下方

下는 明種所持刹이 有二十重이니 下九海도 例然이라

今第一海二十重中에 各有七事하니 一相去遠近이오 二刹名이오 三形狀이오 四所依오 五上覆오 六眷屬이오 七佛號니라 或有說體하고 或說淸淨하야 卽或八或九니라 其第一重은 無去遠近이오 但有最下方言이라 然文並可知니 有難卽釋이니라

(2) 둘러 에워싸고 있는 주체의 향수해를 밝힘이다. 이의 경문은 2가지로 나뉜다. 앞에서는 향수해, 큰 연꽃, 세계종자 3가지를 밝혔고, 뒤의 '이 가운데 가장 아래쪽' 이하에서는 종자가 지니고 있는 세계가 20층이 있음을 밝힌 것이다. 아래의 9개 향수해도 이런 예와 같다.

이의 제1층 향수해 20층 가운데에 각각 7가지의 일이 있다.

① 서로의 멀고 가까운 거리

② 세계의 이름

③ 형상

④ 의지하는 곳

⑤ 위의 덮개

⑥ 권속

⑦ 부처님의 호칭

혹은 체성을 말하기도 하고 혹은 청정을 말하기도 하여 어떤 데는 8가지의 일을, 어떤 데는 9가지의 일을 말하기도 하였다. 그 제1층 향수해에서는 서로의 거리를 말하지 않고 단 '가장 아래'를 말했을 뿐이다. 그러나 경문은 모두 말하지 않아도 알 수 있다. 그

러나 어려운 부분이 있으면 곧 그에 대해 해석하겠다.

經
此上에 過佛刹微塵數世界하야 有世界하니 名德華藏이라 其形이 周圓이며 依一切寶華蘂海住하야 眞珠幢師子座雲으로 彌覆其上하고 二佛刹微塵數世界 圍繞하니 佛號는 一切無邊法海慧시며
此上에 過佛刹微塵數世界하야 有世界하니 名善變化妙香輪이라 形如金剛이며 依一切寶莊嚴鈴網海住하야 種種莊嚴圓光雲으로 彌覆其上하고 三佛刹微塵數世界 圍繞하니 佛號는 功德相光明普照시며
此上에 過佛刹微塵數世界하야 有世界하니 名妙色光明이라 其狀이 猶如摩尼寶輪이며 依無邊色寶香水海住하야 普光明眞珠樓閣雲으로 彌覆其上하고 四佛刹微塵數世界 圍繞하야 純一淸淨하니 佛號는 善眷屬出興徧照시며
此上에 過佛刹微塵數世界하야 有世界하니 名善蓋覆라 狀如蓮華며 依金剛香水海住하야 離塵光明香水雲으로 彌覆其上하고 五佛刹微塵數世界 圍繞하니 佛號는 法喜無盡慧시며
此上에 過佛刹微塵數世界하야 有世界하니 名尸利華光輪이라 其形이 三角이며 依一切堅固寶莊嚴海住하야 菩薩摩尼冠光明雲으로 彌覆其上하고 六佛刹微塵數世界 圍繞하

니 佛號는 淸淨普光明이시며

此上에 過佛刹微塵數世界하야 有世界하니 名寶蓮華莊嚴이라 形如半月이며 依一切蓮華莊嚴海住하야 一切寶華雲으로 彌覆其上하고 七佛刹微塵數世界 圍繞하야 純一淸淨하니 佛號는 功德華淸淨眼이시며

此上에 過佛刹微塵數世界하야 有世界하니 名無垢焰莊嚴이라 其狀이 猶如寶燈行列이며 依寶焰藏海住하야 常雨香水種種身雲으로 彌覆其上하고 八佛刹微塵數世界 圍繞하니 佛號는 慧力無能勝이시며

此上에 過佛刹微塵數世界하야 有世界하니 名妙梵音이라 形如卍字며 依寶衣幢海住하야 一切華莊嚴帳雲으로 彌覆其上하고 九佛刹微塵數世界 圍繞하니 佛號는 廣大目如空中淨月이시며

此上에 過佛刹微塵數世界하야 有世界하니 名微塵數音聲이라 其狀이 猶如因陀羅網이며 依一切寶水海住하야 一切樂音寶蓋雲으로 彌覆其上하고 十佛刹微塵數世界 圍繞하야 純一淸淨하니 佛號는 金色須彌燈이시며

此上에 過佛刹微塵數世界하야 有世界하니 名寶色莊嚴이라 形如卍字며 依帝釋形寶王海住하야 日光明華雲으로 彌覆其上하고 十一佛刹微塵數世界 圍繞하니 佛號는 迴照法界光明智시며

此上에 過佛刹微塵數世界하야 有世界하니 名金色妙光이

라 其狀이 猶如廣大城郭이며 依一切寶莊嚴海住하야 道場寶華雲으로 彌覆其上하고 十二佛刹微塵數世界 圍繞하니 佛號는 寶燈普照幢이시며

此上에 過佛刹微塵數世界하야 有世界하니 名徧照光明輪이라 狀如華旋이며 依寶衣旋海住하야 佛音聲寶王樓閣雲으로 彌覆其上하고 十三佛刹微塵數世界 圍繞하야 純一淸淨하니 佛號는 蓮華焰徧照시며

此上에 過佛刹微塵數世界하야 有世界하니 名寶藏莊嚴이라 狀如四洲며 依寶瓔珞須彌住하야 寶焰摩尼雲으로 彌覆其上하고 十四佛刹微塵數世界 圍繞하니 佛號는 無盡福開敷華시며

그 위로 티끌과 같이 셀 수 없이 무한한 제불국토 세계를 지나서 또다시 하나의 세계가 있는데 그 이름은 '덕화장(德華藏)'이다. 그 형상은 둥글고 온갖 보배꽃술바다를 의지하여 머물며, 진주깃대사자좌구름이 그 위를 덮고, 두 티끌과 같이 셀 수 없이 무한한 제불국토 세계가 둘러싸고 있는데, 그곳에 계신 부처님의 명호는 '일체무변법해혜(一切無邊法海慧)'이시다.

그 위로 티끌과 같이 셀 수 없이 무한한 제불국토 세계를 지나서 또다시 하나의 세계가 있는데 그 이름은 '선변화묘향륜(善變化妙香輪)'이다. 그 형상은 금강과 같고 온갖 보배로 장엄한 방울그물바다를 의지하여 머물며, 갖가지 장엄한 둥근 광명구름이 그 위를 덮고, 세 티끌과 같이 셀 수 없이 무한한 제불국토 세계가 둘러싸고

있는데, 그곳에 계신 부처님의 명호는 '공덕상광명보조(功德相光明普照)'이시다.

그 위로 티끌과 같이 셀 수 없이 무한한 제불국토 세계를 지나서 또다시 하나의 세계가 있는데 그 이름은 '묘색광명(妙色光明)'이다. 그 형상은 마니보배바퀴와 같고 끝없는 색보배향수해를 의지하여 머물며, 넓은 광명진주누각구름이 그 위를 덮고, 네 티끌과 같이 셀 수 없이 무한한 제불국토 세계가 둘러싸서 순일하게 청정한데, 그곳에 계신 부처님의 명호는 '선권속출흥변조(善眷屬出興徧照)'이시다.

그 위로 티끌과 같이 셀 수 없이 무한한 제불국토 세계를 지나서 또다시 하나의 세계가 있는데 그 이름은 '선개부(善蓋覆)'이다. 형상이 연꽃 같은데 금강향수해를 의지하여 머물며, 티끌 여읜 광명향수구름이 그 위를 덮고, 다섯 티끌과 같이 셀 수 없이 무한한 제불국토 세계가 둘러싸고 있는데, 그곳에 계신 부처님의 명호는 '법희무진혜(法喜無盡慧)'이시다.

그 위로 티끌과 같이 셀 수 없이 무한한 제불국토 세계를 지나서 또다시 하나의 세계가 있는데 그 이름은 '시리화광륜(尸利華光輪)'이다. 그 형상은 세모났고 온갖 견고한 보배장엄바다를 의지하여 머물며, 보살의 마니관광명구름이 그 위를 덮고, 여섯 티끌과 같이 셀 수 없이 무한한 제불국토 세계가 둘러싸고 있는데, 그곳에 계신 부처님의 명호는 '청정보광명(淸淨普光明)'이시다.

그 위로 티끌과 같이 셀 수 없이 무한한 제불국토 세계를 지나

서 또다시 하나의 세계가 있는데 그 이름은 '보련화장엄(寶蓮華莊嚴)'이다. 그 형상은 반달 같고 온갖 연꽃장엄바다를 의지하여 머물며, 온갖 보배꽃구름이 그 위를 덮고 일곱 티끌과 같이 셀 수 없이 무한한 제불국토 세계가 둘러싸서 순일하게 청정한데, 그곳에 계신 부처님의 명호는 '공덕화청정안(功德華淸淨眼)'이시다.

그 위로 티끌과 같이 셀 수 없이 무한한 제불국토 세계를 지나서 또다시 하나의 세계가 있는데 그 이름은 '무구염장엄(無垢焰莊嚴)'이다. 그 형상은 보배등불행렬 같고 보배불꽃창고바다를 의지하여 머물며, 항상 향수를 뿌리는 갖가지 몸구름이 그 위를 덮고, 여덟 티끌과 같이 셀 수 없이 무한한 제불국토 세계가 둘러싸고 있는데, 그곳에 계신 부처님의 명호는 '혜력무능승(慧力無能勝)'이시다.

그 위로 티끌과 같이 셀 수 없이 무한한 제불국토 세계를 지나서 또다시 하나의 세계가 있는데 그 이름은 '묘범음(妙梵音)'이다. 그 형상은 만(卍)자 같고 보배옷깃대바다를 의지하여 머물며, 온갖 꽃으로 장엄한 휘장구름이 그 위를 덮고, 아홉 티끌과 같이 셀 수 없이 무한한 제불국토 세계가 둘러싸고 있는데, 그곳에 계신 부처님의 명호는 '광대목여공중정월(廣大目如空中淨月)'이시다.

그 위로 티끌과 같이 셀 수 없이 무한한 제불국토 세계를 지나서 또다시 하나의 세계가 있는데 그 이름은 '티끌과 같이 셀 수 없이 무한한 음성(微塵數音聲)'이다. 그 형상은 인다라그물과 같고 온갖 보배물바다를 의지하여 머물며, 온갖 음악소리보배덮개구름이 그 위를 덮고, 열 티끌과 같이 셀 수 없이 무한한 제불국토 세계가 둘러싸서 순일하게 청정한데, 그곳에 계신 부처님의 명호는 '금색수미등(金色須彌燈)'이시다.

그 위로 티끌과 같이 셀 수 없이 무한한 제불국토 세계를 지나서 또다시 하나의 세계가 있는데 그 이름은 '보색장엄(寶色莊嚴)'이다. 그 형상은 만(卍)자 같고 제석(帝釋) 형상의 보배왕바다를 의지하여 머물며, 햇빛광명꽃구름이 그 위를 덮고, 열하나 티끌과 같이 셀 수 없이 무한한 제불국토 세계가 둘러싸고 있는데, 그곳에 계신 부처님의 명호는 '형조법계광명지(逈照法界光明智)'이시다.

그 위로 티끌과 같이 셀 수 없이 무한한 제불국토 세계를 지나서 또다시 하나의 세계가 있는데 그 이름은 '금색묘광(金色妙光)'이다. 그 형상은 넓고 큰 성곽과 같고 온갖 보배장엄바다를 의지하여 머물며, 도량보배꽃구름이 그 위를 덮고, 열둘 티끌과 같이 셀 수 없이 무한한 제불국토 세계가 둘러싸고 있는데, 그곳에 계신 부처님의 명호는 '보등보조당(寶燈普照幢)'이시다.

그 위로 티끌과 같이 셀 수 없이 무한한 제불국토 세계를 지나서 또다시 하나의 세계가 있는데 그 이름은 '변조광명륜(徧照光明輪)'이다. 그 형상은 꽃을 돌려놓은 것 같고 보배옷 돌려놓은 바다를 의지하여 머물며 부처님 음성 보배왕 누각구름이 그 위를 덮고, 열셋 티끌과 같이 셀 수 없이 무한한 제불국토 세계가 둘러싸서 순일하게 청정한데, 그곳에 계신 부처님의 명호는 '연화염변조(蓮華焰徧照)'이시다.

그 위로 티끌과 같이 셀 수 없이 무한한 제불국토 세계를 지나

서 또다시 하나의 세계가 있는데 그 이름은 '보장장엄(寶藏莊嚴)'이
다. 그 형상은 사주(四洲)세계 같고 보배영락수미산을 의지하여 머
물며, 보배불꽃마니구름이 그 위를 덮고, 열넷 티끌과 같이 셀 수
없이 무한한 제불국토 세계가 둘러싸고 있는데, 그곳에 계신 부처
님의 명호는 '무진복개부화(無盡福開敷華)'이시다.

◉ 疏 ◉

其第十四重中에 云'形如四洲'者는 水中可居曰洲니라 準俱舍댄 '東
洲如半月이오 南洲如車오 西洲如滿月이오 北則畟方이라하니 四洲形
異어늘 而云如者는 則全似此界니라

그 제14층 가운데 "형상은 四洲와 같다."는 것은 물속에 살 수
있는 땅을 '洲'라고 한다. 구사론에 준하여 보면, "동주는 반달과
같고, 남주는 수레와 같고, 서주는 보름달과 같고, 북주는 畟方이
다."고 하였다. 사방의 洲가 각기 다른 형상을 가지고 있음에도 "四
洲와 같다."고 말한 것은 모두가 이 세계를 닮았기 때문이다.

經

此上에 過佛刹微塵數世界하야 有世界하니 名如鏡像普現
이라 其狀이 猶如阿修羅身이며 依金剛蓮華海住하야 寶冠
光影雲으로 彌覆其上하고 十五佛刹微塵數世界 圍繞하니
佛號는 甘露音이시며
此上에 過佛刹微塵數世界하야 有世界하니 名栴檀月이라

其形이 八隅며 依金剛栴檀寶海住하야 眞珠華摩尼雲으로
彌覆其上하고 十六佛刹微塵數世界 圍繞하야 純一淸淨하
니 佛號는 最勝法無等智시며

此上에 過佛刹微塵數世界하야 有世界하니 名離垢光明이
라 其狀이 猶如香水旋流며 依無邊色寶光海住하야 妙香光
明雲으로 彌覆其上하고 十七佛刹微塵數世界 圍繞하니 佛
號는 徧照虛空光明音이시며

此上에 過佛刹微塵數世界하야 有世界하니 名妙華莊嚴이
라 其狀이 猶如旋繞之形이며 依一切華海住하야 一切樂音
摩尼雲으로 彌覆其上하고 十八佛刹微塵數世界 圍繞하니
佛號는 普現勝光明이시며

此上에 過佛刹微塵數世界하야 有世界하니 名勝音莊嚴이
라 其狀이 猶如師子之座며 依金師子座海住하야 衆色蓮華
藏師子座雲으로 彌覆其上하고 十九佛刹微塵數世界 圍繞
하니 佛號는 無邊功德稱普光明이시며

此上에 過佛刹微塵數世界하야 有世界하니 名高勝燈이라
狀如佛掌이며 依寶衣服香幢海住하야 日輪普照寶王樓閣
雲으로 彌覆其上하고 二十佛刹微塵數世界 圍繞하야 純一
淸淨하니 佛號는 普照虛空燈이시니라

　　그 위로 티끌과 같이 셀 수 없이 무한한 제불국토 세계를 지나
서 또다시 하나의 세계가 있는데 그 이름은 '여경상보현(如鏡像普現)'
이다. 그 형상은 아수라의 몸 같고 금강연꽃바다를 의지하여 머물

215

며, 보배관광명그림자구름이 그 위를 덮고, 열다섯 티끌과 같이 셀 수 없이 무한한 제불국토 세계가 둘러싸고 있는데, 그곳에 계신 부처님의 명호는 '감로음(甘露音)'이시다.

그 위로 티끌과 같이 셀 수 없이 무한한 제불국토 세계를 지나서 또다시 하나의 세계가 있는데 그 이름은 '전단월(栴檀月)'이다. 그 형상은 팔각이며 금강전단보배바다를 의지하여 머물며, 진주꽃마니구름이 그 위를 덮고, 열여섯 티끌과 같이 셀 수 없이 무한한 제불국토 세계가 둘러싸서 순일하게 청정한데, 그곳에 계신 부처님의 명호는 '최승법무등지(最勝法無等智)'이시다.

그 위로 티끌과 같이 셀 수 없이 무한한 제불국토 세계를 지나서 또다시 하나의 세계가 있는데 그 이름은 '이구광명(離垢光明)'이다. 그 형상은 향수가 소용돌이쳐 흐르는 것과 같고 끝없는 빛 보배광명바다를 의지하여 머물며, 묘한 향광명구름이 그 위를 덮고, 열일곱 티끌과 같이 셀 수 없이 무한한 제불국토 세계가 둘러싸고 있는데, 그곳에 계신 부처님의 명호는 '변조허공광명음(徧照虛空光明音)'이시다.

그 위로 티끌과 같이 셀 수 없이 무한한 제불국토 세계를 지나서 또다시 하나의 세계가 있는데 그 이름은 '묘화장엄(妙華莊嚴)'이다. 그 형상은 빙빙 도는 모양 같고 온갖 꽃바다를 의지하여 머물며, 온갖 음악소리마니구름이 그 위를 덮고, 열여덟 티끌과 같이 셀 수 없이 무한한 제불국토 세계가 둘러싸고 있는데, 그곳에 계신 부처님의 명호는 '보현승광명(普現勝光明)'이시다.

그 위로 티끌과 같이 셀 수 없이 무한한 제불국토 세계를 지나서 또다시 하나의 세계가 있는데 그 이름은 '승음장엄(勝音莊嚴)'이다. 그 형상은 사자좌 같고 금사자좌바다를 의지하여 머물며, 여러 빛깔 연화장사자좌구름이 그 위를 덮고 열아홉 티끌과 같이 셀 수 없이 무한한 제불국토 세계가 둘러싸고 있는데, 그곳에 계신 부처님의 명호는 '무변공덕칭보광명(無邊功德稱普光明)'이시다.

그 위로 티끌과 같이 셀 수 없이 무한한 제불국토 세계를 지나서 또다시 하나의 세계가 있는데 그 이름은 '고승등(高勝燈)'이다. 그 형상은 부처님 손바닥 같고 보배옷향기깃대바다를 의지하여 머물며, 햇빛 두루 비치는 보배왕누각구름이 그 위를 덮고, 스무 티끌과 같이 셀 수 없이 무한한 제불국토 세계가 둘러싸서 순일하게 청정한데, 그곳에 계신 부처님의 명호는 '보조허공등(普照虛空燈)'이시다."

◉ 疏 ◉

此中文無標結大數는 準例可知니라【鈔_ 準例者는 如中海니 具第八經末하다】

이 경문 가운데 맨 앞의 표와 맨 끝의 결어에 큰 숫자가 없는 것은 전례에 준하면 말하지 않아도 알 수 있다.【초_ '전례에 준하면'이라는 것은 가장 중앙의 바다와 같으니 제8경 끝부분에 구체적으로 기재되어 있다.】

第二. 無盡光明輪海

제2. 무진광명륜해

經

諸佛子여 此離垢焰藏香水海南에 次有香水海하니 名無盡光明輪이요 世界種은 名佛幢莊嚴이라 以一切佛功德海音聲으로 爲體하니라

"모든 불자들이여, 이 이구염장(離垢焰藏)향수해 남쪽에 다음 향수해가 있는데 그 이름은 '무진광명륜(無盡光明輪)'이며, 세계종자의 이름은 '불당장엄(佛幢莊嚴)'이다. 온갖 부처님 공덕바다음성으로 체성을 삼았다.

此中最下方에 有世界하니 名愛見華라 狀如寶輪이며 依摩尼樹藏寶王海住하야 化現菩薩形寶藏雲으로 彌覆其上하고 佛刹微塵數世界 圍繞하야 純一淸淨하니 佛號는 蓮華光歡喜面이시며

이 가운데 가장 아래쪽에 세계가 있으니 이름은 '애견화(愛見華)'이다. 그 형상은 보배바퀴 같은데 마니나무 창고보배왕바다를 의지하여 있으며, 보살의 형상을 화현하는 보배창고구름이 그 위를 덮고, 티끌과 같이 셀 수 없이 무한한 제불국토 세계가 둘러싸서 순일하게 청정한데, 그곳에 계신 부처님의 명호는 '연화광환희면

(蓮華光歡喜面)'이시다.

● 疏 ●

此下九海에 文皆有二니 先은 牒前海爲所依오 後有香水海下는 明
能依之海니 皆不牒中海爲所繞일새 故云南也니라
第三海去엔 但云右旋이오 又不云南者는 十海如環하야 繞於中海일새
故不正南也니 如以十碟으로 繞於一盤이면 方所可見이라
又第二已去에 或無蓮華者는 前總釋種中에 云或有依蓮華住라하고
或有依海라 故或無也니라
後能依之海도 文亦有二니 先은 明海華刹種이오 後最下方下는 已去
二十重中에 皆所持之刹이니라

이 아래로 9개 향수해에 관한 경문은 모두 2단락으로 나뉜다.
앞 단락은 앞의 향수해를 이어서 의지처의 대상을 삼음이며,
뒤 단락의 '有香水海' 이하는 의지처의 주체가 되는 향수해를 밝힘
이다. 모두 중앙의 향수해를 이어서 둘러 에워싸고 있는 바를 삼지
않기에 '남쪽'이라고 말한 것이다.
제3의 향수해 이후로는 오른쪽으로 선회한다고만 말했을 뿐,
또 남쪽을 말하지 않은 것은 10개의 향수해가 고리와 같이 중앙의
향수해를 둘러싸고 있기에 정남이 아니다. 이는 마치 10개의 접시
를 하나의 소반 위에 둘러놓으면 방소를 절로 볼 수 있는 것과 같다.
또한 제2의 향수해 이후에 간혹 연꽃을 말하지 않은 것은 앞에
서 총괄하여 해석한 가운데 혹은 "연꽃을 의지하여 있다."고 하였

고, 혹은 "향수해에 의지하여 있다."고 하였기에 간혹 이처럼 언급하지 않은 것이다.

뒤의 의지처의 주체가 되는 향수해에 관한 경문 또한 2단락으로 나뉜다. 앞에서는 향수해·연꽃·세계종자를 밝혔고, 뒤의 '最下方' 이하에서는 의지하는 대상의 세계를 말하였다.

經

此上에 過佛刹微塵數世界하야 有世界하니 名妙音이오 佛號는 須彌寶燈이시며

此上에 過佛刹微塵數世界하야 有世界하니 名衆寶莊嚴光이오 佛號는 法界音聲幢이시며

此上에 過佛刹微塵數世界하야 有世界하니 名香藏金剛이오 佛號는 光明音이시며

此上에 過佛刹微塵數世界하야 有世界하니 名淨妙音이오 佛號는 最勝精進力이시며

此上에 過佛刹微塵數世界하야 有世界하니 名寶蓮華莊嚴이오 佛號는 法城雲雷音이시며

此上에 過佛刹微塵數世界하야 有世界하니 名與安樂이오 佛號는 大名稱智慧燈이시며

此上에 過佛刹微塵數世界하야 有世界하니 名無垢網이오 佛號는 師子光功德海시며

此上에 過佛刹微塵數世界하야 有世界하니 名華林幢徧照

오 佛號는 大智蓮華光이시며

此上에 過佛刹微塵數世界하야 有世界하니 名無量莊嚴이오 佛號는 普眼法界幢이시며

此上에 過佛刹微塵數世界하야 有世界하니 名普光明寶莊嚴이오 佛號는 勝智大商主시며

此上에 過佛刹微塵數世界하야 有世界하니 名華王이오 佛號는 月光幢이시며

此上에 過佛刹微塵數世界하야 有世界하니 名離垢藏이오 佛號는 淸淨覺이시며

此上에 過佛刹微塵數世界하야 有世界하니 名寶光明이오 佛號는 一切智虛空燈이시며

此上에 過佛刹微塵數世界하야 有世界하니 名出生寶瓔珞이오 佛號는 諸度福海相光明이시며

此上에 過佛刹微塵數世界하야 有世界하니 名妙輪徧覆오 佛號는 調伏一切染著心令歡喜시며

此上에 過佛刹微塵數世界하야 有世界하니 名寶華幢이오 佛號는 廣博功德音大名稱이시며

此上에 過佛刹微塵數世界하야 有世界하니 名無量莊嚴이 佛號는 平等智光明功德海시며

此上에 過佛刹微塵數世界하야 有世界하니 名無盡光莊嚴幢이라 狀如蓮華며 依一切寶網海住하야 蓮華光摩尼網으로 彌覆其上하고 二十佛刹微塵數世界 圍繞하야 純一淸淨

하니 佛號는 法界淨光明이시니라

그 위로 티끌과 같이 셀 수 없이 무한한 제불국토 세계를 지나서 또다시 하나의 세계가 있는데 그 이름은 '묘음(妙音)'이며, 그곳에 계신 부처님의 명호는 '수미보등(須彌寶燈)'이시다.

그 위로 티끌과 같이 셀 수 없이 무한한 제불국토 세계를 지나서 또다시 하나의 세계가 있는데 그 이름은 '중보장엄광(衆寶莊嚴光)'이며, 그곳에 계신 부처님의 명호는 '법계음성당(法界音聲幢)'이시다.

그 위로 티끌과 같이 셀 수 없이 무한한 제불국토 세계를 지나서 또다시 하나의 세계가 있는데 그 이름은 '향장금강(香藏金剛)'이며, 그곳에 계신 부처님의 명호는 '광명음(光明音)'이시다.

그 위로 티끌과 같이 셀 수 없이 무한한 제불국토 세계를 지나서 또다시 하나의 세계가 있는데 그 이름은 '정묘음(淨妙音)'이며, 그곳에 계신 부처님의 명호는 '최승정진력(最勝精進力)'이시다.

그 위로 티끌과 같이 셀 수 없이 무한한 제불국토 세계를 지나서 또다시 하나의 세계가 있는데 그 이름은 '보련화장엄(寶蓮華莊嚴)'이며, 그곳에 계신 부처님의 명호는 '법성운뢰음(法城雲雷音)'이시다.

그 위로 티끌과 같이 셀 수 없이 무한한 제불국토 세계를 지나서 또다시 하나의 세계가 있는데 그 이름은 '여안락(與安樂)'이며, 그곳에 계신 부처님의 명호는 '대명칭지혜등(大名稱智慧燈)'이시다.

그 위로 티끌과 같이 셀 수 없이 무한한 제불국토 세계를 지나서 또다시 하나의 세계가 있는데 그 이름은 '무구망(無垢網)'이며, 그곳에 계신 부처님의 명호는 '사자광공덕해(師子光功德海)'이시다.

그 위로 티끌과 같이 셀 수 없이 무한한 제불국토 세계를 지나서 또다시 하나의 세계가 있는데 그 이름은 '화림당변조(華林幢偏照)'이며, 그곳에 계신 부처님의 명호는 '대지연화광(大智蓮華光)'이시다.

그 위로 티끌과 같이 셀 수 없이 무한한 제불국토 세계를 지나서 또다시 하나의 세계가 있는데 그 이름은 '무량장엄(無量莊嚴)'이며, 그곳에 계신 부처님의 명호는 '보안법계당(普眼法界幢)'이시다.

그 위로 티끌과 같이 셀 수 없이 무한한 제불국토 세계를 지나서 또다시 하나의 세계가 있는데 그 이름은 '보광명보장엄(普光明寶莊嚴)'이며, 그곳에 계신 부처님의 명호는 '승지대상주(勝智大商主)'이시다.

그 위로 티끌과 같이 셀 수 없이 무한한 제불국토 세계를 지나서 또다시 하나의 세계가 있는데 그 이름은 '화왕(華王)'이며, 그곳에 계신 부처님의 명호는 '월광당(月光幢)'이시다.

그 위로 티끌과 같이 셀 수 없이 무한한 제불국토 세계를 지나서 또다시 하나의 세계가 있는데 그 이름은 '이구장(離垢藏)'이며, 그곳에 계신 부처님의 명호는 '청정각(淸淨覺)'이시다.

그 위로 티끌과 같이 셀 수 없이 무한한 제불국토 세계를 지나서 또다시 하나의 세계가 있는데 그 이름은 '보광명(寶光明)'이며, 그곳에 계신 부처님의 명호는 '일체지허공등(一切智虛空燈)'이시다.

그 위로 티끌과 같이 셀 수 없이 무한한 제불국토 세계를 지나서 또다시 하나의 세계가 있는데 그 이름은 '출생보영락(出生寶瓔珞)'이며, 그곳에 계신 부처님의 명호는 '제도복해상광명(諸度福海相光明)'이시다.

그 위로 티끌과 같이 셀 수 없이 무한한 제불국토 세계를 지나서 또다시 하나의 세계가 있는데 그 이름은 '묘륜변부(妙輪徧覆)'이며, 그곳에 계신 부처님의 명호는 '조복일체염착심영환희(調伏一切染着心令歡喜)'이시다.

그 위로 티끌과 같이 셀 수 없이 무한한 제불국토 세계를 지나서 또다시 하나의 세계가 있는데 그 이름은 '보화당(寶華幢)'이며, 그곳에 계신 부처님의 명호는 '광박공덕음대명칭(廣博功德音大名稱)'이시다.

그 위로 티끌과 같이 셀 수 없이 무한한 제불국토 세계를 지나서 또다시 하나의 세계가 있는데 그 이름은 '무량장엄(無量莊嚴)'이며, 그곳에 계신 부처님의 명호는 '평등지광명공덕해(平等智光明功德海)'이시다.

그 위로 티끌과 같이 셀 수 없이 무한한 제불국토 세계를 지나서 또다시 하나의 세계가 있는데 그 이름은 '무진광장엄당(無盡光莊嚴幢)'이다. 그 형상은 연꽃 같은데 온갖 보배그물바다를 의지하여 머물며, 연꽃빛마니구름이 그 위를 덮고, 스무 티끌과 같이 셀 수 없이 무한한 제불국토 세계가 둘러싸서 순일하게 청정한데, 그곳에 계신 부처님의 명호는 '법계정광명(法界淨光明)'이시다."

● 疏 ●

二十重中에 初一世界는 文卽有七이오 後一은 文八이니 加純淨故니라 中間은 唯三이니 謂相去數量·刹名·佛號이다 餘八海 例然이니 已辨 二海니라

20층 가운데 첫 제1층의 초일세계에 관한 경문은 7가지의 일 (① 서로의 멀고 가까운 거리, ② 세계의 이름, ③ 형상, ④ 의지하는 곳, ⑤ 위의 덮개, ⑥ 권속, ⑦ 부처님의 호칭)을 들어 말하였고, 뒤의 한 향수해는 8가지의 일이다. '純一淸淨'을 더하였기 때문이다. 중간에서는 오직 3가지의 일만을 말하였다. 서로의 멀고 가까운 거리의 수량, 세계의 이름, 부처님의 호칭이다. 나머지 여덟 향수해는 이런 예와 같다. 이미 두 향수해에서 논변하였다.

第三金剛寶焰光明海
제3. 금강보염광명해

經

諸佛子여 此無盡光明輪香水海右旋에 次有香水海하니 名金剛寶焰光이오 世界種은 名佛光莊嚴藏이라 以稱說一切如來名音聲으로 爲體하니라

"모든 불자들이여, 이 무진광명륜(無盡光明輪)향수해를 오른쪽으로 돌아서 다음 향수해가 있는데 그 이름은 '금강보염광(金剛寶焰光)'이며, 세계종자의 이름은 '불광장엄장(佛光莊嚴藏)'이다. 일체 여래의 이름을 일컫는 음성으로 체성을 삼았다.

此中最下方에 有世界하니 名寶焰蓮華라 其狀이 猶如摩尼色眉間毫相이며 依一切寶色水旋海住하야 一切莊嚴樓閣雲으로 彌覆其上하고 佛刹微塵數世界 圍繞하야 純一淸淨하니 佛號는 無垢寶光明이시며

此上에 過佛刹微塵數世界하야 有世界하니 名光焰藏이오 佛號는 無礙自在智慧光이시며

此上에 過佛刹微塵數世界하야 有世界하니 名寶輪妙莊嚴이오 佛號는 一切寶光明이시며

此上에 過佛刹微塵數世界하야 有世界하니 名栴檀樹華幢이오 佛號는 淸淨智光明이시며

此上에 過佛刹微塵數世界하야 有世界하니 名佛刹妙莊嚴이오 佛號는 廣大歡喜音이시며

此上에 過佛刹微塵數世界하야 有世界하니 名妙光莊嚴이오 佛號는 法界自在智시며

此上에 過佛刹微塵數世界하야 有世界하니 名無邊相이오 佛號는 無礙智시며

此上에 過佛刹微塵數世界하야 有世界하니 名焰雲幢이오 佛號는 演說不退輪이시며

此上에 過佛刹微塵數世界하야 有世界하니 名衆寶莊嚴淸淨輪이오 佛號는 離垢華光明이시며

此上에 過佛刹微塵數世界하야 有世界하니 名廣大出離오 佛號는 無礙智日眼이시며

此上에 過佛刹微塵數世界하야 有世界하니 名妙莊嚴金剛座오 佛號는 法界智大光明이시며

此上에 過佛刹微塵數世界하야 有世界하니 名智慧普莊嚴이오 佛號는 智炬光明王이시며

此上에 過佛刹微塵數世界하야 有世界하니 名蓮華池深妙音이오 佛號는 一切智普照시며

此上에 過佛刹微塵數世界하야 有世界하니 名種種色光明이오 佛號는 普光華王雲이시며

此上에 過佛刹微塵數世界하야 有世界하니 名妙寶幢이오 佛號는 功德光이시며

此上에 過佛刹微塵數世界하야 有世界하니 名摩尼華毫相光이오 佛號는 普音雲이시며

此上에 過佛刹微塵數世界하야 有世界하니 名甚深海오 佛號는 十方衆生主시며

此上에 過佛刹微塵數世界하야 有世界하니 名須彌光이오 佛號는 法界普智音이시며

此上에 過佛刹微塵數世界하야 有世界하니 名金蓮華오 號는 福德藏普光明이시며

此上에 過佛刹微塵數世界하야 有世界하니 名寶莊嚴藏이라 形如卍字며 依一切香摩尼莊嚴樹海住하야 淸淨光明雲으로 彌覆其上하고 二十佛刹微塵數世界 圍繞하야 純一淸淨하니 佛號는 大變化光明網이시니라

이 가운데 가장 아래쪽에 세계가 있으니 이름은 '보염연화(寶焰蓮華)'이다. 그 형상은 마니빛 미간 백호상 같은데 온갖 보배빛 물이 소용돌이치는 바다를 의지하여 머물며, 온갖 장엄한 누각구름이 그 위를 덮고, 티끌과 같이 셀 수 없이 무한한 제불국토 세계가 둘러싸서 순일하게 청정한데, 그곳에 계신 부처님의 명호는 '무구보광명(無垢寶光明)'이시다.

그 위로 티끌과 같이 셀 수 없이 무한한 제불국토 세계를 지나서 또다시 하나의 세계가 있는데 그 이름은 '광염장(光焰藏)'이며, 그곳에 계신 부처님의 명호는 '무애자재지혜광(無礙自在智慧光)'이시다.

그 위로 티끌과 같이 셀 수 없이 무한한 제불국토 세계를 지나서 또다시 하나의 세계가 있는데 그 이름은 '보륜묘장엄(寶輪妙莊嚴)'이며, 그곳에 계신 부처님의 명호는 '일체보광명(一切寶光明)'이시다.

그 위로 티끌과 같이 셀 수 없이 무한한 제불국토 세계를 지나서 또다시 하나의 세계가 있는데 그 이름은 '전단수화당(栴檀樹華幢)'이며, 그곳에 계신 부처님의 명호는 청정지광명(淸淨智光明)'이시다.

그 위로 티끌과 같이 셀 수 없이 무한한 제불국토 세계를 지나서 또다시 하나의 세계가 있는데 그 이름은 '불찰묘장엄(佛刹妙莊嚴)'이며, 그곳에 계신 부처님의 명호는 '광대환희음(廣大歡喜音)'이시다.

그 위로 티끌과 같이 셀 수 없이 무한한 제불국토 세계를 지나서 또다시 하나의 세계가 있는데 그 이름은 '묘광장엄(妙光莊嚴)'이며, 그곳에 계신 부처님의 명호는 '법계자재지(法界自在智)'이시다.

그 위로 티끌과 같이 셀 수 없이 무한한 제불국토 세계를 지나

서 또다시 하나의 세계가 있는데 그 이름은 '무변상(無邊相)'이며, 그곳에 계신 부처님의 명호는 '무애지(無礙智)'이시다.

그 위로 티끌과 같이 셀 수 없이 무한한 제불국토 세계를 지나서 또다시 하나의 세계가 있는데 그 이름은 '염운당(焰雲幢)'이며, 그곳에 계신 부처님의 명호는 '연설불퇴륜(演說不退輪)'이시다.

그 위로 티끌과 같이 셀 수 없이 무한한 제불국토 세계를 지나서 또다시 하나의 세계가 있는데 그 이름은 '중보장엄청정륜(衆寶莊嚴淸淨輪)'이며, 그곳에 계신 부처님의 명호는 '이구화광명(離垢華光明)'이시다.

그 위로 티끌과 같이 셀 수 없이 무한한 제불국토 세계를 지나서 또다시 하나의 세계가 있는데 그 이름은 '광대출리(廣大出離)'이며, 그곳에 계신 부처님의 명호는 '무애지일안(無礙智日眼)'이시다.

그 위로 티끌과 같이 셀 수 없이 무한한 제불국토 세계를 지나서 또다시 하나의 세계가 있는데 그 이름은 '묘장엄금강좌(妙莊嚴金剛座)'이며, 그곳에 계신 부처님의 명호는 '법계지대광명(法界智大光明)'이시다.

그 위로 티끌과 같이 셀 수 없이 무한한 제불국토 세계를 지나서 또다시 하나의 세계가 있는데 그 이름은 '지혜보장엄(智慧普莊嚴)'이며, 그곳에 계신 부처님의 명호는 '지거광명왕(智炬光明王)'이시다.

그 위로 티끌과 같이 셀 수 없이 무한한 제불국토 세계를 지나서 또다시 하나의 세계가 있는데 그 이름은 '연화지심묘음(蓮華池深妙音)'이며, 그곳에 계신 부처님의 명호는 '일체지보조(一切智普照)'이시다.

그 위로 티끌과 같이 셀 수 없이 무한한 제불국토 세계를 지나서 또다시 하나의 세계가 있는데 그 이름은 '종종색광명(種種色光明)'이며, 그곳에 계신 부처님의 명호는 '보광화왕운(普光華王雲)'이시다.

그 위로 티끌과 같이 셀 수 없이 무한한 제불국토 세계를 지나서 또다시 하나의 세계가 있는데 그 이름은 '묘보당(妙寶幢)'이며, 그곳에 계신 부처님의 명호는 '공덕광(功德光)'이시다.

그 위로 티끌과 같이 셀 수 없이 무한한 제불국토 세계를 지나서 또다시 하나의 세계가 있는데 그 이름은 '마니화호상광(摩尼華毫相光)'이며, 그곳에 계신 부처님의 명호는 '보음운(普音雲)'이시다.

그 위로 티끌과 같이 셀 수 없이 무한한 제불국토 세계를 지나서 또다시 하나의 세계가 있는데 그 이름은 '심심해(甚深海)'이며, 그곳에 계신 부처님의 명호는 '시방중생주(十方衆生主)'이시다.

그 위로 티끌과 같이 셀 수 없이 무한한 제불국토 세계를 지나서 또다시 하나의 세계가 있는데 그 이름은 '수미광(須彌光)'이며, 그곳에 계신 부처님의 명호는 '법계보지음(法界普智音)'이시다.

그 위로 티끌과 같이 셀 수 없이 무한한 제불국토 세계를 지나서 또다시 하나의 세계가 있는데 그 이름은 '금련화(金蓮華)'이며, 그곳에 계신 부처님의 명호는 '복덕장보광명(福德藏普光明)'이시다.

그 위로 티끌과 같이 셀 수 없이 무한한 제불국토 세계를 지나서 또다시 하나의 세계가 있는데 그 이름은 '보장엄장(寶莊嚴藏)'이다. 그 형상은 만(卍)자 같은데 온갖 향마니로 장엄한 나무바다를 의지하여 머물며, 청정한 광명구름이 그 위를 덮고, 스무 티끌과 같이 셀 수 없이 무한한 제불국토 세계가 둘러싸서 순일하게 청정한데, 그곳에 계신 부처님의 명호는 '대변화광명망(大變化光明網)'이시다."

第四 帝靑寶莊嚴海
제4. 제청보장엄해

經

諸佛子여 此金剛寶焰香水海右旋에 次有香水海하니 名帝靑寶莊嚴이요 世界種은 名光照十方이라 依一切妙莊嚴蓮華香雲住하야 以無邊佛音聲으로 爲體하니라

"모든 불자들이여, 이 금강보염(金剛寶焰)향수해를 오른쪽으로 돌아서 다음 향수해가 있는데 그 이름은 '제청보장엄(帝靑寶莊嚴)'이며, 세계종자의 이름은 '광조시방(光照十方)'이다. 온갖 묘한 장엄연꽃향기구름을 의지하여 머물며, 끝없는 부처님 음성으로 체성을 삼았다.

於此最下方에 有世界하니 名十方無盡色藏輪이라 其狀이 周迴에 有無量角이며 依無邊色一切寶藏海住하야 因陀羅網으로 而覆其上하고 佛刹微塵數世界 圍繞하야 純一淸淨

하니 佛號는 蓮華眼光明徧照시며

此上에 過佛刹微塵數世界하야 有世界하니 名淨妙莊嚴藏이오 佛號는 無上慧大師子시며

此上에 過佛刹微塵數世界하야 有世界하니 名出現蓮華座오 佛號는 徧照法界光明王이시며

此上에 過佛刹微塵數世界하야 有世界하니 名寶幢音이오 佛號는 大功德普名稱이시며

此上에 過佛刹微塵數世界하야 有世界하니 名金剛寶莊嚴藏이오 佛號는 蓮華日光明이시며

此上에 過佛刹微塵數世界하야 有世界하니 名因陀羅華月이오 佛號는 法自在智慧幢이시며

此上에 過佛刹微塵數世界하야 有世界하니 名妙輪藏이오 佛號는 大喜淸淨音이시며

此上에 過佛刹微塵數世界하야 有世界하니 名妙音藏이오 佛號는 大力善商主시며

此上에 過佛刹微塵數世界하야 有世界하니 名淸淨月이오 佛號는 須彌光智慧力이시며

此上에 過佛刹微塵數世界하야 有世界하니 名無邊莊嚴相이오 佛號는 方便願淨月光이시며

此上에 過佛刹微塵數世界하야 有世界하니 名妙華音이오 佛號는 法海大願音이시며

此上에 過佛刹微塵數世界하야 有世界하니 名一切寶莊嚴

이오 佛號는 功德寶光明相이시며

此上에 過佛刹微塵數世界하야 有世界하니 名堅固地오 佛號는 美音最勝天이시며

此上에 過佛刹微塵數世界하야 有世界하니 名普光善化오 佛號는 大精進寂靜慧시며

此上에 過佛刹微塵數世界하야 有世界하니 名善守護莊嚴行이오 佛號는 見者生歡喜시며

此上에 過佛刹微塵數世界하야 有世界하니 名栴檀寶華藏이오 佛號는 甚深不可動智慧光徧照시며

此上에 過佛刹微塵數世界하야 有世界하니 名現種種色相海오 佛號는 普放不思議勝義王光明이시며

此上에 過佛刹微塵數世界하야 有世界하니 名化現十方大光明이오 佛號는 勝功德威光無與等이시며

此上에 過佛刹微塵數世界하야 有世界하니 名須彌雲幢이오 佛號는 極淨光明眼이시며

此上에 過佛刹微塵數世界하야 有世界하니 名蓮華徧照라 其狀이 周圓이며 依無邊色衆妙香摩尼海住하야 一切乘莊嚴雲으로 而覆其上하고 二十佛刹微塵數世界 圍繞하야 純一淸淨하니 佛號는 解脫精進日이시니라

　　여기에서 가장 아래쪽에 세계가 있는데 그 이름은 '시방무진색장륜(十方無盡色藏輪)'이다. 그 형상은 두루 돌아 헤아릴 수 없는 모가 있으며 끝없는 빛 온갖 보배창고바다를 의지하여 머물며, 인다라

그물이 그 위를 덮고, 티끌과 같이 셀 수 없이 무한한 제불국토 세계가 둘러싸서 순일하게 청정한데, 그곳에 계신 부처님의 명호는 '연화안광명변조(蓮華眼光明徧照)'이시다.

그 위로 티끌과 같이 셀 수 없이 무한한 제불국토 세계를 지나서 또다시 하나의 세계가 있는데 그 이름은 '정묘장엄장(淨妙莊嚴藏)'이며, 그곳에 계신 부처님의 명호는 '무상혜대사자(無上慧大師子)'이시다.

그 위로 티끌과 같이 셀 수 없이 무한한 제불국토 세계를 지나서 또다시 하나의 세계가 있는데 그 이름은 '출현연화좌(出現蓮華座)'이며, 그곳에 계신 부처님의 명호는 '변조법계광명왕(徧照法界光明王)'이시다.

그 위로 티끌과 같이 셀 수 없이 무한한 제불국토 세계를 지나서 또다시 하나의 세계가 있는데 그 이름은 '보당음(寶幢音)'이며, 그곳에 계신 부처님의 명호는 '대공덕보명칭(大功德普名稱)'이시다.

그 위로 티끌과 같이 셀 수 없이 무한한 제불국토 세계를 지나서 또다시 하나의 세계가 있는데 그 이름은 '금강보장엄장(金剛寶莊嚴藏)'이며, 그곳에 계신 부처님의 명호는 '연화일광명(蓮華日光明)'이시다.

그 위로 티끌과 같이 셀 수 없이 무한한 제불국토 세계를 지나서 또다시 하나의 세계가 있는데 그 이름은 '인다라화월(因陀羅華月)'이며, 그곳에 계신 부처님의 명호는 '법자재지혜당(法自在智慧幢)'이시다.

그 위로 티끌과 같이 셀 수 없이 무한한 제불국토 세계를 지나

서 또다시 하나의 세계가 있는데 그 이름은 '묘륜장(妙輪藏)'이며, 그곳에 계신 부처님의 명호는 '대희청정음(大喜淸淨音)'이시다.

그 위로 티끌과 같이 셀 수 없이 무한한 제불국토 세계를 지나서 또다시 하나의 세계가 있는데 그 이름은 '묘음장(妙音藏)'이며, 그곳에 계신 부처님의 명호는 '대력선상주(大力善商主)'이시다.

그 위로 티끌과 같이 셀 수 없이 무한한 제불국토 세계를 지나서 또다시 하나의 세계가 있는데 그 이름은 '청정월(淸淨月)'이며, 그곳에 계신 부처님의 명호는 '수미광지혜력(須彌光智慧力)'이시다.

그 위로 티끌과 같이 셀 수 없이 무한한 제불국토 세계를 지나서 또다시 하나의 세계가 있는데 그 이름은 '무변장엄상(無邊莊嚴相)'이며, 그곳에 계신 부처님의 명호는 '방편원정월광(方便願淨月光)'이시다.

그 위로 티끌과 같이 셀 수 없이 무한한 제불국토 세계를 지나서 또다시 하나의 세계가 있는데 그 이름은 '묘화음(妙華音)'이며, 그곳에 계신 부처님의 명호는 '법해대원음(法海大願音)'이시다.

그 위로 티끌과 같이 셀 수 없이 무한한 제불국토 세계를 지나서 또다시 하나의 세계가 있는데 그 이름은 '일체보장엄(一切寶莊嚴)'이며, 그곳에 계신 부처님의 명호는 '공덕보광명상(功德寶光明相)'이시다.

그 위로 티끌과 같이 셀 수 없이 무한한 제불국토 세계를 지나서 또다시 하나의 세계가 있는데 그 이름은 '견고지(堅固地)'이며, 그곳에 계신 부처님의 명호는 '미음최승천(美音最勝天)'이시다.

그 위로 티끌과 같이 셀 수 없이 무한한 제불국토 세계를 지나서 또다시 하나의 세계가 있는데 그 이름은 '보광선화(普光善化)'이며, 그곳에 계신 부처님의 명호는 '대정진적정혜(大精進寂靜慧)'이시다.

그 위로 티끌과 같이 셀 수 없이 무한한 제불국토 세계를 지나서 또다시 하나의 세계가 있는데 그 이름은 '선수호장엄행(善守護莊嚴行)'이며, 그곳에 계신 부처님의 명호는 '견자생환희(見者生歡喜)'이시다.

그 위로 티끌과 같이 셀 수 없이 무한한 제불국토 세계를 지나서 또다시 하나의 세계가 있는데 그 이름은 '전단보화장(栴檀寶華藏)'이고 부처님 명호는 '심심불가동지혜광변조(甚深不可動智慧光徧照)'이시다.

그 위로 티끌과 같이 셀 수 없이 무한한 제불국토 세계를 지나서 또다시 하나의 세계가 있는데 그 이름은 '현종종색상해(現種種色相海)'이며, 그곳에 계신 부처님의 명호는 '보방부사의승의왕광명(普放不思議勝義王光明)'이시다.

그 위로 티끌과 같이 셀 수 없이 무한한 제불국토 세계를 지나서 또다시 하나의 세계가 있는데 그 이름은 '화현시방대광명(化現十方大光明)'이며, 그곳에 계신 부처님의 명호는 '승공덕위광무여등(勝功德威光無與等)'이시다.

그 위로 티끌과 같이 셀 수 없이 무한한 제불국토 세계를 지나서 또다시 하나의 세계가 있는데 그 이름은 '수미운당(須彌雲幢)'이며, 그곳에 계신 부처님의 명호는 '극정광명안(極淨光明眼)'이시다.

그 위로 티끌과 같이 셀 수 없이 무한한 제불국토 세계를 지나서 또다시 하나의 세계가 있는데 그 이름은 '연화변조(蓮華徧照)'이다. 그 형상은 둥글며 끝없는 빛 온갖 묘한 향마니바다를 의지하여 머물며, 온갖 법장엄구름이 그 위를 덮고, 스무 티끌과 같이 셀 수 없이 무한한 제불국토 세계가 둘러싸서 순일하게 청정한데, 그곳에 계신 부처님의 명호는 '해탈정진일(解脫精進日)'이시다."

第五. 金剛輪莊嚴底海
제5. 금강륜장엄저해

經

諸佛子여 **此帝靑寶莊嚴香水海右旋**에 **次有香水海**하니 **名金剛輪莊嚴底**오 **世界種**은 **名妙間錯因陀羅網**이라 **普賢智所生音聲**으로 **爲體**하니라

"모든 불자들이여, 이 제청보장엄(帝靑寶莊嚴)향수해를 오른쪽으로 돌아서 다음 향수해가 있는데 그 이름은 '금강륜장엄저(金剛輪莊嚴底)'이며, 세계종자의 이름은 '묘보간착인다라망(妙寶間錯因陀羅網)'이다. 보현의 지혜로 내는 음성으로 체성을 삼았다.

此中最下方에 **有世界**하니 **名蓮華網**이라 **其狀**이 **猶如須彌山形**이며 **依衆妙華山幢海住**하야 **佛境界摩尼王帝網雲**으

로 而覆其上하고 佛刹微塵數世界 圍繞하야 純一淸淨하니 佛號는 法身普覺慧시며

此上에 過佛刹微塵數世界하야 有世界하니 名無盡日光明이오 佛號는 最勝大覺慧시며

此上에 過佛刹微塵數世界하야 有世界하니 名普放妙光明이오 佛號는 大福雲無盡力이시며

此上에 過佛刹微塵數世界하야 有世界하니 名樹華幢이오 佛號는 無邊智法界音이시며

此上에 過佛刹微塵數世界하야 有世界하니 名眞珠蓋오 佛號는 波羅蜜師子頻申이시며

此上에 過佛刹微塵數世界하야 有世界하니 名無邊音이오 佛號는 一切智妙覺慧시며

此上에 過佛刹微塵數世界하야 有世界하니 名普見樹峰이오 佛號는 普現衆生前이시며

此上에 過佛刹微塵數世界하야 有世界하니 名師子帝網光이오 佛號는 無垢日金色光焰雲이시며

此上에 過佛刹微塵數世界하야 有世界하니 名衆寶間錯이오 佛號는 帝幢最勝慧시며

此上에 過佛刹微塵數世界하야 有世界하니 名無垢光明地오 佛號는 一切力淸淨月이시며

此上에 過佛刹微塵數世界하야 有世界하니 名恒出歎佛功德音이오 佛號는 如虛空普覺慧시며

此上에 過佛刹微塵數世界하야 有世界하니 名高焰藏이오 佛號는 化現十方大雲幢이시며
此上에 過佛刹微塵數世界하야 有世界하니 名光嚴道場이오 佛號는 無等智徧照시며
此上에 過佛刹微塵數世界하야 有世界하니 名出生一切寶莊嚴이오 佛號는 廣度衆生神通王이시며
此上에 過佛刹微塵數世界하야 有世界하니 名光嚴妙宮殿이오 佛號는 一切義成廣大慧시며
此上에 過佛刹微塵數世界하야 有世界하니 名離塵寂靜이오 佛號는 不唐現이시며
此上에 過佛刹微塵數世界하야 有世界하니 名摩尼華幢이오 佛號는 悅意吉祥音이시며
此上에 過佛刹微塵數世界하야 有世界하니 名普雲藏이라 其狀이 猶如樓閣之形이며 依種種宮殿香水海住하야 一切寶燈雲으로 彌覆其上하고 二十佛刹微塵數世界 圍繞하야 純一淸淨하니 佛號는 最勝覺神通王이시니라

이 가운데 가장 아래쪽에 세계가 있으니 이름은 '연화망(蓮華網)'이다. 그 형상은 수미산 모양인데 온갖 묘한 꽃산깃대바다를 의지하여 머물며, 부처님경계마니왕제석천그물구름이 그 위를 덮고, 티끌과 같이 셀 수 없이 무한한 제불국토 세계가 둘러싸서 순일하게 청정한데, 그곳에 계신 부처님의 명호는 '법신보각혜(法身普覺慧)'이시다.

그 위로 티끌과 같이 셀 수 없이 무한한 제불국토 세계를 지나

서 또다시 하나의 세계가 있는데 그 이름은 '무진일광명(無盡日光明)'이며, 그곳에 계신 부처님의 명호는 '최승대각혜(最勝大覺慧)'이시다.

그 위로 티끌과 같이 셀 수 없이 무한한 제불국토 세계를 지나서 또다시 하나의 세계가 있는데 그 이름은 '보방묘광명(普放妙光明)'이며, 그곳에 계신 부처님의 명호는 '대복운무진력(大福雲無盡力)'이시다.

그 위로 티끌과 같이 셀 수 없이 무한한 제불국토 세계를 지나서 또다시 하나의 세계가 있는데 그 이름은 '수화당(樹華幢)'이며, 그곳에 계신 부처님의 명호는 '무변지법계음(無邊智法界音)'이시다.

그 위로 티끌과 같이 셀 수 없이 무한한 제불국토 세계를 지나서 또다시 하나의 세계가 있는데 그 이름은 '진주개(眞珠蓋)'이며, 그곳에 계신 부처님의 명호는 '바라밀사자빈신(波羅蜜師子頻申)'이시다.

그 위로 티끌과 같이 셀 수 없이 무한한 제불국토 세계를 지나서 또다시 하나의 세계가 있는데 그 이름은 '무변음(無邊音)'이며, 그곳에 계신 부처님의 명호는 '일체지묘각혜(一切智妙覺慧)'이시다.

그 위로 티끌과 같이 셀 수 없이 무한한 제불국토 세계를 지나서 또다시 하나의 세계가 있는데 그 이름은 '보견수봉(普見樹峰)'이며, 그곳에 계신 부처님의 명호는 '보현중생전(普現衆生前)'이시다.

그 위로 티끌과 같이 셀 수 없이 무한한 제불국토 세계를 지나서 또다시 하나의 세계가 있는데 그 이름은 '사자제망광(師子帝網光)'이며, 그곳에 계신 부처님의 명호는 '무구일금색광염운(無垢日金色光焰雲)'이시다.

그 위로 티끌과 같이 셀 수 없이 무한한 제불국토 세계를 지나

서 또다시 하나의 세계가 있는데 그 이름은 '중보간착(衆寶間錯)'이며, 그곳에 계신 부처님의 명호는 '제당최승혜(帝幢最勝慧)'이시다.

그 위로 티끌과 같이 셀 수 없이 무한한 제불국토 세계를 지나서 또다시 하나의 세계가 있는데 그 이름은 '무구광명지(無垢光明地)'이며, 그곳에 계신 부처님의 명호는 '일체력청정월(一切力淸淨月)'이시다.

그 위로 티끌과 같이 셀 수 없이 무한한 제불국토 세계를 지나서 또다시 하나의 세계가 있는데 그 이름은 '항출탄불공덕음(恒出歎佛功德音)'이며, 그곳에 계신 부처님의 명호는 '여허공보각혜(如虛空普覺慧)'이시다.

그 위로 티끌과 같이 셀 수 없이 무한한 제불국토 세계를 지나서 또다시 하나의 세계가 있는데 그 이름은 '고염장(高焰藏)'이며, 그곳에 계신 부처님의 명호는 '화현시방대운당(化現十方大雲幢)'이시다.

그 위로 티끌과 같이 셀 수 없이 무한한 제불국토 세계를 지나서 또다시 하나의 세계가 있는데 그 이름은 '광엄도량(光嚴道場)'이며, 그곳에 계신 부처님의 명호는 '무등지변조(無等智徧照)'이시다.

그 위로 티끌과 같이 셀 수 없이 무한한 제불국토 세계를 지나서 또다시 하나의 세계가 있는데 그 이름은 '출생일체보장엄(出生一切寶莊嚴)'이며, 그곳에 계신 부처님의 명호는 '광도중생신통왕(廣度衆生神通王)'이시다.

그 위로 티끌과 같이 셀 수 없이 무한한 제불국토 세계를 지나서 또다시 하나의 세계가 있는데 그 이름은 '광엄묘궁전(光嚴妙宮殿)'

이며, 그곳에 계신 부처님의 명호는 '일체의성광대혜(一切義成廣大慧)'이시다.

그 위로 티끌과 같이 셀 수 없이 무한한 제불국토 세계를 지나서 또다시 하나의 세계가 있는데 그 이름은 '이진적정(離塵寂靜)'이며, 그곳에 계신 부처님의 명호는 '부당현(不唐現)'이시다.

그 위로 티끌과 같이 셀 수 없이 무한한 제불국토 세계를 지나서 또다시 하나의 세계가 있는데 그 이름은 '마니화당(摩尼華幢)'이며, 그곳에 계신 부처님의 명호는 '열의길상음(悅意吉祥音)'이시다.

그 위로 티끌과 같이 셀 수 없이 무한한 제불국토 세계를 지나서 또다시 하나의 세계가 있는데 그 이름은 '보운장(普雲藏)'이다. 그 형상은 누각 모양인데 갖가지 궁전향수해를 의지하여 머물며, 온갖 보배등불구름이 그 위를 덮고, 스무 티끌과 같이 셀 수 없이 무한한 제불국토 세계가 둘러싸서 순일하게 청정한데, 그곳에 계신 부처님의 명호는 '최승각신통왕(最勝覺神通王)'이시다."

第六 蓮華因陀羅網海
제6. 연화인다라망해

諸佛子여 此金剛輪莊嚴底香水海右旋에 次有香水海하니 名蓮華因陀羅網이오 世界種은 名普現十方影이라 依一切

香摩尼莊嚴蓮華住하야 一切佛智光音聲으로 爲體하니라

"모든 불자들이여, 금강륜장엄저(金剛輪莊嚴底)향수해에서 오른쪽으로 돌아서 다음 향수해가 있는데 그 이름은 '연화인다라망(蓮華因陀羅網)'이며, 세계종자의 이름은 '보현시방영(普現十方影)'이다. 온갖 향마니로 장엄한 연꽃을 의지하여 머물며, 온갖 부처님의 지혜광명음성으로 체성을 삼았다.

此中最下方에 有世界하니 名衆生海寶光明이라 其狀이 猶如眞珠之藏이며 依一切摩尼瓔珞海旋住하야 水光明摩尼雲으로 而覆其上하고 佛刹微塵數世界 圍繞하야 純一淸淨하니 佛號는 不思議功德徧照月이시며

此上에 過佛刹微塵數世界하야 有世界하니 名妙香輪이오 佛號는 無量力幢이시며

此上에 過佛刹微塵數世界하야 有世界하니 名妙光輪이오 佛號는 法界光音覺悟慧시며

此上에 過佛刹微塵數世界하야 有世界하니 名吼聲摩尼幢이오 佛號는 蓮華光恒垂妙臂시며

此上에 過佛刹微塵數世界하야 有世界하니 名極堅固輪이오 佛號는 不退轉功德海光明이시며

此上에 過佛刹微塵數世界하야 有世界하니 名衆行光莊嚴이오 佛號는 一切智普勝尊이시며

此上에 過佛刹微塵數世界하야 有世界하니 名師子座徧照

요 佛號는 師子光無量力覺慧시며

此上에 過佛刹微塵數世界하야 有世界하니 名寶焰莊嚴이오 佛號는 一切法淸淨智시며

此上에 過佛刹微塵數世界하야 有世界하니 名無量燈이오 佛號는 無憂相이시며

此上에 過佛刹微塵數世界하야 有世界하니 名常聞佛音이오 佛號는 自然勝威光이시며

此上에 過佛刹微塵數世界하야 有世界하니 名淸淨變化요 佛號는 金蓮華光明이시며

此上에 過佛刹微塵數世界하야 有世界하니 名普入十方이오 佛號는 觀法界頻申慧시며

此上에 過佛刹微塵數世界하야 有世界하니 名熾然焰이오 佛號는 光焰樹緊那羅王이시며

此上에 過佛刹微塵數世界하야 有世界하니 名香光徧照요 佛號는 香燈善化王이시며

此上에 過佛刹微塵數世界하야 有世界하니 名無量華聚輪이오 佛號는 普現佛功德이시며

此上에 過佛刹微塵數世界하야 有世界하니 名衆妙普淸淨이오 佛號는 一切法平等神通王이시며

此上에 過佛刹微塵數世界하야 有世界하니 名金光海요 佛號는 十方自在大變化시며

此上에 過佛刹微塵數世界하야 有世界하니 名眞珠華藏이

오 佛號는 法界寶光明不可思議慧시며

此上에 過佛刹微塵數世界하야 有世界하니 名帝釋須彌師子座요 佛號는 勝力光이시며

此上에 過佛刹微塵數世界하야 有世界하니 名無邊寶普照라 其形이 四方이며 依華林海住하야 普雨無邊色摩尼王帝網으로 而覆其上하고 二十佛刹微塵數世界 圍繞하야 純一淸淨하니 佛號는 徧照世間最勝音이시니라

이 가운데 가장 아래쪽에 세계가 있으니 이름은 '중생해보광명(衆生海寶光明)'이다. 그 형상은 진주창고와 같고 온갖 마니영락바다돌림을 의지하여 머물며, 물광명마니구름이 그 위를 덮고, 티끌과 같이 셀 수 없이 무한한 제불국토 세계가 둘러싸서 순일하게 청정한데, 그곳에 계신 부처님의 명호는 '부사의공덕변조월(不思議功德徧照月)'이시다.

그 위로 티끌과 같이 셀 수 없이 무한한 제불국토 세계를 지나서 또다시 하나의 세계가 있는데 그 이름은 '묘향륜(妙香輪)'이며, 그곳에 계신 부처님의 명호는 '무량력당(無量力幢)'이시다.

그 위로 티끌과 같이 셀 수 없이 무한한 제불국토 세계를 지나서 또다시 하나의 세계가 있는데 그 이름은 '묘광륜(妙光輪)'이며, 그곳에 계신 부처님의 명호는 '법계광음각오혜(法界光音覺悟慧)'이시다.

그 위로 티끌과 같이 셀 수 없이 무한한 제불국토 세계를 지나서 또다시 하나의 세계가 있는데 그 이름은 '후성마니당(吼聲摩尼幢)'이며, 그곳에 계신 부처님의 명호는 '연화광항수묘비(蓮華光恒垂妙臂)'

이시다.

그 위로 티끌과 같이 셀 수 없이 무한한 제불국토 세계를 지나서 또다시 하나의 세계가 있는데 그 이름은 '극견고륜(極堅固輪)'이며, 그곳에 계신 부처님의 명호는 '불퇴전공덕해광명(不退轉功德海光明)'이시다.

그 위로 티끌과 같이 셀 수 없이 무한한 제불국토 세계를 지나서 또다시 하나의 세계가 있는데 그 이름은 '중행광장엄(衆行光莊嚴)'이며, 그곳에 계신 부처님의 명호는 '일체지보승존(一切智普勝尊)'이시다.

그 위로 티끌과 같이 셀 수 없이 무한한 제불국토 세계를 지나서 또다시 하나의 세계가 있는데 그 이름은 '사자좌변조(師子座徧照)'이며, 그곳에 계신 부처님의 명호는 '사자광무량력각혜(師子光無量力覺慧)'이시다.

그 위로 티끌과 같이 셀 수 없이 무한한 제불국토 세계를 지나서 또다시 하나의 세계가 있는데 그 이름은 '보염장엄(寶焰莊嚴)'이며, 그곳에 계신 부처님의 명호는 '일체법청정지(一切法淸淨智)'이시다.

그 위로 티끌과 같이 셀 수 없이 무한한 제불국토 세계를 지나서 또다시 하나의 세계가 있는데 그 이름은 '무량등(無量燈)'이며, 그곳에 계신 부처님의 명호는 '무우상(無憂相)'이시다.

그 위로 티끌과 같이 셀 수 없이 무한한 제불국토 세계를 지나서 또다시 하나의 세계가 있는데 그 이름은 '상문불음(常聞佛音)'이며, 그곳에 계신 부처님의 명호는 '자연승위광(自然勝威光)'이시다.

그 위로 티끌과 같이 셀 수 없이 무한한 제불국토 세계를 지나서 또다시 하나의 세계가 있는데 그 이름은 '청정변화(淸淨變化)'이며, 그곳에 계신 부처님의 명호는 '금련화광명(金蓮華光明)'이시다.

그 위로 티끌과 같이 셀 수 없이 무한한 제불국토 세계를 지나서 또다시 하나의 세계가 있는데 그 이름은 '보입시방(普入十方)'이며, 그곳에 계신 부처님의 명호는 '관법계빈신혜(觀法界頻申慧)'이시다.

그 위로 티끌과 같이 셀 수 없이 무한한 제불국토 세계를 지나서 또다시 하나의 세계가 있는데 그 이름은 '치연염(熾然焰)'이며, 그곳에 계신 부처님의 명호는 '광염수긴나라왕(光焰樹緊那羅王)'이시다.

그 위로 티끌과 같이 셀 수 없이 무한한 제불국토 세계를 지나서 또다시 하나의 세계가 있는데 그 이름은 '향광변조(香光徧照)'이며, 그곳에 계신 부처님의 명호는 '향등선화왕(香燈善化王)'이시다.

그 위로 티끌과 같이 셀 수 없이 무한한 제불국토 세계를 지나서 또다시 하나의 세계가 있는데 그 이름은 '무량화취륜(無量華聚輪)'이며, 그곳에 계신 부처님의 명호는 '보현불공덕(普現佛功德)'이시다.

그 위로 티끌과 같이 셀 수 없이 무한한 제불국토 세계를 지나서 또다시 하나의 세계가 있는데 그 이름은 '중묘보청정(衆妙普淸淨)'이며, 그곳에 계신 부처님의 명호는 '일체법평등신통왕(一切法平等神通王)'이시다.

그 위로 티끌과 같이 셀 수 없이 무한한 제불국토 세계를 지나서 또다시 하나의 세계가 있는데 그 이름은 '금광해(金光海)'이며, 그곳에 계신 부처님의 명호는 '시방자재대변화(十方自在大變化)'이시다.

그 위로 티끌과 같이 셀 수 없이 무한한 제불국토 세계를 지나서 또다시 하나의 세계가 있는데 그 이름은 '진주화장(眞珠華藏)'이며, 그곳에 계신 부처님의 명호는 '법계보광명불가사의혜(法界寶光明不可思議慧)'이시다.

그 위로 티끌과 같이 셀 수 없이 무한한 제불국토 세계를 지나서 또다시 하나의 세계가 있는데 그 이름은 '제석수미사자좌(帝釋須彌師子座)'이며, 그곳에 계신 부처님의 명호는 '승력광(勝力光)'이시다.

그 위로 티끌과 같이 셀 수 없이 무한한 제불국토 세계를 지나서 또다시 하나의 세계가 있는데 그 이름은 '무변보보조(無邊寶普照)'이다. 그 형상은 네모인데 꽃숲바다를 의지하여 머물며, 끝없는 빛 마니왕을 널리 비 내리는 제석천 그물이 그 위를 덮고, 스무 티끌과 같이 셀 수 없이 무한한 제불국토 세계가 둘러싸서 순일하게 청정한데, 그곳에 계신 부처님의 명호는 '변조세간최승음(徧照世間最勝音)'이시다."

第七 積集寶香藏海
제7. 적집보향장해

經

諸佛子여 此蓮華因陀羅網香水海右旋에 次有香水海하니 名積集寶香藏이오 世界種은 名一切威德莊嚴이라 以一切

佛法輪音聲으로 爲體하니라

 "모든 불자들이여, 이 연화인다라망(蓮華因陀羅網)향수해에서 오른쪽으로 돌아서 다음 향수해가 있는데 그 이름은 '적집보향장(積集寶香藏)'이며, 세계종자의 이름은 '일체위덕장엄(一切威德莊嚴)'이다. 온갖 부처님의 법수레음성으로 체성을 삼았다.

此中最下方에 有世界하니 名種種出生이라 形如金剛이며 依種種金剛山幢住하야 金剛寶光雲으로 而覆其上하고 佛刹微塵數世界 圍繞하야 純一淸淨하니 佛號는 蓮華眼이시며
此上에 過佛刹微塵數世界하야 有世界하니 名喜見音이오 佛號는 生喜樂이시며
此上에 過佛刹微塵數世界하야 有世界하니 名寶莊嚴幢이오 佛號는 一切智시며
此上에 過佛刹微塵數世界하야 有世界하니 名多羅華普照요 佛號는 無垢寂妙音이시며
此上에 過佛刹微塵數世界하야 有世界하니 名變化光이오 佛號는 淸淨空智慧月이시며
此上에 過佛刹微塵數世界하야 有世界하니 名衆妙間錯이오 佛號는 開示福德海密雲相이시며
此上에 過佛刹微塵數世界하야 有世界하니 名一切莊嚴具妙音聲이오 佛號는 歡喜雲이시며
此上에 過佛刹微塵數世界하야 有世界하니 名蓮華池요 佛

號는 名稱幢이시며

此上에 過佛刹微塵數世界하야 有世界하니 名一切寶莊嚴이오 佛號는 頻申觀察眼이시며

此上에 過佛刹微塵數世界하야 有世界하니 名淨妙華요 佛號는 無盡金剛智시며

此上에 過佛刹微塵數世界하야 有世界하니 名蓮華莊嚴城이오 佛號는 日藏眼普光明이시며

此上에 過佛刹微塵數世界하야 有世界하니 名無量樹峰이오 佛號는 一切法雷音이시며

此上에 過佛刹微塵數世界하야 有世界하니 名日光明이오 佛號는 開示無量智시며

此上에 過佛刹微塵數世界하야 有世界하니 名依止蓮華葉이오 佛號는 一切福德山이시며

此上에 過佛刹微塵數世界하야 有世界하니 名風普持요 佛號는 日耀根이시며

此上에 過佛刹微塵數世界하야 有世界하니 名光明顯現이오 佛號는 身光普照시며

此上에 過佛刹微塵數世界하야 有世界하니 名香雷音金剛寶普照요 佛號는 最勝華開敷相이시며

此上에 過佛刹微塵數世界하야 有世界하니 名帝網莊嚴이라 形如欄楯이며 依一切莊嚴海住하야 光焰樓閣雲으로 彌覆其上하고 二十佛刹微塵數世界 圍繞하야 純一淸淨하니

佛號는 示現無畏雲이시니라

이 가운데 가장 아래쪽에 세계가 있으니 이름은 '종종출생(種種出生)'이다. 그 형상은 금강과 같은데 갖가지 금강산깃대를 의지하여 머물며, 금강보배빛구름이 그 위를 덮고, 티끌과 같이 셀 수 없이 무한한 제불국토 세계가 둘러싸서 순일하게 청정한데, 그곳에 계신 부처님의 명호는 '연화안(蓮華眼)'이시다.

그 위로 티끌과 같이 셀 수 없이 무한한 제불국토 세계를 지나서 또다시 하나의 세계가 있는데 그 이름은 '희견음(喜見音)'이며, 그곳에 계신 부처님의 명호는 '생희락(生喜樂)'이시다.

그 위로 티끌과 같이 셀 수 없이 무한한 제불국토 세계를 지나서 또다시 하나의 세계가 있는데 그 이름은 '보장엄당(寶莊嚴幢)'이며, 그곳에 계신 부처님의 명호는 '일체지(一切智)'이시다.

그 위로 티끌과 같이 셀 수 없이 무한한 제불국토 세계를 지나서 또다시 하나의 세계가 있는데 그 이름은 '다라화보조(多羅華普照)'이며, 그곳에 계신 부처님의 명호는 '무구적묘음(無垢寂妙音)'이시다.

그 위로 티끌과 같이 셀 수 없이 무한한 제불국토 세계를 지나서 또다시 하나의 세계가 있는데 그 이름은 '변화광(變化光)'이며, 그곳에 계신 부처님의 명호는 '청정공지혜월(淸淨空智慧月)'이시다.

그 위로 티끌과 같이 셀 수 없이 무한한 제불국토 세계를 지나서 또다시 하나의 세계가 있는데 그 이름은 '중묘간착(衆妙間錯)'이며, 그곳에 계신 부처님의 명호는 '개시복덕해밀운상(開示福德海密雲相)'이시다.

그 위로 티끌과 같이 셀 수 없이 무한한 제불국토 세계를 지나서 또다시 하나의 세계가 있는데 그 이름은 '일체장엄구묘음성(一切莊嚴具妙音聲)'이며, 그곳에 계신 부처님의 명호는 '환희운(歡喜雲)'이시다.

그 위로 티끌과 같이 셀 수 없이 무한한 제불국토 세계를 지나서 또다시 하나의 세계가 있는데 그 이름은 '연화지(蓮華池)'이며, 그곳에 계신 부처님의 명호는 '명칭당(名稱幢)'이시다.

그 위로 티끌과 같이 셀 수 없이 무한한 제불국토 세계를 지나서 또다시 하나의 세계가 있는데 그 이름은 '일체보장엄(一切寶莊嚴)'이며, 그곳에 계신 부처님의 명호는 '빈신관찰안(頻申觀察眼)'이시다.

그 위로 티끌과 같이 셀 수 없이 무한한 제불국토 세계를 지나서 또다시 하나의 세계가 있는데 그 이름은 '정묘화(淨妙華)'이며, 그곳에 계신 부처님의 명호는 '무진금강지(無盡金剛智)'이시다.

그 위로 티끌과 같이 셀 수 없이 무한한 제불국토 세계를 지나서 또다시 하나의 세계가 있는데 그 이름은 '연화장엄성(蓮華莊嚴城)'이며, 그곳에 계신 부처님의 명호는 '일장안보광명(日藏眼普光明)'이시다.

그 위로 티끌과 같이 셀 수 없이 무한한 제불국토 세계를 지나서 또다시 하나의 세계가 있는데 그 이름은 '무량수봉(無量樹峰)'이며, 그곳에 계신 부처님의 명호는 '일체법뢰음(一切法雷音)'이시다.

그 위로 티끌과 같이 셀 수 없이 무한한 제불국토 세계를 지나서 또다시 하나의 세계가 있는데 그 이름은 '일광명(日光明)'이며, 그곳에 계신 부처님의 명호는 '개시무량지(開示無量智)'이시다.

그 위로 티끌과 같이 셀 수 없이 무한한 제불국토 세계를 지나서 또다시 하나의 세계가 있는데 그 이름은 '의지련화엽(依止蓮華葉)'이며, 그곳에 계신 부처님의 명호는 '일체복덕산(一切福德山)'이시다.

그 위로 티끌과 같이 셀 수 없이 무한한 제불국토 세계를 지나서 또다시 하나의 세계가 있는데 그 이름은 '풍보지(風普持)'이며, 그곳에 계신 부처님의 명호는 '일요근(日耀根)'이시다.

그 위로 티끌과 같이 셀 수 없이 무한한 제불국토 세계를 지나서 또다시 하나의 세계가 있는데 그 이름은 '광명현현(光明顯現)'이며, 그곳에 계신 부처님의 명호는 '신광보조(身光普照)'이시다.

그 위로 티끌과 같이 셀 수 없이 무한한 제불국토 세계를 지나서 또다시 하나의 세계가 있는데 그 이름은 '향뢰음금강보보조(香雷音金剛寶普照)'이며, 그곳에 계신 부처님의 명호는 '최승화개부상(最勝華開敷相)'이시다.

그 위로 티끌과 같이 셀 수 없이 무한한 제불국토 세계를 지나서 또다시 하나의 세계가 있는데 그 이름은 '제망장엄(帝網莊嚴)'이다. 그 형상은 난간과 같은데 온갖 장엄바다를 의지하여 머물며, 빛나는 불꽃누각구름이 그 위를 덮고, 스무 티끌과 같이 셀 수 없이 무한한 제불국토 세계가 둘러싸서 순일하게 청정한데, 그곳에 계신 부처님의 명호는 '시현무외운(示現無畏雲)'이시다."

第八 寶莊嚴海
제8. 보장엄해

經

諸佛子여 此積集寶香藏香水海右旋에 次有香水海하니 名
寶莊嚴이오 世界種은 名普無垢라 以一切微塵中佛刹神變
聲으로 爲體하니라

"모든 불자들이여, 이 적집보향장(積集寶香藏) 향수해에서 오른쪽
으로 돌아서 다음 향수해가 있는데 그 이름은 '보장엄(寶莊嚴)'이며,
세계종자의 이름은 '보무구(普無垢)'이다. 온갖 티끌 속 부처님 세계
의 신통변화하는 음성으로 체성을 삼았다.

此中最下方에 有世界하니 名淨妙平坦이라 形如寶身이며
依一切寶光輪海住하야 種種栴檀摩尼眞珠雲으로 彌覆其
上하고 佛刹微塵數世界圍繞하야 純一淸淨하니 佛號는 難
摧伏無等幢이시며
此上에 過佛刹微塵數世界하야 有世界하니 名熾然妙莊嚴
이오 佛號는 蓮華慧神通王이시며
此上에 過佛刹微塵數世界하야 有世界하니 名微妙相輪幢
이오 佛號는 十方大名稱無盡光이시며
此上에 過佛刹微塵數世界하야 有世界하니 名焰藏摩尼妙

莊嚴이오 佛號는 大智慧見聞皆歡喜시며

此上에 過佛刹微塵數世界하야 有世界하니 名妙華莊嚴이오 佛號는 無量力最勝智시며

此上에 過佛刹微塵數世界하야 有世界하니 名出生淨微塵이오 佛號는 超勝梵이시며

此上에 過佛刹微塵數世界하야 有世界하니 名普光明變化香이오 佛號는 香象金剛大力勢시며

此上에 過佛刹微塵數世界하야 有世界하니 名光明旋이오 佛號는 義成善名稱이시며

此上에 過佛刹微塵數世界하야 有世界하니 名寶瓔珞海요 佛號는 無比光徧照시며

此上에 過佛刹微塵數世界하야 有世界하니 名妙華燈幢이오 佛號는 究竟功德無礙慧燈이시며

此上에 過佛刹微塵數世界하야 有世界하니 名善巧莊嚴이오 佛號는 慧日波羅蜜이시며

此上에 過佛刹微塵數世界하야 有世界하니 名栴檀華普光明이오 佛號는 無邊慧法界音이시며

此上에 過佛刹微塵數世界하야 有世界하니 名帝網幢이오 佛號는 燈光迴照시며

此上에 過佛刹微塵數世界하야 有世界하니 名淨華輪이오 佛號는 法界日光明이시며

此上에 過佛刹微塵數世界하야 有世界하니 名大威曜요 佛

號는 無邊功德海法輪音이시며
此上에 過佛刹微塵數世界하야 有世界하니 名同安住寶蓮華池요 佛號는 開示入不可思議智시며
此上에 過佛刹微塵數世界하야 有世界하니 名平坦地요 佛號는 功德寶光明王이시며
此上에 過佛刹微塵數世界하야 有世界하니 名香摩尼聚요 佛號는 無盡福德海妙莊嚴이시며
此上에 過佛刹微塵數世界하야 有世界하니 名微妙光明이오 佛號는 無等力普徧音이시며
此上에 過佛刹微塵數世界하야 有世界하니 名十方普堅固莊嚴照耀라 其形이 八隅며 依心王摩尼輪海住하야 一切寶莊嚴帳雲으로 彌覆其上하고 二十佛刹微塵數世界 圍繞하야 純一淸淨하니 佛號는 普眼大明燈이시니라

　이 가운데 가장 아래쪽에 세계가 있으니 이름은 '정묘평탄(淨妙平坦)'이다. 그 형상은 보배몸 같은데 온갖 보배빛바퀴바다를 의지하여 머물며, 갖가지 전단마니진주구름이 그 위를 덮고, 티끌과 같이 셀 수 없이 무한한 제불국토 세계가 둘러싸서 순일하게 청정한데, 그곳에 계신 부처님의 명호는 '난최복무등당(難摧伏無等幢)'이시다.

　그 위로 티끌과 같이 셀 수 없이 무한한 제불국토 세계를 지나서 또다시 하나의 세계가 있는데 그 이름은 '치연묘장엄(熾然妙莊嚴)'이며, 그곳에 계신 부처님의 명호는 '연화혜신통왕(蓮華慧神通王)'이시다.

　그 위로 티끌과 같이 셀 수 없이 무한한 제불국토 세계를 지나

서 또다시 하나의 세계가 있는데 그 이름은 '미묘상륜당(微妙相輪幢)'이며, 그곳에 계신 부처님의 명호는 '시방대명칭무진광(十方大名稱無盡光)'이시다.

그 위로 티끌과 같이 셀 수 없이 무한한 제불국토 세계를 지나서 또다시 하나의 세계가 있는데 그 이름은 '염장마니묘장엄(焰藏摩尼妙莊嚴)'이며, 그곳에 계신 부처님의 명호는 '대지혜견문개환희(大智慧見聞皆歡喜)'이시다.

그 위로 티끌과 같이 셀 수 없이 무한한 제불국토 세계를 지나서 또다시 하나의 세계가 있는데 그 이름은 '묘화장엄(妙華莊嚴)'이며, 그곳에 계신 부처님의 명호는 '무량력최승지(無量力最勝智)'이시다.

그 위로 티끌과 같이 셀 수 없이 무한한 제불국토 세계를 지나서 또다시 하나의 세계가 있는데 그 이름은 '출생정미진(出生淨微塵)'이며, 그곳에 계신 부처님의 명호는 '초승범(超勝梵)'이시다.

그 위로 티끌과 같이 셀 수 없이 무한한 제불국토 세계를 지나서 또다시 하나의 세계가 있는데 그 이름은 '보광명변화향(普光明變化香)'이며, 그곳에 계신 부처님의 명호는 '향상금강대력세(香象金剛大力勢)'이시다.

그 위로 티끌과 같이 셀 수 없이 무한한 제불국토 세계를 지나서 또다시 하나의 세계가 있는데 그 이름은 '광명선(光明旋)'이며, 그곳에 계신 부처님의 명호는 '의성선명칭(義成善名稱)'이시다.

그 위로 티끌과 같이 셀 수 없이 무한한 제불국토 세계를 지나서 또다시 하나의 세계가 있는데 그 이름은 '보영락해(寶瓔珞海)'이며, 그곳에 계신 부처님의 명호는 '무비광변조(無比光遍照)'이시다.

그 위로 티끌과 같이 셀 수 없이 무한한 제불국토 세계를 지나서 또다시 하나의 세계가 있는데 그 이름은 '묘화등당(妙華燈幢)'이며, 그곳에 계신 부처님의 명호는 '구경공덕무애혜등(究竟功德無礙慧燈)'이시다.

그 위로 티끌과 같이 셀 수 없이 무한한 제불국토 세계를 지나서 또다시 하나의 세계가 있는데 그 이름은 '선교장엄(善巧莊嚴)'이며, 그곳에 계신 부처님의 명호는 '혜일바라밀(慧日波羅蜜)'이시다.

그 위로 티끌과 같이 셀 수 없이 무한한 제불국토 세계를 지나서 또다시 하나의 세계가 있는데 그 이름은 '전단화보광명(栴檀華普光明)이며, 그곳에 계신 부처님의 명호는 '무변혜법계음(無邊慧法界音)'이시다.

그 위로 티끌과 같이 셀 수 없이 무한한 제불국토 세계를 지나서 또다시 하나의 세계가 있는데 그 이름은 '제망당(帝網幢)'이며, 그곳에 계신 부처님의 명호는 '등광형조(燈光逈照)'이시다.

그 위로 티끌과 같이 셀 수 없이 무한한 제불국토 세계를 지나서 또다시 하나의 세계가 있는데 그 이름은 '정화륜(淨華輪)'이며, 그곳에 계신 부처님의 명호는 '법계일광명(法界日光明)'이시다.

그 위로 티끌과 같이 셀 수 없이 무한한 제불국토 세계를 지나서 또다시 하나의 세계가 있는데 그 이름은 '대위요(大威耀)'이며, 그곳에 계신 부처님의 명호는 '무변공덕해법륜음(無邊功德海法輪音)'이시다.

그 위로 티끌과 같이 셀 수 없이 무한한 제불국토 세계를 지나서 또다시 하나의 세계가 있는데 그 이름은 '동안주보련화지(同安住寶蓮華池)'이며, 그곳에 계신 부처님의 명호는 '개시입불가사의지(開示入不可思議智)'이시다.

그 위로 티끌과 같이 셀 수 없이 무한한 제불국토 세계를 지나서 또다시 하나의 세계가 있는데 그 이름은 '평탄지(平坦地)'이며, 그곳에 계신 부처님의 명호는 '공덕보광명왕(功德寶光明王)'이시다.

그 위로 티끌과 같이 셀 수 없이 무한한 제불국토 세계를 지나서 또다시 하나의 세계가 있는데 그 이름은 '향마니취(香摩尼聚)'이며, 그곳에 계신 부처님의 명호는 '무진복덕해묘장엄(無盡福德海妙莊嚴)'이시다.

그 위로 티끌과 같이 셀 수 없이 무한한 제불국토 세계를 지나서 또다시 하나의 세계가 있는데 그 이름은 '미묘광명(微妙光明)'이며, 그곳에 계신 부처님의 명호는 '무등력보변음(無等力普徧音)'이시다.

그 위로 티끌과 같이 셀 수 없이 무한한 제불국토 세계를 지나서 또다시 하나의 세계가 있는데 그 이름은 '시방보견고장엄조요(十方普堅固莊嚴照耀)'이다. 그 형상은 여덟모가 났는데 심왕(心王)마니바퀴바다를 의지하여 머물며, 온갖 보배장엄휘장구름이 그 위를 덮고, 스무 티끌과 같이 셀 수 없이 무한한 제불국토 세계가 둘러싸서 순일하게 청정한데, 그곳에 계신 부처님의 명호는 '보안대명등(普眼大明燈)'이시다."

第九 金剛寶聚海

제9. 금강보취해

經

諸佛子여 此寶莊嚴香水海右旋에 次有香水海하니 名金剛寶聚요 世界種은 名法界行이라 以一切菩薩地方便法音聲으로 爲體하니라

"모든 불자들이여, 이 보장엄(寶莊嚴)향수해에서 오른쪽으로 돌아서 다음 향수해가 있는데 그 이름은 '금강보취(金剛寶聚)'이며, 세계종자의 이름은 '법계행(法界行)'이다. 일체 보살 지위의 방편법음성으로 체성을 삼았다.

此中最下方에 有世界하니 名淨光照耀라 形如珠貫이며 依一切寶色珠瓔海住하야 菩薩珠髻光明摩尼雲으로 而覆其上하고 佛刹微塵數世界 圍繞하야 純一淸淨하니 佛號는 最勝功德光이시며
此上에 過佛刹微塵數世界하야 有世界하니 名妙蓋요 佛號는 法自在慧시며
此上에 過佛刹微塵數世界하야 有世界하니 名寶莊嚴師子座요 佛號는 大龍淵이시며
此上에 過佛刹微塵數世界하야 有世界하니 名出現金剛座

오 佛號는 昇師子座蓮華臺시며
此上에 過佛刹微塵數世界하야 有世界하니 名蓮華勝音이
오 佛號는 智光普開悟시며
此上에 過佛刹微塵數世界하야 有世界하니 名善慣習이오
佛號는 持地妙光王이시며
此上에 過佛刹微塵數世界하야 有世界하니 名喜樂音이오
佛號는 法燈王이시며
此上에 過佛刹微塵數世界하야 有世界하니 名摩尼藏因陀
羅網이오 佛號는 不空見이시며
此上에 過佛刹微塵數世界하야 有世界하니 名衆妙地藏이
오 佛號는 焰身幢이시며
此上에 過佛刹微塵數世界하야 有世界하니 名金光輪이오
佛號는 淨治衆生行이시며
此上에 過佛刹微塵數世界하야 有世界하니 名須彌山莊嚴
이오 佛號는 一切功德雲普照시며
此上에 過佛刹微塵數世界하야 有世界하니 名衆樹形이오
佛號는 寶華相淨月覺이시며
此上에 過佛刹微塵數世界하야 有世界하니 名無怖畏오 佛
號는 最勝金光炬시며
此上에 過佛刹微塵數世界하야 有世界하니 名大名稱龍王
幢이오 佛號는 觀等一切法이시며
此上에 過佛刹微塵數世界하야 有世界하니 名示現摩尼色

이오 佛號는 變化日이시며

此上에 過佛刹微塵數世界하야 有世界하니 名光焰燈莊嚴이오 佛號는 寶蓋光徧照시며

此上에 過佛刹微塵數世界하야 有世界하니 名香光雲이오 佛號는 思惟慧시며

此上에 過佛刹微塵數世界하야 有世界하니 名無怨讐오 佛號는 精進勝慧海시며

此上에 過佛刹微塵數世界하야 有世界하니 名一切莊嚴具光明幢이오 佛號는 普現悅意蓮華自在王이시며

此上에 過佛刹微塵數世界하야 有世界하니 名毫相莊嚴이라 形如半月이며 依須彌山摩尼華海住하야 一切莊嚴熾盛光摩尼王雲으로 而覆其上하고 二十佛刹微塵數世界 圍繞하야 純一淸淨하니 佛號는 淸淨眼이시니라

　이 가운데 가장 아래쪽에 세계가 있으니 이름은 '정광조요(淨光照耀)'이다. 그 형상은 구슬 꾸러미 같은데 온갖 보배빛진주영락바다를 의지하여 머물며, 보살의 진주상투광명마니구름이 그 위를 덮고, 티끌과 같이 셀 수 없이 무한한 제불국토 세계가 둘러싸서 순일하게 청정한데, 그곳에 계신 부처님의 명호는 '최승공덕광(最勝功德光)'이시다.

　그 위로 티끌과 같이 셀 수 없이 무한한 제불국토 세계를 지나서 또다시 하나의 세계가 있는데 그 이름은 '묘개(妙蓋)'이며, 그곳에 계신 부처님의 명호는 '법자재혜(法自在慧)'이시다.

그 위로 티끌과 같이 셀 수 없이 무한한 제불국토 세계를 지나서 또다시 하나의 세계가 있는데 그 이름은 '보장엄사자좌(寶莊嚴師子座)'이며, 그곳에 계신 부처님의 명호는 '대용연(大龍淵)'이시다.

그 위로 티끌과 같이 셀 수 없이 무한한 제불국토 세계를 지나서 또다시 하나의 세계가 있는데 그 이름은 '출현금강좌(出現金剛座)'이며, 그곳에 계신 부처님의 명호는 '승사자좌연화대(昇師子座蓮華臺)'이시다.

그 위로 티끌과 같이 셀 수 없이 무한한 제불국토 세계를 지나서 또다시 하나의 세계가 있는데 그 이름은 '연화승음(蓮華勝音)'이며, 그곳에 계신 부처님의 명호는 '지광보개오(智光普開悟)'이시다.

그 위로 티끌과 같이 셀 수 없이 무한한 제불국토 세계를 지나서 또다시 하나의 세계가 있는데 그 이름은 '선관습(善慣習)'이며, 그곳에 계신 부처님의 명호는 '지지묘광왕(持地妙光王)'이시다.

그 위로 티끌과 같이 셀 수 없이 무한한 제불국토 세계를 지나서 또다시 하나의 세계가 있는데 그 이름은 '희락음(喜樂音)'이며, 그곳에 계신 부처님의 명호는 '법등왕(法燈王)'이시다.

그 위로 티끌과 같이 셀 수 없이 무한한 제불국토 세계를 지나서 또다시 하나의 세계가 있는데 그 이름은 '마니장인다라망(摩尼藏因陀羅網)'이며, 그곳에 계신 부처님의 명호는 '불공견(不空見)'이시다.

그 위로 티끌과 같이 셀 수 없이 무한한 제불국토 세계를 지나서 또다시 하나의 세계가 있는데 그 이름은 '중묘지장(衆妙地藏)'이며, 그곳에 계신 부처님의 명호는 '염신당(焰身幢)'이시다.

그 위로 티끌과 같이 셀 수 없이 무한한 제불국토 세계를 지나서 또다시 하나의 세계가 있는데 그 이름은 '금광륜(金光輪)'이며, 그곳에 계신 부처님의 명호는 '정치중생행(淨治衆生行)'이시다.

그 위로 티끌과 같이 셀 수 없이 무한한 제불국토 세계를 지나서 또다시 하나의 세계가 있는데 그 이름은 '수미산장엄(須彌山莊嚴)'이며, 그곳에 계신 부처님의 명호는 '일체공덕운보조(一切功德雲普照)'이시다.

그 위로 티끌과 같이 셀 수 없이 무한한 제불국토 세계를 지나서 또다시 하나의 세계가 있는데 그 이름은 '중수형(衆樹形)'이며, 그곳에 계신 부처님의 명호는 '보화상정월각(寶華相淨月覺)'이시다.

그 위로 티끌과 같이 셀 수 없이 무한한 제불국토 세계를 지나서 또다시 하나의 세계가 있는데 그 이름은 '무포외(無怖畏)'이며, 그곳에 계신 부처님의 명호는 '최승금광거(最勝金光炬)'이시다.

그 위로 티끌과 같이 셀 수 없이 무한한 제불국토 세계를 지나서 또다시 하나의 세계가 있는데 그 이름은 '대명칭용왕당(大名稱龍王幢)'이며, 그곳에 계신 부처님의 명호는 '관등일체법(觀等一切法)'이시다.

그 위로 티끌과 같이 셀 수 없이 무한한 제불국토 세계를 지나서 또다시 하나의 세계가 있는데 그 이름은 '시현마니색(示現摩尼色)'이며, 그곳에 계신 부처님의 명호는 '변화일(變化日)'이시다.

그 위로 티끌과 같이 셀 수 없이 무한한 제불국토 세계를 지나서 또다시 하나의 세계가 있는데 그 이름은 '광염등장엄(光焰燈莊嚴)'

이며, 그곳에 계신 부처님의 명호는 '보개광변조(寶蓋光徧照)'이시다.

그 위로 티끌과 같이 셀 수 없이 무한한 제불국토 세계를 지나서 또다시 하나의 세계가 있는데 그 이름은 '향광운(香光雲)'이며, 그곳에 계신 부처님의 명호는 '사유혜(思惟慧)'이시다.

그 위로 티끌과 같이 셀 수 없이 무한한 제불국토 세계를 지나서 또다시 하나의 세계가 있는데 그 이름은 '무원수(無怨讐)'이며, 그곳에 계신 부처님의 명호는 '정진승혜해(精進勝慧海)'이시다.

그 위로 티끌과 같이 셀 수 없이 무한한 제불국토 세계를 지나서 또다시 하나의 세계가 있는데 그 이름은 '일체장엄구광명당(一切莊嚴具光明幢)'이며, 그곳에 계신 부처님의 명호는 '보현열의연화자재왕(普現悅意蓮華自在王)'이시다.

그 위로 티끌과 같이 셀 수 없이 무한한 제불국토 세계를 지나서 또다시 하나의 세계가 있는데 그 이름은 '호상장엄(毫相莊嚴)'이다. 그 형상은 반달과 같은데 수미산마니꽃바다를 의지하여 머물며, 온갖 장엄 치성한 빛마니왕구름이 그 위를 덮고, 스무 티끌과 같이 셀 수 없이 무한한 제불국토 세계가 둘러싸서 순일하게 청정한데, 그곳에 계신 부처님의 명호는 '청정안(淸淨眼)'이시다."

第十天城寶堞海

제10. 천성보첩해

諸佛子여 此金剛寶聚香水海右旋에 次有香水海하니 名天城寶堞이오 世界種은 名燈焰光明이라 以普示一切平等法輪音으로 爲體하니라

 "모든 불자들이여, 이 금강보취(金剛寶聚) 향수해에서 오른쪽으로 돌아서 다음 향수해가 있는데 그 이름은 '천성보첩(天城寶堞)'이며, 세계종자의 이름은 '등염광명(燈焰光明)'이다. 일체 것을 널리 보이는 평등한 법륜음성으로 체성을 삼았다.

此中最下方에 有世界하니 名寶月光焰輪이라 形如一切莊嚴具며 依一切寶莊嚴華海住하야 瑠璃色師子座雲으로 而覆其上하고 佛刹微塵數世界 圍繞하야 純一淸淨하니 佛號는 日月自在光이시며
此上에 過佛刹微塵數世界하야 有世界하니 名須彌寶光이오 佛號는 無盡法寶幢이시며
此上에 過佛刹微塵數世界하야 有世界하니 名衆妙光明幢이오 佛號는 大華聚시며
此上에 過佛刹微塵數世界하야 有世界하니 名摩尼光明華오 佛號는 人中最自在시며
此上에 過佛刹微塵數世界하야 有世界하니 名普音이오 佛號는 一切智徧照시며
此上에 過佛刹微塵數世界하야 有世界하니 名大樹緊那羅

音이오 佛號는 無量福德自在龍이시며

此上에 過佛刹微塵數世界하야 有世界하니 名無邊淨光明이오 佛號는 功德寶華光이시며

此上에 過佛刹微塵數世界하야 有世界하니 名最勝音이오 佛號는 一切智莊嚴이시며

此上에 過佛刹微塵數世界하야 有世界하니 名衆寶間飾이오 佛號는 寶焰須彌山이시며

此上에 過佛刹微塵數世界하야 有世界하니 名淸淨須彌音이오 佛號는 出現一切行光明이시며

此上에 過佛刹微塵數世界하야 有世界하니 名香水蓋오 佛號는 一切波羅蜜無礙海시며

此上에 過佛刹微塵數世界하야 有世界하니 名師子華網이오 佛號는 寶焰幢이시며

此上에 過佛刹微塵數世界하야 有世界하니 名金剛妙華燈이오 佛號는 一切大願光이시며

此上에 過佛刹微塵數世界하야 有世界하니 名一切法光明地오 佛號는 一切法廣大眞實義시며

此上에 過佛刹微塵數世界하야 有世界하니 名眞珠末平坦莊嚴이오 佛號는 勝慧光明網이시며

此上에 過佛刹微塵數世界하야 有世界하니 名琉璃華오 佛號는 寶積幢이시며

此上에 過佛刹微塵數世界하야 有世界하니 名無量妙光輪

이오 **佛號**는 **大威力智海藏**이시며

此上에 **過佛刹微塵數世界**하야 **有世界**하니 **名明見十方**이오 **佛號**는 **淨修一切功德幢**이시며

此上에 **過佛刹微塵數世界**하야 **有世界**하니 **名可愛樂梵音**이라 **形如佛手**며 **依寶光網海住**하야 **菩薩身一切莊嚴雲**으로 **而覆其上**하고 **二十佛刹微塵數世界** **圍繞**하야 **純一淸淨**하니 **佛號**는 **普照法界無礙光**이시니라

이 가운데 가장 아래쪽에 세계가 있으니 이름은 '보월광염륜(寶月光焰輪)'이다. 그 형상은 온갖 장엄거리 같은데 온갖 보배장엄꽃바다를 의지하여 머물며, 유리빛사자좌구름이 그 위를 덮고, 티끌과 같이 셀 수 없이 무한한 제불국토 세계가 둘러싸서 순일하게 청정한데, 그곳에 계신 부처님의 명호는 '일월자재광(日月自在光)'이시다.

그 위로 티끌과 같이 셀 수 없이 무한한 제불국토 세계를 지나서 또다시 하나의 세계가 있는데 그 이름은 '수미보광(須彌寶光)'이며, 그곳에 계신 부처님의 명호는 '무진법보당(無盡法寶幢)'이시다.

그 위로 티끌과 같이 셀 수 없이 무한한 제불국토 세계를 지나서 또다시 하나의 세계가 있는데 그 이름은 '중묘광명당(衆妙光明幢)'이며, 그곳에 계신 부처님의 명호는 '대화취(大華聚)'이시다.

그 위로 티끌과 같이 셀 수 없이 무한한 제불국토 세계를 지나서 또다시 하나의 세계가 있는데 그 이름은 '마니광명화(摩尼光明華)'이며, 그곳에 계신 부처님의 명호는 '인중최자재(人中最自在)'이시다.

그 위로 티끌과 같이 셀 수 없이 무한한 제불국토 세계를 지나

서 또다시 하나의 세계가 있는데 그 이름은 '보음(普音)'이며, 그곳에 계신 부처님의 명호는 '일체지변조(一切智徧照)'이시다.

그 위로 티끌과 같이 셀 수 없이 무한한 제불국토 세계를 지나서 또다시 하나의 세계가 있는데 그 이름은 '대수긴나라음(大樹緊那羅音)'이며, 그곳에 계신 부처님의 명호는 '무량복덕자재용(無量福德自在龍)'이시다.

그 위로 티끌과 같이 셀 수 없이 무한한 제불국토 세계를 지나서 또다시 하나의 세계가 있는데 그 이름은 '무변정광명(無邊淨光明)'이며, 그곳에 계신 부처님의 명호는 '공덕보화광(功德寶華光)'이시다.

그 위로 티끌과 같이 셀 수 없이 무한한 제불국토 세계를 지나서 또다시 하나의 세계가 있는데 그 이름은 '최승음(最勝音)'이며, 그곳에 계신 부처님의 명호는 '일체지장엄(一切智莊嚴)'이시다.

그 위로 티끌과 같이 셀 수 없이 무한한 제불국토 세계를 지나서 또다시 하나의 세계가 있는데 그 이름은 '중보간식(衆寶間飾)'이며, 그곳에 계신 부처님의 명호는 '보염수미산(寶焰須彌山)'이시다.

그 위로 티끌과 같이 셀 수 없이 무한한 제불국토 세계를 지나서 또다시 하나의 세계가 있는데 그 이름은 '청정수미음(淸淨須彌音)'이며, 그곳에 계신 부처님의 명호는 '출현일체행광명(出現一切行光明)'이시다.

그 위로 티끌과 같이 셀 수 없이 무한한 제불국토 세계를 지나서 또다시 하나의 세계가 있는데 그 이름은 '향수개(香水蓋)'이며, 그곳에 계신 부처님의 명호는 '일체바라밀무애해(一切波羅蜜無礙海)'이시다.

그 위로 티끌과 같이 셀 수 없이 무한한 제불국토 세계를 지나서 또다시 하나의 세계가 있는데 그 이름은 '사자화망(師子華網)'이며, 그곳에 계신 부처님의 명호는 '보염당(寶焰幢)'이시다.

그 위로 티끌과 같이 셀 수 없이 무한한 제불국토 세계를 지나서 또다시 하나의 세계가 있는데 그 이름은 '금강묘화등(金剛妙華燈)'이며, 그곳에 계신 부처님의 명호는 '일체대원광(一切大願光)'이시다.

그 위로 티끌과 같이 셀 수 없이 무한한 제불국토 세계를 지나서 또다시 하나의 세계가 있는데 그 이름은 '일체법광명지(一切法光明地)'이며, 그곳에 계신 부처님의 명호는 '일체법광대진실의(一切法廣大眞實義)'이시다.

그 위로 티끌과 같이 셀 수 없이 무한한 제불국토 세계를 지나서 또다시 하나의 세계가 있는데 그 이름은 '진주말평탄장엄(眞珠末平坦莊嚴)'이며, 그곳에 계신 부처님의 명호는 '승혜광명망(勝慧光明網)'이시다.

그 위로 티끌과 같이 셀 수 없이 무한한 제불국토 세계를 지나서 또다시 하나의 세계가 있는데 그 이름은 '유리화(琉璃華)'이며, 그곳에 계신 부처님의 명호는 '보적당(寶積幢)'이시다.

그 위로 티끌과 같이 셀 수 없이 무한한 제불국토 세계를 지나서 또다시 하나의 세계가 있는데 그 이름은 '무량묘광륜(無量妙光輪)'이며, 그곳에 계신 부처님의 명호는 '대위력지해장(大威力智海藏)'이시다.

그 위로 티끌과 같이 셀 수 없이 무한한 제불국토 세계를 지나

서 또다시 하나의 세계가 있는데 그 이름은 '명견시방(明見十方)'이며, 그곳에 계신 부처님의 명호는 '정수일체공덕당(淨修一切功德幢)'이시다.

그 위로 티끌과 같이 셀 수 없이 무한한 제불국토 세계를 지나서 또다시 하나의 세계가 있는데 그 이름은 '가애락범음(可愛樂梵音)'이다. 그 형상은 부처 손 같은데 보배광명그물바다를 의지하여 머물며, 보살 몸 온갖 장엄구름이 그 위를 덮고, 스무 티끌과 같이 셀 수 없이 무한한 제불국토 세계가 둘러싸서 순일하게 청정한데, 그곳에 계신 부처님의 명호는 '보조법계무애광(普照法界無礙光)'이시다."

◉ 疏 ◉

文並可知라 有欲解釋인댄 刹中佛名을 足可留思니라

경문은 아울러 말하지 않아도 알 수 있다. 이를 해석하고자 한다면 그 세계 속에 계신 부처님의 명호에 대해 깊이 있게 생각해야 할 것이다.

화장세계품 제5-2   華藏世界品 第五之二
화엄경소론찬요 제17권   華嚴經疏論纂要 卷第十七

화엄경소론찬요 제18권
華嚴經疏論纂要 卷第十八

◉

화장세계품 제5-3
華藏世界品 第五之三

第三大段은 從第十經去로 明十海所管之海니 一海 各管不可說佛刹微塵數이라 現文但各說十이니 卽爲百海요 亦有刹種 及所持刹이라 十海 卽爲十段이니 但記次前十海之名이면 此文은 居然易了니라 十段中에 一一有二하니 謂先標能管之海以定方이라

3. 제10경으로부터 10개의 향수해가 관할하는 향수해를 밝히다

하나의 향수해가 각각 말로 형용할 수 없는 부처님 세계의 티끌과 같이 셀 수 없이 무한한 세계를 관할하였다.

본 경문에서는 단 각각 10개의 향수해만을 말했으니 곧 1백 개의 향수해가 되고, 또한 세계종자 및 의지한 세계가 있다. 10개의 향수해는 곧 10단락이다. 다만 앞에서 말한 제2의 10개 향수해의 명호를 기억하면 이 경문은 편안하게 이해하기 쉽다.

10단락 하나하나가 모두 2부분으로 나뉜다. 앞에서는 관할하는 주체의 향수해를 내세워 방향을 정하고 있다.

經

爾時에 普賢菩薩이 復告大衆言하사대 諸佛子여 彼離垢焰藏香水海東에

그때 보현보살이 다시 대중들에게 말하였다.

"모든 불자들이여, 저 이구염장(離垢焰藏)향수해 동쪽에

後列所管之海次第라 於所管海中에 文各有三節하니 初從能管海邊하야 隣次列九海니 唯第一段이 九中缺一이라

뒤에서는 관할의 대상이 되는 향수해의 차례를 열거하였다.

관할의 대상이 되는 향수해에는 각각 3절이 있다.

(1) 관할의 주체가 되는 해변으로부터 차례로 9개의 향수해를 열거하였다. 오직 제1단락에서는 9개의 향수해 가운데 하나의 향수해가 누락되었다.

經

次有香水海하니 名變化微妙身이오 此海中에 有世界種하니 名善布差別方이며

次有香水海하니 名金剛眼幢이오 世界種은 名莊嚴法界橋며

次有香水海하니 名種種蓮華妙莊嚴이오 世界種은 名恒出十方變化며

次有香水海하니 名無間寶王輪이오 世界種은 名寶蓮華莖密雲이며

次有香水海하니 名妙香焰普莊嚴이오 世界種은 名毘盧遮那變化行이며

次有香水海하니 名寶末閻浮幢이오 世界種은 名諸佛護念境界며

次有香水海하니 名一切色熾然光이오 世界種은 名最勝光

偏照며
次有香水海하니 名一切莊嚴具境界오 世界種은 名寶焰燈이라

(1) 다음 향수해가 있는데 그 이름은 '변화미묘신(變化微妙身)'이고, 이 바다 가운데 세계종이 있으니 이름은 '선포차별방(善布差別方)'이시다.

(2) 다음에 향수해가 있으니 이름은 '금강안당(金剛眼幢)'이고, 세계종의 이름은 '장엄법계교(莊嚴法界橋)'이시다.

(3) 다음에 향수해가 있으니 이름은 '종종연화묘장엄(種種蓮華妙莊嚴)'이고 세계종의 이름은 '항출시방변화(恒出十方變化)'이시다.

(4) 다음에 향수해가 있으니 이름은 '무간보왕륜(無間寶王輪)'이고, 세계종의 이름은 '보련화경밀운(寶蓮華莖密雲)'이시다.

(5) 다음에 향수해가 있으니 이름은 '묘향염보장엄(妙香焰普莊嚴)'이고, 세계종의 이름은 '비로자나변화행(毘盧遮那變化行)'이시다.

(6) 다음에 향수해가 있으니 이름은 '보말염부당(寶末閻浮幢)'이고 세계종의 이름은 '제불호념경계(諸佛護念境界)'이시다.

(7) 다음에 향수해가 있으니 이름은 '일체색치연광(一切色熾然光)'이고, 세계종의 이름은 '최승광변조(最勝光偏照)'이시다.

(8) 다음에 향수해가 있으니 이름은 '일체장엄구경계(一切莊嚴具境界)'이고, 세계종의 이름은 '보염등(寶焰燈)'이시다.

二는 總結一海所管之大數라

(2) 하나의 향수해가 관할하는 큰 숫자를 총괄하여 끝맺다.

經

如是等不可說佛刹微塵數香水海에

이와 같이 말할 수 없는 티끌과 같이 셀 수 없이 무한한 제불국토 향수해가 있으되

三은 廣說最近輪圍一海라 於中에 文皆有二니 初擧海·種名·體하다

(3) 윤위산(輪圍山)에 가장 가까운 하나의 향수해를 자세히 설명하였다.

본 경문은 모두 2부분이다.

첫 부분은 향수해의 명칭, 세계종자의 명칭, 그리고 그 체성을 들어 말하고 있다.

經

其最近輪圍山香水海는 **名玻瓈地**요 **世界種**은 **名常放光明**이니 **以世界海淸淨劫音聲**으로 **爲體**하니라

윤위산(輪圍山)에 가장 가까운 향수해의 이름은 '파려지(玻瓈地)'이고, 세계종의 이름은 '상방광명(常放光明)'인데, 세계바다의 청정한

겁의 음성으로 체성을 삼았다.

第二는 所持之刹이 皆二十重이로되 於中超間이라 文皆四節이니 一擧下層하다

다음은 의지의 대상이 되는 세계 또한 모두 20층이지만 그중에는 사이를 건너뛰어 생략하였다.

경문은 모두 4절이다.

제1절은 가장 아래층을 들어 말하였다.

經

此中最下方에 有世界하니 名可愛樂淨光幢이라 佛刹微塵數世界 圍繞하야 純一淸淨하니 佛號는 最勝三昧精進慧시며

이 가운데 가장 아래쪽에 세계가 있으니 이름은 '가애락정광당(可愛樂淨光幢)'이다. 티끌과 같이 셀 수 없이 무한한 제불국토 세계가 둘러싸서 순일하게 청정한데, 그곳에 계신 부처님의 명호는 '최승삼매정진혜(最勝三昧精進慧)'이시다.

二. 超至第十

제2절은 건너뛰어 제10 제불세계에 이르다.

經

此上에 過十佛刹微塵數世界하야 與金剛幢世界로 齊等하야 有世界하니 名香莊嚴幢이라 十佛刹微塵數世界 圍繞하야 純一淸淨하니 佛號는 無障礙法界燈이시며

그 위로 열 티끌과 같이 셀 수 없이 무한한 제불국토 세계를 지나서 금강당(金剛幢)세계와 가지런한 세계가 있으니 이름은 '향장엄당(香莊嚴幢)'이다. 열 티끌과 같이 셀 수 없이 무한한 제불국토 세계가 둘러싸서 순일하게 청정한데, 그곳에 계신 부처님의 명호는 '무장애법계등(無障礙法界燈)'이시다.

◉ 疏 ◉

等金剛幢者는 卽中央香海刹種中 第十重刹이라

금강당과 같다는 것은 곧 중앙 향수해의 세계종자 가운데 제10층의 세계이다.

三은 更超至十三이라

제3절은 건너뛰어 제13 제불세계에 이르다.

經

此上에 過三佛刹微塵數世界하야 與娑婆世界로 齊等하야 有世界하니 名放光藏이요 佛號는 徧法界無障礙慧明이시며

그 위로 세 티끌과 같이 셀 수 없이 무한한 제불국토 세계를 지나서 사바세계와 가지런한 세계가 있으니 이름은 '방광장(放光藏)'이며, 그곳에 계신 부처님의 명호는 '변법계무장애혜명(偏法界無障礙慧明)'이시다.

● 疏 ●

超至十三者는 以等此中央娑婆故일세니라

건너뛰어 제13 제불세계에 이른 것은 중앙의 사바세계와 똑같기 때문이다.

四는 更至第二十重하다

제4절은 다시 건너뛰어 제20 제불세계에 이르다.

經

此上에 過七佛刹微塵數世界하야 至此世界種最上方하야 有世界하니 名最勝身香이라 二十佛刹微塵數世界 圍繞하야 純一淸淨하니 佛號는 覺分華시니라

그 위로 일곱 티끌과 같이 셀 수 없이 무한한 제불국토 세계를 지나서 이 세계종의 가장 위쪽에 있는 세계가 있으니 이름은 '최승신향(最勝身香)'이고, 스무 티끌과 같이 셀 수 없이 무한한 제불국토 세계가 둘러싸서 순일하게 청정한데, 그곳에 계신 부처님의 명호

는 '각분화(覺分華)'이시다."

● 疏 ●

至第二十重者는 以最上故니라 言最上者는 刹種最上이니 若云二十
重最上인댄 何以得此最上之名고 設不欲繁文이나 何以不加乃至最
上耶아 然超間者는 意存畧故오 云齊等者는 恐失次故니 又上下橫
竪 皆相當故니라 又此隨所管海有不可說하니 皆望本能管之海方
面이라 一道布列일세 故下但云 此海之外라하고 不言右旋等이니라

  제20층에 이른 것은 최상이기 때문이다. 최상이라 말한 것은 세계종자의 최상을 말한다. 만일 20층의 최상을 말했다면 어떻게 해서 최상의 이름을 얻게 되었을까? 설령 문장을 번거롭게 쓰지 않는다 할지라도 어찌하여 '乃至最上'이라는 4글자를 더하지 않았는가.

  그러나 사이를 건너뛴다는 것은 그 뜻이 생략하는 데에 있기 때문이며, '똑같다'고 말한 것은 차례를 잃을까 두려워한 때문이며, 또 상하에 종횡으로 모두 상당하기 때문이다. 또한 관할하는 대상의 향수해를 따라 '말할 수 없는 세계'가 있다. 이는 모두 본래 관할의 주체가 되는 향수해의 방면에 대조하여 말한 것이다. 하나의 도로 펼쳐 있는 까닭에 아래에서는 다만 '이 향수해의 밖'이라고 말했을 뿐, '우측으로의 선회' 등을 말하지 않은 것이다.

一

第二海

제2 향수해

經

諸佛子야 彼無盡光明輪香水海外에
次有香水海하니 名具足妙光이오 世界種은 名徧無垢며
次有香水海하니 名光耀蓋오 世界種은 名無邊普莊嚴이며
次有香水海하니 名妙寶莊嚴이오 世界種은 名香摩尼軌度形이며
次有香水海하니 名出佛音聲이오 世界種은 名善建立莊嚴이며
次有香水海하니 名香幢須彌藏이오 世界種은 名光明徧滿이며
次有香水海하니 名栴檀妙光明이오 世界種은 名華焰輪이며
次有香水海하니 名風力持오 世界種은 名寶焰雲幢이며
次有香水海하니 名帝釋身莊嚴이오 世界種은 名眞珠藏이며
次有香水海하니 名平坦嚴淨이오 世界種은 名毘瑠璃末種種莊嚴이라
如是等不可說佛刹微塵數香水海에 其最近輪圍山香水海는 名妙樹華오 世界種은 名出生諸方廣大刹이니 以一切佛摧伏魔音으로 爲體어든
此中最下方에 有世界하니 名焰炬幢이오 佛號는 世間功德海시며

此上에 過十佛刹微塵數世界하야 與金剛幢世界로 齊等하야 有世界하니 名出生寶오 佛號는 師子力寶雲이시며

此上에 與娑婆世界로 齊等하야 有世界하니 名衣服幢이오 佛號는 一切智海王이시며

於此世界種最上方에 有世界하니 名寶瓔珞師子光明이오 佛號는 善變化蓮華幢이시니라

"모든 불자들이여, 저 끝없는 광명바퀴향수해 밖에

⑴ 다음 향수해가 있으니 이름은 '구족묘광(具足妙光)'이고, 세계종의 이름은 '변무구(徧無垢)'이시다.

⑵ 다음에 향수해가 있으니 이름은 '광요개(光耀蓋)'이고, 세계종의 이름은 '무변보장엄(無邊普莊嚴)'이시다.

⑶ 다음에 향수해가 있으니 이름은 '묘보장엄(妙寶莊嚴)'이고, 세계종의 이름은 '향마니궤도형(香摩尼軌度形)'이시다.

⑷ 다음에 향수해가 있으니 이름은 '출불음성(出佛音聲)'이고, 세계종의 이름은 '선건립장엄(善建立莊嚴)'이시다.

⑸ 다음에 향수해가 있으니 이름은 '향당수미장(香幢須彌藏)'이고, 세계종의 이름은 '광명변만(光明徧滿)'이시다.

⑹ 다음에 향수해가 있으니 이름은 '전단묘광명(栴檀妙光明)'이고, 세계종의 이름은 '화염륜(華焰輪)'이시다.

⑺ 다음에 향수해가 있으니 이름은 '풍력지(風力持)'이고, 세계종의 이름은 '보염운당(寶焰雲幢)'이시다.

⑻ 다음에 향수해가 있으니 이름은 '제석신장엄(帝釋身莊嚴)'이

고, 세계종의 이름은 '진주장(眞珠藏)'이시다.

(9) 다음에 향수해가 있으니 이름은 '평탄엄정(平坦嚴淨)'이고, 세계종의 이름은 '비유리말종종장엄(毘琉璃末種種莊嚴)'이시다.

이와 같이 말할 수 없는 티끌과 같이 셀 수 없이 무한한 제불국토 향수해가 있는데, 윤위산(輪圍山)과 가장 가까운 향수해의 이름은 '묘수화(妙樹華)'이고, 세계종의 이름은 '출생제방광대찰(出生諸方廣大刹)'인데, 온갖 부처님의 마군을 부수는 음성으로 체성을 삼았다.

이 가운데 가장 아래쪽에 세계가 있으니 이름은 '염거당(焰炬幢)'이며, 그곳에 계신 부처님의 명호는 '세간공덕해(世間功德海)'이시다.

그 위로 열 티끌과 같이 셀 수 없이 무한한 제불국토 세계를 지나서 금강당(金剛幢)세계와 가지런한 세계가 있으니 이름은 '출생보(出生寶)'이며, 그곳에 계신 부처님의 명호는 '사자력보운(師子力寶雲)'이시다.

그 위로 사바세계와 가지런한 세계가 있으니 이름은 '의복당(衣服幢)'이며, 그곳에 계신 부처님의 명호는 '일체지해왕(一切智海王)'이시다.

이 세계종의 가장 위쪽에 세계가 있으니 이름은 '보영락사자광명(寶瓔珞師子光明)'이며, 그곳에 계신 부처님의 명호는 '선변화연화당(善變化蓮華幢)'이시다."

第三海
　　제3 향수해

經

諸佛子여 彼金剛焰光明香水海外에

次有香水海하니 名一切莊嚴具瑩飾幢이오 世界種은 名淸淨行莊嚴이며

次有香水海하니 名一切寶華光耀海오 世界種은 名功德相莊嚴이며

次有香水海하니 名蓮華開敷오 世界種은 名菩薩摩尼冠莊嚴이며

次有香水海하니 名妙寶衣服이오 世界種은 名淨珠輪이며
次有香水海하니 名可愛華徧照오 世界種은 名百光雲照耀며
次有香水海하니 名徧虛空大光明이오 世界種은 名寶光普照며

次有香水海하니 名妙華莊嚴幢이오 世界種은 名金月眼瓔珞이며

次有香水海하니 名眞珠香海藏이오 世界種은 名佛光明이며
次有香水海하니 名寶輪光明이오 世界種은 名善化現佛境界光明이라

如是等不可說佛刹微塵數香水海에 其最近輪圍山香水海는 名無邊輪莊嚴底오 世界種은 名無量方差別이니 以一切國土種種言說音으로 爲體어든

此中最下方에 有世界하니 名金剛華蓋오 佛號는 無盡相光明普門音이시며

286

此上에 過十佛刹微塵數世界하야 有世界하니 與金剛幢世界로 齊等하니 名出生寶衣幢이오 佛號는 福德雲大威勢시며
此上에 與娑婆世界로 齊等하니 有世界하니 名衆寶具妙莊嚴이오 佛號는 勝慧海시며
於此世界種最上方에 有世界하니 名日光明衣服幢이오 佛號는 智日蓮華雲이시니라

"모든 불자들이여, 저 금강염광명(金剛焰光明)향수해 밖에

⑴ 다음 향수해가 있으니 이름은 '일체장엄구영식당(一切莊嚴具瑩飾幢)'이고, 세계종의 이름은 '청정행장엄(淸淨行莊嚴)'이시다.

⑵ 다음에 향수해가 있으니 이름은 '일체보화광요해(一切寶華光耀每)'이고, 세계종의 이름은 '공덕상장엄(功德相莊嚴)'이시다.

⑶ 다음에 향수해가 있으니 이름은 '연화개부(蓮華開敷)'이고, 세계종의 이름은 '보살마니관장엄(菩薩摩尼冠莊嚴)'이시다.

⑷ 다음에 향수해가 있으니 이름은 '묘보의복(妙寶衣服)'이고, 세계종의 이름은 '정주륜(淨珠輪)'이시다.

⑸ 다음에 향수해가 있으니 이름은 '가애화변조(可愛華徧照)'이고, 세계종의 이름은 '백광운조요(百光雲照耀)'이시다.

⑹ 다음에 향수해가 있으니 이름은 '변허공대광명(徧虛空大光明)'이고, 세계종의 이름은 '보광보조(寶光普照)'이시다.

⑺ 다음에 향수해가 있으니 이름은 '묘화장엄당(妙華莊嚴幢)'이고, 세계종의 이름은 '금월안영락(金月眼瓔珞)'이시다.

⑻ 다음에 향수해가 있으니 이름은 '진주향해장(眞珠香海藏)'이

고, 세계종의 이름은 '불광명(佛光明)'이시다.

(9) 다음에 향수해가 있으니 이름은 '보륜광명(寶輪光明)'이고, 세계종의 이름은 '선화현불경계광명(善化現佛境界光明)'이시다.

이와 같이 말할 수 없는 티끌과 같이 셀 수 없이 무한한 제불국토 향수해가 있는데, 윤위산(輪圍山)에 가장 가까운 향수해의 이름은 '무변륜장엄저(無邊輪莊嚴底)'이고, 세계종의 이름은 '무량방차별(無量方差別)'인데, 온갖 국토의 갖가지 말하는 음성으로 체성을 삼았다.

이 가운데 가장 아래쪽에 세계가 있으니 이름은 '금강화개(金剛華蓋)'이며, 그곳에 계신 부처님의 명호는 '무진상광명보문음(無盡相光明普門音)'이시다.

그 위로 열 티끌과 같이 셀 수 없이 무한한 제불국토 세계를 지나서 금강당(金剛幢)세계와 가지런한 세계가 있으니 이름은 '출생보의당(出生寶衣幢)'이며, 그곳에 계신 부처님의 명호는 '복덕운대위세(福德雲大威勢)'이시다.

그 위로 사바세계와 가지런한 세계가 있으니 이름은 '중보구묘장엄(衆寶具妙莊嚴)'이며, 그곳에 계신 부처님의 명호는 '승혜해(勝慧海)'이시다.

이 세계종의 가장 위쪽에 세계가 있으니 이름은 '일광명의복당(日光明衣服幢)'이며, 그곳에 계신 부처님의 명호는 '지일연화운(智日蓮華雲)'이시다."

第四海
제4 향수해

經

諸佛子여 彼金剛焰光明香水海外에

次有香水海하니 名一切莊嚴具瑩飾幢이오 世界種은 名淸淨行莊嚴이며

次有香水海하니 名一切寶華光耀海오 世界種은 名功德相莊嚴이며

次有香水海하니 名蓮華開敷오 世界種은 名菩薩摩尼冠莊嚴이며

次有香水海하니 名妙寶衣服이오 世界種은 名淨珠輪이며

次有香水海하니 名可愛華徧照오 世界種은 名百光雲照耀며

次有香水海하니 名徧虛空大光明이오 世界種은 名寶光普照며

次有香水海하니 名妙華莊嚴幢이오 世界種은 名金月眼瓔珞이며

次有香水海하니 名眞珠香海藏이오 世界種은 名佛光明이며

次有香水海하니 名寶輪光明이오 世界種은 名善化現佛境界光明이라

如是等不可說佛刹微塵數香水海에 其最近輪圍山香水海는 名無邊輪莊嚴底오 世界種은 名無量方差別이니 以一

切國土種種言說音으로 爲體어든

此中最下方에 有世界하니 名金剛華蓋오 佛號는 無盡相光明普門音이시며

此上에 過十佛刹微塵數世界하야 有世界하니 與金剛幢世界로 齊等하니 名出生寶衣幢이오 佛號는 福德雲大威勢시며

此上에 與娑婆世界로 齊等하니 有世界하니 名衆寶具妙莊嚴이오 佛號는 勝慧海시며

於此世界種最上方에 有世界하니 名日光明衣服幢이오 佛號는 智日蓮華雲이시니라

"모든 불자들이여, 저 제청보(帝靑寶)장엄향수해 밖에

(1) 다음 향수해가 있으니 이름은 '아수라궁전(阿修羅宮殿)'이고, 세계종의 이름은 '향수광소지(香水光所持)'이시다.

(2) 다음에 향수해가 있으니 이름은 '보사자장엄(寶師子莊嚴)'이고, 세계종의 이름은 '변시시방일체보(徧示十方一切寶)'이시다.

(3) 다음에 향수해가 있으니 이름은 '궁전색광명운(宮殿色光明雲)'이고, 세계종의 이름은 '보륜묘장엄(寶輪妙莊嚴)'이시다.

(4) 다음에 향수해가 있으니 이름은 '출대련화(出大蓮華)'이고, 세계종의 이름은 '묘장엄변조법계(妙莊嚴徧照法界)'이시다.

(5) 다음에 향수해가 있으니 이름은 '등염묘안(燈焰妙眼)'이고, 세계종의 이름은 '변관찰시방변화(徧觀察十方變化)'이시다.

(6) 다음에 향수해가 있으니 이름은 '부사의장엄륜(不思議莊嚴輪)'이고, 세계종의 이름은 '시방광명보명칭(十方光明普名稱)'이시다.

⑺ 다음에 향수해가 있으니 이름은 '보적장엄(寶積莊嚴)'이고, 세계종의 이름은 '등광조요(燈光照耀)'이시다.

⑻ 다음에 향수해가 있으니 이름은 '청정보광명(淸淨寶光明)'이고, 세계종의 이름은 '수미무능위애풍(須彌無能爲礙風)'이시다.

⑼ 다음에 향수해가 있으니 이름은 '보의란순(寶衣欄楯)'이고, 세계종의 이름은 '여래신광명(如來身光明)'이시다.

이와 같이 말할 수 없는 티끌과 같이 셀 수 없이 무한한 제불국토 향수해가 있는데 윤위산(輪圍山)에 가장 가까운 향수해의 이름은 '수장엄당(樹莊嚴幢)'이고, 세계종의 이름은 '안주제망(安住帝網)'인데, 온갖 보살 지혜의 지위음성으로 체성을 삼았다.

이 가운데 가장 아래쪽에 세계가 있으니 이름은 '묘금색(妙金色)'이며, 그곳에 계신 부처님의 명호는 '향염승위광(香焰勝威光)'이시다.

그 위로 열 티끌과 같이 셀 수 없이 무한한 제불국토 세계를 지나서 금강당(金剛幢)세계와 가지런한 세계가 있으니 이름은 '마니수화(摩尼樹華)'이며, 그곳에 계신 부처님의 명호는 '무애보현(無礙普現)'이시다.

그 위로 사바세계와 가지런한 세계가 있으니 이름은 '비유리묘장엄(毘琉璃妙莊嚴)'이며, 그곳에 계신 부처님의 명호는 '법자재견고혜(法自在堅固慧)'이시다.

이 세계종의 가장 위쪽에 세계가 있으니 이름은 '범음묘장엄(梵音妙莊嚴)'이며, 그곳에 계신 부처님의 명호는 '연화개부광명왕(蓮華開敷光明王)'이시다."

第五海

제5 향수해

第五金剛輪莊嚴底香海所管은 但列九海오 而結文 及最近輪圍之海 九行許經은 諸梵本中에 皆同此闕이로되 準前後例컨대 此必定有니라

제5 금강륜장엄저향해가 관할하는 데에 9개의 향수해만을 열거했을 뿐, 끝맺는 문장과 윤위산에 가장 가까운 향수해에 관한 아홉 줄 정도의 경문은 모든 범본에 다 같이 누락되어 있다. 그러나 전후 문장의 예에 준하여 보면 여기에 반드시 있어야 한다.

經

諸佛子여 彼金剛輪莊嚴底香水海外에
次有香水海하니 名化現蓮華處오 世界種은 名國土平正이며
次有香水海하니 名摩尼光이오 世界種은 名徧法界無迷惑이며
次有香水海하니 名衆妙香日摩尼오 世界種은 名普現十方이며
次有香水海하니 名恒納寶流오 世界種은 名普行佛言音이며
次有香水海하니 名無邊深妙音이오 世界種은 名無邊方差別이며
次有香水海하니 名堅實積聚오 世界種은 名無量處差別이며
次有香水海하니 名淸淨梵音이오 世界種은 名普淸淨莊嚴이며
次有香水海하니 名栴檀欄楯音聲藏이오 世界種은 名迥出

幢이며

次有香水海하니 名妙香寶王光莊嚴이오 世界種은 名普現光明力이니라

"모든 불자들이여, 저 금강바퀴로 밑을 장엄한 향수해 밖에

⑴ 다음 향수해가 있으니 이름은 '화현련화처(化現蓮華處)'이고, 세계종의 이름은 '국토평정(國土平正)'이시다.

⑵ 다음에 향수해가 있으니 이름은 '마니광(摩尼光)'이고, 세계종의 이름은 '변법계무미혹(徧法界無迷惑)'이시다.

⑶ 다음에 향수해가 있으니 이름은 '중묘향일마니(衆妙香日摩尼)'이고, 세계종의 이름은 '보현시방(普現十方)'이시다.

⑷ 다음에 향수해가 있으니 이름은 '항납보류(恒納寶流)'이고, 세계종의 이름은 '보행불언음(普行佛言音)'이시다.

⑸ 다음에 향수해가 있으니 이름은 '무변심묘음(無邊深妙音)'이고, 세계종의 이름은 '무변방차별(無邊方差別)'이시다.

⑹ 다음에 향수해가 있으니 이름은 '견실적취(堅實積聚)'이고, 세계종의 이름은 '무량처차별(無量處差別)'이시다.

⑺ 다음에 향수해가 있으니 이름은 '청정범음(淸淨梵音)'이고, 세계종의 이름은 '보청정장엄(普淸淨莊嚴)'이시다.

⑻ 다음에 향수해가 있으니 이름은 '전단란순음성장(栴檀欄楯音聲藏)'이고, 세계종의 이름은 '형출당(迴出幢)'이시다.

⑼ 다음에 향수해가 있으니 이름은 '묘향보왕광장엄(妙香寶王光莊嚴)'이고, 세계종의 이름은 '보현광명력(普現光明力)'이시다."

一

第六海
제6 향수해

經

諸佛子여 彼蓮華因陀羅網香水海外에
次有香水海하니 名銀蓮華妙莊嚴이오 世界種은 名普徧行이며
次有香水海하니 名毘瑠璃竹密焰雲이오 世界種은 名普出十方音이며
次有香水海하니 名十方光焰聚오 世界種은 名恒出變化分布十方이며
次有香水海하니 名出現眞金摩尼幢이오 世界種은 名金剛幢相이며
次有香水海하니 名平等大莊嚴이오 世界種은 名法界勇猛旋이며
次有香水海하니 名寶華叢無盡光이오 世界種은 名無邊淨光明이며
次有香水海하니 名妙金幢이오 世界種은 名演說微密處며
次有香水海하니 名光影徧照오 世界種은 名普莊嚴이며
次有香水海하니 名寂音이오 世界種은 名現前垂布라
如是等不可說佛刹微塵數香水海에 其最近輪圍山香水海는 名密焰雲幢이오 世界種은 名一切光莊嚴이니 以一切

如來道場衆會音으로 爲體어든

於此最下方에 有世界하니 名淨眼莊嚴이오 佛號는 金剛月徧照十方이시며

此上에 過十佛刹微塵數世界하야 與金剛幢世界로 齊等하야 有世界하니 名蓮華德이오 佛號는 大精進善覺慧시며

此上에 與娑婆世界로 齊等하야 有世界하니 名金剛密莊嚴이오 佛號는 娑羅王幢이시며

此上에 過七佛刹微塵數世界하야 有世界하니 名淨海莊嚴이오 佛號는 威德絕倫無能制伏이시니라

"모든 불자들이여, 저 연화인다라망(蓮華因陀羅網)향수해 밖에

(1) 다음 향수해가 있으니 이름은 '은련화묘장엄(銀蓮華妙莊嚴)'이고, 세계종의 이름은 '보변행(普徧行)'이시다.

(2) 다음에 향수해가 있으니 이름은 '비유리죽밀염운(毘琉璃竹密焰雲)'이고, 세계종의 이름은 '보출시방음(普出十方音)'이시다.

(3) 다음에 향수해가 있으니 이름은 '시방광염취(十方光焰聚)'이고, 세계종의 이름은 '항출변화분포시방(恒出變化分布十方)'이시다.

(4) 다음에 향수해가 있으니 이름은 '출현진금마니당(出現眞金摩尼幢)'이고, 세계종의 이름은 '금강당상(金剛幢相)'이시다.

(5) 다음에 향수해가 있으니 이름은 '평등대장엄(平等大莊嚴)'이고, 세계종의 이름은 '법계용맹선(法界勇猛旋)'이시다.

(6) 다음에 향수해가 있으니 이름은 '보화총무진광(寶華叢無盡光)'이고 세계종의 이름은 '무변정광명(無邊淨光明)'이시다.

⑺ 다음에 향수해가 있으니 이름은 '묘금당(妙金幢)'이고, 세계종의 이름은 '연설미밀처(演說微密處)'이시다.

⑻ 다음에 향수해가 있으니 이름은 '광영변조(光影徧照)'이고, 세계종의 이름은 '보장엄(普莊嚴)'이시다.

⑼ 다음에 향수해가 있으니 이름은 '적음(寂音)'이고, 세계종의 이름은 '현전수포(現前垂布)'이시다.

이와 같이 말할 수 없는 티끌과 같이 셀 수 없이 무한한 제불국토 향수해가 있는데, 윤위산에 가장 가까운 향수해의 이름은 '밀염운당(密焰雲幢)'이고, 세계종의 이름은 '일체광장엄(一切光莊嚴)'인데, 온갖 여래의 도량에 모인 대중의 음성으로 체성을 삼았다.

여기에서 가장 아래쪽에 세계가 있으니 이름은 '정안장엄(淨眼莊嚴)'이며, 그곳에 계신 부처님의 명호는 '금강월변조시방(金剛月徧照十方)'이시다.

그 위로 열 티끌과 같이 셀 수 없이 무한한 제불국토 세계를 지나서 금강당(金剛幢)세계와 가지런한 세계가 있으니 이름은 '연화덕(蓮華德)'이며, 그곳에 계신 부처님의 명호는 '대정진선각혜(大精進善覺慧)'이시다.

그 위로 사바세계와 가지런한 세계가 있으니 이름은 '금강밀장엄(金剛密莊嚴)'이며, 그곳에 계신 부처님의 명호는 '사라왕당(娑羅王幢)'이시다.

그 위로 일곱 티끌과 같이 셀 수 없이 무한한 제불국토 세계를 지나서 세계가 있으니 이름은 '정해장엄(淨海莊嚴)'이며, 그곳에 계신 부처님의 명호는 '위덕절륜무능제복(威德絕倫無能制伏)'이시다."

第七海
제7 향수해

經

諸佛子여 彼積集寶香藏香水海外에
次有香水海하니 名一切寶光明徧照요 世界種은 名無垢稱莊嚴이며
次有香水海하니 名衆寶華開敷요 世界種은 名虛空相이며
次有香水海하니 名吉祥幄徧照요 世界種은 名無礙光普莊嚴이며
次有香水海하니 名栴檀樹華요 世界種은 名普現十方旋이며
次有香水海하니 名出生妙色寶요 世界種은 名勝幢周徧行이며
次有香水海하니 名普生金剛華요 世界種은 名現不思議莊嚴이며
次有香水海하니 名心王摩尼輪嚴飾이요 世界種은 名示現無礙佛光明이며
次有香水海하니 名積集寶瓔珞이요 世界種은 名淨除疑며
次有香水海하니 名眞珠輪普莊嚴이요 世界種은 名諸佛願所流라

如是等不可說佛刹微塵數香水海에 其最近輪圍山香水海는 名閻浮檀寶藏輪이오 世界種은 名普音幢이니 以入一切智門音聲으로 爲體어든

此中最下方에 有世界하니 名華蘂焰이오 佛號는 精進施시며 此上에 過十佛刹微塵數世界하야 與金剛幢世界로 齊等하야 有世界하니 名蓮華光明幢이오 佛號는 一切功德最勝心王이시며

此上에 過三佛刹微塵數世界하야 與娑婆世界로 齊等하야 有世界하니 名十力莊嚴이오 佛號는 善出現無量功德王이시며 於此世界種最上方에 有世界하니 名摩尼香山幢이오 佛號는 廣大善眼淨除疑시니라

"모든 불자들이여, 저 적집보향장(積集寶香藏)향수해 밖에

(1) 다음 향수해가 있으니 이름은 '일체보광명변조(一切寶光明徧照)'이고, 세계종의 이름은 '무구칭장엄(無垢稱莊嚴)'이시다.

(2) 다음에 향수해가 있으니 이름은 '중보화개부(衆寶華開敷)'이고, 세계종의 이름은 '허공상(虛空相)'이시다.

(3) 다음에 향수해가 있으니 이름은 '길상악변조(吉祥喔徧照)'이고, 세계종의 이름은 '무애광보장엄(無礙光普莊嚴)'이시다.

(4) 다음에 향수해가 있으니 이름은 '전단수화(栴檀樹華)'이고, 세계종의 이름은 '보현시방선(普現十方旋)'이시다.

(5) 다음에 향수해가 있으니 이름은 '출생묘색보(出生妙色寶)'이고, 세계종의 이름은 '승당주변행(勝幢周徧行)'이시다.

(6) 다음에 향수해가 있으니 이름은 '보생금강화(普生金剛華)'이고, 세계종의 이름은 '현부사의장엄(現不思議莊嚴)'이시다.

(7) 다음에 향수해가 있으니 이름은 '심왕마니륜엄식(心王摩尼輪嚴飾)'이고, 세계종의 이름은 '시현무애불광명(示現無礙佛光明)'이시다.

(8) 다음에 향수해가 있으니 이름은 '적집보영락(積集寶瓔珞)'이고, 세계종의 이름은 '정제의(淨除疑)'이시다.

(9) 다음에 향수해가 있으니 이름은 '진주륜보장엄(眞珠輪普莊嚴)'이고, 세계종의 이름은 '제불원소류(諸佛願所流)'이시다.

이와 같이 말할 수 없는 티끌과 같이 셀 수 없이 무한한 제불국토 향수해가 있는데, 윤위산과 가장 가까운 향수해의 이름은 '염부단보장륜(閻浮檀寶藏輪)'이고, 세계종의 이름은 '보음당(普音幢)'인데, 온갖 지혜문에 들어가는 음성으로 체성을 삼았다.

이 가운데 가장 아래쪽에 세계가 있으니 이름은 '화예염(華蘂焰)'이며, 그곳에 계신 부처님의 명호는 '정진시(精進施)'이시다.

그 위로 열 티끌과 같이 셀 수 없이 무한한 제불국토 세계를 지나서 금강당(金剛幢)세계와 가지런한 세계가 있으니 이름은 '연화광명당(蓮華光明幢)'이며, 그곳에 계신 부처님의 명호는 '일체공덕최승심왕(一切功德最勝心王)'이시다.

그 위로 세 티끌과 같이 셀 수 없이 무한한 제불국토 세계를 지나서 사바세계와 가지런한 세계가 있으니 이름은 '십력장엄(十力莊嚴)'이며, 그곳에 계신 부처님의 명호는 '선출현무량공덕왕(善出現無量功德王)'이시다.

이 세계종에서 가장 위쪽에 세계가 있으니 이름은 '마니향산당(摩尼香山幢)'이며, 그곳에 계신 부처님의 명호는 '광대선안정제의(廣大善眼淨除疑)'이시다."

第八海
제8 향수해

經

諸佛子여 彼寶莊嚴香水海外에

次有香水海하니 名持須彌光明藏이오 世界種은 名出生廣大雲이며

次有香水海하니 名種種莊嚴大威力境界오 世界種은 名無礙淨莊嚴이며

次有香水海하니 名密布寶蓮華오 世界種은 名最勝燈莊嚴이며

次有香水海하니 名依止一切寶莊嚴이오 世界種은 名日光明網藏이며

次有香水海하니 名衆多嚴淨이오 世界種은 名寶華依處며

次有香水海하니 名極聰慧行이오 世界種은 名最勝形莊嚴이며

次有香水海하니 名持妙摩尼峯이오 世界種은 名普淨虛空藏이며

次有香水海하니 名大光徧照오 世界種은 名帝靑炬光明이며
次有香水海하니 名可愛摩尼珠充滿徧照오 世界種은 名普
吼聲이라

如是等不可說佛刹微塵數香水海에 其最近輪圍山香水
海는 名出帝靑寶오 世界種은 名周徧無差別이니 以一切菩
薩震吼聲으로 爲體어든

此中最下方에 有世界하니 名妙勝藏이오 佛號는 最勝功德
慧시며

此上에 過十佛刹微塵數世界하야 與金剛幢世界로 齊等하
야 有世界하니 名莊嚴相이오 佛號는 超勝大光明이시며

此上에 與娑婆世界로 齊等하야 有世界하니 名瑠璃輪普莊
嚴이오 佛號는 須彌燈이시며

於此世界種最上方에 有世界하니 名華幢海오 佛號는 無盡
變化妙慧雲이시니라

"모든 불자들이여, 저 보배장엄향수해 밖에

(1) 다음 향수해가 있으니 이름은 '지수미광명장(持須彌光明藏)'이
고, 세계종의 이름은 '출생광대운(出生廣大雲)'이시다.

(2) 다음에 향수해가 있으니 이름은 '종종장엄대위력경계(種種莊
嚴大威力境界)'이고, 세계종의 이름은 '무애정장엄(無礙淨莊嚴)'이시다.

(3) 다음에 향수해가 있으니 이름은 '밀포보련화(密布寶蓮華)'이
고, 세계종의 이름은 '최승등장엄(最勝燈莊嚴)'이시다.

(4) 다음에 향수해가 있으니 이름은 '의지일체보장엄(依止一切寶

莊嚴)'이고, 세계종의 이름은 '일광명망장(日光明網藏)'이시다.

⑸ 다음에 향수해가 있으니 이름은 '중다엄정(衆多嚴淨)'이고, 세계종의 이름은 '보화의처(寶華依處)'이시다.

⑹ 다음에 향수해가 있으니 이름은 '극총혜행(極聰慧行)'이고, 세계종의 이름은 '최승형장엄(最勝形莊嚴)'이시다.

⑺ 다음에 향수해가 있으니 이름은 '지묘마니봉(持妙摩尼峰)'이고, 세계종의 이름은 '보정허공장(普淨虛空藏)'이시다.

⑻ 다음에 향수해가 있으니 이름은 '대광변조(大光徧照)'이고, 세계종의 이름은 '제청거광명(帝靑炬光明)'이시다.

⑼ 다음에 향수해가 있으니 이름은 '가애마니주충만변조(可愛摩尼珠充滿徧照)'이고, 세계종의 이름은 '보후성(普吼聲)'이시다.

이와 같이 말할 수 없는 티끌과 같이 셀 수 없이 무한한 제불국토 향수해가 있는데, 윤위산과 가장 가까운 향수해의 이름은 '출제청보(出帝靑寶)'이고, 세계종의 이름은 '주변무차별(周徧無差別)'인데, 온갖 보살의 우렁찬 소리로 체성을 삼았다.

이 가운데 가장 아래쪽에 세계가 있으니 이름은 '묘승장(妙勝藏)'이며, 그곳에 계신 부처님의 명호는 '최승공덕혜(最勝功德慧)'이시다.

그 위로 열 티끌과 같이 셀 수 없이 무한한 제불국토 세계를 지나서 금강당(金剛幢)세계와 가지런한 세계가 있으니 이름은 '장엄상(莊嚴相)'이며, 그곳에 계신 부처님의 명호는 '초승대광명(超勝大光明)'이시다.

그 위로 사바세계와 가지런한 세계가 있으니 이름은 '유리륜보장엄(琉璃輪普莊嚴)'이며, 그곳에 계신 부처님의 명호는 '수미등(須彌燈)'이시다.

이 세계종에서 가장 위쪽에 세계가 있으니 이름은 '화당해(華幢海)'이며, 그곳에 계신 부처님의 명호는 '무진변화묘혜운(無盡變化妙慧雲)'이시다."

第九海

제9 향수해

經

諸佛子여 彼金剛寶聚香水海外에
次有香水海하니 名崇飾寶埤堄오 世界種은 名秀出寶幢이며
次有香水海하니 名寶幢莊嚴이오 世界種은 名現一切光明이며
次有香水海하니 名妙寶雲이오 世界種은 名一切寶莊嚴光明徧照며
次有香水海하니 名寶樹華莊嚴이오 世界種은 名妙華間飾이며
次有香水海하니 名妙寶衣莊嚴이오 世界種은 名光明海며
次有香水海하니 名寶樹峯이오 世界種은 名寶焰雲이며
次有香水海하니 名示現光明이오 世界種은 名入金剛無所礙며
次有香水海하니 名蓮華普莊嚴이오 世界種은 名無邊岸海淵이며

次有香水海하니 名妙寶莊嚴이오 世界種은 名普示現國土藏이라

如是等不可說佛刹微塵數香水海에 其最近輪圍山香水海는 名不可壞海오 世界種은 名妙輪間錯蓮華場이니 以一切佛力所出音으로 爲體어든

此中最下方에 有世界하니 名最妙香이오 佛號는 變化無量塵數光이시며

此上에 過十佛刹微塵數世界하야 與金剛幢世界로 齊等하야 有世界하니 名不思議差別莊嚴門이오 佛號는 無量智시며

此上에 與娑婆世界로 齊等하야 有世界하니 名十方光明妙華藏이오 佛號는 師子眼光焰雲이시며

於此最上方에 有世界하니 名海音聲이오 佛號는 水天光焰門이시니라

"모든 불자들이여, 저 금강보배덩이향수해 밖에

(1) 다음 향수해가 있으니 이름은 '숭식보비예(崇飾寶埤堄)'이고, 세계종의 이름은 '수출보당(秀出寶幢)'이시다.

(2) 다음에 향수해가 있으니 이름은 '보당장엄(寶幢莊嚴)'이고, 세계종의 이름은 '현일체광명(現一切光明)'이시다.

(3) 다음에 향수해가 있으니 이름은 '묘보운(妙寶雲)'이고, 세계종의 이름은 '일체보장엄광명변조(一切寶莊嚴光明徧照)'이시다.

(4) 다음에 향수해가 있으니 이름은 '보수화장엄(寶樹華莊嚴)'이고, 세계종의 이름은 '묘화간식(妙華間飾)'이시다.

⑸ 다음에 향수해가 있으니 이름은 '묘보의장엄(妙寶衣莊嚴)'이고, 세계종의 이름은 '광명해(光明海)'이시다.

⑹ 다음에 향수해가 있으니 이름은 '보수봉(寶樹峰)'이고, 세계종의 이름은 '보염운(寶焰雲)'이시다.

⑺ 다음에 향수해가 있으니 이름은 '시현광명(示現光明)'이고, 세계종의 이름은 '입금강무소애(入金剛無所礙)'이시다.

⑻ 다음에 향수해가 있으니 이름은 '연화보장엄(蓮華寶莊嚴)'이고, 세계종의 이름은 '무변안해연(無邊岸海淵)'이시다.

⑼ 다음에 향수해가 있으니 이름은 '묘보장엄(妙寶莊嚴)'이고, 세계종의 이름은 '보시현국토장(普示現國土藏)'이시다.

이와 같이 말할 수 없는 티끌과 같이 셀 수 없이 무한한 제불국토 향수해가 있는데, 윤위산과 가장 가까운 향수해의 이름은 '불가괴해(不可壞海)'이고, 세계종의 이름은 '묘륜간착연화장(妙輪間錯蓮華場)'인데, 온갖 부처님 힘에서 나오는 소리로 체성을 삼았다

이 가운데 가장 아래쪽에 세계가 있으니 이름은 '최묘향(最妙香)'이며, 그곳에 계신 부처님의 명호는 '변화무량진수광(變化無量塵數光)'이시다.

그 위로 열 티끌과 같이 셀 수 없이 무한한 제불국토 세계를 지나서 금강당(金剛幢)세계와 가지런한 세계가 있으니 이름은 '부사의차별장엄문(不思議差別莊嚴門)'이며, 그곳에 계신 부처님의 명호는 '무량지(無量智)'이시다.

그 위로 사바세계와 가지런한 세계가 있으니 이름은 '시방광명

묘화장(十方光明妙華藏)'이며, 그곳에 계신 부처님의 명호는 '사자안광염운(師子眼光焰雲)'이시다.

여기에서 가장 위쪽에 세계가 있으니 이름은 '해음성(海音聲)'이며, 그곳에 계신 부처님의 명호는 '수천광염문(水天光焰門)'이시다."

第十海
제10 향수해

經

諸佛子여 彼天城寶堞香水海外에
次有香水海하니 名焰輪赫奕光이오 世界種은 名不可說種種莊嚴이며
次有香水海하니 名寶塵路오 世界種은 名普入無量旋이며
次有香水海하니 名具一切莊嚴이오 世界種은 名寶光徧照며
次有香水海하니 名布衆寶網이오 世界種은 名安布深密이며
次有香水海하니 名妙寶莊嚴幢이오 世界種은 名世界海明了音이며
次有香水海하니 名日宮淸淨影이오 世界種은 名徧入因陀羅網이며
次有香水海하니 名一切鼓樂美妙音이오 世界種은 名圓滿平正이며

次有香水海하니 名種種妙莊嚴이오 世界種은 名淨密光焰雲이며

次有香水海하니 名周徧寶焰燈이오 世界種은 名隨佛本願種種形이라

如是等不可說佛刹微塵數香水海에 其最近輪圍山香水海는 名積集瓔珞衣오 世界種은 名化現妙衣니 以三世一切佛音聲으로 爲體어든

此中最下方에 有香水海하니 名因陀羅華藏이오 世界는 名發生歡喜라 佛刹微塵數世界 圍繞하야 純一淸淨하니 佛號는 堅悟智시며

"모든 불자들이여, 저 하늘성보배성가퀴향수해 밖에

(1) 다음 향수해가 있으니 이름은 '염륜혁혁광(焰輪赫奕光)'이고, 세계종의 이름은 '불가설종종장엄(不可說種種莊嚴)'이시다.

(2) 다음에 향수해가 있으니 이름은 '보진로(寶塵路)'이고, 세계종의 이름은 '보입무량선(普入無量旋)'이시다.

(3) 다음에 향수해가 있으니 이름은 '구일체장엄(具一切莊嚴)'이고, 세계종의 이름은 '보광변조(寶光徧照)'이시다.

(4) 다음에 향수해가 있으니 이름은 '포중보망(布衆寶網)'이고, 세계종의 이름은 '안포심밀(安布深密)'이시다.

(5) 다음에 향수해가 있으니 이름은 '묘보장엄당(妙寶莊嚴幢)'이고, 세계종의 이름은 '세계해명료음(世界海明了音)'이시다.

(6) 다음에 향수해가 있으니 이름은 '일궁청정영(日宮淸淨影)'이고

세계종의 이름은 '변입인다라망(徧入因陀羅網)'이시다.

⑺ 다음에 향수해가 있으니 이름은 '일체고악미묘음(一切鼓樂美妙音)'이고, 세계종의 이름은 '원만평정(圓滿平正)'이시다.

⑻ 다음에 향수해가 있으니 이름은 '종종묘장엄(種種妙莊嚴)'이고, 세계종의 이름은 '정밀광염운(淨密光焰雲)'이시다.

⑼ 다음에 향수해가 있으니 이름은 '주변보염등(周徧寶焰燈)'이고, 세계종의 이름은 '수불본원종종형(隨佛本願種種形)'이시다.

이와 같이 말할 수 없는 티끌과 같이 셀 수 없이 무한한 제불국토 세계가 있는데, 윤위산과 가장 가까운 향수해의 이름은 '적집영락의(積集瓔珞衣)'이고, 세계종의 이름은 '화현묘의(化現妙衣)'인데, 삼세의 모든 부처님 음성으로 체성을 삼았다.

이 가운데 가장 아래쪽에 향수해가 있으니 이름은 '인다라화장(因陀羅華藏)'이고, 세계종의 이름은 '발생환희(發生歡喜)'인데, 티끌과 같이 셀 수 없이 무한한 제불국토 세계가 둘러싸서 순일하게 청정한데, 그곳에 계신 부처님의 명호는 '견오지(堅悟智)'이시다.

● **疏** ●

有香水海名因陀羅華藏者는 從香字至藏字 並長이니 由前已說香水海故로 前諸海中에 無此例故니라 縱依海無過나 在文不便이라 前第一海所管中에 九海闕一하고 今此長者는 多是梵本脫漏며 彼**(後)**人注之일세 誤書相似貝葉耳니 餘並可知니라 十海次第는 但觀次前疏文일세 不俟重擧니라

"가장 아래쪽에 향수해가 있으니 이름은 인다라화장이다."에서 '香' 자로부터 '藏' 자에 이르기까지 아울러 문장의 호흡이 길다. 앞에서 이미 향수해를 말한 까닭에 앞에서 모든 향수해에는 이런 전례가 없기 때문이다. 비록 향수해를 의지함에 있어 잘못된 부분이 없으나 문맥에 있어서는 불편하다.

앞의 제1 향수해가 관할하는 9개의 향수해 가운데 하나의 향수해가 빠진 바 있는데, 여기에서 긴 문장으로 쓴 것은 대부분 범본의 오탈자 때문이다. 후세의 사람들이 이에 대해 주를 붙이면서 범본처럼 잘못 기록하기에 이른 것이다. 나머지는 모두 말하지 않아도 알 수 있다. 10개 향수해의 차례는 다만 제2 향수해에 관한 청량 疏를 보면 되기에 거듭 열거할 필요가 없다.

經

此上에 過十佛刹微塵數世界하야 與金剛幢世界로 齊等하야 有世界하니 名寶網莊嚴이라 十佛刹微塵數世界 圍繞하야 純一淸淨하니 佛號는 無量歡喜光이시며
此上에 過三佛刹微塵數世界하야 與娑婆世界로 齊等하야 有世界하니 名寶蓮華師子座라 十三佛刹微塵數世界 圍繞하니 佛號는 最淸淨不空聞이시며
此上에 過七佛刹微塵數世界하야 至此世界種最上方하야 有世界하니 名寶色龍光明이라 二十佛刹微塵數世界 圍繞하야 純一淸淨하니 佛號는 徧法界普照明이시니라

그 위로 열 티끌과 같이 셀 수 없이 무한한 제불국토 세계를 지나서 금강당(金剛幢)세계와 가지런한 세계가 있으니 이름이 '보망장엄(寶網莊嚴)'이고, 열 티끌과 같이 셀 수 없이 무한한 제불국토 세계가 둘러싸서 순일하게 청정한데, 그곳에 계신 부처님의 명호는 '무량환희광(無量歡喜光)'이시다.

그 위로 세 티끌과 같이 셀 수 없이 무한한 제불국토 세계를 지나서 사바세계와 가지런한 세계가 있으니 이름이 '보련화사자좌(寶蓮華師子座)'이고, 열셋 티끌과 같이 셀 수 없이 무한한 제불국토 세계가 둘러쌌는데, 부처님 명호는 '최청정불공문(最淸淨不空聞)'이시다.

그 위로 일곱 티끌과 같이 셀 수 없이 무한한 제불국토 세계를 지나서 이 세계종의 가장 위쪽에 세계가 있으니 이름은 '보색용광명(寶色龍光明)'이고, 스무 티끌과 같이 셀 수 없이 무한한 제불국토 세계가 둘러싸서 순일하게 청정한데, 그곳에 계신 부처님의 명호는 '변법계보조명(徧法界普照明)'이시다.

第三總畧結釋

셋째, 총괄하여 해석을 간단하게 끝맺다

經
諸佛子여 如是十不可說佛刹微塵數香水海中에 有十不可說佛刹微塵數世界種이 皆依現一切菩薩形摩尼王幢莊嚴

蓮華住하야 各各莊嚴際 無有間斷이며 各各放寶色光明이며 各各光明雲으로 而覆其上이며 各各莊嚴具며 各各劫差別이며 各各佛出現이며 各各演法海며 各各衆生이 徧充滿이며 各各十方이 普趣入이며 各各一切佛의 神力所加持니 此一一世界種中에 一切世界 依種種莊嚴住호대 遞相接連하야 成世界網하야 於華藏莊嚴世界海에 種種差別로 周徧建立하니라

"모든 불자들이여, 이러한 열 불가설(不可說) 티끌과 같이 셀 수 없이 무한한 제불국토 향수해 가운데 열 불가설 티끌과 같이 셀 수 없이 무한한 제불국토 세계종이 있으니, 모두 온갖 보살의 형상을 나타내는 마니왕깃대장엄연꽃을 의지하여 머물며, 각각 장엄한 변제의 사이가 끊어지지 않았으며 각각 보배빛광명을 놓으며, 각각 광명구름이 그 위에 덮였으며 각각 장엄거리며, 각각 겁의 차별이며 각각 부처님이 출현하며, 각각 법해(法海)를 연설하며 각각 중생들이 두루 가득하며, 각각 시방에 널리 나아가며 각각 온갖 부처님의 신력을 지니었다.

이 낱낱의 세계종 가운데에 온갖 세계가 갖가지 장엄을 의지하여 머물면서 번갈아 서로 연결되어 세계그물을 이루어 화장장엄(華藏莊嚴)세계바다에 갖가지 차별로 두루 건립되었다."

◉ 疏 ◉

文分爲五니 一總結都數니 謂一海各管一不可說이라 十海 卽有十

不可說이니 一海一種일세 是以數同이니라

二皆依下는 結種海所依니 謂卽是前能持刹海本大蓮華니 彼各種種光明蘂香幢이어늘 今此乃云現菩薩形等者는 是此一華 隨義異名하야 有此用故일세니라 與前最中海底名同하니 以中間海底는 卽此大華之體라 中受總稱일세 故取大華體名이어나 或是譯者之誤니라

三各各下는 結種異門이니 此與前釋刹種章과 及世界成就中十으로 相參大同이라

四此一一下는 結種中之刹이니 言成世界網者는 一一世界 猶如網孔하야 遞相接連이 如以網持며 橫豎交絡하야 皆悉相當이 如天珠網이라

五於華藏下는 結歸華藏이니 卽建立之處라

上來雙釋二章長行 竟하다

　　본 경문은 5단락으로 나뉜다.

　⑴ 모든 숫자를 총괄하여 끝맺음이다. 하나의 향수해에는 각각 하나의 말할 수 없는 무한한 세계를 관할하고 있다. 따라서 10개의 향수해는 곧 10개의 말할 수 없는 무한한 세계를 관할하고 있다. 하나의 향수해에는 하나의 세계종자가 있기에 이 때문에 그 수가 이와 똑같음을 말한다.

　⑵ '皆依' 이하는 세계종자와 의지하고 있는 향수해를 끝맺음이다. 곧 이는 앞의 경문에서 세계바다를 유지하는 주체로서의 본래 큰 연꽃을 말한다. 그 큰 연꽃에 대해서 가지가지의 광명·꽃술·향기깃발의 이름을 붙였는데, 여기에서 "보살의 형상을 나타내다." 등을 말한 것은 하나의 연꽃을 가지고서 그 의의에 따라 그 이름을

달리하면서 이런 작용이 있기 때문이다. 앞의 가장 중앙에 있는 향수해의 바다 이름과 똑같다. 가장 중앙에 있는 향수해의 바다은 곧 큰 연꽃의 본체이다. 가장 중앙은 이런 총체의 명칭을 받아 마땅하기에 큰 연꽃의 본체 이름을 취한 것이거나, 아니면 이는 번역자의 오류이다.

(3) '各各' 이하의 경문은 갖가지 다른 부분을 끝맺음이다. 이는 앞에서 해석한 '세계종자에 관한 글'과 세계성취 가운데 10가지와 서로 함께한 것으로 크게는 같다.

(4) '此一一' 이하의 경문은 가지가지 속에 존재하는 세계를 끝맺음이다. "세계그물을 이뤘다."고 말한 것은 하나하나의 세계가 마치 그물코처럼 서로서로 연결되어 있어 마치 그물이 서로 유지하는 것과 같다. 종횡으로 서로 연이어져 모두 서로 걸맞음이 마치 하늘의 구슬그물과도 같다.

(5) '於華藏' 이하의 경문은 화장세계를 끝맺음이다. 그것은 곧 건립해주는 곳이다.

위의 경문에서 2장을 모두 해석한 산문의 장항은 여기에서 끝마치다.

第二重頌
 (2) 다시 게송하다

爾時에 普賢菩薩이 欲重宣其義하사 承佛威力하고 而說頌言하사대

그때 보현보살이 그 뜻을 거듭 말하고자 부처님의 헤아릴 수 없는 영묘하고도 불가사의한 힘을 받들어 게송을 설하였다.

제1게송: 明華藏自體

華藏世界海여　　　　法界等無別이라
莊嚴極淸淨하야　　　安住於虛空이로다

　화장세계바다여
　법계와 같아 차별이 없고
　장엄은 지극히 청정하여
　허공에 안주하였네

● 疏 ●

總有一百一偈니 分二니 初一은 明華藏自體니라
初句는 標名이오 次句는 不壞分量이니 卽同眞性이오 次句는 具德莊嚴이오 末句는 無礙安住니라

　모두 101수의 게송이다. 2단락으로 나뉜다.
　제1단락은 화장의 자체를 밝힘이다.
　제1구는 명제를 내세움이며, 제2구는 무너지지 않는 분량이니 곧 진성과 같다. 제3구는 구족한 덕의 장엄이며, 끝구는 걸림이 없

는 안주이다.

經

제2게송: 頌能持刹種(參而不雜)

此世界海中에　　　**刹種難思議**로대
一一皆自在하야　　**各各無雜亂**이로다

이 세계바다 가운데
세계종자 불가사의이나
하나하나 모두 자재하여
각각 섞이거나 어지러움이 없네

◉ 疏 ◉

餘一百偈는 頌所持刹網이라 於中二니 初九는 頌能持刹種이오 餘頌은 所持諸刹이라 初中 初一은 頌參而不雜

　나머지 1백 게송은 의지하는 대상으로서의 세계그물을 읊은 것이다. 여기는 다시 2부분으로 나뉜다. 처음 9게송은 의지하는 주체로서의 세계종자를 읊었고, 그 밖의 나머지는 의지하는 대상으로서의 모든 세계를 읊은 것이다.
　처음 9게송 가운데 첫 번째, 제2게송은 함께하면서도 뒤섞이지 않음을 읊은 것이다.

經

제3게송: 頌能持刹種(安布行列)

華藏世界海에　　　　刹種善安布라
殊形異莊嚴이여　　　種種相不同이로다

　　화장세계바다에
　　세계종자 잘 펼쳐 있어
　　각기 다른 형상, 다른 장엄이여
　　가지가지 똑같지 않네

● **疏** ●

次一은 安布行列이라

　　다음 본 게송은 펼쳐 있는 항렬에 대해 읊은 것이다.

經

제4게송: 頌能持刹種(刹種體嚴)

諸佛變化音으로　　　種種爲其體어든
隨其業力見하니　　　刹種妙嚴飾이로다

　　모든 부처님 변화 음성으로
　　갖가지 체성 삼았는데
　　그 업력 따라서 보니
　　세계종자 미묘하게 장엄하였네

◉ 疏 ◉

次一은 刹種體嚴이라

다음 본 게송은 세계종자의 체성과 장엄에 대해 읊은 것이다.

經

제5게송: 頌能持刹種(辯形相)

須彌山城網과　　　水旋輪圓形과
廣大蓮華開하야　　彼彼互圍繞로다

　　수미산성의 그물

　　물이 소용돌이치는 둥근 모양

　　넓고도 큰 연꽃 피어

　　서로서로 둘러쌌네

제6게송: 頌能持刹種(辯形相)

山幢樓閣形과　　　旋轉金剛形이여
如是不思議　　　　廣大諸刹種이로다

　　산깃대와 누각의 형상

　　둘러 있는 금강의 형상이여

　　이와 같이 불가사의여

　　광대한 모든 세계종자

● 疏 ●

次二는 辯形이라

다음 제5, 6의 두 게송은 형상에 대해 읊은 것이다.

經

제7게송: 頌能持刹種(依住)

大海眞珠焰이여　　光網不思議라
如是諸刹種이　　　悉在蓮華住로다

　　큰 바다의 진주불꽃이여
　　광명그물 불가사의여라
　　이러한 모든 세계종자가
　　모두 연꽃 위에 있네

● 疏 ●

次一은 依住라

다음 제7게송은 의주에 대해 읊은 것이다.

經

제8게송: 頌能持刹種(方所·趣入)

一一諸刹種에　　　光網不可說이니
光中現衆刹하야　　普徧十方海로다

　　하나하나 모든 세계종자에

광명그물 말할 수 없다
광명 속에 수많은 세계 나타내어
시방세계 두루 비추네

제9게송: 頌能持刹種(方所·趣入)

一切諸刹種의　　　　所有莊嚴具에
國土悉入中하야　　　普見無有盡이로다

온갖 모든 세계종자
소유한 장엄 도구에
국토가 모두 그 속에 들어가
다함없이 널리 볼 수 있네

◉ 疏 ◉

次二는 方所·趣入이라
　다음 제8, 9의 두 게송은 방소와 들어가는 곳에 대해 읊은 것이다.

經

제10게송: 頌能持刹種(佛力加持)

刹種不思議라　　　　世界無邊際하니
種種妙嚴好가　　　　皆由大仙力이로다

모든 세계종자 불가사의여
세계도 끝이 없으니

갖가지 미묘한 장엄

모두 부처님의 힘 때문일세

◉ 疏 ◉

後一은 佛力加持라

뒤의 본 게송은 부처님이 가호해주신 힘에 대해 읊은 것이다.

經

제11게송: 標章(제3, 4구 喩顯)

一切刹種中에　　　　　**世界不思議**라

모든 세계종자 가운데

세계는 불가사의하다

◉ 疏 ◉

第二는 頌種所持刹이라 九十一偈는 多頌結文이로되 但一二不同하니 謂體及形이오 餘皆同也니라

大分은 十段이라

第一에 有二十八頌은 明刹異由因緣이니 卽結中에 各各衆生偏充滿과 下云種種衆生居故와 及各各佛力所加持니 至文當見이라

第二에 有二頌은 顯刹微細니 卽結中各各普趣入이오

第三 十頌은 明世界體性이니 結文卽無나 義見前經이오

第四 五頌은 明世界各各莊嚴具오

第五, 五頌은 明各各莊嚴際無間斷이니 此二는 如結名이오

第六에 有十頌은 明世界形狀이니 義見上文이오

第七 二頌은 明各各劫差別이오

第八에 有八偈는 明各各佛出現이니 此二도 亦如結名이오

第九에 有十頌은 光明有無니 卽各各放寶光明과 及各各光明雲覆오

第十에 有十一頌은 明音聲善惡이니 卽各各演法海니라

今初爲二니 初半偈는 標章이니 種種多端일세 故曰難思'라하다

    제2단락은 세계종자가 지닌 세계에 대해 읊은 것이다. 91수의 게송은 대부분 끝맺음에 관하여 읊은 것이지만 다만 한두 가지는 똑같지 않다. 그것은 체성과 형상을 말하고, 나머지는 모두 같다.

    다시 크게 10단락으로 나뉜다.

    제1의 28수(제11~38게송)는 세계가 각기 다름이란 인연에 의함을 밝힌 것이다. 곧 끝맺은 문장에 '각기 다른 중생이 두루 충만'함과 아래의 경문에서 '가지가지의 중생이 거처하는 이유' 및 '각각 부처님의 힘으로 가피 입은 바'를 밝히고 있는바, 해당의 문장에서 이러한 점을 볼 수 있다.

    제2의 2수(제39~40게송)는 세계의 미세함을 밝힌 것이다. 이는 곧 끝맺은 글에 각각 널리 들어감을 말한다.

    제3의 10수(제41~50게송)는 세계의 체성을 밝힌 것이다. 끝맺은 글에는 언급이 없으나 그 의의는 앞의 경문에 나타나 있다.

    제4의 5수(제51~55게송)는 세계마다 각각 장엄이 구족함을 밝혔다.

제5의 5수(제56~60게송)는 각각 장엄의 가장자리가 간단이 없음을 밝힌 것이다. 제4, 제5의 2단락은 명호를 끝맺음과 같다.

제6의 10수(제61~70게송)는 세계의 형상을 밝힌 것이다. 그 뜻은 위의 경문에 나타나 있다.

제7의 2수(제71~72게송)는 각각 겁의 차별을 밝힌 것이다.

제8의 8수(제73~80게송)는 각각 부처님의 출현을 밝힌 것이다. 제7, 제8의 2단락 또한 명호를 끝맺음과 같다.

제9의 10수(제81~90게송)는 광명이 있고 없는 것을 밝힌 것이다. 이는 각각 보배광명을 쏟아놓음과 각각 광명의 구름이 위를 뒤덮음이다.

제10의 11수(제91~101게송)는 음성의 선악을 밝힌 것이다. 이는 각각 법해를 연설함이다.

이의 첫 게송은 2부분으로 나뉜다. 본 게송의 제1, 2구는 나타냄이니 갖가지 실마리가 많기에 '불가사의'하다고 말한 것이다.

或成或有壞며 　　　或有已壞滅이로다

혹은 이루어지고 혹은 무너지며

혹은 이미 무너져 없다

제12게송: 1. 刹異刹由因緣(後9偈 喻顯. 1偈)

譬如林中葉이 　　　有生亦有落인달하야

如是刹種中에　　　　　　世界有成壞로다

　　마치 숲 속의 나뭇잎이
　　새싹이 돋고 떨어지기도 하듯이
　　이처럼 세계종자 가운데
　　세계가 이뤄지고 무너지는 법

　　제13게송: 1. 刹異由因緣(2. 喩顯)

譬如依樹林하야　　　　　　種種果差別인달하야
如是依刹種하야　　　　　　種種衆生住로다

　　마치 나무숲에 의지하여
　　갖가지 열매 있듯이
　　이처럼 세계종자 의지하여
　　가지가지 중생이 머문다

　　제14게송: 1. 刹異由因緣(3. 喩顯)

譬如種子別에　　　　　　　生果各殊異인달하야
業力差別故로　　　　　　　衆生刹不同이로다

　　마치 종자가 다르기에
　　열리는 열매 각각 다른 것처럼
　　업력의 차별 때문에
　　중생의 세계도 똑같지 않네

◉ 疏 ◉

餘偈는 廣釋難思之相이라 於中分二니 前九偈半은 喻顯이오 後十八偈는 法說이라

前中分三이니 初三偈半은 明由染因하야 刹有成壞니

初一偈半은 明種則長時로되 刹有成壞오 次一偈는 刹種雖一이나 居刹有殊오 後偈는 結歸業種이라

나머지 게송은 불가사의의 형상을 자세히 해석하였다. 이는 다시 2부분으로 나뉜다. 앞의 9수 반의 게송(제11수의 후반~20게송)은 비유로 그 뜻을 밝혔고, 뒤의 18수(제21~38게송)는 법설이다.

앞의 9수 반의 게송은 다시 3부분으로 나뉜다. 제11수의 후반~제14게송은 오염된 원인에 의하여 세계가 이뤄지고 무너짐을 밝힌 것이다.

처음 제11게송의 후반과 제12게송은 세계종자는 장시간 변함이 없으나 세계가 이뤄지고 무너짐을 밝혔고, 다음 제13게송은 세계종자는 하나라 하지만 세계의 거처에는 차이가 있다는 점을 말하였고, 제14게송은 업의 종자로 끝맺어 귀결 지었다.

◼ 經

　　제15게송: 1. 刹異由因緣(4. 喻顯)

譬如心王寶가　　　　隨心見衆色인달하야
衆生心淨故로　　　　得見淸淨刹이로다
　마치 심왕보배가

마음 따라 여러 가지 빛을 보듯이
중생의 마음이 청정한 까닭에
청정한 세계 볼 수 있네

제16게송: 1. 刹異由因緣(5. 喻顯)

譬如大龍王이   **興雲徧虛空**인달하야
如是佛願力으로   **出生諸國土**로다

마치 대용왕이
구름을 일으켜 허공에 두루 하듯이
이처럼 부처님의 원력으로
모든 국토에 나오시네

제17게송: 1. 刹異由因緣(6. 喻顯)

如幻師呪術로   **能現種種事**인달하야
衆生業力故로   **國土不思議**로다

마치 마술사가 주술로써
갖가지 일을 나타내듯이
중생들의 업력 때문에
국토가 불가사의하다

◉ 疏 ◉

次有三偈는 明由淨因이니 一은 淨心因이오 二는 佛願이니 通因緣이오

後一은 明淨業因이라

다음 제15~17게송은 청정한 원인에 의함을 밝힌 것이다.

제15게송은 청정한 마음의 원인이며, 제16게송은 부처님의 원력이니 인연에 통하고, 제17게송은 정업의 원인을 밝힘이다.

經

제18게송: 1. 刹異由因緣(7. 喻顯)

譬如衆績像이   畵師之所作인달하야
如是一切刹이   心畵師所成이로다

마치 여러 가지 그림을
화가가 그려내듯이
이처럼 온갖 세계를
마음의 화가가 그려낸다

제19게송: 1. 刹異由因緣(8. 喻顯)

衆生身各異가   隨心分別起니
如是刹種種이   莫不皆由業이로다

중생의 몸이 각각 달리
마음의 분별 따라서 일어나듯이
이처럼 세계가 가지가지인 것도
모두 업력을 따르기 때문일세

제20게송: 1. 刹異由因緣(9. 喩顯)

譬如見導師의　　　　種種色差別인달하야
隨衆生心行하야　　　見諸刹亦然이로다

　　마치 부처님 뵈면
　　가지가지 색이 다르듯이
　　중생의 마음과 행을 따라
　　나타난 모든 세계 또한 그러하네

● 疏 ●

後三은 通結染淨因이니

一은 隨心染淨因이오

二는 分別起業因이니 卽以正喩依며 亦是以因喩緣이니 心卽是因이라 招異熟果하나니 果之粗妙 蓋由業緣이오

三一偈는 雙明心業이니 行卽業故며 亦喩衆生同處異見이라【鈔_ 以正喩依者는 以衆生身으로 喩種種刹故며 亦是以因喩緣者는 故下六地云 業爲田이오 識爲種이라하니 謂心卽名言種이라 爲親因緣을 名之爲因이오 業爲增上緣을 名之爲緣이오 餘如疏釋하다

'三有一偈'者는 標也오 '行卽是業故'는 釋也라 以心顯故로 不釋이니 謂隨其心淨이면 則佛土淨이니 是由心異하야 見刹不同이라 若行十善이면 則見命不中夭오 生於大富梵行之國이니 是隨業異하야 見刹不同이니 此卽雙擧因緣이며 亦雙明王所니라 亦喩衆生同處異見 者는 佛本無二로되 見金見銀이오 刹本是一이로되 見淨見穢라 故螺髻所見은 如第

六天宮^{이오} 身子所見^은 丘陵坑坎^{이니라} 】

  뒤의 3수(제18~20게송)는 오염과 청정의 원인을 통틀어 끝맺음이니,

  제18게송은 마음의 오염과 청정의 원인을 따르는 것이다.

  제19게송은 일어나는 업의 원인을 분별함이다. 곧 正報로써 依報를 비유하고 또한 원인으로써 인연을 비유함이니 마음이 곧 원인이기에 異熟果를 초래하게 된다. 결과의 좋고 나쁨은 대개 업의 인연에 의한 것이다.

  제20게송은 마음과 업을 모두 밝힌 것이다. 행이 곧 업이기 때문이며, 또한 중생이 같은 곳에 살면서도 보는 바가 다름을 비유하였다.【초_ "正報로써 依報를 비유하였다."는 것은 중생의 몸으로써 가지가지의 세계를 비유하였기 때문이다. 또한 "원인으로써 인연을 비유하였다."는 것은 아래의 六地에 이르기를, "업은 밭이 되고 識은 종자가 된다."고 하니 마음이 곧 名言의 종자이기에 親因緣이 되는 것을 '因'이라 명명하고, 업이 增上緣이 되는 것을 '연'이라 명명한다. 나머지는 청량 疏의 해석과 같다.

  '제20게송'은 지표이며, "행이 곧 업이기 때문"이라는 것은 해석이다. 마음은 그 뜻이 뚜렷하기에 해석하지 않는다. 그의 마음이 청정하면 이를 따라 곧 불국토가 청정함을 말한다. 이는 마음이 각기 다름에 따라서 세계가 똑같지 않음을 보게 된 것이다. 만일 10가지의 선을 행하면 목숨이 요절하지 않고 큰 부자로 범행이 청정한 나라에 태어나게 된다. 이는 그의 업에 차이가 있음을 따라서

세계의 모습이 각기 달라짐을 볼 수 있다.

　　이는 곧 因과 緣을 모두 들어 말함이며, 또한 心王과 心所를 모두 밝힌 것이다. "또한 중생이 같은 곳에 살면서도 보는 바가 다름을 비유하였다."는 것은 부처님은 본래 둘이 없으나 금과 은의 차이를 보게 되며, 세계는 본래 하나이지만 淨土와 穢土의 차이를 보게 된다. 이 때문에 螺髻의 소견은 제6 천궁과 같고 身子의 소견은 언덕과 구덩이이다.】

經

　　제21게송: 1. 刹異由因緣(法說. 1)

一切諸刹際에　　　　　　　**周布蓮華網**하니
種種相不同이나　　　　　　**莊嚴悉淸淨**이로다

　　모든 세계의 끝자락까지
　　연꽃그물 두루 펼쳤으니
　　가지가지 모양 같지 않으나
　　장엄은 모두 청정하네

　　제22게송: 1. 刹異由因緣(法說. 2)

彼諸蓮華網에　　　　　　　**刹網所安住**라
種種莊嚴事에　　　　　　　**種種衆生居**로다

　　저 모든 연꽃그물에
　　세계그물이 안주하는 곳

갖가지 장엄한 일에

갖가지 중생이 살고 있다

◉ 疏 ◉

後十八偈는 法說中에 分三이니 初六은 明染淨이오 次四는 明成壞오 後八은 明苦樂이라

今初分二니 前二는 顯淨相不同이라

  뒤의 18수(제21~38게송)는 법설이다. 이는 3단락으로 나뉜다.

  (1) 첫 6수(제21~26게송)는 오염과 청정을 밝혔고,

  (2) 다음 4수(제27~30게송)는 이뤄짐과 무너짐을 밝혔고,

  (3) 뒤의 8수(제31~38게송)는 괴로움과 즐거움을 밝혔다.

  첫 6수(제21~26게송)는 다시 2부분으로 나뉜다. 앞의 제21, 22게송은 청정한 모습이 똑같지 않음을 나타낸 것이다.

經

  제23게송: 1. 刹異由因緣(法說. 3)

或有刹土中엔   **險惡不平坦**하니
由衆生煩惱하야   **於彼如是見**이로다

  혹 어떤 세계는

  험악하여 평탄하지 못하니

  중생의 번뇌로 말미암아

  그곳이 이처럼 보이는 것이네

제24게송: 1. 刹異由因緣(法說. 4)

雜染及清淨인　　無量諸刹種이
隨衆生心起며　　菩薩力所持로다

　　잡된 오염과 청정한
　　한량없는 모든 세계종자가
　　중생의 마음 따라 일어나며
　　보살의 힘으로 유지된다

제25게송: 1. 刹異由因緣(法說. 5)

或有刹土中엔　　雜染及清淨하니
斯由業力起며　　菩薩之所化로다

　　혹 어떤 세계는
　　잡된 오염과 청정이 다르다
　　이는 업력 따라 일어남이며
　　보살의 교화에 의한 것이네

제26게송: 1. 刹異由因緣(法說. 6)

有刹放光明하야　　離垢寶所成이라
種種妙嚴飾하니　　諸佛令清淨이로다

　　어떤 세계는 광명을 쏟아내
　　때 없는 보배 이루어
　　갖가지 미묘하게 장엄하니

모든 부처님이 청정하게 만드신 것이네

● 疏 ●

後四는 對因以辨이라 於中에 初一은 唯染이니 由煩惱故오 次二는 通染淨이니 心業通善惡故며 屬於菩薩 及衆生故오 後一은 唯淨이니 以屬佛故니라

첫 6수(제21~26게송) 가운데 뒤의 4수(제23~26게송)는 원인을 상대로 논변함이다.

4수(제23~26게송) 가운데 첫 제23게송은 오직 오염만을 말했다. 이는 번뇌에 의한 때문이다.

다음 제24, 25게송은 오염과 청정을 모두 들어 말했다. 이는 心業이 선악에 통하기 때문이며, 보살 및 중생에 속하기 때문이다.

뒤의 제26게송은 오직 청정만을 말했다. 이는 부처님에 속하는 일이기 때문이다.

經

제27게송: 1. 刹異由因緣(法說. 7)

一一刹種中에　　　　　劫燒不思議라
所現雖敗惡이나　　　　其處常堅固로다

하나하나 세계종자 가운데
겁화의 불길 불가사의하여라
나타난 게 비록 몹쓸 것들이나

그곳은 항상 견고하네

제28게송: 1. 刹異由因緣(法說. 8)

由衆生業力하야 **出生多刹土**하니
依止於風輪과 **及以水輪住**로다

중생의 업력 따라
많은 세계 나오는 법
풍륜을 의지하기도 하고
수륜을 의지하여 머무네

제29게송: 1. 刹異由因緣(法說. 9)

世界法如是하야 **種種見不同**이나
而實無有生이며 **亦復無滅壞**로다

세계의 법 이와 같아서
가지가지 똑같지 않으나
실상은 나는 것도 없으며
또한 다시 소멸함도 없네

제30게송: 1. 刹異由因緣(法說. 10)

一一心念中에 **出生無量刹**호대
以佛威神力으로 **悉見淨無垢**로다

하나하나 생각 속에

한량없는 세계 나오는데
부처님의 위신력으로
모두 청정무구한 세계 볼 수 있네

● 疏 ●

二有四偈는 顯成壞中에 初一은 粗壞細存이니 壞由業惡이오 存由二因이니 一約佛이오 二善業者라 故法華云我淨土不毀하야 天人常充滿이라하다 然滅雖不俱로되 而起必同處오 雖曰同處나 而恒相無라 故難思也라하니라【鈔_ 初一粗壞細存者는 '所現雖敗惡'이 卽粗壞也니 是變化土오 '其處常堅固'는 細存也니 卽自他受用土니 畧屬經文하야 下出所以라

壞由惡業者는 法華云是諸罪衆生이 以惡業因緣으로 過阿僧祇劫토록 不聞三寶名이라하다 存由二因者는 標也니 '一約佛'者는 卽自受用土오 '二善業者'는 卽他受用과 兼變化淨이니 以業不同으로 同處異見이니라 故法華云諸有修功德하야 柔和質直者는 則皆見我身이 在此而說法이라하다 故法華下는 引證이니 '我淨土不毀'는 證自受用하야 成上約佛이오 '天人常充滿'은 證他受用等하야 成上善業이라 如次證上일새 故義引經文이라

若具引者댄 經云衆生見劫盡하야 大火所燒時에도 我此土安穩하야 天人常充滿이라 園林諸堂閣을 種種寶莊嚴하고 寶樹多華果하야 衆生所遊樂이라 諸天擊天鼓하야 常作衆伎樂하고 雨曼陀羅華하야 散佛及大衆이라 我淨土不毀어늘 而衆見燒盡하야 憂怖諸苦惱로 如是悉

充滿이라하니 卽云是諸罪衆生等이며 次云諸有修功德等이라

'然滅雖不俱下'는 釋成上義하야 結歸難思니 卽叡公意라 一滅一存일새 故曰'不俱'오 不離滅處有存일새 故曰'起必同處'니 如人은 於餓鬼火處에 見水하고 餓鬼는 於人水處에 見火니라 雖曰同處'者는 滅中無存이오 存中無滅이니 亦如羅刹宮殿이 與人宮殿으로 同在一處호대 互不相見이라 他受用土도 亦復如是니라 若自受用은 故是徧周일새 不卽三界하고 不離三界라 故法華云 不如三界 見於三界라하고 若法性土인댄 又是滅常如니라

'故難思'者는 結釋經文劫燒不思議니 謂不可作存滅染淨而思矣니라 】

次偈는 業存處立이오 次偈는 世相不同이나 性無生滅이오 後偈는 結歸因緣이니 內由心變이면 則染淨萬差어니와 外假佛緣이면 于何不淨이리오

제2단락 4수의 게송(제27~30게송)은 이뤄지고 무너짐을 밝힌 것이다.

이의 첫 게송(제27게송)은 거친 세계는 무너지고 미세한 세계만 남아 있음을 말한다. 무너지는 것은 악업에 의함이며, 남아 있는 것은 2가지 원인에 의한 것이다. ① 부처님으로 말한 것이며, ② 선업을 쌓은 자 때문이다. 이 때문에 법화경에 이르기를, "나의 정토가 훼손되지 않아 천인이 항상 충만하다."고 하였다. 그러나 무너져 사라지는 것은 비록 함께하지 않으나 일어나는 곳은 반드시 똑같고, 비록 일어나는 곳은 똑같다고 하지만 항상 모두가 없다. 이 때문에 이를 '불가사의하다'고 말한다. 【초_ "이의 첫 게송은 거

친 세계는 무너지고 미세한 세계만 남아 있다."는 것에서 "나타난 게 비록 몹쓸 것"이란 곧 거친 세계는 무너짐이니 이는 변화토이며, "그곳은 항상 견고하다."는 것은 미세한 세계가 남아 있음이니 곧 자타수용토이다. 이를 간단하게 다른 경전에 배속하여 아래 부분에서 그 이유를 밝히고자 한다.

"무너지는 것은 악업에 의한다."는 것은 법화경에 이르기를, "이 모든 죄악 중생이 악업 인연으로써 아승지겁을 지나도록 삼보의 이름을 듣지도 못한다."고 하였다.

"남아 있는 것은 2가지 원인에 의한다."는 것은 표제이다. "① 부처님으로 말한다."는 것은 곧 자수용토이며, "② 선업을 쌓은 때문이다."는 것은 곧 타수용토와 아울러 변화정토이다. 각각 업이 다르기에 같은 곳에 살면서도 견해가 다른 것이다. 이 때문에 법화경에서 이르기를, "모든 공덕을 닦아 유순하고 화기롭고 질박하고 올곧은 자는 모두가 나의 몸이 여기에 있어 설법하는 것을 볼 수 있다."고 하였다.

"이 때문에 법화경에서 이르기를," 이하는 인증이다. "나의 정토가 훼손되지 않았다."는 것은 자수용토를 인증하여 위에서 말한 "부처님으로 말한다."는 논지를 성립하였고, "천인이 항상 충만하다."는 것은 타수용토 등을 인증하여 위에서 말한 "선업을 쌓은 때문이다."는 논지를 성립한 것이다. 이처럼 차례차례 위에서 말한 부분을 인증한 까닭에 여타의 경문을 인용하여 밝힌 것이다.

만일 자세히 인증한다면 법화경에서 아래와 같이 말한 바 있다.

"중생이 겁이 진하여 큰 불길에 불탈지라도 나의 이 땅은 평온하여 천인이 항상 가득하다. 동산의 숲과 수많은 집과 누각이 가지가지 보배로 장엄되어 있고 보배 나무에 꽃과 과일이 많아서 중생이 즐겁게 노니는 곳이다. 많은 하늘이 하늘의 북을 울려 항상 수많은 음악을 연주하고 만다라 꽃을 비 내리듯 하여 부처님과 대중에게 흩뿌려준다. 나의 정토는 훼손되지 않았음에도 중생들은 모두 불타버린 것처럼 보면서 걱정과 두려움, 그리고 수많은 고뇌로 이와 같이 모두 가득하다."

이는 많은 죄업을 지은 중생 등을 말하며, 다음으로 모든 중생이 닦은 공덕 등을 말한다.

"그러나 무너져 사라지는 것은 비록 함께하지 않는다." 이하의 문장은 위에서 말한 의의를 해석하고 성립시켜 불가사의한 부분으로 귀결 짓고 있다. 이는 곧 叡公이 말한 뜻이다. 하나는 사라지고 하나는 존재한 까닭에 "함께하지 못한다."고 말한 것이며, 사라지는 곳을 떠나서 존재하는 것이 아니기에 "일어나는 곳은 반드시 똑같다."고 말한 것이다. 이는 마치 사람은 아귀세계의 불길이 치성한 곳을 물로 보고, 아귀는 인간세계의 물이 가득한 곳을 불로 보는 것과 같다.

"비록 일어나는 곳은 똑같다."는 것은 사라지는 가운데엔 존재함이 없고 존재하는 가운데엔 사라짐이 없다. 이 또한 나찰궁전이 사람의 궁전과 함께 하나의 장소에 있지만 서로 보지 못하는 것과 같아서 타수용토 또한 이와 같다. 만일 자수용토로 말한다면 본래 두루 한 터라, 삼계에 나가지도 않고 삼계를 여의지도 않는다. 이 때문에 법화경에서 이르기를, "삼계에서 삼계를 보는 것만 같지 못하다."고 하였다. 만일 법성토로 말한다면 또한 일어나고 사라짐이 항상 여여한 것이다.

"이 때문에 이를 불가사의하다고 말한다."는 것은 경문에 겹요 부사의를 결석함이니 가히 존멸과 염정을 지어 생각하지 못함을 이름이다.】

다음 제28게송은 업이 있으면 머물 곳이 성립됨을 말하였고,

다음 제29게송은 세상의 모습은 똑같지 않으나 성품에는 생멸이 없음을 말하였고,

뒤의 제30게송은 인연으로 귀결 지었다. 안으로 마음의 변화에 의해 오염과 청정이 수만 가지의 차이가 있으나 밖으로 부처님의 인연을 빌렸는데 그 어떤 청정하지 못한 게 있을 수 있겠는가.

經

제31게송: 1. 刹異由因緣(法說. 11)

有刹泥土成하야 　　　其體甚堅硬하며
黑暗無光照하니 　　　惡業者所居로다

어떤 세계는 진흙으로 이뤄져
그 체성이 매우 굳으며
캄캄하여 빛이 없으니
악업을 지은 이가 사는 곳이네

제32 게송: 1. 刹異由因緣(法說. 12)

有刹金剛成하야　　雜染大憂怖라
苦多而樂少하니　　薄福之所處로다

 어떤 세계는 금강으로 이뤄져
 뒤섞이고 물들어 큰 걱정과 공포로
 고통은 많고 즐거움은 적으니
 박복한 이가 사는 곳이네

제33 게송: 1. 刹異由因緣(法說. 13)

或有用鐵成하고　　或以赤銅作하며
石山險可畏하니　　罪惡者充滿이로다

 어떤 곳은 무쇠로 이뤄졌고
 어떤 곳은 붉은 구리로 되었으며
 바위산이 험준하여 두려우니
 죄악 지은 이가 가득하네

● 疏 ●

三八偈는 明苦樂中三이니 初三은 總相이니 約刹論苦樂이라
 제3단락 8수의 게송(제31~38게송)은 괴로움과 즐거움을 밝힌 것이다.
 이는 3단락으로 나뉜다.
 처음 3수의 게송(제31~33게송)은 총상이다. 세계를 들어 괴로움과 즐거움을 논하였다.

經

제34게송: 1. 刹異由因緣(法說. 14)

刹中有地獄하니　　　衆生苦無救라
常在黑暗中하야　　　焰海所燒然이로다

　세계 속에 지옥이 있으니
　중생의 고통 구제할 수 없어라
　항상 어둠 속에서
　화염의 바다가 불태우는 곳이네

제35게송: 1. 刹異由因緣(法說. 15)

或復有畜生하니　　　種種醜陋形이라
由其自惡業하야　　　常受諸苦惱로다

　혹은 또한 축생이 있으니
　가지가지 추한 모습이어라
　그 자신이 지은 악업 때문에
　항상 모든 고뇌를 받는다

제36게송: 1. 刹異由因緣(法說. 16)

或見閻羅界하니　　　飢渴所煎逼이라
登上大火山하야　　　受諸極重苦로다

혹은 염라세계를 보니

기갈의 핍박이어라

큰 불길이 타오르는 산에 올라

수많은 큰 고통을 받는다

● 疏 ●

次三은 約一刹中에 有三惡趣니라

다음 3수의 게송(제34~36게송)은 하나의 세계 가운데 삼악취가 있음을 말하고 있다.

經

제37게송: 1. 刹異由因緣(法說. 17)

或有諸刹土는　　　七寶所合成이라
種種諸宮殿이　　　斯由淨業得이로다

혹 어떤 많은 세계는
칠보로 이루어졌네
갖가지 모든 궁전이
청정한 업으로 이뤄진 것이네

제38게송: 1. 刹異由因緣(法說. 18)

汝應觀世間하라　　其中人與天이
淨業果成就하야　　隨時受快樂이로다

그대는 세간을 보라

그 가운데 사람과 하늘이

청정한 업의 결과를 성취하여

때에 따라 쾌락을 받는다

● 疏 ●

後二는 明人天樂이라

뒤 2수의 게송(제37~38게송)은 人天世界의 즐거움을 밝힌 것이다.

經

제39게송: 2. 顯刹微細(擧果)

一一毛孔中에　　　　　億刹不思議라

種種相莊嚴호대　　　　未曾有迫隘로다

하나하나의 모공 속에

억만 세계가 불가사의하여라

가지가지 모양으로 장엄하였지만

일찍이 비좁은 적이 없네

제40게송: 2. 顯刹微細(對因以辨)

衆生各各業으로　　　　世界無量種이라

於中取着生하야　　　　受苦樂不同이로다

중생이 각기 지은 업으로

세계가 한량없는 종류이네
그 가운데 집착을 내어
고락을 받음이 똑같지 않네

● 疏 ●

第二 一一毛下二偈는 顯刹微細니 初偈는 擧果오 後偈는 對因以辨이라

제2 "하나하나의 모공" 이의 2수 게송(제39~40게송)은 세계의 미세함을 밝힌 것이다.

앞의 제39게송은 결과를 들어 말했고, 뒤의 제40게송은 원인을 대비하여 논변하고 있다.

經

제41게송: 3. 明體性(1)

有刹衆寶成하야　　　　常放無邊光이라
金剛妙蓮華로　　　　　莊嚴淨無垢로다

　어떤 세계는 온갖 보배로 이뤄져
　항상 그지없는 광명 쏟아지고
　금강의 미묘한 연꽃으로
　청정 장엄하여 때가 없네

제42게송: 3. 明體性(2)

有刹光爲體하야　　　　依止光輪住라

金色栴檀香과				焰雲普照明이로다
　어떤 세계는 광명으로 체성 삼아
　광명바퀴 의지하여 머물며
　금빛 전단향과
　화염의 구름이 널리 밝게 비치네

　제43게송: 3. 明體性(3)

有刹月輪成하야				香衣悉周布라
於一蓮華內에				菩薩皆充滿이로다
　어떤 세계는 둥근달처럼 이뤄져
　향기옷이 두루 펼쳐져 있고
　하나의 연꽃송이마다
　보살이 온통 충만하네

　제44게송: 3. 明體性(4)

有刹衆寶成하야				色相無諸垢라
譬如天帝網하야				光明恒照耀로다
　어떤 세계는 많은 보배로 이뤄져
　색상이 아무런 때가 없어라
　제석천의 그물처럼
　광명이 항상 비치네

제45게송: 3. 明體性(5)

有刹香爲體요　　　　**或是金剛華**와
摩尼光影形이라　　　**觀察甚淸淨**이로다

　어떤 세계는 향기로 체성 삼아
　혹은 금강꽃과
　마니주의 광명그림자여라
　보기에 매우 청정하네

제46게송: 3. 明體性(6)

或有難思刹은　　　　**華旋所成就**라
化佛皆充滿이오　　　**菩薩普光明**이로다

　어떤 불가사의의 세계는
　꽃으로 둘레를 이뤘는데
　화신불이 모두 충만하고
　보살이 널리 광명 쏟아낸다

제47게송: 3. 明體性(7)

或有淸淨刹은　　　　**悉是衆華樹**라
妙枝布道場하고　　　**蔭以摩尼雲**이로다

　어떤 청정한 세계는
　모두가 수많은 꽃과 나무
　미묘한 가지 도량에 뻗어

마니주구름으로 그늘 이뤘네

제48게송: 3. 明體性(8)
有刹淨光照하야　　　金剛華所成이며
有是佛化音으로　　　無邊列成網이로다

어떤 세계는 청정한 광명 비춰
금강꽃으로 이루어졌으며
어떤 곳은 부처님의 변화 음성으로
그지없이 펼쳐져 그물 이뤘네

제49게송: 3. 明體性(9)
有刹如菩薩의　　　摩尼妙寶冠하며
或有如座形하니　　從化光明出이로다

어떤 세계는 보살의
마니주 미묘한 보배관 같으며
어떤 곳은 좌대의 형상이
변화한 광명에서 나왔네

제50게송: 3. 明體性(10)
或有栴檀末과　　　或是眉間光과
或佛光中音으로　　而成斯妙刹이로다

혹은 전단가루

혹은 미간의 광명

혹은 부처님 광명 속의 음성으로

이처럼 미묘한 세계 이루셨네

● 疏 ●

第三十偈는 明體性中에 亦兼餘義니 隨釋可知니라

　제3의 10수 게송(제41~50게송)은 체성을 밝힌 가운데 또한 여타의 뜻까지도 함께 말하고 있다. 이를 따라 해석하면 말하지 않아도 알 수 있다.

經

　제51게송: 4. 明莊嚴(1)

或見淸淨刹이　　　　　以一光莊嚴하며
或見多莊嚴하니　　　　種種皆奇妙로다

　　어떤 청정한 세계를 보니
　　하나의 광명으로 장엄하였고
　　어떤 세계는 수많은 장엄으로
　　가지가지 모두 기묘하다

　제52게송: 4. 明莊嚴(2)

或用十國土의　　　　　妙物作嚴飾하며
或以千土中의　　　　　一切爲莊校로다

혹은 열 국토의

미묘한 물건으로 장엄하였고

혹은 천 국토 안의

모든 것으로 장엄하였네

    제53게송: 4. 明莊嚴⑶

或以億刹物로   **莊嚴於一土**하니
種種相不同하야   **皆如影像現**이로다

    혹은 억만 세계 물건으로

    한 국토 장엄하니

    갖가지 모양 똑같지 않은데

    모두 영상처럼 나타난다

    제54게송: 4. 明莊嚴⑷

不可說土物로   **莊嚴於一刹**하야
各各放光明하니   **如來願力起**로다

    말할 수 없는 국토의 물건으로

    한 세계를 장엄하여

    각각 광명을 쏟아내니

    여래의 원력으로 일어나신 법

제55게송: 4. 明莊嚴(5)

或有諸國土는　　　　　願力所淨治라
一切莊嚴中에　　　　　普見衆刹海로다

　어떤 수많은 국토는
　원력으로 청정하게 닦은 터라
　모든 장엄 가운데
　여러 세계바다를 널리 볼 수 있네

● 疏 ●

第四 五頌은 明莊嚴이라
　제4의 5수 게송(제51~55게송)은 장엄을 밝힌 것이다.

經

제56게송: 5. 各各莊嚴際無間斷(1)

諸修普賢願하야　　　　所得淸淨土는
三世刹莊嚴이　　　　　一切於中現이로다

　보현의 서원 모두 닦아
　얻어진 청정한 국토
　삼세 세계의 장엄이
　모두 그곳에 보인다

제57게송: 5. 各各莊嚴際無間斷(2)

佛子汝應觀　　　刹種威神力하라
未來諸國土를　　如夢悉令見이로다

　불자여, 그대는 보라
　세계종자를 성취한 불보살의 위신력을
　미래의 모든 국토를
　꿈처럼 모두 앞서 보여주네

제58게송: 5. 各各莊嚴際無間斷(3)

十方諸世界에　　過去國土海가
咸於一刹中에　　現像猶如化로다

　시방의 모든 세계에
　과거의 국토바다가
　모두 한 세계 속에서
　형상이 화현하듯 나타나네

제59게송: 5. 各各莊嚴際無間斷(4)

三世一切佛과　　及以其國土를
於一刹種中에　　一切悉觀見이로다

　삼세의 모든 부처님과
　소유한 그 모든 국토를
　하나의 세계종자 속에서

모두 다 볼 수 있네

제60게송: 5. 各各莊嚴際無間斷(5)
一切佛神力으로 　　　**塵中現衆土**커든
種種悉明見이로되 　　**如影無眞實**이로다

　모든 부처님 위신력으로
　티끌 속에 중생을 나타내되
　가지가지 다 밝게 보여주시니
　그림자 같아 진실함이 없다

◉ 疏 ◉

第五 有五偈는 明莊嚴際中에 攝三世嚴故로 無間斷이오 結歸佛故로 一塵普見이니라

　제5의 5수 게송(제56~60게송)은 장엄을 밝힌 가운데 삼세의 장엄을 들어 말한 까닭에 간단이 없고, 부처님에게 귀결 지은 까닭에 하나의 티끌 속에서도 널리 볼 수 있다.

經

제61게송: 6. 世界形狀(1)
或有衆多刹은 　　　**其形如大海**하며
或如須彌山하니 　　**世界不思議**로다

　어떤 수많은 세계는

그 모습이 큰 바다 같고
어떤 세계는 수미산과 같으니
세계는 불가사의하다

제62게송: 6. 世界形狀(2)

有刹善安住하야　　　**其形如帝網**하며
或如樹林形하니　　　**諸佛滿其中**이로다

　어떤 세계는 잘 안주하여
　그 모습이 제석천 그물 같고
　어떤 세계는 숲의 모습과 같으니
　모든 부처님이 그곳에 가득하다

제63게송: 6. 世界形狀(3)

或作寶輪形하고　　　**或有蓮華狀**하며
八隅備衆飾하니　　　**種種悉淸淨**이로다

　어떤 세계는 보배바퀴 모습이고
　어떤 세계는 연꽃 모습이며
　여덟모에 온갖 장식으로
　가지가지 모두 청정하다

제64게송: 6. 世界形狀(4)

或有如座形하고　　　**或復有三隅**하며

或如佉勒迦와 　　　　　**城郭梵王身**이로다

어떤 세계는 좌대 모습이고

어떤 세계는 또한 세모도 있으며

어떤 세계는 거룩가(참빗)와

성곽과 범천왕의 몸과도 같다

제65게송: 6. 世界形狀(5)

或如天主髻하고 　　　**或有如半月**하며
或如摩尼山하고 　　　**或如日輪形**이로다

어떤 세계는 하늘주인의 상투 같고

어떤 세계는 반달과 같으며

어떤 세계는 마니주 산과 같고

어떤 세계는 태양의 모습과 같다

제66게송: 6. 世界形狀(6)

或有世界形은 　　　　**譬如香海旋**하며
或作光明輪하니 　　　**佛昔所嚴淨**이로다

어떤 세계의 모습은

향수해의 소용돌이 같으며

어떤 세계는 광명바퀴 모습인데

부처님이 옛적에 장엄 청정한 바이다

제67게송: 6. 世界形狀⑺

或有輪輞形하고　　　或有壇墠形하며
或如佛毫相과　　　　肉髻廣長眼이로다

어떤 세계는 수레바퀴 테의 모습이고
어떤 세계는 제단 모습이며
어떤 세계는 부처님의 백호상과
육계와 넓고 긴 눈과도 같다

제68게송: 6. 世界形狀⑻

或有如佛手하고　　　或如金剛杵하며
或如焰山形하니　　　菩薩悉周徧이로다

어떤 세계는 부처님의 손과도 같고
어떤 세계는 금강저와도 같으며
어떤 세계는 화염산의 모습 같으니
보살이 모두 두루 하고 있다

제69게송: 6. 世界形狀⑼

或如師子形하고　　　或如海蚌形하니
無量諸色相이여　　　體性各差別이로다

어떤 세계는 사자의 모습과 같고
어떤 세계는 바다의 조개 모습과 같으니
한량없는 모든 색과 모습들이여

체성이 각각 차별이 있다

제70게송: 6. 世界形狀(10)
於一刹種中에　　　　　**刹形無有盡**하니
皆由佛願力으로　　　　**護念得安住**로다

하나의 세계종자 가운데
세계의 형상 끝없으니
모두 부처님의 원력으로
염려해주신 덕에 안주한 것이네

◉ 疏 ◉

第六 或有衆多刹下 十偈는 明刹形差別이라
제6 "어떤 수많은 세계" 이하의 10수 게송(제61~70게송)은 세계 모습의 차별을 밝힌 것이다.

經

제71게송: 7. 各各劫差別(1)
有刹住一劫하고　　　　**或住於十劫**하며
乃至過百千과　　　　　**國土微塵數**로다

어떤 세계는 일 겁 동안 머물고
혹은 십 겁 동안 머물며
내지 백천 겁과

국토의 미진수를 지내왔다

제72게송: 7. 各各劫差別(2)
或於一劫中에　　　　　　**見刹有成壞**하며
或無量無數로　　　　　　**乃至不思議**로다

　　혹은 일 겁 가운데
　　세계가 이뤄지고 무너짐을 보았고
　　혹은 한량없고 수없는 겁으로부터
　　내지 불가사의하다

◉ 疏 ◉

第七二偈는 **明刹住時分**이라
　　제7의 2수 게송(제71~72게송)은 세계가 안주하는 시간을 밝힌 것이다.

經

제73게송: 8. 各各佛出現(1)
或有刹有佛하고　　　　　**或有刹無佛**하며
或有唯一佛이요　　　　　**或有無量佛**이로다

　　어떤 세계는 부처님이 있고
　　어떤 세계는 부처님이 없으며
　　어떤 세계는 한 분의 부처님만 있고

어떤 세계는 한량없는 부처님이 계신다

제74게송: 8. 各各佛出現(2)

國土若無佛이면 他方世界中에
有佛變化來하사 爲現諸佛事하나니

국토에 만약 부처님이 없으시면
다른 세계에서
부처님이 변화하여 오셔서
모든 불사를 보여주신다

제75게송: 8. 各各佛出現(3)

歿天與降神하시며 處胎及出生하시며
降魔成正覺하사 轉無上法輪하사대

하늘에서 돌아가시고 신령이 내려오며
포태에 들어가고 출생하시며
마군을 항복받고 정각을 이루셔
위없는 법륜을 굴리셨다

제76게송: 8. 各各佛出現(4)

隨衆生心樂하야 示現種種相하사
爲轉妙法輪하야 悉應其根欲이로다

중생이 좋아하는 마음 따라서

가지가지 모양 나타내 보여주고

미묘한 법륜 굴려

중생의 근기와 욕망을 모두 맞추시네

제77게송: 8. 各各佛出現(5)

一一佛刹中에   一佛出興世하사
經於億千歲토록   演說無上法이로다

    하나하나 부처님 세계 가운데

    한 부처님이 이 세상에 출현하사

    억천 세월 지나도록

    위없는 법 연설하시네

제78게송: 8. 各各佛出現(6)

衆生非法器면   不能見諸佛이어니와
若有心樂者는   一切處皆見이로다

    중생이 법그릇이 아니면

    모든 부처님 보지 못하지만

    만약 마음에 좋아하는 이는

    모든 곳에서 모두 만나리라

제79게송: 8. 各各佛出現(7)

一一刹土中에   各有佛興世하시니

一切刹中佛을　　　　　億數不思議로다
　　하나하나 세계 가운데
　　각각 부처님이 나오시니
　　일체 세계에 부처님이
　　몇 억인지 불가사의하다

　　제80게송: 8. 各各佛出現(8)
此中一一佛이　　　　　現無量神變하사
悉徧於法界하야　　　　調伏衆生海로다
　　이 가운데 하나하나 부처님이
　　한량없는 신통변화 나타내어
　　법계에 모두 두루두루
　　중생의 바다 조복하셨네

◉ 疏 ◉

第八 有八偈는 明佛出多少니 文並可知라
　　제8의 8수 게송(제73~80게송)은 부처님의 출현에 관한 다소를 밝힌 것이다. 경문은 모두 말하지 않아도 알 수 있다.

　　제81게송: 9. 光明有無(1)
有刹無光明하야　　　　黑暗多恐懼라

359

苦觸如刀劍하야　　　　見者自酸毒이로다

어떤 세계는 빛이 없어

어둡고 캄캄하여 두려움이 많다

고통이 칼로 베는 듯하여

보는 이는 절로 신물이 난다

제82게송: 9. 光明有無(2)

或有諸天光하고　　　　或有宮殿光하며
或日月光明이라　　　　刹網難思議로다

어떤 세계는 모든 하늘의 빛이 있고

어떤 세계는 궁전의 빛이 있고

어떤 세계는 해와 달의 빛이 있어

세계그물을 생각하기 어렵네

제83게송: 9. 光明有無(3)

有刹自光明이오　　　　或樹放淨光하야
未曾有苦惱하니　　　　衆生福力故로다

어떤 세계는 자체의 빛이 있고

어떤 세계는 나무에서 청정한 빛이 나와

일찍이 고뇌가 없으니

중생의 복력 때문이네

제84게송: 9. 光明有無(4)

或有山光明하고　　　或有摩尼光하며
或以燈光照하니　　　悉衆生業力이로다

어떤 세계는 산의 빛이 있고
어떤 세계는 마니주의 빛이 있고
어떤 세계는 등불의 빛이 있으니
모두 중생의 업력이네

제85게송: 9. 光明有無(5)

或有佛光明하야　　　菩薩滿其中하며
有是蓮華光으로　　　焰色甚嚴好로다

어떤 세계는 부처님 광명 있어
보살이 그 가운데 가득하며
어떤 세계는 연꽃 광명 있어
화염이 매우 아름답다

제86게송: 9. 光明有無(6)

有刹華光照하고　　　有以香水照하며
塗香燒香照하니　　　皆由淨願力이로다

어떤 세계는 꽃의 광명 비치고
어떤 세계는 향수의 광명 비치며
바르는 향과 태우는 향이 비치니

모두 청정한 원력 때문이네

　　제87게송: 9. 光明有無(7)

有以雲光照하고　　　　　摩尼蚌光照하며
佛神力光照하야　　　　　能宣悅意聲이로다

　　어떤 세계는 구름 광명 비치고
　　마니주 조개 광명 비치며
　　부처님 위신력 광명이 비쳐
　　즐거운 소리 울려나오네

　　제88게송: 9. 光明有無(8)

或以寶光照하고　　　　　或金剛焰照하야
淨音能遠震하니　　　　　所至無衆苦로다

　　어떤 세계는 보배의 빛 비치고
　　어떤 세계는 금강의 불꽃 비쳐
　　청정한 음성이 멀리까지 진동하니
　　들리는 곳마다 많은 고통 없애주네

　　제89게송: 9. 光明有無(9)

或有摩尼光이오　　　　　或是嚴具光이며
或道場光明으로　　　　　照耀衆會中이로다

　　어떤 세계는 마니주의 광명이

어떤 세계는 장엄 도구의 광명이

어떤 세계는 도량의 광명이

법회 대중을 밝게 비춰주네

제90게송: 9. 光明有無(10)

佛放大光明하시니   **化佛滿其中**이라
其光普照觸하야   **法界悉周徧**이로다

부처님이 큰 광명 쏟아내니

화신불이 그 가운데 가득하다

그 광명 널리 비쳐

법계에 온통 두루 하다

◉ 疏 ◉

第九十偈는 光明有無니 初一은 無오 後九는 有라

제9의 10수 게송(제81~90게송)은 광명이 있고 없음을 밝힌 것이다. 앞의 제81게송은 광명이 없고, 뒤의 9수 게송(제82~90게송)은 광명이 있다.

經

제91게송: 10. 音聲善惡(1. 惡道)

有剎甚可畏하야   **嘷叫大苦聲**하니
其聲極酸楚하야   **聞者生厭怖**로다

어떤 세계는 너무 무서워서

큰 고통 소리로 울부짖으니

그 소리 너무나 처참하여

듣는 이가 싫어하고 두려워하네

제92게송: 10. 音聲善惡(2. 惡道)

地獄畜生道와　　　　　**及以閻羅處**는
是濁惡世界라　　　　　**恒出憂苦聲**이로다

지옥과 축생의 길

그리고 염라대왕 있는 곳은

혼탁하고 악한 세계

항상 고통 소리 울려오네

 疏 ◉

第十 有十一頌은 刹中音聲善惡이니 初二는 惡道니 唯惡이라

　제10의 11수 게송(제91~101게송)은 세계 속에서 울려나오는 음성의 선악을 밝힌 것이다.

　처음 제91, 제92 게송은 악도이다. 오직 악이 있을 뿐이다.

經

제93게송: 10. 音聲善惡(3. 人天)

或有國土中엔　　　　　**常出可樂音**하야

悅意順其教하니   **斯由淨業得**이로다

　어떤 국토에는

　항상 즐거운 소리 울려 내고

　기꺼이 그 가르침 따르니

　이는 청정한 업에 의해 얻어진 것

　제94게송: 10. 音聲善惡(4. 人天)

或有國土中엔   **恒聞帝釋音**하며

或聞梵天音과   **一切世主音**이로다

　어떤 국토에는

　항상 제석천의 법음 들리며

　어떤 국토는 범천의 소리와

　일체 세간의 주인 목소리 들리네

　제95게송: 10. 音聲善惡(5. 人天)

或有諸刹土는   **雲中出妙聲**이라

寶海摩尼樹와   **及樂音徧滿**이로다

　어떤 여러 세계는

　구름 속에서 미묘한 소리 울려 내고

　보배바다와 마니주나무

　음악소리가 가득하네

◉ 疏 ◉

次三은 人天이니 通善惡이라

다음 3수의 게송(제93~95게송)은 인천을 밝힘이니 선악을 통하여 말한 것이다.

經

제96게송: 10. 音聲善惡(6. 佛·菩薩)

諸佛圓光內에　　　　化聲無有盡이며
及菩薩妙音이　　　　周聞十方刹이로다

모든 부처님의 둥근 광명 속에

교화의 목소리 끝이 없으며

보살의 미묘한 음성이

시방세계에 두루 들리네

제97게송: 10. 音聲善惡(7. 佛·菩薩)

不可思議國에　　　　普轉法輪聲과
願海所出聲과　　　　修行妙音聲이로다

불가사의한 국토에

널리 법륜을 굴리는 소리와

서원의 바다에서 나는 소리와

수행하는 미묘한 음성이로다

제98게송: 10. 音聲善惡(8. 佛·菩薩)

三世一切佛이　　　　　出生諸世界하시니
名號皆具足하고　　　　音聲無有盡이로다

　삼세의 모든 부처님이
　모든 세계에 나오시니
　명호 모두 구족하시고
　음성이 다함이 없네

제99게송: 10. 音聲善惡(9. 佛·菩薩)

或有刹中聞　　　　　一切佛力音하니
地度及無量이여　　　如是法皆演이로다

　어떤 세계에 들려오는 소리
　모든 부처님의 위신력의 음성
　십지(十地) 육도(六度) 및 사무량심(四無量心)이여
　이러한 법을 모두 연설하여라

제100게송: 10. 音聲善惡(10. 佛·菩薩)

普賢誓願力으로　　　億刹演妙音하니
其音若雷震하야　　　住劫亦無盡이로다

　보현보살 서원의 힘으로
　억만 세계에 미묘한 법음 울리니
　그 소리 우레와 같아

머무는 겁이 또한 다함이 없네

제101게송: 10. 音聲善惡(11. 佛·菩薩)

佛於淸淨國에　　　　　　示現自在音하시니
十方法界中에　　　　　　一切無不聞이로다

　부처님이 청정한 국토에서
　자재한 음성을 나타내 보이시니
　시방 법계 가운데
　모든 이가 듣지 않은 이 없네

◉ 疏 ◉

後六은 佛·菩薩이니 善而非惡이니 正顯各各演說法海也니라
　뒤의 6수 게송(제96~101게송)은 부처님과 보살에 대해 읊은 것이니 선일 뿐, 악이 아니다. 바로 각각 법해의 연설을 밝힌 것이다.

◉ 論 ◉

此已上十卷經은 明三度擧果니
一은 前如來始成正覺과 及座內衆은 擧佛果·行果하야 明佛自證이오
二 眉間衆은 是擧佛中道行果하야 與一切未信者로 作成信之因이오
三 華藏世界海는 明是所向前座內衆眉間衆의 所行之行으로 報得之果니라
大意 以佛報業之果로 答前三十七問하사 見果知因하야 使後學者로

368

如是倣之하야 行如是行願하며 得如是果報니라

華藏世界品 竟하다

　이상의 10권 경은 3차례 결과를 들어 밝힌 것이다.

　⑴ 맨 앞의 '여래의 始成正覺' 및 '座內衆'은 佛果·行果를 들어서 부처님이 스스로 증득하셨음을 밝힌 것이다.

　⑵ 眉間衆은 부처님의 중도 행과를 들어 일체 믿지 않은 자들에게 신심을 성취할 수 있는 원인을 마련토록 주선하였다.

　⑶ 화장세계해는 앞에서 말한 '좌내중'과 '미간중'이 행하였던 행에 의해 과보로 얻은 결과임을 밝힌 것이다.

　이의 대의는 부처님의 報業의 결과로써 앞의 37가지 물음에 답하여 결과를 보면 원인을 알 수 있다는 것으로, 후학자에게 이와 같이 본받아 이와 같은 행원을 행하고 이와 같은 과보를 얻도록 주선한 것이다.

화장세계품 제5-3　華藏世界品 第五之三

화엄경소론찬요 제18권　華嚴經疏論纂要 卷第十八

화엄경소론찬요 제19권
華嚴經疏論纂要 卷第十九

◉

비로자나품 제6
毘盧遮那品 第六

初 來意
  1. 유래한 뜻

● 疏 ●

來意者는 前明此因之果하고 今辨前果之因하야 答前因問이라 故次來也니라
因是果因일새 故標果稱이라 又不以人取法이면 知是誰因고 前品 初에 言호되 '毘盧遮那 曠劫修因之所嚴淨'이라하니 今方顯其事니라

'유래한 뜻'이란 앞의 화장세계품에서는 원인의 결과를 밝혔고 본 품에서는 앞의 결과에 대한 원인을 논변하여 앞 품에서 언급한 원인에 대한 물음에 대답한 까닭에 본 품이 그다음에 쓰이게 된 것이다.

因이란 결과의 원인이기에 果를 들어 밝힌 것이다. 또한 사람으로 법을 취하지 않으면 그 무슨 원인인 줄을 알 수 있겠는가. 앞 華藏世界品의 첫 부분에서 "비로자나불이 영구한 겁 동안 수행한 인연으로 장엄 청정하게 되었다."고 하였는데, 본 품에 이르러 비로소 그 일을 밝힌 것이다.

二 釋名

2. 품명에 대한 해석

◉ 疏 ◉

釋名者는 畧云光明徧照니 廣如前釋하다

품명에 대한 해석은 간단하게 말하면 '광명이 두루 비치다.'의 뜻이다. 이를 자세히 말하자면 앞의 '유래한 뜻'에서 해석한 바와 같다.

三 宗趣

3. 종취

◉ 疏 ◉

宗趣者는 明因廣大爲宗이오 證成前果爲趣니라

종취란 원인이 광대함을 밝히는 것으로 종지를 삼고, 앞의 결과를 증명하여 성취하는 것으로 취향을 삼는다.

◉ 論 ◉

將釋此品에 約作三門分別호리니 一은 釋品來意오 二는 釋品名目이오 三은 隨文釋義라

장차 본 품을 해석함에 간단하게 3부분으로 나누어 말하고자
한다.

(1) 유래한 뜻을 해석함이며,

(2) 품명의 조목을 해석함이며,

(3) 경문을 따라 그 뜻을 해석함이다.

一은 釋品來意者는 前之五品에 已擧現世毘盧遮那佛果나 恐不成信이라 所以然者오 爲古無舊迹이면 今何所來리오 以此로 引古證今하야 明道不謬故며 又明古今諸佛이 三世法相似故로 成其信者로 不狐疑故라

"(1) 유래한 뜻을 해석한다."는 것은 앞의 5품(世主妙嚴品~華藏世界品)에서 현세의 비로자나불(Vicana)의 佛果를 들추어 말했으나 사람들이 이를 믿지 않을까 두렵다.

이는 무엇 때문일까? 지난 옛날, 그와 같은 옛 성자의 발자취가 없다면 오늘날의 현세 부처님은 그 어디에서 오셨겠는가. 이 때문에 옛 부처님을 인용하여 오늘날의 부처님을 증명하여 도의 유래에 잘못이 없음을 밝히려는 이유이며, 또한 고금 제불의 삼세법이 모두 똑같은 까닭에 그에 대한 믿음을 가진 자들에게 다시는 의심이 없도록 하기 위함을 밝히려는 이유이다.

二는 釋品名者는 毘盧遮那品者는 此品은 依主得名이니 明引古佛하야 成今信일세 還以佛號로 以爲品名이라 毘云種種이오 遮那云光明이니 言以法身悲智로 設種種敎行之光하야 破衆生之業暗故라

問曰 古佛今佛이 爲一가 爲異니이까 答曰 爲一爲異니 何以然者오 爲

法身智身과 九十七大人之相과 大慈大悲와 智慧解脫은 是一이오 各各衆生이 發心成佛은 是異며 又無量三世諸佛이 皆同一念成佛하야 無前後際는 是一이오 然亦不壞一念中코 見無量衆生과 三世劫量은 是異니 以十玄門 六相義로 該通하면 可解라 經에 云一切諸佛身이 唯是一法身이니 一心一智慧오 力無畏亦然이라하시니라

"(2) 품명의 조목을 해석한다."는 것은 비로자나품이란 본 품은 법주에 의해 품명을 붙이게 된 것이다. 옛 부처님을 인용하여 오늘날 중생의 신심을 이뤄주고자 함을 밝히려는 까닭에 또한 비로자나불의 명호로써 본 품의 명제를 삼은 것이다.

毘(Vi)는 가지가지[種種]를 말하며, 遮那(cana)는 광명을 말한다. 법신의 大悲와 大智로 갖가지 교화와 行門의 광명을 베풀어 중생의 암흑 업장을 타파해주기 때문이다.

"옛 부처님과 현세의 부처님이 하나입니까? 다른 것입니까?"

"하나이기도 하고 다르기도 하다.

무엇 때문일까?

法身, 智身, 그리고 97가지의 대인의 모습, 대자대비, 지혜해탈은 하나가 되는 부분이고, 각각 중생이 발심하여 성불한 것은 다른 것이다.

또한 한량없는 삼세제불이 모두 한 생각의 찰나에 성불하여 전후의 즈음이 없다는 것은 하나로서 같은 부분이다. 그러나 또한 깨뜨릴 수 없는[不壞] 한 생각의 찰나에 한량없는 중생과 삼세 겁을 본

것은 다른 부분이다. 十玄門[6]과 六相義[7]를 종합하여 살펴보면 이를 이해할 수 있다." 菩薩問明品 제10, 현수 보살의 게송에 이르기를, "모든 제불의 몸은 오직 하나의 법신이다. 하나의 마음과 하나의 지혜, 그리고 힘과 두려움이 없는 것 또한 그러하다."고 하였다.

三은 隨文釋義者는 於此一品經中에 長科總有十五段經文하니 於此十五段文中에 有四佛出世는 總明毘盧遮那一號 各隨世間應緣하야 名異오 非是佛名號異라 此經下文佛名號品에 一一佛이 皆具等法界衆生界隨緣名號는 世間一切名號 皆是諸佛名이니 爲如來德이 徧一切法故라 猶如虛空이 徧含衆法하야 無不淨故니 一切衆生名이 入佛名號하야 無不淨故라 又如有香호대 名爲象藏이니 因龍鬪而生이라 燒之一丸하면 凝停七日에 降金色雨하야 霑人身者 悉皆金色인달 하야 一切名言이 入佛名號者 悉皆淸淨도 亦復如是하니 如是佛名號 徧一切世界名字故로 始名毘盧遮那 以種種敎行之光으로 徧照一切니 以法眼으로 照之라 其長科는 十五段者라

----

6 十玄門: 이는 십현연기무애법(十玄緣起無礙法)을 말한 것으로, 현상계의 모든 존재가 진실 그대로를 드러냄이며, 서로 끝없이 연관되어 있다는 법계연기(法界緣起)를 10가지의 각기 다른 측면에서 이를 종합적으로 밝힌 것이다. 십현문은 동시구족상응문(同時具足相應門)·일다상용부동문(一多相容不同門)·제법상즉자재문(諸法相卽自在門)·인다라망경계문(因陀羅網境界門)·미세상용안립문(微細相容安立門)·비밀은현구성문(秘密隱顯具成門)·제장순잡구덕문(諸藏純雜具德門)·십세격법이성문(十世隔法異成門)·유심회전선성문(唯心廻轉善成門)·탁사현법생해문(託事顯法生解門)을 말한다.

7 六相義: 사물이 취하는 관계를 6가지 모습(六相)으로, 공유력부대연(空有力不待緣)·공유력대연(空有力待緣)·공무력대연(空無力待緣)·유유력부대연(有有力不待緣)·유유력대연(有有力待緣)·유무력대연(有無力待緣)을 말한다.

"(3) 경문을 따라 그 뜻을 해석한다."는 것은 본 품의 경문 가운데 長行(산문)의 과목으로는 모두 15단락의 경문이 있다.

15단락의 경문 가운데 "네 부처님이 세상에 나오셨다."는 것은 비로자나라는 佛號가 각각 세간의 應緣을 따라 명호가 달라지는 것이지, 부처님의 명호가 다른 게 아님을 밝힌 것이다.

본 화엄경의 아래 佛名號品 제7에서 "하나하나 부처님이 모두 법계와 중생계와 같은 隨緣의 명호를 갖춘 것은 세간의 모든 명호가 모두 제불의 명호이다. 여래의 덕이 일체 법에 두루 하기 때문이다. 마치 허공이 수많은 법을 두루 포괄하여 청정하지 않음이 없음과 같기에 일체중생의 이름이라도 부처님의 명호에 들어가면 청정하지 않음이 없기 때문이다.

또한 향이 있는데 그 이름을 象藏이라고 말한다. 이는 용의 싸움에 의해 생겨난 것이다. 하나의 丸을 태우면 그 향기는 이레가 지나도록 허공에 있어 흩어지지 않는다. 그리고 황금색의 비가 내려 사람의 몸에 젖으면 모두가 황금색으로 변하는 것처럼 모든 명제와 언어가 부처님의 명호에 들어가면 모두 청정한 것 또한 이와 같다.

이와 같은 부처님의 명호가 일체 세계의 명제와 문자에 가득한 까닭에 비로소 비로자나는 불호가 가지가지의 교화와 행문의 광명으로 일체에 두루 비춘다고 말한다. 이는 法眼으로 일체를 관조한 것이다.

그 장항의 과목은 15단락이다.

四 釋文

4. 경문의 해석

一品分三이니 初는 總明本事之時요 二有世界下는 別顯本事之處요 三彼勝音世界最初劫中下는 別顯時中本事라

본 품은 3부분으로 나뉜다.
1) 본사의 시간을 총체로 밝힘이며,
2) '有世界' 이하는 본사의 장소, 즉 공간을 별개로 밝힘이며,
3) '彼勝音世界最初劫中' 이하는 시간 속의 본사를 개별로 밝힘이다.

今初는 卽二佛刹塵數劫也니라

1) 본사의 시간에 대한 총체는 곧 '세계 티끌과 같이 셀 수 없이 무한한 겁'의 곱절을 말한다.

經

爾時에 普賢菩薩이 復告大衆言하사대 諸佛子야 乃往古世에 過世界微塵數劫과 復倍是數하야

그때 보현보살이 다시 대중들에게 말하였다.
"여러 불자들이여, 지나간 옛적에 세계 티끌과 같이 셀 수 없이 무한한 겁을 지나고 다시 그 곱을 지나서

二別顯本事之處 三이니 第一은 總明刹海니라

　2) 본사의 장소, 즉 공간을 별개로 밝힘은 '이는 변처 중에 별개로 밝힘' 또한 3단락으로 나뉜다.

　⑴ 세계바다를 총체로 밝히다

經

有世界海하니 名普門淨光明이오

　세계해가 있으니 그 세계바다의 이름은 '보문정광명(普門淨光明)'이며,

第二는 別明一刹이라

　⑵ 하나의 승음세계를 별개로 밝히다

經

此世界海中에 有世界하니 名勝音이라 依摩尼華網海住하야 須彌山微塵數世界로 而爲眷屬하며
其形이 正圓하고 其地에 具有無量莊嚴하며 三百重衆寶樹輪圍山이 所共圍繞요 一切寶雲으로 而覆其上이라 淸淨無垢하야 光明照耀하며 城邑宮殿이 如須彌山하고 衣服飮食이 隨念而至하니

其劫名은 **曰種種莊嚴**이니라

　이 세계바다 가운데 세계가 있는데 그 이름은 '승음(勝音)'이다. 마니주꽃그물바다를 의지하여 머물며, 수미산 티끌과 같이 셀 수 없이 무한한 세계로 권속을 삼았다.

　그 형상은 방정(方正)하게 둥글고 그 땅에는 그지없는 장엄으로 갖추어져 있으며, 3백 겹 수많은 보배나무 윤위산(輪圍山)이 둘러쌌으며, 온갖 보배구름이 그 위를 뒤덮고 있는데 청정하여 한 점의 때가 없고 광명이 비쳐오며, 성읍과 궁전이 수미산과 같고 의복과 음식이 생각하는 데 따라 절로 이르러 온다.

　그 겁의 이름은 '종종장엄(種種莊嚴)'이라 한다."

● **疏** ●

別明一刹中에 畧無刹種이라 刹名勝音者는 多佛出世하야 說法音故니라 '其形下는 彰其相하고 '其劫下는 說其劫名이니 可知니라

　'하나의 승음세계를 별개로 밝힌' 가운데 세계종자는 생략하여 말하지 않았다.

　세계의 이름을 '승음'이라 말한 것은 수많은 부처님이 그 세계에 나와 법음을 설하였기 때문이다.

　'其形' 이하는 승음세계의 형상을 밝혔고, '其劫' 이하는 겁의 이름을 말한다. 이는 말하지 않아도 그 뜻을 알 수 있다.

第三는 的指一方이니 如今娑婆中에 別說一四天下也라
於中亦三이니 初는 總明感應之處요 第二諸佛子此林東下는 別明
能感居人이오 第三諸佛子此寶花枝下는 別顯道場嚴事라

 (3) 하나의 지방을 분명히 가리킴이니 지금의 사바세계 가운데 개별로 하나의 사방 천하를 말하는 것과 같다.
 이 가운데 또한 3부분으로 나뉜다.
 ① 감응의 공간을 총체로 밝힘이며,
 ② '諸佛子此林東' 이하는 거주하는 사람을 감동시키는 주체를 개별로 밝힘이며,
 ③ '諸佛子此寶花枝' 이하는 도량의 장엄에 관한 일을 개별로 밝힘이다.

今은 初라
 ① 감응의 공간을 총체로 밝히다

經
諸佛子야 彼勝音世界中에 有香水海하니 名淸淨光明이오
其海中에 有大蓮華須彌山이 出現하니 名華焰普莊嚴幢이
라 十寶欄楯이 周帀圍繞하니라
於其山上에 有一大林하니 名摩尼華枝輪이라 無量華樓閣
과 無量寶臺觀이 周迴布列하며 無量妙香幢과 無量寶山幢

이 迴極莊嚴하며 無量寶芬陀利華가 處處敷榮하며 無量香
摩尼蓮華網이 周帀垂布하며 樂音이 和悅하고 香雲이 照曜
호대 數各無量이라 不可紀極이며 有百萬億那由他城이 周
帀圍繞하야 種種衆生이 於中止住하니라

"여러 불자들이여, 저 승음세계 가운데 향수해가 있는데 그 이름은 '청정광명바다'이고, 그 바다 가운데 큰 연꽃수미산이 우뚝 솟았는데 그 이름은 '화염보장엄당산'이다. 열 가지 보배난간이 빙 둘러싸고 있다.

또 그 산 위에 큰 숲이 있는데 그 이름은 '마니화지륜(摩尼華枝輪)'이며, 한량없는 화려한 누각과 한량없는 보배누각이 주위에 벌려 있고 한량없는 묘한 향기깃대와 한량없는 보배산깃대가 아득히 장엄을 다하였고 한량없는 보배 분다리꽃이 곳곳에 피어 있고 한량없는 향기 나는 마니주연꽃그물이 두루 드리워져 있고 풍악 소리가 화락하고 향기구름이 비치는데 각기 한량없어 그 끝을 기억할 수 없었고 백만억 나유타(那由他: nayuta) 성들이 두루 둘러싸고 있으며 각기 다른 가지가지 중생들이 그 속에서 살고 있었다."

● 疏 ●

文三이니 初는 明香海오 二其海下는 海出華山이오 三於其山下는 明山頂之林이라 說林은 佛於中現이오 說居人은 擧所化也니라

이의 경문은 3단락으로 나뉜다.

(1) 향수해를 밝힘이며,

(2) '其海' 이하는 향수해에 연꽃수미산이 우뚝 솟음이며,

　(3) '於其山' 이하는 산의 정상에 있는 숲을 밝힘이다. 숲을 말한 것은 부처님이 그 속에서 나온 것이며, 성에 거주하는 사람을 말한 것은 교화할 대상을 총체로 열거한 것이다.

第二 別明能感居人中에 亦三이니 初는 標主伴二城이오 二는 釋主城이오 三은 釋伴城이라

　② 거주하는 사람을 감동시키는 주체를 개별로 밝히는 부분 또한 3부분으로 나뉜다.

　　첫째, 主城, 伴城 2가지를 나타냄이며,

　　둘째, 主城을 해석함이며,

　　셋째, 伴城을 해석함이다.

今은 初라

　　첫째, 主城, 伴城 2가지를 나타내다

經

諸佛子야 此林東에 有一大城하니 名焰光明이라 人王所都니 百萬億那由他城이 周帀圍繞하야

　"여러 불자들이여, 그 숲의 동쪽에 큰 도성이 있는데 그 이름은 '염광명(焰光明)'이다. 인간의 왕이 도읍으로 삼은 곳인데, 백만억

나유타 성이 두루 둘러싸여 있다.

● 疏 ●

雖有天城이나 以佛出故로 人城爲主라

비록 天城이 있으나 부처님이 나오신 곳이기에 人城으로 주를 삼는다.

二. 廣釋主城

둘째, 主城을 자세히 해석하다

經

淸淨妙寶로 所共成立이라 縱橫이 各有七千由旬이며 七寶爲郭하야 樓櫓却敵이 悉皆崇麗하고 七重寶塹에 香水盈滿하며 優鉢羅華와 波頭摩華와 拘物頭華와 芬陀利華가 悉是衆寶로 處處分布하야 以爲嚴飾하고 寶多羅樹가 七重圍繞하며 宮殿樓閣이 悉寶莊嚴하야 種種妙網이 張施其上하고 塗香散華가 芬瑩其中하며 有百萬億那由他門이 悉寶莊嚴이어든 一一門前에 各有四十九寶尸羅幢이 次第行列하고 復有百萬億園林이 周帀圍繞하야 其中에 皆有種種雜香과 摩尼樹香이 周流普熏하고 衆鳥和鳴하야 聽者歡悅이러라 此大城中所有居人이 靡不成就業報神足하야 乘空往來에

行同諸天하고 心有所欲에 應念皆至러라

청정하고 미묘한 보배로 모두 이뤄졌고 세로와 가로는 각각 7천 유순(由旬: yojana)이며, 칠보로 성을 만들었고 문루, 망대, 성을 둘러싼 토대(土臺: 却敵)가 모두 드높고 화려했으며, 7겹의 보배 구덩이에 향수가 가득하였다. 우바라꽃(優鉢羅: Utpalaka. 靑蓮), 파두마꽃(波頭摩: Padma. 紅蓮), 구물두꽃(拘物頭: kumuda: 黃蓮), 분다리꽃(芬陀利: 白蓮)이 모두 온갖 보배로 이뤄져 곳곳에 널려 있어 장엄하게 장식되어 있었다.

보배로 된 다라(多羅: tāla)나무가 7겹으로 둘러싸고 있으며, 궁전과 누각이 모두 보배로 장엄되어 갖가지 미묘한 그물이 그 위에 펼쳐 있고, 향을 바르고 꽃을 흩뿌려 그 속이 향기롭고도 눈부셨으며, 백만억 나유타 문이 모두 보배로 장엄되었으며, 하나하나 모든 문 앞에는 49개의 보배로 만들어진 시라(尸羅: sīla. 吉祥·淸淨)깃대가 차례로 줄지어 서 있었고, 또한 백만억 숲동산이 두루 둘러쌌는데 그 가운데는 모두 가지가지의 여러 향과 마니수향이 두루 퍼져 널리 풍기고 온갖 새들이 아름답게 울어 듣는 이를 즐겁게 하였다.

이처럼 큰 도성 안에 살고 있는 사람들은 이미 이뤄놓은 선업으로 신족통(神足通)을 이루지 않은 이가 없어 허공으로 오가는 것이 제천(諸天)의 사람과 같았으며, 마음으로 하고자 하는 일들이 생각하는 대로 모두 이뤄졌다.

◉ 疏 ◉

於此中에 先顯處嚴이라 城上守禦曰櫓요 繞城別築土臺曰却敵이오 優鉢羅等은 卽靑赤黃白四色蓮華라 後此大城下는 彰其人勝이라

이 경문에서는 먼저 도량의 장엄에 대해 밝히고 있다. 성 위에서 수어하는 것을 망루[櫓]라 하고, 성을 둘러싸고 있는 별개의 토대를 却敵이라 한다. 우바라 등은 곧 청색, 적색, 황색, 백색 4가지 색깔의 연꽃이다.

뒤의 '此大城' 이하는 그곳에 사는 사람들의 뛰어남을 나타낸 것이다.

◉ 論 ◉

問曰 此中一種은 是人이오 非天龍神이어늘 何得業報神通하야 衣服飮食이 隨念而至며 又所居高勝하야 依報寶嚴가 以何業故로 報得如是니잇고 答曰 爲因廣大故로 業報廣大며 爲因高勝故로 業報所居高勝이니라

問曰 何者 是因廣大高勝이니잇고 答曰 爲於往因에 於此毘盧遮那法界智體用無依住門性淸淨法에 而生信心하야 修信解力호대 常信自他凡聖이 一體라 同如來智하야 無所依住하며 無我無我所하야 心境이 平等하야 無二相故며 無我所故로 一切凡聖이 本唯法界라 無造作性하며 無生滅性하야 依眞而住에 住無所住하야 與一切諸佛衆生으로 同一心智라 住性眞法界하야 所有分別이 是一切諸佛의 本不動智라 凡聖一眞에 共同此智하야 全信自心이 是佛種智며 及一切智故로

不於心外에 別有信佛之心하고 亦不於自心之內에 見自心의 有佛相故니라 信如斯法호대 自力未充일세 以此是人이 獲諸人中에 一切勝報며 以是信力으로 還得毘盧遮那佛이 在國同居하고 而恒出現神足通力하야 與天同處하야 一切諸城所居神天龍八部等이 皆是同緣이니 於此法中에 而生信解故며 以此信因이 高勝廣大일세 獲得如斯勝妙依正果報故니라

다음과 같이 물었다.

"이 가운데 하나의 부류는 사람일 뿐 天·龍·神도 아닌데 어떻게 이미 이뤄놓은 선업으로 신통을 이루고, 의복과 음식이 생각하는 것을 따라 절로 찾아오고, 또한 처하는 곳이 드높고 훌륭하여 依報가 보배로 장엄될 수 있을까? 무슨 업 때문에 이처럼 좋은 과보를 얻을 수 있었는가?"

이에 대한 답은 다음과 같다.

"앞서 쌓아온 좋은 원인이 광대한 까닭에 좋은 업보가 이처럼 광대하며, 앞서 쌓아온 좋은 원인이 높고 훌륭한 까닭에 좋은 업보가 이처럼 높고 훌륭한 것이다."

"어떤 것이 앞서 쌓아온 좋은 원인이 광대하고 높고 훌륭한 것인가?"

"앞서 쌓아온 좋은 원인이 비로자나불 法界智의 체와 용이 의지하지도 머물지도 않는 법문[體用無依住門]인 성품의 청정법에 대해 신심을 내어 믿고 아는 힘[信解力]을 닦되, 항상 自他와 凡聖이 일체임을 믿고서 如來智와 같이 의지하거나 머무는 바가 없으며, 我도 없고

我所도 없어서 마음과 경계가 평등하여 두 모습이 없기 때문이다. 我所가 없기 때문에 일체의 범부와 성인이 본래 오직 법계뿐이다.

따라서 造作性이 없고 生滅性이 없어 性眞에 의지하여 머무는데, 머물면서도 머무는 바가 없어서 일체 모든 부처님과 중생과 똑같은 마음이고 지혜이다. 그리고 性眞의 법계에 머물면서 소유한 분별이 일체 부처님의 본래 不動智이다. 범부와 성인이 하나의 性眞으로 이런 不動智와 다 함께 지녀 자기의 마음이 부처님의 種智이며 一切智임을 온전히 믿기 때문에 마음 밖에 별도로 부처님을 믿는 마음이 없고, 또한 자기의 마음 안에서도 자기 마음에 부처님이 있다는 相도 보지 않는 것이다.

이와 같은 법을 믿기에 자기의 힘이 충분하지 못하지만, 이것만으로도 그 사람은 모든 사람 가운데 일체의 훌륭한 과보를 얻으며, 이 믿음의 힘으로 비로자나불이 국토에 함께 머물고, 항상 어느 곳이나 다닐 수 있는 신통력을 나타내어 諸天과 함께 처소를 같이하면서 일체 모든 성에 거처하는 神, 天, 龍의 8部 등이 모두 똑같은 인연이다. 이런 법 가운데서 믿음과 이해를 냈기 때문이며, 이러한 믿음의 원인이 높고 뛰어나고 광대한 까닭에 이처럼 훌륭하고 미묘한 正報와 依報를 얻는 것이다."

三 畧釋伴城

셋째, 함께하는 성[伴城]을 간단하게 해석하다

經

其城次南에 有一天城하니 名樹華莊嚴이오
其次右旋에 有大龍城하니 名曰究竟이오
次有夜叉城하니 名金剛勝妙幢이오
次有乾闥婆城하니 名曰妙宮이오
次有阿修羅城하니 名曰寶輪이오
次有迦樓羅城하니 名妙寶莊嚴이오
次有緊那羅城하니 名遊戲快樂이오
次有摩睺羅城하니 名金剛幢이오
次有梵天王城하니 名種種妙莊嚴이라
如是等이 百萬億那由他數어든
此一一城에 各有百萬億那由他樓閣이 所共圍繞하야 一一
皆有無量莊嚴이러라

그 도성의 다음 남쪽에 하늘나라의 성이 있는데 그 이름은 '수화장엄(樹華莊嚴)'이다.

그다음 오른쪽으로 돌아서 큰 용들이 사는 나라에 성이 있는데 그 이름은 '구경(究竟)'이다.

그다음에 야차의 성이 있는데 그 이름은 '금강승묘당(金剛勝妙幢)'이다.

그다음에 건달바의 성이 있는데 그 이름은 '묘궁(妙宮)'이다.

그다음에 아수라의 성이 있는데 그 이름은 '보륜(寶輪)'이다.

그다음에 가루라의 성이 있는데 그 이름은 '묘보장엄(妙寶莊嚴)'

이다.

또한 다음에 긴나라의 성이 있는데 그 이름은 '유희쾌락(遊戲快樂)'이다.

그다음에 마후라의 성이 있는데 그 이름은 '금강당(金剛幢)'이다.

그다음에 범천왕의 성이 있는데 그 이름은 '종종묘장엄(種種妙莊嚴)'이다.

이와 같은 것들이 백만억 나유타의 수가 있다.

이러한 하나하나의 성마다에 각각 백만억 나유타의 누각들이 모두 함께 둘러쌌는데 하나하나마다 모두 한량없는 장엄을 갖추고 있었다."

● 疏 ●

於中二니 先은 辨城名居類오 後此一一下는 顯圍繞莊嚴이라 世界不同일새 安立少異니 不可例此也라

이의 경문은 2부분이다.

앞에서는 성곽의 이름과 거처하는 사람을 논변하였다.

뒤의 '此一一' 이하에서는 하나하나의 성을 둘러싸고 있는 장엄을 밝혔다.

세계가 똑같지 않기에 존재하는 바가 조금씩은 다르다. 이를 준례로 삼을 수 없다.

第三 別顯道場嚴事

③ 도량의 장엄에 관한 일을 개별로 밝히다

經

諸佛子야 此寶華枝輪大林之中에 有一道場하니 名寶華徧照라 以衆大寶로 分布莊嚴하고 摩尼華輪이 徧滿開敷하며 燃以香燈하야 具衆寶色하고 焰雲彌覆하야 光網普照하며 諸莊嚴具에 常出妙寶하고 一切樂中에 恒奏雅音하며 摩尼寶王이 現菩薩身하고 種種妙華가 周徧十方이러라

其道場前에 有一大海하니 名香摩尼 金剛이오 出大蓮華하니 名華蘂焰輪이라 其華廣大가 百億由旬이오 莖葉鬚臺가 皆是妙寶며 十不可說百千億那由他蓮華의 所共圍繞니 常放光明하고 恒出妙音하야 周徧十方이러라

"여러 불자들이여, 그 보배꽃가지의 바퀴로 만들어진 큰 숲 가운데 하나의 도량이 있었는데 그 이름은 '보화변조(寶華徧照)'이다. 수많은 큰 보배를 여기저기 흩어 장엄하였고, 마니주로 만들어진 연꽃바퀴가 가득 만발하였으며, 향기 등불을 밝혀 온갖 보배광명을 갖추었고 불꽃구름이 가득 덮여 있고 광명그물이 널리 비치며 모든 장엄 도구에 항상 미묘한 보배가 나오고 온갖 음악 속에서 항상 청아한 소리를 연주하며, 큰 마니주에 보살의 몸을 나타내고 갖가지 미묘한 꽃들이 시방세계에 가득하였다.

그 도량 앞에 하나의 큰 바다가 있는데 그 이름은 '향마니금강 (香摩尼金剛)'이다. 그 바다에 큰 연꽃이 돋아났는데 그 이름은 '화예염륜(華蘂焰輪)'이다. 그 넓고 큰 연꽃이 백억 유순이며, 줄기 잎 꽃술 좌대가 모두 미묘한 보배로 이뤄졌으며, 10개의 '말할 수 없는 백천억 나유타' 연꽃들이 모두 둘러싸고 있는데, 항상 광명이 쏟아지고 항상 미묘한 음성이 울려 나와 시방에 가득하였다."

◉ 疏 ◉

先辨場嚴이라 '其道場前下는 明蓮華香海 爲佛現故니라

앞에서는 도량의 장엄을 말하였고, 뒤의 '其道場前' 이하에서는 연꽃과 향수바다가 부처님을 위해 나타났음을 밝히려는 것이다.

大文第三은 別顯時中本事니 文分爲二니 先은 總擧劫中多佛이오 後 '其第一'下는 一一別顯하야 正彰本事니 經來不盡일세 故無總結이라

3) 시간 속의 本事를 개별로 밝히다

경문은 2단락으로 나뉜다. 첫째, 그 겁에 많은 부처님을 총체로 말하였고, 둘째, '其第一' 이하에서는 하나하나 개별로 밝혀 바로 本事를 나타낸 것이다. 경의 뒤 문장이 미진한 까닭에 총체로 끝맺은 부분이 없다.

今은 初라
　첫째, 그 겁에 많은 부처님을 총체로 밝히다

經

諸佛子야 彼勝音世界 最初劫中에 有十須彌山微塵數如來가 出興於世하시니

　"여러 불자들이여, 저 승음세계의 최초 겁 동안에 10개의 수미산 티끌과 같이 셀 수 없는, 한량없는 부처님이 세상에 나오셨다.

● 疏 ●

將欲說別하야 先擧其總이니 言最初劫者는 卽種種莊嚴劫이라 旣云最初댄 卽此後 更有大劫이라야 於理無違니라

　장차 개별을 말하고자 먼저 그 총체를 들어 말한 것이다.
　'최초 겁'이라 말한 것은 곧 승음세계의 '종종장엄겁'이다. 이처럼 '최초'라 말했다면 그 뒤에 반드시 '大劫'이 있어야 만이 이치에 어긋나지 않는다.

第二. 正顯本事中에 歷事四佛 卽爲四別이니 第一은 逢一切功德山須彌勝雲佛이오 第二는 波羅蜜善眼莊嚴佛이오 第三은 最勝功德海佛이오 第四는 名稱普聞蓮華眼幢佛이니 各有諸佛子言이라

　둘째, 本事를 바로 밝히는 가운데 네 부처님을 하나하나 섬기

는 것이 곧 4가지로 구별된다.

　　제1. 일체공덕산 수미승운불,

　　제2. 바라밀 선안장엄불,

　　제3. 최승공덕해불,

　　제4. 명칭보문 연화안당불을 만남이다. 각 단락마다 '여러 불자들이여[諸佛子]'라는 말이 있다.

就初佛中에 文分爲六이니 第一은 總標佛號오 第二는 先瑞熟機오 第三은 正顯佛興이오 第四는 毫光警召오 第五는 當機雲集이오 第六은 廣演法門이라

　　제1. 일체공덕산 수미승운불을 친견하다

　　이 가운데 경문이 6단락으로 나뉜다.

　　1) 부처님의 명호를 총체로 밝힘이며,

　　2) 상서가 나타나고 근기가 성숙함을 말하였고,

　　3) 부처님이 연꽃 속에서 출현하심을 바로 밝혔고,

　　4) 부처님의 眉間에서 놓으신 광명으로 대중을 불러 경계하였고,

　　5) 현세에 이익을 얻는 當機衆이 운집함이고,

　　6) 법문을 널리 연설하였다.

今은 初也라

　　1) 부처님의 명호를 총체로 밝히다

經

其第一佛은 號一切功德山須彌勝雲이시니라

　그 최초 부처님의 명호는 '일체공덕산 수미승운'이시다."

◉ 疏 ◉

一切功德山者는 福德崇峻하야 不可仰也오 復言須彌者는 定慧高妙하야 難傾動也오 言勝雲者는 慈覆智潤이 廣無邊也라

　'일체공덕산'이란 복덕이 너무 드높아 우러러볼 수조차 없는데, 여기에 다시 '수미산'을 말한 것은 定慧가 높고 미묘하여 뒤흔들기 어려움이며, '勝雲'이라 말한 것은 자비로 덮어주고 지혜로 윤택하게 함이 드넓어 끝이 없음이다.

第二 先瑞熟機

　2) 상서가 나타나고 근기가 성숙하다

經

諸佛子야 應知彼佛이 將出現時 一百年前에
此摩尼華枝輪大林中一切莊嚴이 周徧淸淨이니 所謂出不
思議寶焰雲과 發歎佛功德音과 演無數佛音聲과 舒光布
網하야 彌覆十方과 宮殿樓閣이 互相照曜와 寶華光明이 騰
聚成雲과 復出妙音하야 說一切衆生의 前世所行廣大善根

과 說三世一切諸佛名號와 說諸菩薩의 所修願行究竟之
道와 說諸如來의 轉妙法輪種種言辭라
現如是等莊嚴之相하야 顯示如來의 當出於世한대
其世界中一切諸王이 見此相故로 善根成熟하야 悉欲見佛
하야 而來道場하니라

"여러 불자들이여, 알아야 한다. 저 부처님이 장차 출현하려 하셨을 때, 1백 년 전에

이 마니주로 만들어진 연꽃바퀴의 숲 속의 온갖 장엄이 두루 청정하였다.

(1) 이른바 도저히 생각할 수 없는 보배불꽃구름이 피어오르고,

(2) 부처님 공덕을 찬탄하는 소리가 울려오고,

(3) 수없이 많은 부처님의 음성을 연설하고,

(4) 광명의 그물을 펼쳐 시방을 덮어주고,

(5) 궁전과 누각이 서로서로 비추고,

(6) 보배꽃광명이 공중에 모여 구름을 이루고,

(7) 다시 미묘한 음성으로 온갖 중생의 전세에 행하였던 넓고 큰 선근을 말하고,

(8) 삼세의 여러 부처님의 명호를 말하고,

(9) 많은 보살이 닦았던 원행(願行)과 구경에 이르는 도를 말하고,

(10) 미묘한 법륜을 굴렸던 모든 여래의 갖가지 말씀을 말해주었다.

이와 같은 장엄한 형상을 나타내어 여래께서 세상에 출현할 것

을 보여주었다.

그 세계의 모든 왕들이 이러한 형상을 보았던 까닭에 선근이 성숙하여 모두가 부처님을 친견코자 도량으로 모여들었다."

● 疏 ●

文二니 初는 現瑞熟機이오 二其世界中下는 覩瑞機熟이라

경문은 2단락으로 나뉜다.
(1) 상서가 나타나 근기를 성숙시켜줌이며,
(2) '其世界中' 이하는 상서를 보고서 근기가 성숙함이다.

前中三이니 初는 標現時니 謂百年前이오 二此摩尼下는 正顯瑞相에 有其十種이니 於中에 說前世所行者는 示其種子將成熟故오 說佛名號는 令憶念故오 說大行願은 使修發故오 說轉法輪은 使當聽習하야 生法眼故니라
後現如是下는 結瑞意也오 二其世界下는 機熟可知니라

'(1) 상서가 나타나 근기를 성숙시켜줌'은 3부분으로 나뉜다.
① 부처님이 출현한 시기를 나타냄이니 1백 년 전을 말한다.
② '此摩尼' 이하는 상서의 형상을 나타내는 데에 10가지가 있다. 그 가운데 前世에 행했던 바를 말한 것은 그 종자가 장차 성숙함을 보여주기 위한 때문이며, 부처님의 명호를 말한 것은 기억하고 생각하도록 하기 위한 때문이며, 많은 보살이 닦았던 願行을 말한 것은 이를 닦아 밝히도록 한 때문이며, 미묘한 법륜을 굴렸던 것을 말함은 마땅히 듣고 익혀서 法眼을 내도록 하기 위한 때문이다.

③ '現如是' 이하는 상서에 관한 뜻을 끝맺었다.

'⑵ 其世界中 이하'는 근기가 성숙함을 말하지 않아도 알 수 있다.

第三 正顯佛興

3) 부처님이 연꽃 속에서 출현하심을 바로 밝히다

經

爾時에 一切功德山 須彌勝雲佛이 於其道場大蓮華中에
忽然出現하시니
其身이 周普하야 等眞法界하며
一切佛刹에 皆示出生하며
一切道場에 悉詣其所하며
無邊妙色이 具足淸淨하며
一切世間이 無能暎奪하며
具衆寶相하야 一一分明하며
一切宮殿에 悉現其像하며
一切衆生이 咸得目見하며
無邊化佛이 從其身出하며
種種色光이 充滿法界하니
如於此淸淨光明香水海 華焰莊嚴幢 須彌頂上摩尼華枝
輪大林中에 出現其身하사 而坐於座하야 其勝音世界에 有

六十八千億須彌山頂이어든 **悉亦於彼**에 **現身而坐**하시니라

그때 '일체공덕산 수미승운 부처님'이 그 도량의 큰 연꽃 가운데 갑자기 나타나시니

⑴ 그 몸이 두루 나타나 진법계와 같고,

⑵ 일체 제불국토에 모두 출생하심을 보여주었으며,

⑶ 온갖 도량에 모두 찾아가며,

⑷ 끝없는 미묘한 빛깔이 갖추어져 청정하며,

⑸ 일체 세계가 그 빛을 빼앗을 수 없으며,

⑹ 수많은 보배 형상을 갖추어 하나하나 분명하며,

⑺ 모든 궁전에 다 그 영상을 나타냈으며,

⑻ 모든 중생이 모두 눈으로 볼 수 있으며,

⑼ 끝없는 화신 부처님이 그 몸에서 나오며,

⑽ 갖가지 빛깔이 세계에 가득하였다.

이 청정광명 향수바다의 꽃불장엄깃대, 수미산 꼭대기의 마니주 꽃가지로 만든 바퀴의 큰 숲 속에 그 몸을 나타내어 자리에 앉은 것처럼 그 승음세계에 68천억 수미산 꼭대기가 있는데, 그곳에도 역시 다 몸을 나타내어 앉으셨다.

◉ 疏 ◉

於中分二니 初는 一處道成이오 二如於下는 結通廣徧이라
初中에 先은 總이오 後其身下는 別이니 別顯勝德에 畧有十相이라

이의 경문은 2단락으로 나뉜다.

⑴ 한곳에서 도를 성취함이며,
⑵ '如於' 이하는 널리 두루 함을 통틀어 끝맺은 것이다.

'⑴ 한곳에서 도를 성취함'에 있어 앞부분은 총체이며, 뒤 '其身' 이하는 개별이다.

훌륭한 덕을 개별로 밝힌 데에 대해 간단하게 10가지의 모습이 있다.

一은 示身相이니 法無不在일세 本自普周하고 智與理冥이라 故等彼眞界니 能令色相으로 隨彼融通하야 法界塵毛에 重重全徧이라【鈔_ 畧有十相者는 下結云 '大同經初'라하니 卽敎主難思十身相也라 初一은 卽法身이니 經以身智無碍而爲法身이라 便融色相等하야 爲一法身이니 以初身爲總故니라 法無不在 本自普周는 卽釋經其身周普니 是法性身이오 智與理冥者는 釋經等眞法界니 此是報身이오 亦如智也라 故金光明云 唯如如와 及如如智獨存은 爲法身故라하니라 能令色相下는 以眞身周故로 令應用亦周니 吾今此身이 卽是常身法身故也니 則以三身圓融으로 爲一眞法身矣라 下九는 別說이라】

① 身相을 보임이다. 법이 있지 않은 데가 없기에 본래 스스로 널리 두루 하고, 지혜가 이치로 더불어 하나가 되기에 저 眞界와 같다. 능히 色相으로 하여금 그것을 따라 융통케 하여 법계의 티끌과 털끝처럼 거듭거듭 온전히 두루 하고 있다.【초_ "간단하게 10가지의 모습"이란 아래의 청량 疏에서 끝맺어 말하기를, "경문의 첫 부분과 크게 똑같다."고 하였다. 이는 곧 敎主의 몸에 보이는 불가사의한 10가지의 모습이다. 첫째는 법신이다. 법신의 걸림

없는 身智로 법신을 삼은 터라, 色相 등을 융합하여 하나의 법신을 삼음이니 처음의 몸이 총체가 되기 때문이다.

"법이 있지 않은 데가 없기에 본래 스스로 널리 두루 하다."는 것은 경문의 "그 몸이 두루 나타남"을 해석한 것으로, 이는 法性身이다. "지혜가 이치로 더불어 하나가 된다."는 것은 경문의 "진법계와 같다."를 해석한 것으로, 이는 報身이며, 또한 如智이다. 이 때문에 金光明經에 이르기를, "오직 如如 및 如如智가 홀로 존재하는 것이 법신이기 때문이다."고 하였다. '能令色相' 이하는 眞身이 두루 한 까닭에 응용 또한 두루 함을 말한다. 나의 이 몸이 곧 常身·法身이기 때문이다. 곧 3가지의 몸이 원융함으로 하나의 眞法身이다. 아래 9가지는 개별의 말이다.】

二 悲相이니 不捨因行하야 無所不生이라【鈔_ 二悲相은 卽意生身이라】

② 悲相이다. 因行을 버리지 않아서 출생하지 않는 바가 없다.
【초_ '悲相'은 곧 意生身이다.】

三 成相이니 理行時處 爲一切道場이오 身智俱游 名爲普詣니라【鈔_ '三成相은 卽菩提身이오 理行時處爲道場은 並如經初니라 】

③ 成相이다. 理와 行, 시간과 공간이 모든 도량이 되고, 몸과 지혜가 함께하는 것을 '널리 모든 곳에 나아감[普詣]'이라고 말한다.
【초_ '成相'은 곧 菩提身이다. "理와 行, 시간과 공간이 모든 도량이 됨"은 이 또한 경문의 처음과 같다.】

四 色相이니 湛然常住를 稱爲妙色이라하고 色色無邊일세 故云具足이오 並無質累일세 是謂淸淨이라【鈔_ '四色相은 卽福德身이라 故上經云

'三世所行의 衆福大海 悉以淸淨이라하니 是故로 妙色爲福之果라 上經에 又云 '不可思議大劫海에 供養一切諸如來하야 普以功德施羣生일세 是故端嚴最無比라하니라 】

④ 色相이다. 담담하게 常住하는 것을 '妙色'이라 하고, 모든 빛깔이 그지없는 까닭에 이를 '具足'이라 말하고, 아울러 바탕과 누가 없기에 이를 '淸淨'이라고 말한다.【초_ '色相'은 곧 福德身이다. 이 때문에 上經에 이르기를, "삼세의 행한 바 수많은 복의 큰 바다가 모두 청정하다."고 하였다. 이 때문에 미묘한 빛깔이 복의 결과가 된다. 상경에 또 이르기를, "불가사의의 영겁바다에 일체 모든 여래께 공양하여 널리 공덕으로 중생에게 베풀어주있기에 단정하고 장엄함이 가장 비할 데 없다."고 하였다.】

五 勝相이니 色容이 蔽於大衆하고 威德이 懾於羣魔하야 力無畏 圓이어니 何能暎奪이리오【鈔_ 五勝相은 卽威勢身이라 】

⑤ 勝相이다. 색깔과 용모가 대중을 가렸으며, 위신력과 덕망이 수많은 마군을 두렵게 하여, 그의 위신력과 두려움이 없는 바가 원만하다. 어떻게 그런 위신력을 빼앗을 수 있겠는가.【초_ '勝相'은 곧 威勢身이다.】

六 貴相이니 無邊寶相이 圓明可貴하야 超過聖帝라 故曰分明이라하니라 【鈔_ 六貴相은 卽相好莊嚴身이라 且順三乘하야 云過聖帝라하니라 俱舍頌云 '相不正圓明일세 故與佛非等이라하니 此釋輪王相이어니와 今是世尊일세 故云分明이라하니 實具十蓮華藏微塵數相也니라 】

⑥ 貴相이다. 그지없이 보배처럼 귀중한 모습이 원만하고 명백

함이 고귀하여 聖帝보다도 더 훌륭하기에 이를 '分明'이라고 말한다.【초_ '貴相'은 곧 相好莊嚴身이다. 또 三乘을 따라서 "聖帝보다도 더 훌륭하다."고 말하였다. 구사론 게송에 이르기를, "형상이 원만하고 명백하지 못한 까닭에 부처님과 똑같지 않다."고 하였다. 이는 輪王의 형상을 해석한 것이지만 여기에서는 세존을 말하였기에 이를 '分明'이라고 말하니 실로 10개의 蓮華藏 微塵數와 같은 형상을 갖추고 있다.】

七 應相이니 不往普現이 如鏡中像이라【鈔_ '七應相'은 卽力持身이니 如爲龍留影하야 力持不滅이라】

⑦ 應相이다. 그곳에 찾아가지 않고서도 널리 나타나는 것이 거울 속의 영상과 같다.【초_ '應相'은 곧 力持身이다. 용을 위해 그림자를 남겨 지닌 힘이 사라지지 않은 것과 같다.】

八 無礙相이니 有感斯見이라 無隔山河니라【鈔_ '八無礙相'은 卽願身이니 上經云 '毘盧遮那佛 願力周法界하사 一切國土中에 常轉無上輪'이라하니 故咸目覩니라】

⑧ 無礙相이다. 감촉함이 있으면 그 어느 곳도 볼 수 있기에 山河에도 막힘이 없다.【초_ '無礙相'은 곧 願身이다. 위의 경문에 이르기를, "비로자나불의 원력이 법계에 두루 하사 온갖 국토에서 항상 無上法輪을 굴린다."고 하였다. 이 때문에 모두 눈으로 볼 수 있다.】

九者는 化相이니 化從眞流라 源無有異니라【鈔_ '九化相'은 卽化身이라】

⑨ 化相이다. 화신은 진신에서 흘러나온 것이기에 근원과 차이가 없다.【초_ '化相'은 곧 化身이다.】

十 吉祥相이니 身智光照하야 普稱世間이라 此上은 大同經初하다【鈔_ '十吉祥相'은 卽智身이니 正在智光하고 旁兼身光耳라 是知此經에 引昔因緣이 亦皆圓妙하다】

⑩ 吉祥相이다. 身智의 광명이 비쳐 널리 세간에 함께하는 것이다. 이의 위는 경문의 첫 부분과 크게는 같다.【초_ '吉祥相'은 곧 智身이다. 바르게는 지혜광명에 있고 곁으론 몸의 광명을 겸하였다. 화엄경에서 과거의 인연을 인증함 또한 모두 원만하고 미묘함을 알아야 한다.】

二 結通中에 且結同類一界오 餘皆畧也니라

'(2) 통틀어 끝맺다'는 것에 아직 하나의 同類 경계만을 끝맺고 나머지는 모두 생략하였다.

第四 毫光召衆

4) 부처님의 眉間에서 놓으신 광명으로 대중을 불러 경계하다

經

爾時에 彼佛이 卽於眉間에 放大光明하시니 其光이 名發起一切善根音이라
十佛刹微塵數光明으로 而爲眷屬하야 充滿一切十方國土하야 若有衆生을 應可調伏이면 其光이 照觸하야 卽自開悟하며 息諸惑熱하며 裂諸蓋網하며 摧諸障山하며 淨諸垢濁하

며 發大信解하며 生勝善根하며 永離一切諸難恐怖하며 滅除一切身心苦惱하며 起見佛心하야 趣一切智케하시니라

그때 '일체공덕산 수미승운 부처님'이 미간에서 큰 광명을 쏟아놓으시니 그 광명의 이름은 '발기일체선근음(發起一切善根音)'이다. 열 티끌과 같이 셀 수 없이 무한한 제불국토의 광명으로 권속을 삼아 온갖 시방국토에 가득하였다.

만약 어떤 중생을 반드시 조복해야 한다면 그 빛이 그 중생을 비추어

(1) 곧 스스로 깨닫게 해주며,
(2) 모든 번뇌를 사라지게 해주며,
(3) 모든 덮인 그물을 찢어주며
(4) 모든 장애의 산을 부셔주며,
(5) 모든 때와 혼탁을 깨끗이 해주며,
(6) 큰 믿음과 이해를 내게 해주며,
(7) 수승한 선근을 내게 해주며,
(8) 길이 온갖 어려움과 두려움을 여의게 해주며,
(9) 온갖 몸과 마음의 괴로움을 없애주며
(10) 부처님을 뵈려는 마음을 일으켜서 온갖 지혜에 나아가게 하셨다.

● 疏 ●

文分爲五니 一放光處니 顯中道故오

경문은 5단락으로 나뉜다.

(1) 백호광을 놓으시는 곳이니 중도를 나타내기 때문이다.

二는 主光名이니 發動宿種하야 生起新善故라 善根有三이니 一者는 生福及不動業인댄 以施·忍·智三而爲善根하고 二는 厭苦求滅인댄 以信等爲根하고 三은 求無上慧인댄 以四等과 不放逸五法으로 爲根이라【鈔 _ '一者生福者는 業有三種하니 一惡業이니 卽三不善根所生이니 今所不明이라 疏列三業은 卽三善根所生이니 三善根者는 卽無貪·無瞋·無痴니 今非但不著有境이라 兼能惠施하야 成無貪根하고 非唯於苦無恚라 兼行忍辱일세 故成無瞋根하고 非唯於境明了라 增修慧解는 是無痴根이니 有此三根이면 唯生欲·色·無色이라 故爲福不動根이라 然其三根은 依唯識論컨대 各別有性하니 善十一攝이라 無貪은 以於有有具에 無著으로 爲性하고 無瞋은 以於苦苦具에 無恚로 爲性하고 無痴는 以於諸理事에 明解로 爲性이니 通唯善慧오 別各有性이라 今依集論第一컨대 以慧로 爲無痴性하고 唯識意會엔 以慧로 爲無痴之果耳라 故施·忍二도 亦從果名이니 由無貪瞋일세 故成施忍이라 所以로 疏云 '以施忍慧 以爲其根'이라 하다

'二信等根'은 下當廣說이라

'三求無上'者는 涅槃經云 '皆歎慈悲하야 爲菩薩根이라하니 謂有慈悲心이면 必須喜捨오 不放逸者는 卽是精進이니 無貪等三은 於所斷修에 防非爲性일세 假立爲一이라 故涅槃에 說호되 '不放逸根은 根深難拔이라하니 由不放逸하야 策前四等하야 得一切智라 故爲根也니라】

通說인댄 善根은 以依聖敎發心으로 爲性이라 故云 音也니라

(2) 법주 광명의 이름이다. 宿世에 심어놓은 종자를 흔들어 새로운 선을 생겨나게 한 때문이다. 선근에는 3가지가 있다.

① 복과 色界·無色界의 善業인 不動業을 생겨나게 하는 데에는 보시·인욕·지혜 3가지로써 선근을 삼는다.

② 고통을 싫어하여 열반[滅]을 구하는 데에는 신심 등으로 선근을 삼는다.

③ 더할 수 없는 최고의 지혜를 구하는 데에는 四等과 不放逸의 5가지 법으로 선근을 삼는다. 【초_ '① 生福'이란 3가지의 업이 있다. 첫째는 악업이다. 이는 곧 3가지 不善의 뿌리에 의해 생겨난 것이다. 여기에서는 이에 대해 밝히지 않고, 청량 疏에서 3가지 선업을 열거한 것은 곧 3가지 선업의 뿌리에 의해 생겨난 때문이다. 3가지 선업의 뿌리란 곧 無貪·無瞋·無痴이다. 여기에서는 경계를 지닌 것[有境]에 집착하지 않을 뿐 아니라, 겸하여 은혜와 보시로 탐욕이 없는 선근을 이루고, 괴로움에 대해 성냄이 없을 뿐 아니라, 겸하여 인욕을 행한 까닭에 성냄이 없는 선근을 이루고, 경계에 대해 명백히 알 뿐 아니라, 지혜를 더욱 닦음이 어리석음이 없는 선근을 이룸이다. 이와 같은 3가지의 선업이 있으면 오직 욕계·색계·무색계에 태어나게 된다. 이 때문에 "복과 色界·無色界의 善業인 不動業이 생겨나는 것이다." 그러나 이 3가지의 선업은 유식론을 따르면 각각 개별로 자성이 있는바, 51種 心所의 六位 가운데 제3位에 속하는 11가지의 선(① 信, ② 精進, ③ 慚, ④ 愧, ⑤ 無貪, ⑥ 無瞋, ⑦ 無痴, ⑧ 輕安, ⑨ 不放逸, ⑩ 行舍, ⑪ 不害)을 말한다. 無貪은 三

有果·三有因에 집착이 없는 것으로 자성을 삼고, 無瞋은 苦果·苦因에 성냄이 없는 것으로 자성을 삼고, 無痴는 모든 이법계·사법계를 밝게 아는 것으로 자성을 삼는다. 이를 전체로 통괄하면 오직 善慧라 하고 개별로 말하면 각각 자성이 있다. 이를 集論 제1을 따르면 지혜로써 無痴의 자성을 삼았지만 유식론의 뜻으로 보면 지혜로써 無痴의 결과를 삼는다. 이 때문에 보시·인욕 2가지 또한 결과의 이름을 따른 것이다. 탐욕의 마음, 성내는 마음이 없는 까닭에 보시·인욕을 성취한 것이다. 이 때문에 청량 疏에 이르기를, "보시·인욕·지혜로써 그 뿌리를 삼는다."고 하였다.

"② 신심 등으로 선근을 삼는다."에 대해서는 아래 해당 부분에서 자세히 말할 것이다.

"③ 더할 수 없는 최고의 지혜를 구한다."는 것은 열반경에 이르기를, "모두 자비를 찬탄하여 보살의 뿌리를 삼는다."고 하니 자비의 마음이 있으면 반드시 기쁜 마음으로 보시함을 말한다.

不放逸이란 곧 정진이다. 無貪 등 3가지는 끊어야 하고 닦아야 할 바에 그릇된 일을 막는 것으로 자성을 삼은 까닭에 이를 임시방편으로 내세워 하나로 삼았다. 이 때문에 열반경에 이르기를, "방일하지 않는 선근은 그 뿌리가 깊어서 뽑기 어렵다."고 한다. 방일하지 않음으로 말미암아서 앞서 말한 4가지[慈·悲·喜·捨]를 일으켜 一切智를 얻은 까닭에 뿌리가 되는 것이다.】

善根을 전체로 말하면 성인의 가르침을 따라서 마음을 일으키는 것으로 자성을 삼은 까닭에 이를 '음성[音]'이라 말한다.

三十佛刹下는 眷屬數니 無盡法故요.

(3) '十佛刹' 이하는 권속의 수효이다. 끝이 없는 법이기 때문이다.

四充滿一句는 照分齊니 充滿十方은 通方敎故라

(4) '充滿' 1구는 방광의 공간을 말한다. 방광이 시방에 충만함은 시방세계로 통하는 가르침이기 때문이다.

五若有下는 明光勝益이니 文有十句라 一 無明重者는 自覺智開요 二 煩惱深者는 息現行惑이요 三 勤修難出에 裂五蓋網이요 四 三障重者는 摧諸障山이요 五 未解脫者는 淨心垢種이요 六 未信大者는 發起入住요 七 闕資糧者는 生其勝善이요 八 未入地者는 除五怖畏요 九는 色累功用이 滅身心苦요 十 滯無生者는 見佛趣果니라【鈔_ 無明重下는 先別釋이니 初四는 離障이요 五는 令解脫이니 通益三乘이요 六은 未信令信이요 七은 令入三賢이요 八은 令得初地요 九는 令二地已上으로 得於八地요 十은 已在八地하야 已證無生인댄 諸佛勸起하야 令得九·十二地니라】

(5) '若有' 이하는 放光에 의한 뛰어난 이익을 밝힌 것이다. 이의 경문은 10구이다.

① 두꺼운 무명을 지닌 자는 自覺의 지혜가 열리고,

② 번뇌가 깊은 자는 現行의 의혹을 사라지게 되고,

③ 부지런히 수행하여도 벗어나기 어려운 五蓋(貪慾·瞋恚·睡眠·掉悔·疑法)의 그물을 찢어주고,

④ 3가지 장애(煩惱障·業障·報障)가 큰 자는 모든 장애의 산을 꺾어주고,

⑤ 해탈하지 못한 자는 마음의 때가 되는 종자를 청정하게 해주고,

⑥ 큰 것을 믿지 못한 자는 마음을 일으켜 믿음으로 들어가 머물게 하고,

⑦ 수행의 힘[資糧]이 없는 자는 그 뛰어난 선을 생겨나게 하고,

⑧ 見道 지위에 들어가지 못한 자는 5가지의 두려움(五怖畏: 不活畏, 惡名畏, 死畏, 惡趣畏, 怯畏)을 없애주고,

⑨ 色累(質碍)의 功用에 의한 몸과 마음의 고통을 없애주고,

⑩ 無生 도리에 막힌 자는 부처님을 뵙고서 佛果에 나아가도록 함이다.【초_ '無明重' 이하는 먼저 개별로 해석함이니 앞의 ①~④는 장애에서 벗어남이며, ⑤는 장애에서 해탈함이니 三乘에 모두 이익을 줌이며, ⑥은 신심이 없는 이를 신심을 얻도록 함이며, ⑦은 三賢의 지위에 들어가게 함이며, ⑧은 初地를 얻게 함이며, ⑨는 二地 이상으로 하여금 八地를 얻도록 함이며, ⑩은 이미 八地에서 이미 無生을 증득했는데 제불이 권하여 九地·十地를 얻도록 함을 말한다.】

此는 約差別對治以釋이어니와 若約橫配댄 生善見理니 可以準思니라【鈔_ '此約差別' 下는 二結釋이니 差別은 結上明是豎釋이오 對治는 結上非三悉檀이라 若約橫配 下는 更結異門하야 橫對前豎니 位位에 通用此十句故니라 '生善見理'는 對上對治이니 生善은 即是爲人悉檀이니 謂發大信解와 生勝善根과 起見佛心이 皆生善也라 見理는 即第一義悉檀이니 如自覺智開와 趣一切智 皆見理也라 亦應合有隨俗

令喜하는 世界悉檀이로되 以益近故로 此中不說이니 橫豎無礙 是此中意라 四悉檀義는 問明當辨호리라 】

이는 차별의 對治로 해석하였지만 만일 橫으로 짝하여 말한다면 선한 마음을 내고 이치를 보는 것으로 말하였다. 이에 준해 생각하면 알 수 있다. 【초_ 此約差別' 이하는 '(2) 법주 광명의 이름'에 대해 끝맺은 말이다. '차별'은 위에서 豎로 해석하여 밝힌 부분을 끝맺은 것이며, '對治'는 위에서 말한 '三悉檀이 아님'을 끝맺은 것이다.

'若約橫配' 이하는 다시 다른 부분을 끝맺어 횡으로 앞에서 말한 豎를 상대로 말한 것이다. 지위마다 모두 이 10구로 썼기 때문이다.

'生善見理'는 위에서 말한 對治를 상대로 말한 것이다. 生善은 사람의 마음을 살펴 설법하는 爲人悉檀이다. 큰 신심과 이해를 일으키는 것, 뛰어난 선근을 내는 것, 부처님을 친견하려는 마음을 일으키는 것 그 모두가 "선한 마음을 낸 것이다." 見理는 곧 第一義悉檀이다. 自覺智가 열리는 것, 一切智에 나아가는 것 그 모두가 "이치를 본 것이다." 또한 마땅히 세속을 따라 기쁘게 만들어주는 世界悉檀이 있지만 더욱 가까운 까닭에 여기에서는 말하지 않았다. 橫과 豎로 걸림이 없다는 것이 여기에서 말한 뜻이다. 四悉檀에 관한 뜻은 問明品에서 논변할 것이다. 】

第五 當機雲集

文二니 先은 通顯諸王雲集致敬이오 後는 別彰諸王雲集儀式이라

5) 현세에 이익을 얻는 當機衆이 운집하다

이의 경문은 2단락이다.

앞에서는 수많은 왕이 운집하여 공경의 마음을 다한 부분을 전체로 밝혔고,

뒤에서는 개별로 수많은 왕이 운집한 의식을 밝혔다.

今은 初라

이는 첫 부분으로 수많은 왕이 운집함이다.

經

時에 一切世間主와 幷其眷屬無量百千이 蒙佛光明의 所開覺故로 悉詣佛所하야 頭面禮足하니라

이때 모든 세간의 임금과 아울러 그 한량없는 백천 권속들이 부처님의 광명을 입고서 깨달음을 얻은 까닭에 모두가 부처님이 계신 곳으로 나아가 머리와 얼굴로 숙여 부처님의 발아래에 절을 올렸다.

後는 別彰諸王雲集儀式이니 於中에 分二니 先은 廣明喜見이오 後는 畧列諸王이라
今初는 卽正出本事之緣이니 文分爲六이니 第一은 標名辨統이오 二는 總辨眷屬이오 三은 威光得益이오 四는 偈讚如來오 五는 父王宣詰오 六

은 俱行詣佛이라

뒤는 개별로 수많은 왕이 운집한 의식을 밝히고 있다.

여기에는 2단락으로 나뉜다.

(1) 喜見善慧王을 자세히 밝혔고,

(2) 모든 왕을 간단하게 나열하였다.

'(1) 희견선혜왕'은 바로 本事의 반연을 말한 것으로 이의 해당 경문은 6부분으로 나뉜다.

① 왕의 명호를 밝히고 통솔에 대해 논변함이며,

② 권속을 총괄하여 논변함이며,

③ 大威光太子가 이익을 얻음이며,

④ 게송으로 여래를 찬탄함이며,

⑤ 부왕 희견선혜왕이 분부함이며,

⑥ 모두 함께 부처님 도량을 찾아가다.

今은 初라

① 왕의 명호를 밝히고 통솔에 대해 논변하다

經

諸佛子야 彼焰光明大城中에 有王하니 名喜見善慧라 統領百萬億那由他城하니

"여러 불자들이여, 저 염광명(焰光明) 큰 성에 왕이 있는데 그 이름은 '희견선혜왕(喜見善慧王)'이다. 백만억 나유타의 성을 통솔하였다.

◉ 疏 ◉

初文은 可知라

첫 단락의 경문은 말하지 않아도 알 수 있다.

第二 總辨眷屬
② 권속을 총괄하여 논변하다

經

夫人婇女가 三萬七千人에 福吉祥이 爲上首오 王子五百人에 大威光이 爲上首오 大威光太子가 有十千夫人하니 妙見이 爲上首라

부인과 채녀(婇女)가 3만 7천 명인데 복길상 부인으로 으뜸을 삼고, 왕자가 5백 명인데 대위광 태자로 으뜸을 삼고, 대위광 태자에게 10천(千) 부인이 있는데 묘견 부인으로 으뜸을 삼았다."

◉ 疏 ◉

有德曰夫人이오 有色曰婇女라 王子는 別本云 '二萬五千'者는 別梵本也라 按瓔珞本業經上卷云 十住銅輪寶瓔珞은 百福子로 爲眷屬하고 生一佛土하야 受佛學行하야 敎化二天下하고 銀輪寶瓔珞은 五百子로 金輪은 一千子로 初地四天王은 萬子로 二地忉利天王은 二萬子로 三地已上으로 乃至淨居天王에 但云眷屬이 亦如是라 故知無過

415

二萬子者니라
若三界王은 卽當等覺이오 又以一切菩薩로 爲眷屬이라 按喜見所統컨댄 但以城言이오 又見佛興으로 至第三佛하야 方云去世라하니 五百銀輪은 斯爲正也니라 或約敎異이라도 理亦可通이라 上首云'大威光'者는 有大威德하야 其道光明故니라

덕이 있는 이를 '부인', 아름다운 얼굴을 지닌 이를 '媒女'라 한다.

'王子'는 다른 판본에서 '2만 5천'이라 말한 것은 별개의 梵本을 말한다. 영락본업경의 상권에서 다음과 같이 말하고 있다.

"十住 보살, 즉 銅寶瓔珞인 銅輪王은 백 가지의 복이 있는 자식으로 권속을 삼고, 하나의 불국토에 태어나 부처님에게 행을 배워 2천하를 가르치고, 十行 보살, 즉 銀寶瓔珞인 銀輪王은 5백의 자식으로 권속을 삼고 十廻向 보살, 즉 金剛寶瓔珞인 金輪王은 1천의 자식으로 권속을 삼고, 初地 四天王은 1만의 자식으로 권속을 삼고, 二地 忉利天王은 2만의 자식으로 권속을 삼고, 三地 이상으로 내지 淨居天王에 대해 단 권속이라 말한 것 또한 이와 같다. 그러므로 2만의 자식으로 권속을 삼은 데 지나지 않음을 알 수 있다. 三界王과 같은 경우, 곧 等覺에 해당되고, 또한 일체 보살로 권속을 삼는다.

희견선혜왕의 거느린 바를 살펴보면 단 城만을 말했을 뿐이며, 또한 부처님이 나오심으로부터 제3 佛에 이르러서야 비로소 '세상을 떠났다[去世].'고 말하였다. 5백의 자식으로 권속을 삼은 銀輪王이 바로 정설이 된다. 혹은 가르치는 말이 다르다 할지라도 이치

또한 통하는 말이다.

위의 첫머리에서 '大威光'이라 하는 것은 큰 威德을 가지고서 그 도가 빛나기 때문이다.

第三 威光得益

③ 대위광 태자가 이익을 얻다

經

爾時에 大威光太子가 見佛光明已에 以昔所修善根力故로
卽時에 證得十種法門하니 何謂爲十고
所謂證得一切諸佛功德輪三昧와
證得一切佛法普門陀羅尼와
證得廣大方便藏般若波羅蜜과
證得調伏一切衆生大莊嚴大慈와
證得普雲音大悲와
證得生無邊功德最勝心大喜와
證得如實覺悟一切法大捨와
證得廣大方便平等藏大神通과
證得增長信解力大願과
證得普入一切智光明辯才門이라

이때 대위광 태자가 부처님의 광명을 보고서 예전에 닦은 선근의 힘으로 곧바로 열 가지 법문을 증득하였다. 무엇을 열 가지의 법문이라 말하는가.

⑴ 모든 부처님의 공덕륜(功德輪) 삼매를 증득하였고,

⑵ 모든 부처님 법의 보문다라니를 증득하였고,

⑶ 넓고 큰 방편창고의 반야바라밀을 증득하였고,

⑷ 모든 중생을 조복하는 큰 장엄 대자비를 증득하였고,

⑸ 넓은 구름소리 대비(大悲)를 증득하였고,

⑹ 끝없는 공덕과 가장 훌륭한 마음을 내는 대희(大喜)를 증득하였고,

⑺ 일체 법을 여실하게 깨달은 대사(大捨)를 증득하였고,

⑻ 넓고 큰 방편 평등한 창고인 큰 신통을 증득하였고,

⑼ 믿고 이해하는 힘을 키워주는 대원(大願)을 증득하였고,

⑽ 모든 지혜의 광명에 두루 들어가는 변재문(辯才門)을 증득하였다.

● 疏 ●

文分爲二니 先은 擧因總標요 後何謂下는 列益名體니 皆從勝用標名이라

一은 佛德圓滿하야 摧障稱輪이나 定中能知라 故受斯稱이오

이의 경문은 2단락으로 나뉜다.

⑴ 원인을 들어 총괄하여 나타냄이다.

⑵ '何謂' 이하는 이익에 대한 명제와 체성을 나열하였다. 모두

뛰어난 妙用을 따라 그 명제를 나타냈다.

① 부처님의 덕이 원만하여 장애를 꺾어주기에 '輪'이라 말한다. 선정 속에서 이를 알 수 있기에 이런 명칭을 붙이게 된 것이다.

二는 此總持 能持諸佛普法이오

② 이런 總持가 모든 부처님의 모든 법을 지니고 있다.

三은 卽空涉有 名爲方便이니 斯則權實雙行이 爲不共般若니 稱體用之廣大오

③ 空이 有에 관련해 있는 것을 '方便'이라 말한다. 이는 곧 權實이 모두 함께함이 不共般若이니 體用에 걸맞은 광대한 자리이다.

四는 以二嚴調伏이 眞實慈也오

④ 복덕과 지혜 2가지의 장엄으로 중생을 調伏함이 진실한 자비이다.

五는 法雲震音하야 能拔苦本이오

⑤ 法雲이 법음을 울려내어 고통의 뿌리를 뽑아줌이다.

六은 稱理法喜일세 故德無邊이오 自他俱慶에 心爲最勝이오

⑥ 이치에 하나가 된 法喜인 까닭에 덕이 그지없고 나와 남이 모두 좋은 일이기에 마음이 가장 뛰어난 것이다.

七은 知離名法이니 法亦應捨 如實捨也니라【鈔_ 知離名法者는 卽思益經第一에 思益梵天이 問言호되 世尊이시여 云何名爲菩薩偏行이닛가 佛言 能淨身口意業이라 爾時에 世尊이 而說偈云若身淨無惡이오 口淨常實語오 心淨常行慈면 是菩薩偏行이라 行慈不貪著하고 觀不淨無恚하고 行捨而不痴하니 是菩薩偏行이라 在聚落空野와 及與處

大衆하야 威儀終不轉하니 是菩薩徧行이라 知法名爲佛이오 知離名爲法이며 知無名爲僧이니 是菩薩徧行이라

釋曰 此當第四偈어늘 因便故來라 欲釋此偈하야 令知起盡故니 以此一偈는 人多解釋이어니와 今觀經意컨대 三箇知字는 皆是觀行之人이 若能如是知면 是菩薩徧行이라 知法名爲佛者는 卽是眞佛法身如來라 佛卽是法이며 法卽是佛이니 亦猶如來者는 卽諸法如義라

次應問言호되 法卽是佛은 於義已解어니와 何者是法고 故次句云知離卽是法이라하니 以一切法이 本性離故며 心體離念이 卽是覺故니라

次應問云호되 法本自離인댄 則無所修어늘 何得有僧고 故次解云知無名爲僧이라하니 無爲卽法이라 法本自離니 由知無爲라 故得成僧이니 故大品云 '由知諸法空하야 分別有須菩提等'이라하고 金剛經云 '一切聖賢이 皆以無爲法而有差別'이라하니 謂俱學無爲나 有淺有深하야 乃成差別이오 非無爲法而有差別也니라

今疏는 正取知離名法이니 若不捨法이면 非知離也라 故云法亦應捨는 卽金剛意니 法尙應捨은 何況非法가 因法得悟 如栰渡人이니 若不捨法이면 如住舟內라 要捨於舟라야 方至彼岸이니 要忘所捨라야 方爲如實覺悟諸法이 爲眞捨也니라 故大般若云 '般若甚深하야 知一切法本性離故'라하고 又文殊釋云 '如佛世尊이 堪受供養은 以於一切法覺實性故'라하니 是故로 經云 '如實覺一切法大捨'라하니라 】

⑦ 여읠 줄을 아는 것을 '법'이라 말한다. 그러나 '법'마저도 반드시 버려야 한다. 이처럼 하는 것이 如實한 捨, 즉 집착이 없는 평온한 마음이다. 【초_ "여읠 줄을 아는 것을 '법'이라 말한다."는 것

은 사익경 제1에서 다음과 같이 말하고 있다.

思益梵天이 부처님께 여쭈었다.

"세존이시여, 어떤 것을 '보살의 완전한 행, 즉 徧行'이라 말할 수 있나이까?"

부처님께서 말씀하셨다.

"身·口·意 삼업을 청정하게 지니는 것이다."

그때 세존께서 게송으로 그 뜻을 거듭 말씀하셨다.

(1)

若身淨無惡　　몸이 청정하여 악이 없고
口淨常實語　　입이 청정하여 항상 진실한 말을 하고
心淨常行慈　　마음이 청정하여 항상 자비를 행하면
是菩薩徧行　　이를 '보살의 변행'이라 한다.

(2)

行慈不貪著　　자비를 행하되 탐착하지 않고
觀不淨無恚　　不淨을 관하되 성냄이 없고
行捨而不痴　　보시를 행하되 어리석지 않으면
是菩薩徧行　　이를 '보살의 변행'이라 한다.

(3)

在聚落空野　　작은 마을이거나 아무도 없는 초야이거나
及與處大衆　　아니면 대중과 함께 있을 적에
威儀終不轉　　위의가 끝까지 흐트러지지 않으면
是菩薩徧行　　이를 '보살의 변행'이라 한다.

(4)

知法名爲佛	법을 아는 것을 佛이라 하고
知離名爲法	여읠 줄 아는 것을 法이라 하고
知無名爲僧	無를 아는 것을 僧이라 하니
是菩薩徧行	이를 '보살의 변행'이라 한다.

게송에 대한 해석은 아래와 같다.

이(⑦의 뜻)는 위 제4의 게송(知法名爲佛 知離名爲法 知無名爲僧 是菩薩徧行)에 해당된다. 이해의 편의를 위해 이를 인용한 것이다. 이 게송을 해석하여 緣起가 다함을 알게 하고자 함이 이를 인용한 까닭이다.

이 제4게송에 대해 사람들의 각기 다른 해석이 많으나 여기에서는 경문의 뜻에 따라 살펴보면 다음과 같다.

3개의 知(知法, 知離, 知無) 字는 모두 觀法을 행[觀行]하는 사람이 만일 이와 같이 알면 이것이 '보살의 변행'이다. "법을 아는 것을 佛이라 한다."에서 '佛'이란 곧 眞佛法身如來이다. 부처님이 곧 법이며, 법이 곧 부처님이다. 또한 '如來'란 곧 諸法의 如如함이라는 뜻과 같다.

다음으로 묻기를, "'법이 곧 부처님이다.'는 뜻은 이제 알겠거니와 그렇다면 그 어떤 것이 법인가?"라고 말하기에 다음 구절에서 "여읠 줄 아는 것을 法"이라 하였다. 모든 법이란 본성이 생각을 여읜 때문이다. 마음의 본체가 생각을 여읜 것이 곧 깨달음이기 때문이다.

다음으로 묻기를, "법이 본래 스스로 여읜 것이라면 더 이상 닦을 대상이 없는 것인데 어떻게 '스님[僧]'이 있을 수 있을까?"라고 말하기에 다음 구절에서 "無를 아는 것을 僧"이라고 해석하였다. 無爲가 곧 법이다. 법이 본래 스스로 여읜 자리인데 이는 무위를 아는 데에서 비롯된 것이다. 이 때문에 '스님'이 될 수 있었다. 이런 까닭에 대품경에 이르기를, "모든 법이 空임을 앎으로 말미암아 분별하여 須菩提 등이 있다."고 하며, 금강경에 이르기를, "모든 성현이 모두 無爲法으로써 차별이 있다."고 하였다. 다 함께 무위법을 배운 것은 한 가지이지만 여기에 얕고 깊은, 수행의 조예가 다르기에 차별이 있다는 것이지, 무위법 그 자체에 이 차별이 있다는 것은 아니다.

이의 청량 疏는 바로 "여읠 줄 아는 것을 法"이라 한다는 뜻을 취하여 말한 것이다. 만일 법을 여의지 못하면 그러한 여읨은 깨달음의 경지가 아니다. 이런 까닭에 "법마저도 반드시 버려야 한다."는 것은 곧 금강경에서 말한 뜻이다. '법'마저도 오히려 버려야 하는 것인데 더욱이 법이 아닌 것이야 오죽하겠는가. 법으로 인하여 깨달음을 얻는다는 것은 뗏목으로 강을 건너가는 일과 같다. 만일 깨달음을 얻고서도 법을 버리지 않는다면 이는 강을 건넌 후에도 뗏목 속에 머무는 것과 같다. 반드시 뗏목을 버려야 바야흐로 彼岸에 이를 수 있다. 이 때문에 반드시 내려놓았다는 그 생각마저 잊어야 만이 비로소 여실히 諸法을 깨달아 참다운 내려놓음[眞捨]이 되는 것이다. 이런 까닭에 대반야경에서 이르기를, "반야가 매우 깊어 일체 법의 본성이 생각을 여읜 줄을 알기 때문이다."고 하며, 또 문수보살이 해석하여 말하기를, "세존께서 공양을 받는 것은 일체 법의 實性을 깨달은 때문이다."고 하였다. 이 때문에 경에 이르기를, "여실하게 일체 법을 깨달음에 의한 크게 내려놓음[大捨]이라"고 하였다.】

八은 善巧起用에 平等無思니 通從此生일세 故名爲藏이오

⑧ 아주 잘 妙用을 일으킴에 평등하여 생각이 없음이다. 神通이 여기에서 생겨난 까닭에 그 '藏'이라고 한다.

九는 盡衆生界를 荷負無疲하야 要令信解 爲大願也오

⑨ 온 중생계를 짊어지되 피곤하거나 싫어함이 없어 반드시 신심과 이해를 가지도록 하는 큰 원력이다.

十은 所有辯才 皆入佛智하야 自他俱照일세 是日光明이라

⑩ 지녀온 辯才가 모두 부처님 지혜의 자리에 들어가 나와 남을 모두 비춰주기에 이를 '광명'이라고 말한다.

此上十法은 初三은 功德法이오 次四는 熏修法이오 後三은 起化法이니 多言大者는 境界無邊일세 稱性廣大오 智契貫達할세 並受證名이라

위의 10가지 법 가운데, 앞의 3가지는 공덕의 법이요, 다음 4가지는 熏修의 법이요, 뒤의 3가지는 교화를 일으키는 법이다. '크다[大]'고 여러 차례 말한 것은 그 경계가 그지없는 까닭에 그 자성처럼 광대하고 지혜가 통달하는 데에 하나가 된 까닭에 아울러 '증득'이라는 명제를 붙인 것이다.

第四 偈讚如來

④ 게송으로 여래를 찬탄하다

經

爾時에 **大威光太子**가 **獲得如是法光明已**에 **承佛威力**하야 **普觀大衆**하고 **而說頌言**호대

그때 대위광 태자가 이와 같은 법의 광명을 얻고 나서 부처님이 지닌, 헤아릴 수 없는 영묘하고도 불가사의한 힘을 받들어 대중을 두루 살펴보고 게송으로 말씀드렸다.

世尊坐道場하시니 **淸淨大光明**이
譬如千日出하야 **普照虛空界**로다

    세존 앉으신 도량
    청정 대광명의 세계
    천 개의 태양이 솟아올라
    허공계 널리 비추는 듯하네

無量億千劫에 **導師時乃現**이어늘
佛今出世間하시니 **一切所瞻奉**이로다

    한량없는 억천 겁에
    부처님 때로 나오셨는데

부처님께서 지금 세간에 나오시니
모든 중생이 우러러 받들어야 할 일이네

汝觀佛光明에　　　　　化佛難思議하라
一切宮殿中에　　　　　寂然而正受로다

　그대들은 부처님의 광명을 보라
　가늠조차 어려운 부처님 화신을
　모든 궁전 가운데
　고요히 선정에 드셨네

汝觀佛神通하라　　　　毛孔出焰雲하사
照耀於世間하시니　　　光明無有盡이로다

　그대들은 부처님의 신통을 보라
　모공에서 불꽃구름 피어올라
　일체세간 밝게 비추시니
　광명이 끝없어라

汝應觀佛身에　　　　　光網極淸淨하라
現形等一切하사　　　　徧滿於十方이로다

　그대들은 부처님의 몸을 보라
　광명그물 지극히 청정하다
　형상을 모두 똑같이 보여주어

시방에 두루 가득하다

妙音徧世間하시니   **聞者皆欣樂**이라
隨諸衆生語하야   **讚歎佛功德**이로다
    미묘한 음성 세간에 가득하시니
    듣는 이 모두 기쁜 마음
    중생의 각기 다른 말을 따라
    제불의 수행공덕 찬탄하셨네

世尊光所照에   **衆生悉安樂**이라
有苦皆滅除하야   **心生大歡喜**로다
    세존의 광명 비치는 곳
    중생 모두 안락하여
    그들의 고통 모두 사라졌기에
    마음에 큰 기쁨 내어라

觀諸菩薩衆하라   **十方來萃止**하야
悉放摩尼雲하야   **現前稱讚佛**이로다
    수많은 보살을 보라
    시방세계에서 모여들어
    모두 마니주구름 피워 올려
    구름 속에서 부처님 칭송하네

道場出妙音이여 　　　其音極深遠이라
能滅衆生苦하시니 　　此是佛神力이로다

　　도량에서 울려오는 미묘한 소리

　　그 소리 아주 깊고도 원대하다

　　중생 고통 없애주는 그 소리

　　이것이 부처님의 신통력일세

一切咸恭敬하야 　　　心生大歡喜라
共在世尊前하야 　　　瞻仰於法王이로다

　　일체중생 모두 공경하여

　　마음에 큰 기쁨 내고서

　　모두 세존 앞에서

　　법왕을 우러러보네

● 疏 ●

文分爲二니 先은 說偈之由오 後는 正陳偈讚이라

十偈分三이니 初二는 示佛出現이니 旣滅闇難遇인댄 不可失時오

次五는 令觀佛德이니 有德有慈니 眞可歸也오

後三은 引例勸歸이니 無遠不歸니 固宜往見이라

　　경문은 2단락으로 나뉜다.

　　⑴ 게송을 말하게 된 원인이자 이유이다.

　　⑵ 바로 찬탄의 게송을 서술함이다.

10수의 게송은 3부분으로 나뉜다.

앞의 2수(제1~2게송)는 부처님이 나오심을 보여준 것이다. 이미 혼미를 없애고 만나기 어려운 부처님이 나오셨다면 때를 잃어서는 안 된다.

다음 5수(제3~7게송)는 일체중생으로 하여금 부처님의 복덕을 우러러보도록 함이다. 복덕과 자비를 지닌 분이시기에 참으로 귀의해야 할 대상이다.

뒤의 3수(제8~10게송)는 예를 인용하여 귀의를 권함이다. 아무리 먼 곳에 있는 중생이라 할지라도 귀의하지 않으면 안 된다. 참으로 찾아가 친견해야 할 것임을 말하고 있다.

第五 父王宣誥

⑤ 부왕 희견선혜왕이 분부하다

經

諸佛子야 彼大威光太子가 說此頌時에 以佛神力으로 其聲이 普徧勝音世界하니 時에 喜見善慧王이 聞此頌已하고 心大歡喜하야 觀諸眷屬하고 而說頌言호대

"여러 불자들이여, 저 대위광 태자가 이와 같은 게송을 말할 때에 부처님이 지닌, 헤아릴 수 없는 영묘하고도 불가사의한 힘으로 그 음성이 승음세계에 두루 퍼졌느니라."

그때 희견선혜왕이 이 게송을 듣고서 마음이 크게 기뻐 모든 권속들을 살펴보고서 게송으로 말하였다.

汝應速召集 一切諸王衆과
王子及大臣과 城邑宰官等이어다

    그대들은 응당 서둘러
    모든 수많은 왕과
    왕자 그리고 대신과
    성읍의 원님을 불러 모아라

普告諸城內하야 疾應擊大鼓하고
共集所有人하야 俱行往見佛이어다

    모든 성안에 널리 알려
    빨리 큰북 울리고
    그곳의 모든 사람 다 모아서
    다 함께 부처님 뵈러 가세나

一切四衢道에 悉應鳴寶鐸하고
妻子眷屬俱하야 共往觀如來어다

    모든 네거리 큰 길목에
    모두 보배방울 울려
    처자와 권속들과

다 함께 부처님 찾아뵈러 가세나

一切諸城郭을　　　　　宜令悉淸淨하고
普建勝妙幢하야　　　　摩尼以嚴飾이어다
　　이 땅에 모든 성곽을
　　다 청정하게 하고
　　훌륭한 깃대 널리 세워
　　마니주로 장엄하세나

寶帳羅衆網하고　　　　妓樂如雲布하야
嚴備在虛空하야　　　　處處令充滿이어다
　　보배휘장에 많은 그물 나열하고
　　음악이 구름처럼 울려 퍼져
　　잘 갖춘 장엄, 허공에 두어
　　모든 곳에 충만하게 하세나

道路皆嚴淨하며　　　　普雨妙衣服하고
巾馭汝寶乘하야　　　　與我同觀佛이어다
　　도로 모두 장엄, 청정하고
　　미묘한 의복 널리 내려주고
　　그대들은 보배수레 몰아
　　나와 함께 부처님 뵈러 가세

各各隨自力하야 　　　普雨莊嚴具호대
一切如雲布하야 　　　徧滿虛空中이어다
　　제각기 자신의 힘을 따라
　　장엄 도구 널리 쏟아붓되
　　모두 구름 펼쳐놓은 듯이
　　허공에 두루 가득하게 하라

香焰蓮華蓋와 　　　半月寶瓔珞과
及無數妙衣를 　　　汝等皆應雨어다
　　향기불꽃, 연꽃일산
　　반달 같은 보배영락
　　수없는 미묘한 의복을
　　그대들에게 모두 내려주리라

須彌香水海에 　　　上妙摩尼輪과
及淸淨栴檀을 　　　悉應雨滿空이어다
　　수미산, 향수해에
　　가장 미묘한 마니주바퀴
　　청정한 전단을
　　모두 쏟아부어 허공 가득 채울지어다

衆寶華瓔珞으로 　　　莊嚴淨無垢하며

及以摩尼燈으로　　　　皆令在空住어다
　　수많은 보배, 꽃, 목걸이
　　장엄 청정, 때가 없고
　　마니주 등불로
　　모두 허공에 매달아 보자

一切持向佛호대　　　心生大歡喜하고
妻子眷屬俱하야　　　往見世所尊이어다
　　온갖 것 가지고 부처님께 향하되
　　마음에 큰 기쁨 내고
　　처자와 권속 다 함께
　　세존 친견하러 가세나

● 疏 ●

文分爲二니 初는 宣誥所因이니 以聞讚故라 太子道深일새 親承佛旨하고 王機猶淺일새 轉假他聞이오 二는 正以偈告니 偈有十一이니 分之爲三이라 初三은 集衆勸觀이오 次七은 勅令辦供이니 鄭註禮云 '巾은 猶衣也니 謂以繒綵衣로 帶縛於車라하고 廣雅云 '馭는 駕也라하니 餘並可知라 後一偈는 勸齋供佛이라

　　게송은 2단락으로 나뉜다.
　(1) 희견선혜왕이 분부하는 원인이 되는 바이다. 대위광 태자가 찬탄하는 게송을 들었기 때문이다. 태자의 도가 깊은 까닭에 몸소

433

부처님에게 이익을 받았고, 왕의 근기는 오히려 엷은 까닭에 전전하여 남의 말을 듣고서 이처럼 말한 것이다.

(2) 바로 게송으로 분부함이다.

이의 게송은 11수인데 3부분으로 나뉜다.

첫 3수(제1~3게송)는 대중을 불러 모아 친견을 권함이다.

다음 7수(제4~10게송)는 왕명으로 공양을 올리도록 함이다. 鄭玄의 禮記 註에 이르기를, "巾은 옷과 같다. 비단옷을 수레에 묶은 것과 같다."고 하였고, 廣雅에 이르기를, "駛는 멍에를 씌우는 것이다."고 하였다. 나머지 모두 말하지 않아도 알 수 있다.

뒤의 1수(제11게송)는 부처님에게 공양을 올리도록 권한 것이다.

第六 俱行詣佛

⑥ 모두 함께 부처님 도량을 찾아가다

經

爾時에 喜見善慧王이 與三萬七千夫人婇女로 俱호대 福吉祥이 爲上首요 五百王子로 俱호대 大威光이 爲上首요 六萬大臣으로 俱호대 慧力이 爲上首라 如是等七十七百千億那由他衆으로 前後圍繞하야 從焰光明大城出할새 以王力故로 一切大衆이 乘空而往호대 諸供養具를 徧滿虛空하야 至於佛所하야 頂禮佛足하고 却坐一面하니라

그때 희견선혜왕이 3만 7천의 부인, 그리고 채녀들과 함께하였는데 복길상 부인으로 으뜸을 삼고, 5백 왕자와 함께하였는데 대위광 태자로 으뜸을 삼고, 6만 대신과 함께하였는데 혜력 대신으로 으뜸을 삼았다.

이러한 77백천억 나유타 대중에게 앞뒤로 둘러싸여 염광명 큰 성에서 나올 적에 왕의 힘으로 모든 대중이 허공을 타고 날아가되 모든 공양거리가 허공에 두루 가득하였고, 부처님이 계신 곳에 이르러 부처님의 발아래에 이마가 땅에 닿도록 절을 올리고서 물러나와 한쪽에 앉았다.

第二 畧列諸王
(2) 모든 왕을 간단하게 나열하다

經

復有妙華城善化幢天王이 與十億那由他眷屬으로 俱하며
復有究竟大城淨光龍王이 與二十五億眷屬으로 俱하며
復有金剛勝幢城猛健夜叉王이 與七十七億眷屬으로 俱하며
復有無垢城喜見乾闥婆王이 與九十七億眷屬으로 俱하며
復有妙輪城淨色思惟阿修羅王이 與五十八億眷屬으로 俱하며
復有妙莊嚴城十力行迦樓羅王이 與九十九千眷屬으로 俱하며
復有遊戲快樂城金剛德緊那羅王이 與十八億眷屬으로 俱하며

復有金剛幢城寶稱幢摩睺羅伽王이 與三億百千那由他 眷屬으로 俱하며
復有淨妙莊嚴城最勝梵王이 與十八億眷屬으로 俱하니
如是等百萬億那由他大城中에 所有諸王과 幷其眷屬이 悉共往詣一切功德須彌勝雲如來所하야 頂禮佛足하고 却坐一面이어늘

　(1) 또한 묘화성의 선화당천왕이 10억 나유타 권속들과 함께하였고,

　(2) 또한 구경대성의 정광용왕이 25억 권속들과 함께하였고,

　(3) 또한 금강승당성의 맹건야차왕이 77억 권속들과 함께하였고,

　(4) 또한 무구성의 희견건달바왕이 97억 권속들과 함께하였고,

　(5) 또한 묘륜성의 정색사유아수라왕이 58억 권속들과 함께하였고,

　(6) 또한 묘장엄성의 십력행가루라왕이 99천 권속들과 함께하였고,

　(7) 또한 유희쾌락성의 금강덕긴나라왕이 18억 권속들과 함께하였고,

　(8) 또한 금강당성의 보칭당마후라가왕이 3억백천 나유타 권속들과 함께하였고,

　(9) 또한 정묘장엄성의 최승범왕이 18억 권속들과 함께하였다.

　이처럼 백만억 나유타 큰 성 가운데 있는, 모든 왕과 아울러 그 권속들이 모두 함께 일체공덕 수미승운 여래가 계신 곳으로 찾아

가 부처님의 발아래에 절을 올리고 물러나와 한쪽에 앉았다.

◉ 疏 ◉

文易可知라

경문은 쉽사리 알 수 있다.

第六 大科는 廣演法門이니 文分爲五니 一은 佛轉法輪이오 二는 威光獲益이오 三은 以偈讚述이오 四는 傳化衆生이오 五는 佛加贊勵라

6) 법문을 널리 연설하다

이의 경문은 5단락으로 나뉜다.

(1) 부처님께서 법륜을 굴림이며,

(2) 위신력의 광명으로 이익을 얻음이며,

(3) 게송으로 찬탄함이며,

(4) 중생을 교화하여 전해줌이며,

(5) 부처님께서 찬탄과 격려를 더함이다.

今은 初也라

(1) 부처님께서 법륜을 굴리다

經

時彼如來가 爲欲調伏諸衆生故로 於衆會道場海中에 說

普集一切三世佛自在法修多羅하시니 世界微塵數修多羅
로 而爲眷屬이라 隨衆生心하야 悉令獲益케하신대

그때 일체공덕 수미승운 여래가 모든 중생을 조복하기 위하여 대중이 모인 도량에서 일체 삼세불의 자재법이 가득 모여 있는 수다라를 말씀하셨는데, 세계의 티끌과 같이 셀 수 없이 무한한 수다라로 권속을 삼아 중생의 마음을 따라 그 모든 이들에게 이익을 얻도록 마련해주었다.

● 疏 ●

佛解脫用은 主敎宣示며 刹塵眷屬은 隨機益殊니라

부처님의 해탈 妙用은 주된 가르침을 보여줌이며, 티끌과 같이 셀 수 없는 권속은 중생의 근기에 따라서 이익을 주는 바가 다른 것이다.

第二. 威光獲益

(2) 위신력의 광명으로 이익을 얻다

經

是時에 大威光菩薩이 聞是法已하고 卽獲一切功德須彌勝雲佛의 宿世所集法海光明하니
所謂得一切法聚平等三昧智光明과

438

一切法悉入最初菩提心中住智光明과
十方法界普光明藏淸淨眼智光明과
觀察一切佛法大願海智光明과
入無邊功德海淸淨行智光明과
趣向不退轉大力速疾藏智光明과
法界中無量變化力出離輪智光明과
決定入無量功德圓滿海智光明과
了知一切佛決定解莊嚴成就海智光明과
了知法界無邊佛現一切衆生前神通海智光明과
了知一切佛力無所畏法智光明이라

    그때 대위광 보살이 그 법문을 듣고서 즉시에 일체공덕 수미승운 부처님의 지난 세상에 닦아온 법해광명을 얻었다.

    (1) 이른바 일체 법취(法聚)의 평등 삼매인 지혜광명,

    (2) 일체 법이 모두 최초 보리심 가운데 들어가 머무는 지혜광명,

    (3) 시방법계의 넓은 광명창고의 청정한 눈인 지혜광명,

    (4) 일체 불법의 큰 원력의 바다를 살펴보는 지혜광명,

    (5) 끝없는 공덕바다의 청정행에 들어가는 지혜광명,

    (6) 물러서지 않는 큰 힘의 빠른 창고로 향하는 지혜광명,

    (7) 법계 가운데 한량없이 변화하는 힘으로 벗어나는 바퀴의 지혜광명,

    (8) 한량없는 공덕이 원만한 바다에 반드시 들어가는 지혜광명,

    (9) 일체 부처님의 결정한 이해로 장엄하고 성취한 바다를 깨달

아 아는 지혜광명.

⑽ 법계의 한량없는 부처님이 일체중생의 앞에 나타내는 신통한 바다를 깨달아 아는 지혜광명.

⑾ 일체 부처님의 힘과 두려운 바가 없는 법을 깨달아 아는 지혜광명을 얻었다.

● 疏 ●

得益中에 初總 後別이라 總中에 上說三世佛法이 卽佛昔所集也오 旣見佛得益일새 轉受菩薩之名이라 '所謂下는 別이니 智卽是體오 光明語用이라 所照境殊일새 故疏分十一이니 初一은 深定智明이라 一切法聚는 畧有三義니 一은 正定等 三이오 二는 善惡等 三이오 三은 總收一切니 不出有爲無爲의 二種法聚오 二位相收에 一味性現일새 故云平等이오 定中證此일새 名彼三昧니라【鈔_ 智卽是體者는 智體如日이오 用如日光이니 日體雖一이나 能放千光이오 智體不殊나 能照萬境이라 又日光無二나 所照物殊오 智光無差나 隨境分照라 一正定等三者는 謂等取邪定·不定聚故오 善惡等者는 等取無記오 三은 總收爲二오 四二位下는 融而爲一이라】

이익을 얻은 가운데, 앞부분은 총체이며, 뒷부분은 개별로 말하고 있다. 총체 가운데 위에서 말한 三世佛法은 바로 부처님이 지난 세상에 닦아온 行門이다. 앞서 부처님을 친견하고서 이익을 얻은 까닭에 태자의 호칭에서 전전하여 보살의 이름을 받기에 이른 것이다.

'所謂' 이하는 개별로 말한 것이다. 지혜는 곧 본체이며, 광명은 작용을 말한다. 비춰주는 대상의 경계가 다른 까닭에 청량 疏에서 11부분으로 나누어 말한 것이다.

(1) 깊은 禪定의 지혜광명이다.

一切法聚에는 대략 3가지의 뜻이 있다.

① 正定 등 3가지이며,

② 善惡 등 3가지이며,

③ 총체로 모든 것을 들어 말한 것이다. 이는 有爲와 無爲라는 2가지의 法聚에서 벗어나지 않으며, 2가지의 지위가 서로 함께하면서 하나의 자성이 나타난 까닭에 '평등'이라 말하고, 선정 가운데서 이를 증득한 까닭에 '그 삼매[彼三昧]'라고 명명한 것이다. 【초_ "지혜는 곧 본체"란 지혜의 본체는 태양과 같고 작용은 태양의 빛과 같다. 태양의 본체는 하나이지만 1천 가지의 광명으로 각기 다르듯이 지혜의 본체는 다르지 않으나 모든 경계에 따라 각기 달리 비추는 것이다. 또한 태양의 빛은 하나로 둘이 아니지만 비춰야 할 대상의 존재가 다르고, 지혜광명은 차이가 없으나 각기 다른 경계를 따라 구분되어 비춰지는 것이다. '① 正定 등 3가지'란 邪定과 不定聚를 똑같이 취한 때문이며, '② 선악 등 3가지'란 無記를 똑같이 취한 때문이며, ③은 총체로 모든 것을 들어 2가지로 삼은 것이며, ④ 二位 이하는 융합하여 하나가 된 것이다.】

二는 大心智明이니 謂後後因果 皆入初心이니 畧有三義라 一은 後因初得이라 故言一切悉入이니 若修途至 在初步요 學者는 祿在其中

이라 二는 菩提直心으로 正念眞如니 眞如門內에 攝一切法이오 三者는 三德開顯에 前後圓融이니 初發心時에 便成正覺故니라【鈔_ 謂後後 因果 等者는 總釋也라 六位相望일새 故成後後이니 五位爲因이오 妙覺 爲果라 又位位之中에 亦有因果하니 如十地中에 調柔果等이라

二 菩提直心'等者는 卽起信論에 法性宗中 實敎之意라 然菩提心이 總有三心이나 今但直心中攝이라 以直心으로 正念眞如니 眞如無二하 야 通爲諸法之體어늘 今菩提心이 正念眞如일새 故能攝也니라

三者는 '三德開顯下는 卽別敎一乘圓融義也니 不同餘宗이라 言三 德開'者는 卽發心功德品에 初發心時에 得如來一身無量身이 則法 身開顯이오 得究竟智慧하고 得一切智慧光明이 則般若開顯이오 不 於諸法少有所得이 卽解脫開顯이니 以心離妄取하야 寂照雙流라 故 此心中에 無德不攝이니 因該果海도 並此初心이라

初發心時에 便成正覺은 卽梵行品文이라 言初後圓融'者는 以初是 卽後之初오 後是卽初之後니 以緣起法으로 離初無後하고 離後無初 라 故擧初攝後니 若約法性融通인댄 一切因果는 不離心性하고 契同 心性하야 無德不收오 以一切法으로 隨所依性은 皆於初心에 頓圓滿 故니라】

(2) 大心의 지혜광명이다. 後後의 인과가 모두 초심에 들어감을 말한다. 이는 대략 3가지의 뜻이 있다.

① 後는 처음으로 인하여 얻어지는 것이기에 '一切悉入'이라 말 한다. 이는 먼 길에 이를 수 있는 것이 첫걸음에 있고, 배우는 자에 게는 녹을 구하지 않아도 학문하는 가운데에 있는 것과 같다.

② 보리의 곧은 마음으로 진여를 바르게 생각함이니 진여문의 안에 모든 법을 받아들이는 것이다.

③ 3가지의 덕이 밝혀짐에 전후가 원만하게 하나가 되니 처음 발심할 때에 곧 正覺을 성취한 때문이다. 【초_ '後後의 인과' 등이란 총체로 해석함이다. 六位가 서로 바라보기에 뒤는 그 뒤의 것을 이루게 되니 五位는 원인이 되고 妙覺은 결과이다. 또 모든 지위와 지위 가운데 또한 인과가 있다. 十地 가운데 調柔果 등과 같다.

'② 보리의 곧은 마음' 등은 곧 기신론의 法性宗 가운데 實敎의 뜻이다. 그러나 보리심은 모두 3가지의 마음이 있으나 여기에서는 단 '곧은 마음' 가운데 포괄되는 것이다. 곧은 마음으로 진여를 바르게 생각함이다. 진여는 곧 기신론에, "生滅과 眞如 2가지의 부분 가운데 하나인 까닭에 '진여문의 안'이라고 말한다. 그러나 이 2가지의 부분이 모두 각각 모든 법을 전체로 포괄하고 있기에 오직 진여만을 취한 것은 '일체 법' 및 '後後의 모든 덕'이 모두 진여에 의함을 말한다. 진여는 하나로 둘이 없기에 모두 法의 본체가 되는데, 여기에서 보리심이 진여를 바르게 생각한 까닭에 이를 포괄한 것이다.

'③ 3가지의 덕이 밝혀짐' 이하는 곧 別敎一乘의 원융하다는 뜻이니 나머지 다른 종파와는 같지 않다. '3가지의 덕이 밝혀짐'이라 말한 것은 發心功德品에, "처음 발심할 적에 여래의 一身과 無量身을 얻는다."는 것이 곧 법신을 밝힘이며, "구경 지혜를 얻으며 일체 지혜광명을 얻음"이 곧 반야를 밝힘이며, "모든 법에 조금도 얻은 바 있지 않다."는 것이 곧 해탈을 밝힘이다. 마음이 허망하게 취함에서 벗어나 寂靜과 觀照에 모두 유통한 까닭에 이 마음의 가운데 모든 덕을 받아들이지 않음이 없다. 원인이 수많은 결과를 갖추고 있다는 것도 아울러 초심이다.

"처음 발심할 때에 바로 정각을 이룬다."는 것은 곧 범행품의 경문이다. '初後圓融'의 初란 곧 後의 초이며, 後는 곧 처음의 뒤를 말한다. 연기법으로 말하면 처음을 떠난 뒤가 없고 뒤를 떠난 처음이 없기 때문이다. 이러한 이유로 처음을 들어 後를 포괄한 것이다. 그러나 법성의 원융으로 말한다면 일체의 인과는 마음과 본성의 자리에서 떠나지 않고, 마음과 자성이 하나로 합함으로써 그 모든 덕을 거둬들이지 않은 바가 없으며, 일체 법으로 의지한 바의 자성을 따르는 것 모두 초심에 의해 단번에 원만하기 때문이다.】

三은 大智智明이라 法界者는 所照之體大也오 普光明者는 卽相大也니 智慧光明이 徧照法界義故라 蘊恒沙性德일세 故名爲藏이오 妄惑本空일세 故云淸淨이오 明見稱眼이니 見性肉眼이 卽同佛眼이라【鈔_ 言見性肉眼卽名佛眼者는 卽涅槃第六經云 '善男子여 聲聞之人은 雖有天眼이나 故名肉眼이오 學大乘者는 雖有肉眼이나 乃名佛眼이니 何以故오 是大乘經은 名爲佛乘이니 如此佛乘이 最上最勝하야 諸佛見性故니라'】

(3) 大智의 지혜광명이다. 법계란 비춰주는 대상의 體大요, 普光明이란 곧 相大이다. 지혜광명이 법계에 두루 비춘다는 뜻이기 때문이다. 항하의 모래와도 같은 수많은 性德을 감싸고 있기에 그 이름을 '창고[藏]'라 하고, 허망한 미혹이 본래 공한 것이기에 이를

'청정'이라 말하고, 밝게 보는 것을 '눈[眼]'이라고 말하니 見性한 '육신의 눈[肉眼]'이 곧 '부처님의 눈[佛眼]'과 같다.【초_ "견성한 육신의 눈이 곧 '부처님의 눈'"이라고 말한 것은 열반경 제6經에 이르기를, "선남자여, 성문보살은 비록 '하늘의 눈[天眼]'이 있으나 본래 이름은 '육신의 눈'이다. 대승을 배우는 보살은 비록 육신의 눈이 있으나 이를 '부처님의 눈'이라고 말한다. 무엇 때문인가. 이 大乘經은 그 이름을 佛乘이라 한다. 이와 같은 佛乘이 最上이요 最勝이다. 제불이 견성한 때문이다."고 하였다.】

四는 大願智明이니 知諸佛法 願爲本故오

(4) 大願의 지혜광명이다. 모든 불법 가운데 誓願이 근본이 됨을 알았기 때문이다.

五는 大行智明이니 無邊果德 此行入故오

(5) 大行의 지혜광명이다. 그지없는 果德을 이와 같은 大行으로 들어가기 때문이다.

六은 速疾智明이니 謂趣入無生하야 功用不退 無功大力이니 一行含多일세 受斯稱也니라【鈔_ 無功大力者는 由八地 得無功用이 如乘船入海라 故云 大力速疾이오 言一行含多者는 先以一身起行이어니와 至此八地하야 以無量身으로 起行하야 一一行中에 起一切行故니라】

(6) 速疾의 지혜광명이다. 無生으로 들어가 하는 일에 물러섬이 없는 것이 '하는 일이 없는 큰 힘[無功大力]'이다. 하나의 行이 많은 행을 포함한 까닭에 이런 호칭을 붙인 것이다.【초_ "하는 일이 없는 큰 힘"이란 八地를 말미암아 無功用을 얻음이 배를 타고 바다에

들어가는 것처럼 빠르기에 '큰 힘으로 빠르게 이룬다[大力速疾].'고 말한다. "하나의 行이 많은 행을 포함한다."고 말한 것은 앞에서는 하나의 몸[一身]으로 行을 일으켰지만 八地에 이르러서는 '한량없는 몸[無量身]'으로 행을 일으켜 하나하나의 行 가운데 一切行을 일으켰기 때문이다.】

七은 神通智明이니 三輪幹事·出離不能이오

(7) 神通의 지혜광명이다. 三輪의 일로는 벗어날 수 없기 때문이다.

八은 大福智明이니 照福嚴故오

(8) 大福의 지혜광명이다. 복덕장엄을 비춰주기 때문이다.

九는 大解智明이니 謂佛勝解力으로 成莊嚴海오

(9) 大解의 지혜광명이다. 부처님의 뛰어난 이해의 힘으로 장엄바다를 성취하였기 때문이다.

十은 佛用智明이니 普周法界오

(10) 佛用의 지혜광명이다. 법계에 널리 두루 하기 때문이다.

十一은 佛德智明이니 降魔制外라

(11) 佛德의 지혜광명이다. 마군을 항복받고 외도를 제어한 때문이다.

後三은 佛境일세 故但了知오 餘可證知일세 故得云入이니라【鈔_ 餘可證知者는 智論三十一云 '通徹名入이라하니 入亦證也라 得者는 獲之在己也라】

뒤의 3가지((9)~(11))는 부처님의 경계이기에 '了知…'라고 말했을 뿐이며, 나머지는 '증득으로 아는 것[證知]'이기에 '入(悉入·入無量 등)'이라는 명제를 붙인 것이다. 【초_ "나머지는 증득으로 아는 것"이란 지도론 31에 이르기를 "통철함을 入이라 말한다."고 하니 들어가는[入] 것 또한 증득이다. 得이란 얻어서 나의 몸에 두는 것이다.】

第三 以偈讚述

(3) 게송으로 찬탄하다

經

爾時에 大威光菩薩이 得如是無量智光明已에 承佛威力하고 而說頌言호대

그때 대위광 보살이 이와 같은 한량없는 지혜광명을 얻고서 부처님이 지닌, 헤아릴 수 없는 영묘하고도 불가사의한 힘을 받들어 게송으로 말하였다.

我聞佛妙法하고 而得智光明일세
以是見世尊의 往昔所行事로다

나는 부처님 미묘한 법문 듣고
지혜광명을 얻었네
이로써 세존이
지난 옛적에 행하신 일을 보았네

一切所生處에　　　　　　名號身差別과
及供養於佛을　　　　　　如是我咸見이로다
　　모든 국토 태어나신 곳에 따라
　　명호와 몸이 다르고
　　부처님께 공양하신
　　이와 같은 법을 내가 모두 보았노라

往昔諸佛所에　　　　　　一切皆承事하고
無量劫修行하사　　　　　嚴淨諸刹海로다
　　지난 옛적 모든 부처님 계신 곳이면
　　모두 받들어 섬기고
　　한량없는 겁 동안 수행하여
　　모든 세계바다 장엄 청정하였네

捨施於自身호대　　　　　廣大無涯際하고
修治最勝行하사　　　　　嚴淨諸刹海로다
　　자신의 몸을 버려 보시하되
　　넓고 커서 끝이 없고
　　가장 훌륭한 행을 닦아
　　모든 세계바다 장엄 청정하였네

耳鼻頭手足과　　　　　　及以諸宮殿을

捨之無有量하사 　　　　　嚴淨諸刹海로다

　　귀 코 머리 손 발

　　그리고 모든 궁전을

　　한량없이 희사하여

　　모든 세계바다 장엄 청정하였네

能於一一刹에 　　　　　億劫不思議로
修習菩提行하사 　　　　嚴淨諸刹海로다

　　하나하나 모든 세계에

　　부사의한 억 겁 동안

　　보리행 닦으셔

　　모든 세계바다 장엄 청정하였네

普賢大願力으로 　　　　一切佛海中에
修行無量行하사 　　　　嚴淨諸刹海로다

　　보현보살 큰 원력으로

　　일체 부처님바다 가운데

　　한량없는 행을 수행하여

　　모든 세계바다 장엄 청정하였네

如因日光照하야 　　　　還見於日輪인달하야
我以佛智光으로 　　　　見佛所行道로다

햇살이 비침으로 인하여
도리어 태양을 보듯이
나는 부처님의 지혜광명으로
부처님이 행하신 도를 보았노라

我觀佛刹海의　　　　**淸淨大光明**호니
寂靜證菩提하사　　　**法界悉周徧**이로다

　부처님 세계바다
　청정한 큰 광명을 나는 보았다
　고요히 보리를 증득하사
　법계에 두루 나타난 부처님의 몸

我當如世尊이　　　　**廣淨諸刹海**하야
以佛威神力으로　　　**修習菩提行**호리이다

　나 역시 세존처럼
　모든 세계바다 널리 장엄 청정케 하여
　부처님의 위신력으로
　보리행을 닦으리

● 疏 ●

文分二別이니 先因後偈라 偈中分三이니 初一은 標益體用이오 次八은 顯用所見이니 於中에 前七은 見因이오 後一은 見果이며 三一偈는 發願

思齊니 卽前品初에 修治大願也라

게송은 2단락으로 구별된다.
앞에서는 원인을, 뒤는 게송이다.
게송은 다시 3부분으로 나뉜다.
맨 처음 제1게송은 이익의 본체와 작용을 밝혔고,
다음 8수(제2~9게송)는 작용의 나타나는 바를 나타냈고,
뒤의 1수(제10게송)는 결과를 보여줌이며,
셋째에서 말한 제10게송은 서원을 일으켜 부처님과 똑같이 되려고 생각한 것이다. 이는 앞 화장세계품의 첫 부분에 말한 大願을 닮는다는 뜻이다.

第四 傳化衆生

⑷ 중생을 교화하여 전해주다

經

諸佛子야 時에 大威光菩薩이 以見一切功德山須彌勝雲佛하고 承事供養故로 於如來所에 心得悟了하고
爲一切世間하야
顯示如來往昔行海하며
顯示往昔菩薩行方便하며
顯示一切佛功德海하며

顯示普入一切法界淸淨智하며
顯示一切道場中成佛自在力하며
顯示佛力無畏無差別智하며
顯示普示現如來身하며
顯示不可思議佛神變하며
顯示莊嚴無量淸淨佛土하며
顯示普賢菩薩所有行願하야
令如須彌山微塵數衆生으로 發菩提心하며 佛刹微塵數衆
生으로 成就如來淸淨國土케하니라

"여러 불자들이여, 그때 대위광 보살이 '일체공덕산 수미승운 부처님'을 친견하고 받들어 섬기고 공양했던 까닭에 여래가 계신 곳에서 마음에 깨달음을 얻고서 일체 세간의 중생을 위하여 10가지의 법문을 보여주었다.

　(1) 여래께서 옛날에 행하셨던 일을 보여주었고,

　(2) 보살들이 옛날에 행했던 방편을 보여주었고,

　(3) 일체 부처님의 공덕바다를 보여주었고,

　(4) 일체 법계에 두루 들어가는 청정한 지혜를 보여주었고,

　(5) 일체 도량 가운데서 성불하는 자재력을 보여주었고,

　(6) 부처님의 힘과 두려움 없고 차별 없는 지혜를 보여주었고,

　(7) 널리 나타나는 여래의 삼신(三身: 法, 報, 應身)을 보여주었고,

　(8) 불가사의한 부처님의 신통변화를 보여주었고,

　(9) 한량없이 청정한 불국토를 장엄함을 보여주었고,

⑩ 보현보살이 소유한 행과 원을 보여주어,

수미산 티끌과 같이 셀 수 없이 무한수의 중생으로 하여금 보리심을 일으키도록 하였으며, 불국토의 티끌과 같이 셀 수 없이 무한수의 중생으로 하여금 여래의 청정한 국토를 성취하게 하였다."

◉ 疏 ◉

文分爲三이니

初는 明自悟오

二爲一切下는 明轉悟他라 顯示十法은 與前自得十一一로 有同有異하니 文並可知니라

三令如須彌山下는 利他之益이라

이의 경문은 3단락으로 나뉜다.

(1) 나의 悟道를 밝힘이며,

(2) '爲一切' 이하는 전전하여 남을 깨닫게 해주는 것을 밝힘이다. '10가지 법문'을 보여준 것은 앞서 자득한 11가지의 법문과 같기도 하고 다르기도 하다. 경문은 아울러 말하지 않아도 알 수 있다.

(3) '令如須彌山' 이하는 남을 이롭게 하는 도움이다.

第五 如來讚偈

(5) 부처님께서 찬탄과 격려를 더하다

經

爾時에 一切功德山須彌勝雲佛이 爲大威光菩薩하사 而說頌言하사대

그때 '일체공덕산 수미승운 부처님'이 대위광 보살을 위하여 게송으로 말씀하였다.

善哉大威光이여 福藏廣名稱하니
爲利衆生故로 發趣菩提道로다

훌륭하다! 대위광 보살이여
복덕이 많아 널리 알려진 그대의 명성
중생에게 도움 주기 위해서
보리도에 나아갔네

汝獲智光明하야 法界悉充徧하니
福慧咸廣大하야 當得深智海로다

그는 지혜광명 얻어
법계에 모두 충만하였다
복덕과 지혜 모두 광대하니
깊은 지혜바다 반드시 얻으리

一刹中修行을 經於刹塵劫하니
如汝見於我하야 當獲如是智로다

한 세계에서의 그의 수행
길고 긴 영겁을 거쳤다
그대가 나를 보듯이
이와 같은 지혜 반드시 얻으리

非諸劣行者가　　　　　**能知此方便**이니
獲大精進力하야사　　　**乃能淨刹海**로다
　못나고 못난 수행자는
　이런 방편 알 수 없는 길
　큰 정진의 힘 얻어야만
　세계바다 장엄 청정케 하리라

一一微塵中에　　　　　**無量劫修行**하야사
彼人乃能得　　　　　　**莊嚴諸佛刹**이로다
　하나하나 미진겁 속에서
　한량없는 세월 수행해야만
　그런 사람이 이런 복과 지혜 얻어
　제불국토 장엄하리라

爲一一衆生하야　　　　**輪廻經劫海**호대
其心不疲懈하야사　　　**當成世導師**로다
　하나하나 중생 위해

영겁의 바다 속에 윤회하면서도

그 마음 피곤해하거나 게으르지 않아야

세간중생 제도하는 부처님 이루리라

供養一一一佛하야　　　　**悉盡未來際**호대
心無暫疲厭하야사　　　　**當成無上道**로다

하나하나 부처님께 공양하여

미래 세계 다할 때까지

잠깐도 피로해하거나 싫어하는 마음 없어야

위없는 도 이루리라

三世一切佛이　　　　**當共滿汝願**이니
一切佛會中에　　　　**汝身安住彼**로다

삼세 모든 부처님이

다 함께 그대 서원 이뤄주리니

모든 부처님 모임 가운데

그대의 몸 그곳에 안주하리라

一切諸如來가　　　　**誓願無有邊**하시니
大智通達者가　　　　**能知此方便**이로다

일체 세계 모든 여래

끝없는 서원이여

큰 지혜 통달한 이는
　　이런 방편 알리라

大光供養我일세　　　　故獲大威力하야
令塵數衆生으로　　　　成熟向菩提로다
　　대위광 보살이 나에게 공양 올린
　　그 공덕으로 큰 위력 얻어
　　끝없이 한량없는 중생을
　　근기의 성숙으로 보리 향하게 하네

諸修普賢行하는　　　　大名稱菩薩이
莊嚴佛刹海하야　　　　法界普周徧이로다
　　보현행을 모두 닦는 이는
　　보살이라 큰 이름 붙이네
　　부처님 세계바다를 장엄하여
　　법계에 널리 가득하여라

◉ 疏 ◉

偈有十一이니 初三은 讚發心得法에 大果當成이오 次四는 對劣顯勝
進者圓德이오 次二는 外加內智로 決證無疑오 後二는 擧一例餘이니
行者卽得이라
初逢一切功德山佛은 已竟하다

게송은 11수이다. 앞의 3수(제1~3게송)는 마음을 일으켜 법을 얻어 大果를 성취함을 찬탄함이며, 다음 4수(제4~7게송)는 용렬한 근기의 중생을 상대로 훌륭하게 닦아나가는 자의 원만한 덕을 나타냄이며, 다음 2수(제8~9게송)는 밖의 가피와 내면의 지혜로 반드시 증득하여 의심이 없음을 말하였고, 다음 2수(제10~11게송)는 하나를 들어 나머지의 예로 삼았다. 이처럼 행한 자는 곧바로 佛果를 얻을 수 있다.

제1. 일체공덕산 수미승운불을 만남을 끝맺다.

第二 遇第二佛이니 文分爲二니 先은 結前生後오 二는 正顯佛興이라

제2. 바라밀 선안장엄왕불을 친견하다

이의 경문은 2단락으로 나뉜다.

1) 앞의 경문을 맺으면서 뒤 문장을 일으킴이며,
2) 부처님이 나오심을 밝히다.

今은 初라

1) 앞의 경문을 맺으면서 뒤 문장을 일으키다

經

諸佛子야 汝等은 應知彼大莊嚴劫中에 有恒河沙數小劫하야 人壽命이 二小劫이니

諸佛子야 彼一切功德須彌勝雲佛은 壽命이 五十億歲어든

"여러 불자들이여, 그대들은 알아야 한다. 저 대장엄겁(大莊嚴劫) 가운데 항하의 모래 수와 같은 작은 겁이 있는데, 그곳에 머무는 사람들의 수명은 2소겁이다.

모든 불자들이여, 저 '일체공덕산 수미승운 부처님'은 수명이 50억 세였다.

◉ 疏 ◉

謂將說後佛이라 故總論劫壽니 明多小劫者는 欲顯多佛現故오 說人壽佛壽者는 由佛壽促而人壽長이라 故得威光一生에 歷事三佛이라

장차 뒤의 부처님을 말하고자 한 까닭에 겁과 수명을 총체로 논한 것이다. 많은 小劫을 밝힌 것은 수많은 부처님이 나오셨음을 밝히고자 한 때문이며, 사람의 수명과 부처님의 수명을 말한 것은 부처님의 수명은 짧고 사람의 수명은 길기 때문이다. 이 때문에 위광 보살의 일생에 세 분의 부처님을 두루 섬길 수 있었다.

二彼佛滅下는 顯佛興이니 文分爲五라 一은 明滅後佛興이오 二는 覩相獲益이오 三은 讚德勸詣오 四는 眷屬同歸오 五는 聞經悟入이라

2) '彼佛滅' 이하는 부처님이 나오심을 밝힌 것이다.
이의 경문은 5단락으로 나뉜다.
(1) '일체공덕산 수미승운불'이 열반한 후에 '바라밀 선안장엄왕

불'이 나오심을 밝힘이며,

　　(2) '바라밀 선안장엄왕불'의 모습을 보고서 이익을 얻음이며,

　　(3) 덕을 찬탄하면서 귀의할 것을 권함이며,

　　(4) 권속이 함께 귀의함이며,

　　(5) 경을 듣고서 깨달음을 얻음이다.

今은 初也라

　　(1) '바라밀 선안장엄왕불'이 나오심을 밝히다

經

彼佛滅度後에 有佛出世하시니 名波羅蜜善眼莊嚴王이라 亦於彼摩尼華枝輪大林中에 而成正覺이어시늘

'일체공덕산 수미승운 부처님'이 열반하신 후에 부처님이 한 분 나오셨는데 그 이름은 '바라밀 선안장엄왕'이시다. 그 부처님 또한 저 마니주꽃가지바퀴의 큰 숲 속에서 정각을 이루셨다."

● 疏 ●

此中佛名은 謂智導萬行일새 皆到彼岸이오 見性了了일새 故名善眼이오 果由因飾일새 是曰莊嚴이라

　　여기에서 말한 부처님의 이름은 그 지혜가 모든 行을 인도할 수 있기에 모두 피안에 이를 수 있으며, 見性이 분명한 까닭에 그 이름이 '선안'이며, 결과가 원인에 의해 장엄한 까닭에 '장엄'이라 말한다.

二. 觀相獲益

　　(2) '바라밀 선안장엄왕불'의 모습을 보고서 이익을 얻다

經

爾時에 大威光童子가 見彼如來의 成等正覺하사 現神通力하고
卽得念佛三昧하니 名無邊海藏門이며
卽得陀羅尼하니 名大智力法淵이며
卽得大慈하니 名普隨衆生調伏度脫이며
卽得大悲하니 名徧覆一切境界雲이며
卽得大喜하니 名一切佛功德海威力藏이며
卽得大捨하니 名法性虛空平等淸淨이며
卽得般若波羅蜜하니 名自性離垢法界淸淨身이며
卽得神通하니 名無礙光普隨現이며
卽得辯才하니 名善入離垢淵이며
卽得智光하니 名一切佛法淸淨藏이라
如是等十千法門을 皆得通達하니라

　　그때 대위광 동자는 '바라밀 선안장엄왕불'이 등정각을 이루어 신통력을 나타내심을 보고서 10가지의 삼매이익을 얻었다.

　　(1) 곧바로 염불삼매를 얻었는데 그 이름을 '무변해장문(無邊海藏門)'이라 한다.

461

⑵ 곧바로 다라니삼매를 얻었는데 그 이름을 '대지력법연(大智力法淵)'이라 한다.

⑶ 곧바로 대자(大慈)삼매를 얻었는데 그 이름을 '보수중생조복도탈(普隨衆生調伏度脫)'이라 한다.

⑷ 곧바로 대비(大悲)삼매를 얻었는데 그 이름을 '변부일체경계운(遍覆一切境界雲)'이라 한다.

⑸ 곧바로 대희(大喜)삼매를 얻었는데 그 이름을 '일체불공덕해위력장(一切佛功德海威力藏)'이라 한다.

⑹ 곧바로 대사(大捨)삼매를 얻었는데 그 이름을 '법성허공평등청정(法性虛空平等淸淨)'이라 한다.

⑺ 곧바로 반야바라밀삼매를 얻었는데 그 이름을 '자성이구법계청정신(自性離垢法界淸淨身)'이라 한다.

⑻ 곧바로 신통삼매를 얻었는데 그 이름을 '무애광보수현(無礙光普隨現)'이라 한다.

⑼ 곧바로 변재삼매를 얻었는데 그 이름을 '선입이구연(善入離垢淵)'이라 한다.

⑽ 곧바로 지혜광명삼매를 얻었는데 그 이름을 '일체불법청정장(一切佛法淸淨藏)'이라 한다.

이와 같은 십천(十千) 법문을 모두 통달하였다.

● 疏 ●

先은 觀相이니 卽獲益之由也오 二卽得下는 正獲益也라 先列後結이

니 列有十種이라

一은 念佛三昧者는 菩薩之父라 故首明之오 乃至十地도 不離念佛이니라【鈔_ 菩薩之父'者는 卽智論文이니 論云 菩薩은 以般若波羅蜜로 爲母하고 般舟三昧로 爲父라하니 般舟는 卽念佛이니 此翻爲佛立三昧니 良以念佛이 卽眞涉事하야 與方便同이라 故得稱父이오 又念佛成佛이 是親種故니라 言'乃至十地不離念佛'者는 十地之中에 皆云一切所作이 不離念佛·念法·念僧等이라】無邊海藏門者는 蘊積名藏이오 深廣稱海라 然署有三義하니 一은 由此定中 見多佛故니 下文云 '以佛爲境界하야 專念而不捨면 是人得見佛하야 其量與心等'이라하니 由念能見일세 所以稱門이니라 二는 一一佛德이 是無邊海藏이니 由念能知일세 所以稱門云이라 何無邊海오 劫海所修에 有行願海하고 成就色身에 有相好海하고 成就智身에 有辨才海하고 建立念處에 有名號海하고 修諸助道에 有功德海하고 安處衆生에 有淨刹海하니 如是諸海 一一無邊하야 各各出生이 蘊積名藏이니라 三은 無邊勝德이 由念佛生이라 故此一門이 深廣蘊積하나니 何者오 念佛性身이면 則契如理하고 念功德身이면 成無邊德하고 念相好身이면 證無邊相하야 障無不滅하고 德無不生하나니 一言蔽諸면 總由念佛이라 從此通悟일새 所以稱門이라 卽此一門을 說不可盡이니라

(1) '바라밀 선안장엄왕불'의 모습을 봄이니 10가지의 삼매이익을 얻게 된 연유이다.

(2) '卽得' 이하는 바로 10가지의 삼매이익을 얻음이다. 앞부분에서는 10가지의 삼매이익을 나열하였고, 뒤에서는 끝맺고 있다.

앞부분에서 나열한 10가지의 삼매이익은 다음과 같다.

① 念佛三昧란 보살을 낳아준 아버지이다. 이 때문에 맨 먼저 밝힌 것이다. 내지 十地까지도 염불에서 벗어날 수 없다. 【초_"보살을 낳아준 아버지"란 지도론에 이르기를, "보살은 반야바라밀로 어머니를 삼고 般舟三昧로 아버지를 삼는다."고 하였다. '般舟'란 곧 염불이다. 중국말로 번역하면 '佛立三昧'의 뜻이다. 참으로 염불이 眞諦와 하나이고 사법계에 관련하여 방편과 같기에 이를 '아버지'라고 말하였다. 또 염불과 성불이 親種이기 때문이다. "내지 十地까지도 염불에서 벗어날 수 없다."는 것은 十地 가운데 모두 이르기를, "일체 모든 일들이 念佛·念法·念僧에서 벗어날 수 없다." 등이라 하였다.】

'無邊海藏門'이란 쌓아놓은 것을 '창고[藏]'라 말하고, 깊고 넓은 것을 '바다[海]'라고 말한다. 그러나 간단하게 말하면 여기에는 3가지의 뜻이 있다.

㉠ 선정 삼매 속에서 수많은 부처님을 친견한 때문이다. 아래의 경문에 이르기를, "부처님으로 경계를 삼아 오롯한 마음으로 염불하여 잠시도 놓지 않으면 그 사람은 부처님을 친견할 수 있어 그 도량이 마음자리와 같다."고 하였다. 염불을 통하여 부처님을 친견한 까닭에 '門'이라 말하였다.

㉡ 하나하나의 부처님 덕이 그지없는 바다창고와 같다. 이는 염불을 통하여 알 수 있기에 '문'이라 말하였다. 무엇이 '그지없는 바다[無邊海]'인가? 劫海에 닦아온 行願의 바다가 있고, 色身을 성취

함에 相好의 바다가 있고, 智身을 성취함에 辯才의 바다가 있고, 念處를 건립함에 名號의 바다가 있고, 도에 도움이 되는 모든 것을 닦음에 功德의 바다가 있고, 중생이 편안하게 머무는 곳에 淨刹의 바다가 있다. 이처럼 많은 바다가 하나하나 그지없어 모든 것이 각기 생겨나고 쌓여 있기에 그 이름을 '창고[藏]'라고 말한다.

ⓒ 그지없이 뛰어난 공덕이 염불에 의해 생겨난 까닭에 하나의 문이 깊고 넓으며 많은 것이 쌓여 있다. 이는 무엇 때문일까? 佛性身을 念하면 如理에 하나가 되고, 功德身을 염하면 그지없는 공덕을 성취하고, 相好身을 염하면 그지없는 형상을 증득하여 장애가 사라지지 않음이 없고 공덕이 생겨나지 않음이 없다. 한마디의 말로 그 모든 것을 대표한다면 그것은 모두가 염불에 의한 것이다. 이를 통하여 깨달음을 얻을 수 있기에 '문'이라고 말한다. 이 하나의 '문'은 말로 다할 수 없다.

二는 總持大智로 能達深法이오

② 總持大智로 심오한 법을 통달함이다.

三은 無緣普應이오

③ 반연이 없이 널리 감응함이다.

四는 等除熱惱오

④ 극심한 마음의 괴로움을 모두 없애준다.

五는 佛深德海에 蘊積力用이니 菩薩緣此하야 喜偏身心이오

⑤ 부처님의 깊은 공덕바다에 열 가지의 힘과 미묘한 작용을 쌓아두고 있다. 보살이 이에 의하여 몸과 마음에 기쁨이 가득한 것

이다.

六은 悲則心感하고 喜便浮動이어니와 深契法性이면 則曠若虛空이니 悲喜兩亡이 爲平等淸淨이오

⑥ 슬프면 마음이 서럽고 기쁘면 문득 들뜨게 되지만 法性에 깊이 하나가 되면 허공처럼 드넓게 툭 트여 슬픔과 기쁨을 모두 잊고 평등한 청정이 된다.

七은 般若者는 覺法實性하야 離分別也니 有可離者면 非眞離也오 知自性離면 不復離也니라 無離之離 卽眞法界니 眞法界者는 本來淸淨이라 法界淸淨이면 卽般若淸淨하고 般若淸淨하면 則萬法本淨이니 萬法淨者는 無淨無不淨이라 爲眞淨也니라 實相般若는 爲萬法之體니 觀照冥此면 衆德攸依일세 故云身也니라【鈔_ 覺法實性 離分別也'者는 此總釋一門이오 亦當別釋自性離垢之言이니 卽大般若 曼殊室利分中에 慈氏菩薩云 若諸菩薩이 聞是甚深般若하고 心不沉沒이면 已近無上正等菩提니라 何以故오 是諸菩薩이 現覺法性이 離一切分別이 如大菩提故라하니라 今此般若는 亦覺法自性을 名自性離라 離字는 兩向이니 向上은 屬自性離하고 向下는 屬離垢니 卽離分別之垢也니라

從有可離下는 別釋經文이니 成上總釋이니 '有可離者 非眞離也'는 反釋初句하야 成上'性離'오 '知自性離 不復離也'者는 順釋初句하야 成上離分別言니라 不知性離면 謂有可離니 卽是分別이어니와 今知性離면 知相卽寂이라 故無分別이니라

'無離之離者는 卽躡上하야 釋下'法界'言也니 正同起信이니 所言覺者

는 謂心體離念이니 離念相者는 等虛空界하야 無所不遍하야 法界一相이니 卽是如來平等法身이라하니 法身은 卽眞法界니라

'本來淸淨者'는 躡上法界하야 釋淸淨言이니 旣自性離 是眞法界라 則本自淨이오 非觀令淨이며 非去垢淨이라 是故로 經云法界淸淨이라하니라

'法界淸淨者'는 卽以上義로 成此般若하야 得淸淨名이니 此有二意라 一은 由體法界라야 方成般若라 故此般若 受法界淸淨之名이오 二者는 性無二故일세 故大般若 難信解分云 復次善現이여 般若波羅蜜多 淸淨故로 色淸淨하고 色淸淨故로 一切智智 淸淨이니라 何以故오 若般若波羅蜜多淸淨이오 若色淸淨이오 若一切智智淸淨이라 無二無二分이오 無別無斷故라 名無二性이라하니라

'般若淸淨者'도 亦有二義니 一은 以般若로 照一切法하야 知本淨故오 二者는 亦是性無二故로 義同上引般若淸淨이면 則色淸淨이니 徧歷諸法이로되 畧擧八十餘科니 謂五蘊·十二入·十八界·四諦·十二緣·六波羅蜜로 乃至菩提涅槃히 皆如色說이라 故萬法本淨이니라

'萬法淨者'下는 拂其淨相이니 夫言淨者는 顯法本無生하야 性寂諸相이라 故名爲淨이어니 豈待蕩蕩無物이라야 方稱淨耶아 非但事無 非爲眞淨이라 見眞本淨도 事爲非淨이니 亦是相待라 能所未忘이어니 安得稱淨이리오 故眞善知識은 令看淨門云 性本淸淨이로되 淨無淨相이라야 方見我心이 卽斯義矣니라 故淨名云 垢淨爲二는 見垢實性이니 則無淨相하야 離於見相이라야 是爲入不二法門也라하고 下經云 若有見正覺하되 解脫離諸漏하고 不著一切世가 彼非證道眼이니라 若有知如來

467

體相無所有하야 修習得明了라야 是人疾作佛이라하다 實相般若下에
釋經身字호되 身有三義하니 謂體·依·聚義라하나 今實相般若는 則法
身之體오 觀照般若는 同報身之依오 化身名聚는 淺故不說이니 則眷
屬般若도 亦得名身은 同聚義故일세니라 】

⑦ 반야란 법의 實性을 깨달아 분별의식을 여읨이다. 여읠 게 조금이라도 남아 있으면 진리가 아니며, 자성이 여읜 줄을 알면 다시 여읠 게 없다. 여읠 게 없는 여읨이 곧 眞法界이다. 진법계란 본래 청정하다. 법계가 청정하면 곧 반야가 청정하고 반야가 청정하면 곧 만법이 본래 청정하다. 만법이 본래 청정한 것은 청정함도 없고 부정함도 없어 참다운 청정이 된다. 實相般若는 만법의 본체가 된다. 觀照로 여기에 하나가 되면 수많은 공덕이 의지하는 대상이기에 이를 '몸[身]'이라고 말한다. 【초_ "법의 實性을 깨달아 분별의식을 여읨이다."는 것은 총체로 한 부분을 해석한 것이며, 또한 개별로 "자성이 때를 여의었다."는 말을 해석한 것이다. 이는 대반야경 만수실리분 가운데 자씨 보살이 말하기를, "만일 모든 보살이 이처럼 매우 심오한 반야법문을 듣고서 마음이 잠기거나 빠지지 않으면 벌써 無上正等菩提에 가까운 것이다. 이는 무엇 때문인가? 이는 모든 보살이 현재 법성이 일체 분별을 떠나는 것이 대보리와 같음을 깨달았기 때문이다."고 하였다. 여기에서 말한 반야 또한 법의 자성을 깨달은 것을 '자성이 여읨[自性離]'이라고 말한다. '離' 자에는 두 가지의 뜻으로 지향하고 있다. 위로 향하면 '자성이 여읨'에 속하고 아래로 향하면 '때를 여읨'이니 분별의식의 때를 여

원 것이다.

'有可離' 이하는 개별로 경문을 해석하여, 위 총체의 해석을 끝맺은 것이다. "여읠 게 조금이라도 남아 있으면 진리가 아니다."는 것은 거꾸로 첫 구절을 해석하여 위의 '性離' 구절을 끝맺었고, "자성이 여읜 줄을 알면 다시 여읠 게 없다."는 것은 차례대로 첫 구절을 해석하여 위의 '분별의식을 여의었다[離分別].'는 말을 끝맺은 것이다. 자성이 여읜 줄을 알지 못하면 여의어야 할 것이 남아 있다고 말할 수 있다. 이는 바로 분별심이라 말할 수 있거니와 여기에서 "자성이 여읜 줄을 알면" 형상이 곧 고요함을 알 수 있다. 이 때문에 분별심이 없는 것이다.

"여읠 게 없는 여읨"이란 위의 경문을 뒤이어서 아래의 '法界'라는 말을 해석한 것이다. 이는 바로 기신론에서 말한 바와 같다. '覺'이라 말한 것은 마음의 본체가 생각을 여읨이다. 念과 相을 여읜 자는 허공의 경계와 같아서 두루 하지 않은 바가 없어 법계와 하나의 모습이다. 이는 여래의 평등한 법신이다. 법신이란 참다운 법계[眞法界]이다.

'本來淸淨'이란 위 '法界'의 구절을 이어서 '淸淨'이라는 말을 해석한 것이다. 이미 자성이 여읜 자리가 곧 참다운 법계이다. 이는 본래 스스로 청정한 것이지, 청정하게 보도록 하는 것이 아니며 때를 버려서 청정하게 만든 것도 아니다. 이 때문에 경문에서 '法界淸淨'이라 말하였다.

'法界淸淨'이란 위의 뜻으로써 여기에서 말한 반야를 이루어 청정이라는 이름을 얻게 된 것이다. 여기에는 2가지의 뜻이 있다. ㉠ 법계를 체득해야 비로소 반야를 이룰 수 있다. 이 때문에 이런 반야가 법계청정이라는 이름을 받게 된 것이다. ㉡ 자성이란 둘이 없기 때문에 대반야경 난신해분에 이르기를, "또한 선현보살이여! 반야바라밀다는 청정하기 때문에 색이 청정하고 색이 청정하기 때문에 일체지의 지혜가 청정하다. 무엇 때문인가? 반야바라밀다의 청정과 같고 색의 청정과 같고 일체지의 지혜가 청정과 같다. 둘이라는 것도 없고 둘로 나뉨도 없고 분별이 없고 끊어짐이 없기 때문에 2가지의 자성이 없다고 말한다."고 하였다.

'般若淸淨' 또한 2가지의 뜻이 있다. ㉠ 반야로 일체 법을 관조하여 본래 청정한 것임을 알기 때문이다. ㉡ 또한 자성이 둘이 없는 까닭에 그 뜻은 위에서 인용한 "반야가 청정하면 곧 색이 청정하다."는 것이다. 이는 모든 법에 두루 하지만 간단하게 80여 과목을 들어 말하고자 한다. 五蘊, 十二入, 十八界, 四諦, 十二緣, 六波羅蜜로부터 내지 보리열반에 이르기까지 모두 '색과 같다.'고 말한 것이다. 이 때문에 모든 법은 본래 청정하다고 말하는 뜻과 같다.

'萬法淨者' 이하는 그 청정하다는 相조차도 떨쳐버리는 것이다. 淨이라 말한 것은 法이란 본래 無生이다. 본성이 모든 상에 고요함을 나타낸 것이다. 이 때문에 청정이라고 말한다. 어찌 텅 비어 그 어떤 물건도 없어야 만이 비로소 청정이라 말할 수 있겠는가. 아무런 일이 없다는 것이 참다운 청정이 되지 않을 뿐 아니라, 참다운 근본 청정을 보았다는 것도 그 일은 청정이 아니다. 이 또한 서로 필요로 하는 것이다. 能所의 주객을 잊지 못한 것이니 어떻게 청정이라 말할 수 있겠는가. 그러므로 참다운 선지식은 淸淨門을 보는 데에 대해 "성품이란 본래 청정하지만 청정함은 청정하다는 상이 없어야 만이 비로소 나의 마음을 볼 수 있다."고 말한 것은 곧 이러한 뜻이다. 이 때문에 정명경에 이르기를, "더러움과 청정함이 2가지로 나뉘는 것은 더러운 때의 실성을 보았기 때문이다. 청정하다는 상마저 없어 견해의 상에서 벗어나야 만이 이를 不二法門에 들어갔다고 말한다."고 하였고, 아래의 경문에서 말하기를, "어떤 이가 정각을 보되 해탈하여 모든 번뇌를 여의고 일체 세간의 일에 집착하지 않는다고 하여 도안을 증득한 것이 아니다. 만약 여래에게 體相이 없음을 알고서 이를 닦아 익혀 깨달아야 만이 이런 사람이 빨리 성불하게 될 것이다."고 하였다. '實相般若' 아래의 경문에 쓰인 '身' 자를 해석할 적에 '身' 자에는 3가지의 뜻이 있다. 體·依·聚라고 말하지만, 여기에서 말한 '실상반야'는 곧 법신의 體이고, '관조반야'는 보신의 依와 같고, 화신을 聚라 명명한 뜻이 얕기 때문에 더 이상 설명하지 않았다. '眷屬般若' 또한 '身'이라고 명명한 것은 聚의 뜻과 같기 때문이다.】

八은 通用智俱일세 故無礙隨現이오

⑧ 신통의 묘용이 지혜와 함께하기 때문에 걸림 없이 어느 곳이나 나타난 것이다.

九는 入法之深에 離說之垢오

⑨ 법의 깊은 자리에 들어감에 言說의 더러움을 여읨이다.

十은 智照佛法에 淨所知障하야 含藏衆德이라

⑩ 지혜로 불법을 비춰봄에 所知障을 청정케 하여 많은 덕을 간직한 것이다.

二'如是'下는 結中에 明歷事增進일세 故云十千이라 通達之言은 釋前卽得이라

뒤의 '如是' 이하는 끝맺는 말 가운데 여러 부처님을 두루 섬기면서 삼매법문이 증진됨을 밝힌 까닭에 '十千' 가지라 말한 것이다. '통달'이란 바로 위의 '卽得(卽得念佛三昧 등)'의 뜻을 해석함이다.

三讚德勸詣

(3) 덕을 찬탄하면서 귀의할 것을 권하다

經

爾時에 大威光童子가 承佛威力하고 爲諸眷屬하야 而說頌言호대

그때 대위광 동자가 부처님이 지닌, 헤아릴 수 없는 영묘하고도 불가사의한 힘을 받들어 모든 권속을 위하여 게송으로 말씀드렸다.

不可思議億劫中에　　　導世明師難一遇어늘
此土衆生多善利하야　　而今得見第二佛이로다

불가사의 억 겁 중에

눈밝은 부처님 만나기 어려운데
　　이 국토 중생, 좋은 이익 많아서
　　지금 제2 부처님 뵙게 되었네

佛身普放大光明하시니　　**色相無邊極淸淨**이라
如雲充滿一切土하야　　　**處處稱揚佛功德**이로다
　　부처님의 몸, 큰 광명 널리 놓으시니
　　그지없는 색상, 지극히 청정한데
　　구름처럼 모든 국토 가득 뒤덮어
　　곳곳에서 부처님 공덕 찬탄하네

光明所照咸歡喜라　　　**衆生有苦悉除滅**일세
各令恭敬起慈心케하시니　**此是如來自在用**이로다
　　광명이 비치는 곳 모든 중생 환희하며
　　중생의 고통, 모두 없애주어
　　모두 공경심, 자비심을 일으키게 하니
　　이는 여래의 자재하신 작용일세

出不思議變化雲하고　　　**放無量色光明網**하사
十方國土皆充滿하시니　　**此佛神通之所現**이로다
　　불가사의 변화구름 피어내고
　　한량없는 색의 광명그물 놓으사

시방국토 모두 충만하니

이는 부처님의 신통력으로 나타난 터이네

一一毛孔現光雲하사 普徧虛空發大音하고
所有幽冥靡不照하사 地獄衆苦咸令滅이로다

하나하나 모공마다 광명구름 나타내어

허공에 두루 큰 음성을 울려 내고

모든 어두운 곳 모두 비추어

지옥의 온갖 고통 모두 없애주었네

如來妙音徧十方하사 一切言音咸具演하사대
隨諸衆生宿善力하시니 此是大師神變用이로다

여래의 미묘한 음성, 시방법계 두루 하사

각기 다른 말들을 하나의 말씀으로 모두 갖춰 내시되

모든 중생, 숙세의 선근력 따르시니

이는 부처님의 신통변화 작용일세

無量無邊大衆海에 佛於其中皆出現하사
普轉無盡妙法輪하사 調伏一切諸衆生이로다

한량없고 그지없는 대중바다

그 가운데 부처님 모든 곳에 나타나시어

그지없는 미묘 법륜 널리 굴려

일체중생 조복하시네

佛神通力無有邊하사 　　**一切刹中皆出現**하시니
善逝如是智無礙하사 　　**爲利衆生成正覺**이로다

　부처님의 신통력 끝없이
　온갖 세계 모두 나타나시니
　부처님 이러한 지혜 걸림 없이
　중생을 이롭게 하고자 정각 이루셨네

汝等應生歡喜心하야 　　**踊躍愛樂極尊重**하라
我當與汝同詣彼니 　　**若見如來衆苦滅**하리라

　그대들은 환희심 내어
　뛸 듯이 좋아하고 존중 다하여라
　나도 그대와 함께 부처님 찾아가
　여래 뵈면 모든 고통 사라지리라

發心迴向趣菩提하고 　　**慈念一切諸衆生**하야
悉住普賢廣大願이면 　　**當如法王得自在**리라

　발심하고 회향하여 보리에 나아가
　자비의 마음으로 일체중생 생각하여
　보현보살 광대한 서원에 널리 머물면
　법왕처럼 자재하리라

諸佛子야 大威光童子가 說此頌時에 以佛神力으로 其聲이 無礙하야 一切世界가 皆悉得聞하고 無量衆生이 發菩提心하니라

"여러 불자들이여, 대위광 동자가 이 게송을 말할 때에 부처님의 신비한 힘으로 그 음성이 걸림이 없었으며 온갖 세계가 다 듣고 한량없는 중생이 보리심을 내었다."

● 疏 ●

文分爲二니 初 說偈오 後 偈益이라
偈中에 分三이니 初一偈는 歎希慶遇오 二에 有七偈는 歎佛勝德이니 於中三이니 初三은 身業이오 次三은 語業이오 後一은 意業이며 三에 有二偈는 勸衆同歸라
後諸佛子下는 偈益可知니라

위의 경문은 2단락으로 나뉜다.
앞에서는 게송을 말하였고, 뒤에서는 게송의 이익이다.
게송은 3부분으로 나뉜다.
(1) 제1게송은 希有의 인연을 찬탄하고 만남을 경사로 여김이다.
(2) 7수(제2~8게송)는 바라밀 선안장엄왕불의 뛰어난 덕을 찬탄함이다. 이는 다시 3부분으로 나뉜다. 앞의 3수(제2~4게송)는 身業, 다음 3수(제5~7게송)는 語業, 뒤의 제8게송은 意業이다.
(3) 2수(제9~10게송)는 대중을 권하여 다 함께 바라밀 선안장엄왕불에게 귀의토록 함이다.

뒤의 '諸佛子' 이하는 게송의 이익이니 말하지 않아도 알 수 있다.

四 眷屬同歸

(4) 권속이 함께 귀의하다

經

時에 大威光王子가 與其父母와 幷諸眷屬과 及無量百千億那由他衆生으로 前後圍繞하야 寶蓋如雲하야 徧覆虛空하고 共詣波羅蜜善眼莊嚴王如來所한대

그때 대위광 왕자는 그 부모와 아울러 모든 권속, 한량없는 백천억 나유타 중생들이 앞뒤로 둘러쌈이 보배덮개구름처럼 허공에 두루 덮여 바라밀 선안장엄왕 여래가 계신 곳으로 함께 나아갔다.

五 聞經悟入

文三이라 初는 佛爲說經이라

(5) 경문을 듣고서 깨달음을 얻다

이의 경문은 3단락이다.

① 바라밀 선안장엄왕 여래께서 경을 연설하다

經

其佛이 爲說法界體性淸淨莊嚴修多羅하시니 世界海微塵
等修多羅로 而爲眷屬이라

　　바라밀 선안장엄왕 부처님이 '법계체성 청정장엄 수다라'를 말
씀하셨는데, 세계바다의 티끌과 같이 셀 수 없이 무한한 수다라가
권속이 되었다.

◉ 疏 ◉

主經이니 法界體性은 大方廣也오 淸淨은 佛也오 莊嚴은 卽華嚴也라
有多眷屬者는 顯此敎圓이라

　　'대방광불화엄경'을 주로 말함이니 法界體性은 大方廣을, 청정
은 佛을, 장엄은 곧 華嚴이다. 많은 권속이 있는 것은 이 가르침이
원만함을 나타냄이다.

―

二 當機獲益

　　② 모든 대중이 이 경을 듣고서 이익을 얻다

經

彼諸大衆이 聞此經已하고
得淸淨智하니 名入一切淨方便이며
得於地하니 名離垢光明이며

得波羅蜜輪하니 名示現一切世間愛樂莊嚴이며
得增廣行輪하니 名普入一切刹土無邊光明淸淨見이며
得趣向行輪하니 名離垢福德雲光明幢이며
得隨入證輪하니 名一切法海廣大光明이며
得轉深發趣行하니 名大智莊嚴이며
得灌頂智慧海하니 名無功用修極妙見이며
得顯了大光明하니 名如來功德海相光影徧照며
得出生願力淸淨智하니 名無量願力信解藏이러라

저 모든 대중이 이 경을 듣고서 10가지의 법익(法益)을 얻었다.

⑴ 청정지혜를 얻었는데 그 이름은 '입일체정방편(入一切淨方便)'이다.

⑵ 지위를 얻었는데 그 이름은 '이구광명(離垢光明)'이다.

⑶ 바라밀바퀴를 얻었는데 그 이름은 '시현일체세간애락장엄(示現一切世間愛樂莊嚴)'이다.

⑷ 늘리고 넓히는 수행바퀴를 얻었는데 그 이름은 '보입일체찰토무변광명청정견(普入一切刹土無邊光明淸淨見)'이다.

⑸ 향하여 나아가는 수행바퀴를 얻었는데 그 이름은 '이구복덕운광명당(離垢福德雲光明幢)'이다.

⑹ 따라 증득해 들어가는 바퀴를 얻었는데 그 이름은 '일체법해광대광명(一切法海廣大光明)'이다.

⑺ 점점 깊이 나아가는 행을 얻었는데 그 이름은 '대지장엄(大智莊嚴)'이다.

(8) 관정(灌頂)하는 지혜바다를 얻었는데 그 이름은 '무공용 수극묘견(無功用 修極妙見)'이다.

(9) 현저하게 아는 대광명을 얻었는데 그 이름은 '여래공덕해상광영변조(如來功德海相光影徧照)'이다.

(10) 원력을 내는 청정한 지혜를 얻었는데 그 이름은 '무량원력신해장(無量願力信解藏)'이었다.

● 疏 ●

亦有十益이라 旣云大衆인댄 或一人得一이오 或二三四오 或具十者라 威光先證일세 故畧不標니 大衆之言도 亦已含矣라 故下佛讚이니라 然此十事를 畧爲二釋인댄 一者는 如次 配於十地十度니 或取地義하고 或取度義니라

이 또한 10가지 法益이 있다.

이처럼 '대중'이라고 말하면 그것은 한 사람이 하나의 이익을 얻거나 혹은 2, 3, 4가지의 이익을 얻거나 아니면 10가지의 이익을 모두 얻은 것이다. 대위광 왕자가 이를 먼저 증득한 까닭에 이를 생략한 채 나타내지 않았다. '대중'이란 말에 또한 이미 포함되어 있다. 이 때문에 아래에서 바라밀 선안장엄왕불이 찬탄한 것이다.

그러나 이 10가지의 일에 대해 간단히 2가지로 해석하면 다음과 같다.

(1) 차례와 같이 十地와 十度에 짝하는 것이다. 혹은 십지의 뜻을 취하거나 혹은 십도의 뜻을 취하였는바 아래와 같다.

一者는 達一切法 本來淸淨일세 名淸淨智오 不取淨相일세 是名方便이니 卽初地入證之智也오

① 모든 법이 본래 청정함을 통달한 까닭에 그 이름을 淸淨智라 하고, 淸淨相을 취하지 않는 까닭에 그 이름을 방편이라 하니 그것은 初地에 들어 증득한 지혜이다.

二는 則二地에 離破戒垢 是所除障이오 照諸善品이 卽戒光明이오

② 파계의 때가 바로 없애야 할 장애인데 二地에서 이를 여읜 것이며, 모든 善品을 비추는 것은 곧 지계바라밀의 광명이다.

三은 卽忍度니 忍爲上嚴일세 一切愛樂이오

③ 곧 인욕바라밀이다. 忍이 최상의 장엄이기에 모든 일이 사랑스럽고 즐겁다.

四는 無刹不入이오 無法不照오 無見不淨이 是爲精進이니 增廣種行을 約地義釋인댄 以諸道品으로 燒無盡惑하야 成無邊光이오

④ 어느 국토이든 들어가지 않음이 없으며, 어느 법이든 관하지 않음이 없으며, 보는 것마다 청정하지 않음이 없는 것이 바로 정진바라밀이다. 增廣種行을 십지의 뜻으로 해석한다면 모든 道品으로 그지없는 미혹을 불살라 태워주기에 그지없는 지혜광명을 성취해주는 것이다.

五는 趣向諸行이 能入俗也이니 禪度增故로 性能離垢하고 涉俗化物일세 成福德雲이오 不迷實理 爲光明幢이오

⑤ 나아가는 모든 行이 세속에 들어감이니 선정바라밀이 더욱 뛰어나기 때문으로, 性이 때를 여의고 세속과 함께하면서 중생을

교화, 제도하기에 복덕의 구름을 이루고 진실한 이치에 혼미하지 않음을 光明幢이라 한다.

六은 般若現前을 名隨入證이오 照深緣起를 名法海光이오

⑥ 반야가 앞에 나타남을 '따라 들어가 증득'함이라 하고, 깊은 緣起를 관조함을 법해광명이라 한다.

七은 功用已遠하야 將入無功이 爲深發趣오 權實無碍 爲大莊嚴이오

⑦ 功用이 이미 원대하여 장차 스스로 이뤄지는, 공용이 없는 지혜에 들어감이 深發趣이며, 權實에 걸림 없는 것이 대장엄이다.

八은 見法實性하야 無功而修 爲極妙見이니 由此智慧하야 復得灌頂이라 故仁王經云 後之三地 同遣無明하야 同無功用이라하니 故非灌頂地라 是灌頂智오

⑧ 법의 實性을 보아 공용 없이 닦음을 極妙見이라 한다. 이런 지혜를 말미암아 다시 灌頂을 얻는다. 이 때문에 인왕경에 이르기를, "뒤의 3地(제8지·제9지·제10지)가 똑같이 無明을 없애어 공용이 없는 것과 같다."고 하였다. 이 때문에 이는 灌頂地가 아니라, 灌頂智이다.

九는 顯了藥病이 是功德海相이오 辯才徧應이 若月影流光이오

⑨ 약과 병을 또렷이 아는 것이 功德海相이며, 변재로 두루 응함이 달에서 흘러나오는 광명과 같다.

十은 智圓離障이라야 方於佛願而生信解일새 故曰出生이라하니라

⑩ 지혜가 원만하여 장애를 여의어야 바야흐로 부처님의 誓願에 대해 믿고 이해하는 까닭에 이를 '출생[出生願力淸淨智]'이라고 말한다.

二者는 此上十門이 隨一一事하야 以立其名이오 未必全將配於地位라 或通配諸位하고 或復不次니 以人無量일세 隨詮不同이니 普賢巧說이라 故文含多義니라

(2) 이 위의 10가지 법문이 하나하나의 일을 따라서 그 명제를 세웠을 뿐이지, 꼭 모두가 십지나 십바라밀에 짝이 되는 것은 아니다. 어떤 것은 모두가 모든 지위에 짝이 되기도 하고, 어떤 것은 차례가 꼭 맞은 것도 아니다. 한량없이 각기 다른 사람에 따라서 말해주는 것 또한 똑같을 수 없다. 보현보살은 설법을 잘한 까닭에 본 경문에 많은 의미를 담고 있다.

三 如來讚述
　③ 여래의 찬탄

經

時에 彼佛이 爲大威光菩薩하사 而說頌言하사대

그때 '바라밀 선안장엄왕 부처님'이 대위광 보살을 위하여 게송으로 말씀하였다.

善哉功德智慧海여　　　發心趣向大菩提하니
汝當得佛不思議하야　　普爲衆生作依處로다

훌륭하다! 공덕바다, 지혜바다여

발심하여 큰 보리에 나아가니

그대가 부처님의 불가사의 경계 얻어

널리 중생 위해 의지처가 되리라

汝已出生大智海하야 　　**悉能徧了一切法**하니
當以難思妙方便으로 　　**入佛無盡所行境**이로다

그대는 이미 큰 지혜바다 얻어

온갖 법 두루 다 깨달아

생각하기 어려운 미묘한 방편으로

끝없이 행하신 부처님의 경계 들어가리라

已見諸佛功德雲하고 　　**已入無盡智慧地**하니
諸波羅蜜方便海를 　　**大名稱者當滿足**이로다

모든 부처님의 공덕구름 이미 보았고

그지없는 지혜의 땅 이미 들어갔으니

모든 바라밀과 방편바다를

큰 명호 얻은 보살 응당 만족하리

已得方便總持門과 　　**及以無盡辯才門**하야
種種行願皆修習하니 　　**當成無等大智慧**로다

이미 방편문과 총지문

그지없는 변재문 얻어

갖가지 행원 모두 닦으니
짝이 없는 큰 지혜 이루리라

汝已出生諸願海하고   汝已入於三昧海하니
當具種種大神通과   不可思議諸佛法이로다
   그대는 이미 서원바다 일으켰고
   그대는 이미 삼매바다 들어갔으니
   갖가지 큰 신통력과
   불가사의 모든 불법 갖추리라

究竟法界不思議에   廣大深心已淸淨하니
普見十方一切佛의   離垢莊嚴衆刹海로다
   법계에 두루 한 불가사의
   넓고 크고 깊은 마음 이미 청정하니
   시방세계 모든 부처님의
   때 없이 장엄 청정한 세계바다 널리 보리라

汝已入我菩提行과   昔時本事方便海하야
如我修行所淨治하니   如是妙行汝皆悟로다
   그대는 이미 나의 보리행과
   옛적 본래의 방편바다에 들어가
   나의 수행처럼 청정히 닦았으니

이와 같은 미묘한 행, 그대 모두 깨달으리

我於無量一一刹에　　　　**種種供養諸佛海**호니
如彼修行所得果의　　　　**如是莊嚴汝咸見**이로다
　　나는 한량없는 하나하나 세계에
　　모든 부처님께 갖가지로 공양했기에
　　그와 같은 수행으로 얻은 과보
　　이러한 장엄을 그대 모두 보았네

廣大劫海無有盡에　　　　**一切刹中修淨行**하야
堅固誓願不可思니　　　　**當得如來此神力**이로다
　　광대하여 그지없는 영겁의 바다
　　온갖 세계에서 청정한 행 닦아
　　견고한 서원 불가사의하니
　　여래의 이런 위신력을 마땅히 얻으리라

諸佛供養盡無餘하고　　　　**國土莊嚴悉淸淨**하야
一切劫中修妙行호니　　　　**汝當成佛大功德**이로다
　　모든 부처님 전, 남김없이 공양하고
　　장엄한 국토, 모두 청정하여
　　모든 겁에 미묘한 행 닦았으니
　　그대는 부처님의 큰 공덕 이루리라

◉ 疏 ◉

十頌은 分二니 前六은 讚其已具勝德일세 當成極果니라 皆前半은 已獲이오 後半은 當證이로되 獨第四偈는 三句是因이라 後四偈는 行齊佛因일세 當如佛證이니 皆三句는 舉佛行이오 後一句는 齊佛德이라 然此中述讚을 望前遇光得益과 及向大衆所得컨대 多有相同하니 義必述上이라 可以意消息之니라

10수의 게송은 2단락으로 나뉜다.

앞의 6수(제1~6게송)는 대위광 보살이 이미 뛰어난 덕을 구했기에 마땅히 極果를 성취하리라는 점을 찬탄하였다. 모든 게송의 앞 제1~2구는 이미 얻은 경지이고 뒤의 제3~4구는 앞으로 증득할 것임을 말한 것이지만 유독 제4게송만큼은 제1~3구가 모두 원인을 말하고 있다.

뒤의 4수(제7~10게송)는 닦아온 行이 부처님의 宿因과 똑같기에 당연히 부처님이 증득했던 것처럼 똑같이 얻게 될 것임을 말하였다. 모두 제1~3구는 부처님이 행하신 바를 들어 말하였고, 뒤의 1구는 부처님의 공덕과 똑같이 되리라는 점을 말하였다.

그러나 이 게송에서 말한 찬탄을 앞의 "광명을 보고서 얻은 이익[遇光得益]" 및 지난날 대중이 얻은 바와 대조하여 보면 서로 같은 부분이 많다. 그 뜻을 반드시 위에서 서술하였는바, 그 뜻으로 가늠할 수 있다.

二. 逢波羅蜜善眼莊嚴王佛 竟하다

제2. 바라밀 선안장엄왕불을 만남에 대해 끝마치다.

三. 遇第三佛

제3. 최승공덕해불을 친견하다

經

諸佛子야 波羅蜜善眼莊嚴王如來가 入涅槃已에 喜見善慧王이 尋亦去世하니 大威光童子가 受轉輪王位하니라

"여러 불자들이여, 바라밀 선안장엄왕 여래께서 열반에 드시고, 희견선혜왕이 이어 얼마 후 또한 세상을 버리시니 대위광 동자가 전륜왕의 자리를 이어받았다."

● 疏 ●

文分爲六이니 一은 如來出時니 前佛滅後等時也니라

이의 경문은 6단락이다.

(1) 최승공덕해불이 세상에 나오신 시간이다. 앞의 부처님이신 "바라밀 선안장엄왕 여래의 열반 후" 등의 시간을 말한다.

經

彼摩尼華枝輪大林中에 第三如來가 出現於世하시니 名最勝功德海라

저 마니주꽃가지바퀴의 큰 숲 속에 셋째 여래가 세상에 나오셨는데 그 이름을 '최승공덕해 부처님'이라 한다.

◉ 疏 ◉

二彼摩尼下는 正明現世라 立斯號者는 功德海滿하야 無加過也라

(2) '彼摩尼' 이하는 '최승공덕해 부처님'이 세상에 나오심을 바로 밝힌 것이다. 이런 불호를 얻게 된 것은 공덕이 원만하여 이보다 더할 수 없기 때문이다.

經

時에 大威光轉輪聖王이 見彼如來의 成佛之相하고 與其眷屬과 及四兵衆과 城邑聚落에 一切人民으로 并持七寶하고 俱往佛所하야 以一切香摩尼莊嚴大樓閣으로 奉上於佛하니라

그때 대위광 전륜성왕이 '최승공덕해 여래'께서 성불하신 모습을 보고서 그 권속, 사병(前軍·後軍·左軍·右軍), 도성과 마을의 모든 사람들과 아울러 칠보를 가지고 다 함께 부처님이 계신 곳으로 찾아가 온갖 향기 나는 마니주로 장엄한 큰 누각을 부처님께 받들어 올렸다.

◉ 疏 ◉

三時大威光下는 威光往供이라

(3) '時大威光' 이하는 대위광 전륜성왕이 '최승공덕해 여래'를 찾아가 공양을 올림이다.

經

時彼如來가 於其林中에 說菩薩普眼光明行修多羅하시니

世界微塵數修多羅로 **而爲眷屬**이라

그때 '최승공덕해 여래'께서 숲 속에서 '보살 보안광명행 수다라'를 말씀하시니 세계 티끌과 같이 셀 수 없이 무한한 수다라가 그 권속이 되었다.

● 疏 ●

四時彼如來下는 佛爲說經이라 見普法故로 名爲普眼이오 以慧爲性이라 故曰光明이니 況一眼卽十眼하야 融無障礙라 眼外無法이라야 方眞普眼이니 以諸緣發見일세 卽緣名爲根이오 因沒果中일세 緣皆號眼일세 故全色爲眼이라 恒見色而無緣하고 全眼爲色이라 恒稱見而非我矣니라【鈔_ '見普法'者는 此釋經名이어늘 而有三義라

一은 約所見稱普이니 言普法者는 一具一切와 一一稱性하야 同時具足等이니 斯卽十眼之內에 一眼之能이니 經云 '一切智眼'으로 見普門法界故니라

二況一眼者는 約能見稱普니 如五眼中佛眼과 四眼入佛眼을 皆名佛眼이니 如四河入海면 無復河名而具河味라 故金剛經云 '如來 有肉眼不아 如是이니다 世尊이시여 如來 有肉眼이니다 乃至如來有佛眼不아 如是이니다 世尊이시여 如來 有佛眼이니다'하니 今十眼도 亦爾니라 隨一具十이어늘 而諸敎에 唯佛眼具五오 餘四則無라 今因果之人이 皆許一眼에 卽具十眼이니 不唯後勝이 具於前劣이라 若一不具十이면 則非普眼이니라

言十眼者는 離世間品說에 謂一肉眼. 二天眼. 三慧眼. 四法. 五佛.

六智、七光明、八出生死、九無碍、十一切智라하니라 其融無碍는 則 有二義니 一者는 成上의 十眼無碍하고 二者는 成下의 卽能所無碍니라 三眼外無法 下는 約心境互收라야 方稱普眼이니 此는 上標也라

諸緣 下는 別釋所以니 如大乘法師는 以九緣으로 發識하나니 眼根名 眼이오 餘不名眼이니 今則例之니라 眼根이 能發識하나니 眼根得을 名眼 이오 空明 能發識하나니 亦得이면 同名眼이니 餘六도 例然이라 以緣起之 法으로 各有有力無力 相成立故니라

次云'因沒果中 緣皆號眼'者는 九緣 竝是因이라 見色得을 名眼이니 九緣은 皆見色이어니 沒果면 同名眼은 以皆全有力故니라

言'全色爲眼恒見色'者는 色은 是所緣之境이오 眼은 是能緣之根이어 늘 今卽是眼이라 故無緣也니라

'全眼爲色'者는 眼은 是我能見에 今全爲色하니 正見之時에 卽非我也 라하니 此卽賢首之意오 下에 更有言호되 云非我는 離於情想하고 無緣 은 絶於貪求니 收萬像於目前하고 全十方於眼際라 是以로 緣義 無盡 하야 隨見見而不窮하고 物性이 叵思하야 應法法而難準이라 法普 卽眼 普이며 義通이 乃見通이라 體之自隱隱이오 照之遂重重이라 然後에 窮 十方於眼際하고 鏡空有而皎明이오 收萬像以成身하고 顯事理而通 徹이라하니라】

(4) '時彼如來' 이하는 '최승공덕해 여래'께서 대위광 전륜성왕을 위해 수다라를 말함이다. 두루 모든 법을 본 까닭에 그 이름을 普眼이라 하고, 지혜로 자성을 삼은 까닭에 광명이라 말한다. 하나의 눈이 十眼과 하나로 융통하여 장애가 없음을 비유함이다. 눈 밖에

더 이상 법이 없어야 비로소 '참다운 보안[眞普眼]'이라 한다. 많은 반연으로 보는 것을 일으키기에 곧 반연이 각각 根이 되고, 원인이 결과의 속에 묻혀 있기에 반연하는 것을 모두 눈[眼]이라고 부른다. 이때문에 모든 色이 '눈'이다. 항상 색을 보면서도 반연함이 없고 모든 '눈'이 색이다. 항상 보는 데[見]에 하나가 되어 자아가 아니다. 【초_ "두루 모든 법을 보았다[見普法]."는 것은 경문에서 말한 명제, 즉 菩薩'普眼'光明行을 해석한 것으로 여기에는 3가지의 뜻이 있다.

① 보는 바의 대상을 가지고서 普라고 말한다. '普法'이라 말함은 하나가 일체를 모두 갖추고 있다는 것과 하나하나의 자성에 합하여 동시에 구족하다는 등등이다. 이는 곧 十眼 내에 하나의 눈이 지닌 능력을 말한다. 경문에 이르기를, "일체지의 눈으로 보문법계를 보았기 때문이다."고 하였다.

② '況一眼'이란 능히 볼 수 있는 주체를 가지고 '普'를 말함이다. 五眼 가운데 佛眼, 四眼에 佛眼을 넣어 말하는 것을 모두 '佛眼'이라고 말한다. 사방의 강물이 바다 속으로 들어가면 다시는 그 강물의 이름을 가지고서 그 강물의 물맛을 말할 수 없는 것과 같다. 이 때문에 금강경에서 이르기를, "여래에게 육안이 있느냐?" "그러하옵니다. 세존이시여! 여래에게 육안이 있습니다." 구절로부터 내지 "여래에게 佛眼이 있느냐?" "그렇습니다. 세존이시여! 여래에게는 불안이 있습니다."라고 하니, 여기에서 말한 十眼 또한 그와 같다. 하나의 눈에 十眼을 갖추고 있는데, 여러 교파의 말에 의하면, 오직 佛眼은 5가지만을 갖추었다고 말하고 나머지 4가지의 눈에

대해서는 언급한 바가 없다. 여기에서 말한 因果의 사람이 모두 하나의 눈에 곧 열 가지의 눈을 갖추고 있음을 말하였다. 뒤의 훌륭함이 앞의 용렬한 부분을 갖추고 있을 뿐 아니라, 만약 하나의 눈이 곧 열 가지의 눈을 갖추지 못하면 普眼이라 말할 수 없다.

'十眼'이란 이세간품에서 '1 肉眼, 2 天眼, 3 慧眼, 4 法眼, 5 佛眼, 6 智眼, 7 光明眼, 8 出生死眼, 9 無碍眼, 10 一切智眼'이라 말하였다.

"하나로 융통하여 장애가 없다."는 것은 2가지의 뜻이 있다. 첫째는 위에서 말한 '十眼에 걸림이 없음'을 끝맺음이며, 둘째는 아래에서 말한 '능소의 주관 객관에 장애가 없음'을 끝맺음이다.

③ '眼外無法' 이하는 마음과 경계를 가지고서 모두 여기에 받아들여야 만이 비로소 '普眼'이라 말할 수 있다. 이는 위에서 밝힌 말이다.

'諸緣' 이하는 별도로 그 이유를 해석한 것이다. 예를 들면, 대승 법사는 "9가지 반연으로 識을 일으킨다. 眼根을 眼이라 말할 뿐, 그 나머지를 眼이라 말할 수 없다."고 한다. 여기에서는 위의 예에 준해 말한 것이다. 안근이 識을 일으키는바, 안근을 얻은 것을 眼이라 말하고, 空明이 식을 일으키는 주체인데 또한 이를 얻으면 똑같이 眼이라고 말한다. 나머지 6가지 또한 이런 예와 같다. 연기법으로 각기 有力과 無力이 서로 성립되기 때문이다.

다음 이어 말하기를, "원인이 결과의 속에 묻혀 있기에 반연하는 것을 모두 눈[眼]이라고 부른다."는 것은 9가지의 반연이 모두

因이다. 색을 보고서 얻은 것을 眼이라고 말하니 9가지 인연은 모두 색을 볼 수 있는바, 결과의 속에 묻혀 있다면 똑같이 眼이라 말하는 것은 모두가 힘이 있기[有力] 때문이다.

"모든 色이 '눈'이다. 항상 색을 보면서도"에서 '色'이란 반연한 대상의 객관경계이며, 眼이란 반연하는 주체의 뿌리이다. 여기에서는 곧 眼을 말한 까닭에 반연한 바가 없다.

"모든 '눈'이 색"이란 註心賦에 의하면, "눈은 내가 능히 봄에 지금 온전히 색이 되었으니 바로 볼 때는 곧 자아가 아니다."고 하니 이는 현수 스님의 뜻이다. 아래의 글에서 다시 다음과 같이 말하였다.

"'자아가 아니라'는 것은 감정과 생각을 여읨이며, '반연이 없다'는 것은 탐하거나 구하는 마음이 끊어짐이다. 삼라만상을 나의 눈앞에 모두 거둬 넣고, 광대무변한 시방세계를 눈 속에 모두 집어넣은 터라, 그러므로 반연하는 의미가 그지없어 보고 보는 바를 따라서 다함이 없고, 또 만물의 체성이 생각할 수 없기에 이런 법, 저런 법을 상응하여 일정한 표준이 없다. 법이 두루 광대하기에 곧 눈이 법계에 두루 하며, 의리를 통달함이 곧 견해의 통달이다. 본체는 원래 전혀 보이지 않아서 은은하지만 관조하면 마침내 겹겹으로 나타난다. 이처럼 된 후에야 시방세계를 모두 다 보고, 空과 有를 거울처럼 비춰 밝게 보고, 萬像을 거두어서 나의 몸을 이루고, 사법계와 이법계를 밝혀 막힘없이 통한다."】

經

爾時에 大威光菩薩이 聞此法已하고 得三昧하니 名大福德普光明이라 得此三昧故로 悉能了知一切菩薩과 一切衆生의 過現未來福非福海하니라

그때 대위광 보살이 이 법문을 듣고서 삼매를 얻었는데 그 삼매 이름을 '대복덕보광명(大福德普光明)'이라 한다. 이런 삼매를 얻은 까닭에 일체보살과 일체중생의 과거, 현재, 미래의 복과 복 아닌 바다를 모두 깨달아 알게 되었다.

● 疏 ●

五爾時下는 威光得益이라 五度皆福이로되 定爲最大오 寂無不照를 名普光明이라 得此已下는 彰其定用이라 福非福言은 畧有二意하니 一은 福卽是善이오 非福是罪며 二는 福卽是相이오 非福卽性이니 雙了性相이라 故經云 福德은 卽非福德性이라하니 此卽深也오 了一切者는 廣也라 故有海言이니라 遇於初佛에 但得十者는 自力未勝故오 次佛에 十千者는 道轉深故오 今唯一者는 道已滿故니라【鈔─ 五度皆福者는 然六波羅蜜이 攝成二嚴하니 總有兩意라 一은 前五는 爲福이오 後一은 爲智며 二者는 前三은 唯福이오 後一은 唯智오 進·定은 通二하니 成前은 爲福이오 成後는 屬智니라 今以經中云 得三昧를 名大福德이라 故用前門이라

福卽是善者는 卽百論捨罪福品意라 故論引金剛하야 福尚應捨온 何況非福가라하니 以善捨惡하고 以無相智捨福이면 則善惡兩忘이라

今云了者는 一 了其相이오 二 了體空이오 三 了無碍이라
二福卽是相下는 卽以世諦說福이나 第一義中에 福亦不存이라 故引
金剛하니 如來說福德相은 隨俗說也오 卽非福德相은 當體空寂이오
是名福德相은 結正義也라 若福卽非福인댄 方名眞福이어니와 若以福
爲福이면 非眞福也니라 有人以第三句로 亦約俗諦하니 非得經意니라】

(5) '爾時' 이하는 대위광 보살이 법문을 듣고서 얻은 삼매이익이다. 다섯 가지의 바라밀이 모두 복덕이지만 선정바라밀이 가장 큰 복덕이며, 寂靜으로 모든 법을 관조하지 않음이 없는 것을 '普光明'이라 말한다.

'得此三昧' 이하는 선정삼매의 妙用을 밝힘이다. '福과 非福'이란 간단하게 말하면 2가지 뜻이 있다. ① 복이 곧 善이요, 복이 아닌 것은 곧 罪이다. ② 복은 곧 相이요, 복이 아닌 것은 곧 性이다. 性과 相을 모두 깨달은 까닭에 경에 이르기를, "복덕이 곧 복덕의 자성이 아니다."고 하니 이는 곧 '깊음[深]'을 말하며, "일체보살과 일체중생의 과거, 현재, 미래" 등을 깨달아 아는 것은 '넓음[廣]'을 말한다. 이 때문에 이런 뜻을 종합하여 '바다[海(福非福海)]'라 말한 것이다.

제1 일체공덕산 수미승운불을 만나 단 10가지의 法益만을 얻은 것은 대위광 보살 그 자신의 힘이 아직은 뛰어나지 못하기 때문이며, 제2 바라밀 선안장엄왕불을 만나 무려 十千의 法益을 얻은 것은 대위광 보살의 道가 전전하여 깊기 때문인데, 여기에서 오직 하나의 법익만을 얻은 것은 도가 이미 충만하기 때문이다.【초_"5가지의 바라밀이 모두 복덕"이라 하지만 6바라밀이 복덕장엄과 지

혜장엄 2가지를 포괄하여 성취한 것으로 여기에는 모두 2가지의 뜻이 있다. 하나는 앞의 5가지, 보시로부터 선정바라밀까지는 복덕장엄이며, 맨 뒤의 지혜바라밀은 지혜장엄이다. 다른 하나는 앞의 3가지, 보시로부터 인욕바라밀까지는 오직 복덕장엄이며, 맨 뒤의 지혜바라밀은 오직 지혜장엄이며, 정진·선정바라밀은 복덕과 지혜 2가지에 모두 통한다. 앞의 3가지를 성취한 것은 복덕장엄이고, 뒤의 지혜바라밀 성취는 지혜장엄에 속한다. 이의 경문에서 '이런 삼매를 얻음[得三昧]'에 대해서 그 佛號를 '大福德(大福德普光明)'이라 명명한 까닭에 이는 '앞부분①'의 뜻을 따른 것이다.

'복이 곧 선[福卽是善]'이란 百論 捨罪福品에서 말한 뜻이다. 이 때문에 백론에서 금강경을 인용하여, "복마저도 오히려 버려야 할 것인데 하물며 복이 아닌 것이야 오죽하겠는가."라고 하였다. 선으로써 악을 버리고 無相智로써 복을 버리면 곧 선과 악을 모두 잊은 것이다. 이의 경문에서 '了(悉能了知)'라 말한 것은 3가지의 뜻이 있다. ㉠ 그 相을 깨달음이요, ㉡ 본체가 공함을 깨달음이요, ㉢ 無碍를 깨달음이다.

'② 복은 곧 相이다' 이하는 곧 世諦로 복을 말했으나 第一義諦에는 복 또한 두지 않기 때문에 금강경을 인용하여 증명한 것이다. 여래의 佛號에 福德相(大福德普光明)을 말한 것은 俗諦를 따라 말함이며, 곧 복덕상이 아니라 함은 當體가 空寂함을 말하며, 불호를 복덕상이라 명명함은 바른 뜻으로 끝맺음이다. 만일 복이 곧 복이 아닐진댄 바야흐로 眞福이라 말할 수 있거니와, 만일 복으로써 복을 삼으면 眞福이 아니다. 어떤 사람이 제3구의 '불호의 복덕상'에 대해 또한 俗諦로 말하는데, 이는 경문의 本旨가 아니다.】

經

時에 彼佛이 爲大威光菩薩하사 而說頌言하사대

　그때 '최승공덕해 부처님'이 대위광 보살을 위하여 게송으로 말씀하셨다.

善哉福德大威光이여　　汝等今來至我所하야
愍念一切衆生海하야　　發勝菩提大願心이로다

　훌륭하다. 복덕 갖춘 대위광 보살이여
　그대들이 지금 나의 도량 찾아와
　일체중생 불쌍히 생각하여
　수승한 보리 큰 원력의 마음을 내었도다

汝爲一切苦衆生하야　　起大悲心令解脫하니
當作群迷所依怙라　　　是名菩薩方便行이로다

　그대들이 온갖 고통받는 중생 위해
　대비심을 일으켜 해탈하게 하니
　수많은 미혹한 이들의 의지처 되리라
　이를 보살의 방편행 법문이라 한다

若有菩薩能堅固하야　　修諸勝行無厭怠하면
最勝最上無礙解인　　如是妙智彼當得이로다

　　보살이 견고한 보리심으로
　　뛰어난 모든 행문 닦아 게으르지 않으면
　　가장 훌륭하고 가장 높은 걸림 없는 이해라 하는
　　이처럼 미묘한 지혜를 그대들이 얻으리라

福德光者福幢者와　　福德處者福海者인
普賢菩薩所有願에　　是汝大光能趣入이로다

　　복덕의 광명, 복덕의 깃대
　　복덕의 도량, 복덕의 바다인
　　보현보살의 대서원(大誓願)에
　　대위광 보살이 들어갔도다

● 疏 ●

第六時彼佛下는 如來記別이라 十一偈는 分四니 初四는 顯具菩提心이니 謂初는 有願이오 次偈는 有悲오 四는 有智光이오 三은 兼精進이니 通策三心이라 故菩提心圓하면 當成妙智니라

　　(6) '時彼佛' 이하는 '최승공덕해 부처님'이 대위광 보살에게 내려준 記別(授記)이다.

　　11수 게송은 4부분으로 나뉜다.

　　앞의 4수(제1~4게송)는 菩提心을 갖췄음을 밝힌 것으로 제1게송

은 誓願이 있음을, 다음 제2게송은 悲心이 있음을, 제4게송은 지혜광명이 있음을, 제3게송은 精進을 겸하여 말함이니, 이는 誓願·大悲·大智의 마음을 경책하여 분발함이다. 이 때문에 보리심이 원만하면 妙智를 성취하게 된다.

經

汝能以此廣大願으로　　　入不思議諸佛海하니
諸佛福海無有邊이어늘　　汝以妙解皆能見이로다

　　그대가 이처럼 광대한 서원으로
　　불가사의의 일체 제불바다에 들어가니
　　모든 부처님의 복바다 끝이 없는데
　　그대가 미묘한 지혜로 모두 보았도다

汝於十方國土中에　　　　悉見無量無邊佛하니
彼佛往昔諸行海여　　　　如是一切汝咸見이로다

　　그대가 시방국토 가운데
　　한량없고 그지없는 부처님 친견하니
　　저 부처님의 지난 모든 행이여
　　이러한 모든 행을 그대 모두 보았도다

若有住此方便海하면　　　必得入於智地中하리니
此是隨順諸佛學이라　　　決定當成一切智로다

이러한 방편바다에 머물면

반드시 지혜지위에 들어가리니

이는 모든 부처님 따라 배운 터라

반드시 모든 지혜 이루리라

汝於一切刹海中에　　微塵劫海修諸行하니
一切如來諸行海를　　汝皆學已當成佛이로다

그대는 온갖 세계바다 가운데

미진겁에 모든 행 닦아왔고

일체 여래 온갖 행을

그대 모두 배웠으니 마땅히 성불하리라

◉ 疏 ◉

次四는 上入佛境이라

다음 4수(제5~8게송)는 위로 부처님의 경계에 들어감을 말하였다.

經

如汝所見十方中에　　一切刹海極嚴淨하야
汝刹嚴淨亦如是하니　　無邊願者所當得이로다

그대가 보았던 시방세계 가운데

온갖 세계 모두 장엄하고 청정하듯이

그대의 세계도 이처럼 장엄 청정하니

그지없는 원력으로 얻을 바이다

◉ 疏 ◉

三에 有一偈하니 示其果相이 得同諸佛이라

    셋째 1수(제9게송)는 佛果의 모습이 제불과 똑같이 얻었음을 보여준 것이다.

經

今此道場衆會海가   聞汝願已生欣樂하고
皆入普賢廣大乘하야   發心廻向趣菩提로다

    지금 이 도량의 수많은 대중들이
    그대의 서원 듣고 즐거운 마음으로
    보현보살 광대한 대승법에 들어가
    발심하고 회향하여 보리길에 나아가네

無邊國土一一中에   悉入修行經劫海하야
以諸願力能圓滿   普賢菩薩一切行이로다

    그지없는 하나하나 국토에
    모두 들어가 영겁의 세월 수행하여
    모든 원력으로
    보현보살 모든 행원, 원만 성취하였어라

● 疏 ●

四에 有二偈니 讚其現能利他 住普賢行이라

넷째 2수(제10~11게송)는 대위광 보살이 이타행으로 보현보살의 행원에 머물렀음을 밝힌 것이다.

三에 逢最勝功德海佛 竟하다

제3. 최승공덕해 부처님을 만남에 대해 끝마치다.

四 遇第四佛

제4. 명칭보문 연화안당불을 친견하다

經

諸佛子야 彼摩尼華枝輪大林中에 復有佛出하시니 號가 名稱普聞蓮華眼幢이니라

"여러 불자들이여, 저 마니주꽃가지바퀴의 큰 숲에 또다시 부처님이 나오셨다. 불호는 '명칭보문 연화안당'이시다."

● 疏 ●

文分爲四니 一은 佛出入中이니 約相目인댄 類靑蓮이오 約德心인댄 無所染이니 相德高顯하고 名稱外彰하야 摧邪衆歸일세 故曰幢也니라

이의 경문은 4단락으로 나뉜다.

(1) '명칭보문 연화안당 부처님'이 세간에 나오심을 말하였다.

相으로 말하면 그 눈은 푸른 연꽃과 같고, 덕으로 말하면 마음이 더러움으로 물든 바가 없다. 상과 덕이 고매하고 빛나며, 그 명성이 밖으로 나타나 삿된 무리를 꺾어 대중이 귀의한 까닭에 '깃대[幢]'라 한다.

經

是時에 **大威光**이 **於此命終**에 **生須彌山上寂靜寶宮天城中**하야 **爲大天王**하니 **名離垢福德幢**이라
共諸天衆으로 **俱詣佛所**하야 **雨寶華雲**하야 **以爲供養**하니라

그때 대위광 보살이 '보음세계염광명대성(普音世界燄光明大城)'에서 목숨을 마치고 수미산 위의 조용한 보배궁전 하늘성에 태어나 대천왕이 되었다. 그 이름은 '이구복덕당(離垢福德幢)'이었다.

여러 하늘대중들과 함께 '명칭보문 연화안당 부처님'이 계신 곳으로 찾아가 보배꽃구름을 뿌리면서 공양하였다.

● **疏** ●

二:是時下는 天王就供中에 二니 先은 明菩薩行進에 報處天宮이니 此城은 卽是品初所列之一이오 後는 知佛可歸하야 持華往供이라

(2) 是時 이하는 '이구복덕당 천왕'이 부처님을 찾아가 공양을 올리는 것으로 이는 2부분으로 나뉜다.

앞에서는 보살이 이 세간을 떠나갈 적에 과보로 天宮에 태어남을 밝힌 것이다. 寶宮天城은 곧 품의 첫 부분에 열거한 것 가운데

하나이다.

뒤에서는 '명칭보문 연화안당 부처님'에게 귀의할 줄을 알고서 꽃을 들고 찾아가 공양을 올림이다.

經

時彼如來가 **爲說廣大方便普門徧照修多羅**하시니 **世界海微塵數修多羅**로 **而爲眷屬**이라

그때 '명칭보문 연화안당 부처님'께서 '이구복덕당 천왕'을 위하여 '광대방편 보문변조 수다라'를 말씀하시니 세계바다의 티끌과 같이 셀 수 없이 무한한 수다라가 권속이 되었다.

◉疏◉

三時彼下는 **說經**이니 **方便之言**에 **畧有三種**이라 **一**은 **無實權施**니 **曲巧方便也**오 **二**는 **理本無言**이어늘 **假言而言**은 **大方便也**오 **三**은 **權實無滯**도 **亦大方便**이니 **事理皆照**일세 **方曰普門**이라【**鈔**_ **'一無實'者**는 **如無三乘**이어늘 **說有三乘**이니 **虛指三車**는 **出門不獲**이 **是也**라 **'二理本無言'者**는 **亦法華云 諸法寂滅相**은 **不可以言宣**이어늘 **以方便力故**로 **爲五比丘說**이라하니 **是也**라 **'三權實無滯者'**는 **卽涉有**호되 **未始迷空**이오 **觀空**호되 **不遺於事**니 **卽如來方便知見波羅蜜**이 **皆已具足**이라】

(3) 時彼 이하는 명칭보문 연화안당 부처님이 '광대방편 보문변조 수다라'를 말씀하신 것이다.

'方便'이란 간단하게 말하면 3가지의 뜻이 있다.

① 實이 없는데 權으로 베품은 曲巧方便이라 하고,

② 이치는 본래 말이 끊어진 자리인데 언어를 빌려 이를 말한 것은 大方便이라 하고,

③ 權과 實에 막힘이 없는 것 또한 大方便이라 한다.

事法界와 理法界를 모두 관조한 까닭에 이를 '普門'이라 한다.
【초_ "① 實이 없다."는 것은 三乘이 없는데 삼승이 있다고 말함이니 공허하게 말한 三車⁸는 문밖을 벗어나면 찾을 수 없다고 함이 바로 이것이다. "② 이치는 본래 말이 끊어진 자리" 또한 법화경에 이르기를, "모든 법의 적멸한 相은 말로써 표현할 수 없는데 방편의 힘으로 다섯 비구를 위해 말씀하셨다."고 함이 바로 이것이다. "③ 權과 實에 막힘이 없다."는 것은 有에 관련하되 일찍이 空을 잃지 않고 空을 보되 事를 잃지 않음이니 곧 여래의 方便知見波羅蜜이 모두 이미 구족함이다.】

經

時에 天王衆이 聞此經已하고 得三昧하니 名普門歡喜藏이라 以三昧力으로 能入一切法實相海하고 獲是益已에 從道場出하야 還歸本處하니라

그때 이구복덕당 천왕의 대중들이 이 경을 듣고서 삼매를 얻었는데 그 삼매의 이름은 '보문환희장(普門歡喜莊)'이다. 이런 삼매의

....
8 三車: 聲聞乘, 緣覺乘, 菩薩乘이 받는 가르침을 비유한 羊車, 鹿車, 牛車의 세 수레.

힘으로 일체 법의 실상바다에 들어갔으며, 이와 같은 이익을 얻고서 명칭보문 연화안당 부처님의 도량에서 나와 본래 왔던 보궁천성으로 되돌아갔다.

● 疏 ●

四時天王下는 得益還歸中에 聞上普門하고 正受安住하야 法喜無盡이라 故名曰藏이니 由此證達諸實相海라 此劫之中에 十須彌塵數如來어늘 今但云四오 又無結會古今과 見證得益等者는 經來未盡故也니라 若結舍者댄 應云爾時에 威光菩薩者는 毘盧遮那是等이라

(4) '時天王' 이하는 삼매의 이익을 얻고서 본국으로 되돌아감이니 이 가운데 위에서 말한 '광대방편 보문변조 수다라' 법문을 듣고서 正受로 안주하여 法喜가 그지없는 까닭에 이를 '藏'이라 이름 붙인 것이다. 이를 말미암아 모든 實相海를 증득, 통달한 것이다. 이 겁의 가운데 열 가지의 須彌塵數와 같은 끝없는 부처님이 계심에도 여기에서 단 네 분의 부처님만 말하였고, 또한 법회를 결성한 고금과 증득하거나 이익을 얻은 등이 없는 것은 경의 뒷글에 미진한 부분 때문이다. 만일 이를 완전하게 끝맺는다면 반드시 '爾時에 威光菩薩은 비로자나불…' 등이라고 구체적으로 말했어야 할 것이다.

所信因果周 竟하다

所信因果周를 끝마치다.

◉ 論 ◉

來文이 未足하야 未有結終之處하니 此品은 但明引古印今하야 毘盧遮那出世之法이 古今相襲不異며 又明所信樂 道高法勝에 人壽命長遠과 福德所居에 依正果勝과 見佛聞法에 所獲利益勝故라

뒷글이 완전하지 못하여 끝맺는 말이 없다. 본 품은 다만 옛적의 일을 인용하여 지금의 일을 증명하여 비로자나불이 세간에 나오시는 법이 고금에 서로 이어져 다르지 않음을 밝힘이며, 또한 믿고 좋아하는 도가 고매하고 법이 뛰어남으로써 사람들의 수명이 긴 것과 복덕의 누린 바에 依報·正報의 결과가 수승함과 부처님을 친견하고서 법을 들으면서 얻어지는 이익이 수승함을 밝힌 때문이다.

毘盧遮那品 竟하다

비로자나품을 끝마치다.

비로자나품 제6 毘盧遮那品 第六
화엄경소론찬요 제19권 華嚴經疏論纂要 卷第十九

화엄경소론찬요 제20권
華嚴經疏論纂要 卷第二十

여래명호품 제7
如來名號品 第七

將釋此品할새 五門分別이라

본 품을 해석함에 있어 5부분(來意·釋名·宗趣·問答·釋文)으로 분별한다.

初는 來意라

1. 유래한 뜻

◉ 疏 ◉

來意者는 先明分來라 前旣擧果하야 令生信樂하고 今明能生因果信解라 故次來也니라

'유래한 뜻'이란 (1) 부분의 유래를 밝힌 것이다. 앞에서는 이미 결과를 들어서 모든 사람으로 하여금 믿음과 즐거움을 내도록 하였고, 여기에서는 인과와 信解를 낼 수 있음을 밝힌 것이다. 이 때문에 그다음의 차례가 된 것이다.

二會來者는 生解之中에 信爲其首故일세니라 又前擧所信之境하고 今明能信之行이라 故次來也니라

(2) 법회의 유래라 하는 것은 견해를 내는 가운데에 신심이 그 으뜸이 되기 때문이다. 또한 앞에서는 믿어야 할 대상의 경계를 들어 말하였고, 여기에서는 믿음을 가질 수 있는 주체의 행을 밝힌 것이다. 이 때문에 그다음으로 유래한 것이다.

三品來者는 前品에 擧因顯果하야 成所信之境하고 今擧果辨因하야

511

彰能信之行이라 果中三業에 身爲其總일세 故先來也니 又遠答前名號海問故니라

(3) 품의 유래라 하는 것은 앞의 품에서는 원인을 들어서 결과를 나타내어 진심의 대상의 경계를 이룩하였고, 여기에서는 결과를 들어 원인을 논변하여 신심의 주체의 행을 밝힌 것이다. 결과 가운데 삼업에 몸이 그 총체이기 때문에 가장 먼저 쓰게 된 것이다. 이 또한 멀리 앞에서 '명호해'의 물음에 대한 답이기 때문이다.

二 釋名

2. 품명에 대한 해석

● 疏 ●

釋名 亦三이라

初分은 名修因契果生解分이니 謂修五位之圓因하야 成十身之滿果하야 令諸菩薩로 解此相故니 卽生修因契果之解니 依主釋也니라

'명호 해석' 또한 3부분이다.

(1) 원인을 닦고 결과를 깨달아 이해를 내는 부분이라 이름한다. 五位의 원만한 원인을 닦아서 十身의 원만한 결과를 성취하여 모든 보살로 하여금 이러한 상을 알도록 하기 위함이다. 곧 원인을 닦고 결과를 깨달은 견해를 낳아줌이니 이는 설법주에 의하여 해석한 것이다.

二 會名이니 約處댄 名普光明殿會니라 然有三釋하니 一은 以殿是寶成이니 光普照故오 二는 佛이 於其中에 放普光故오 三은 佛이 於殿中에 說普法門하야 慧光照世라 故立其名이라 依前一義는 卽依主釋이오 後二는 有財라 約法인댄 則名信行之會니라

(2) 법회의 명칭이다. 법회의 도량으로 말하면 普光明殿法會라 한다. 그러나 여기에는 3가지의 해석이 있다.

① 보광명전을 보배구슬로 이뤘기에 광명이 널리 비치기 때문이다.

② 부처님이 보광명전에서 널리 광명을 쏟아냈기 때문이다.

③ 부처님이 보광명전에서 널리 법문을 설하여 지혜의 광명이 세상을 비춘 까닭에 그런 이름을 세운 것이다.

①에서 말한 뜻을 따른 것은 설법주에 의한 해석이고, 뒤의 ②~③은 부처님이 지니신 것으로 해석[有財釋][9]한 것이다. 법을 가지고 말한다면 '信行의 법회'라 말해야 한다.

三 品名이니 如來現相品에 已釋이니 召體曰名이오 表德爲號라 名別號通이니 一切諸佛은 通具十號오 名釋迦等은 則不同故니라 如來는 卽十之一이라 品中에 正說隨機就德하야 以立別名이니 旣表德之名인댄 則亦名亦號니 如來之名號는 依主釋也니라

∙∙∙∙∙∙∙∙∙∙∙∙
9 부처님이 지니신 것으로 해석[有財釋]: bahu-vrīhi, 巴利語 bahu-bīhi. 六合釋의 하나. 또는 多財釋으로 쓰기도 한다. 大乘法苑義林章(권1)의 해석에 의하면, "有財釋이란 직접 자신의 이름자를 들어 말하지 않고 자신이 지닌 것으로 자신의 이름을 대신 사용하는 것이다." 이러한 것을 有財釋이라 한다.

(3) 품명이다. 여래현상품에서 이미 해석하였다. 그의 몸을 부르는 것을 '名'이라 하고, 덕을 나타내는 것을 '號'라 한다. 부처님의 이름은 각기 다르지만 부처님의 호는 공통이다. 일체제불은 공통으로 열 가지의 佛號를 갖추고 있으나 '석가모니' 등이라 명명한 것은 그 이름이 똑같지 않기 때문이다. 여래는 十號의 하나이다. 본품의 가운데 바로 근기를 따라 덕을 성취하여 별개의 이름을 성립하게 됨을 말한다. 이미 덕을 나타내는 이름이라면 또한 佛名이라고 하기도 하고, 또한 佛號라 하기도 한다. 여래라는 명호는 설법주에 따라 해석한 것이다.

三 宗趣
3. 종취

● 疏 ●

宗趣亦三이라
初分宗이니 謂以修生修顯因果로 爲宗하고 令諸菩薩修行契入으로 爲趣니라

    종취 또한 3가지이다.
    (1) 分宗이다. 修生因果와 修顯因果로 종지를 삼고, 모든 보살이 수행하여 깨달아 들어가는 것으로 취향을 삼는다.

二會宗者는 若就總望인댄 信解行德攝位로 爲宗하고 通成佛果로 爲

趣니 信能必到如來地故로 近望은 唯信으로 爲宗하고 成位로 爲趣니라 若以此下三品으로 以爲一分인댄 卽果用應機하야 周徧法界로 以爲其宗하고 依此起信으로 爲趣라 故此亦名正報因果라하니 亦是所信이니라 信何法門고 信佛身名이 等於衆生인댄 則知我名이 如佛名也라 信佛法門하고 隨宜而立하야 知我妄念苦集도 亦全法門이라 信佛意業하야 光明徧照댄 則知自心이 無不知覺이라 故先古諸德도 亦將上三品 擧果分하야 收하니라

(2) 會宗이다. 이를 만일 총체의 바람[總望]으로 말한다면 信解行德 攝位로 종을 삼고, 통틀어 佛果를 성취하는 것으로 趣를 삼는다. 信心은 반드시 如來地에 이르게 하기 때문에 가까운 희망[近望]은 오직 신심으로 종지를 삼고 成位로 취향을 삼는다. 만약 이 아래 3품으로 1分을 삼는다면 결과에 나아가 근기에 맞게 사용하여 법계에 두루 하는 것으로 그 종지를 삼고, 이에 의하여 신심을 일으키는 것으로 취향을 삼는다. 이 때문에 이를 또한 '正報의 인과'라고 명명하니 이 또한 신심의 대상이다.

신심은 어떤 법문인가. 부처님의 몸과 명호를 믿는 것이 중생과 똑같다면 나의 이름이 부처의 이름과 같다는 사실을 알아야 한다. 부처님의 법문을 믿고 방편에 따라 서서 나의 망념과 苦集 또한 모두 법문임을 알아야 한다. 부처님의 意業을 믿어 광명이 두루 비친다면 자신의 마음에 깨달음이 없지 않음을 알 수 있다. 이 때문에 예전의 수많은 큰스님들도 위의 3품의 결과를 들어 말한 부분을 가지고서 이를 수렴하였다.

三品宗者는 顯佛名號周徧으로 爲宗하고 隨機調化利益으로 爲趣하고 或上二는 皆宗이오 生信은 爲趣니라【鈔_ 修生修顯因果爲宗者는 修生은 約差別因果오 修顯은 約平等因果라 若就總望等者도 亦名爲 遠望이니 爲成佛果일새 故爲遠이오 具解行德일새 故爲總이오 解는 卽問 明이오 行은 卽淨行이오 德은 卽賢首니라 近望者는 唯望十住일새 故爲 近이오 亦合名別이니 將前攝位하야 爲此趣故니라 攝位者는 十信滿心 하야 頓攝諸位어늘 今此唯爲成十住故니라 仁王에 不開十信하고 攝在 十住라 信爲能成이오 住爲所成이라 亦名正報因果者는 毘盧遮那는 是因이오 此三品은 爲果故라 亦是所信者는 賢首 向前에 亦將此三하 야 屬所信因果中正報果故일새니라 】

(3) 品宗이다. 이는 부처님의 명호가 두루 함을 나타내는 것으로 종지를 삼고, 근기에 따라 중생을 조복하고 교화하여 이익을 주는 것으로 취향을 삼고, 혹은 위의 (1)~(2)는 모두 종지이며 신심을 내는 것을 취향이라 한다. 【초_ "修生因果와 修顯因果로 종지를 삼는다."는 修生은 差別因果를 가지고 말함이며, 修顯은 平等因果를 가지고 말한 것이다. '若就總望' 등 또한 遠望이라고도 말한다. 佛果의 성취를 위하는 까닭에 '멀다[遠]' 말하고, 解·行·德이 구족한 때문에 總이라 말한다. 解는 곧 問明 보살이며, 行은 곧 淨行 보살이며, 德은 곧 賢首 보살이다. '近望'이라 하는 것은 오직 十住만을 희망하였기 때문에 近이라 하고, 또한 명호의 개별에도 부합된다. 앞의 攝位를 가지고서 취향을 삼기 때문이다.

'攝位'라 하는 것은 十信의 마음이 원만하여 모든 지위를 한꺼번에 지닌 것인데, 여기에서는 이에 오직 十住만을 성취하였기 때문이다. 인왕경에서는 십신을 말하지 않고 십주만을 들어 말하였다. 十信은 성취할 수 있는 주체이며, 十住는 성취할 대상이다.

'亦名正報因果'라는 것은 毘盧遮那는 원인이며, 이 3품은 결과가 되기 때문이다. '亦是所信'이라는 것은 현수 보살이 앞에서 또한 이 3가지를 가지고서 믿은 바의 대상을 인과 가운데 正報의 결과에 속한 때문이다.】

第四問答
4. 문답

◉疏◉

問이라 五周因果는 差別平等不同이어늘 何以分名을 合之爲一고 答이라 通生差別平等解故오 離於修生이면 說何修顯故니라
問이라 前會擧果는 本爲生信이어늘 今何重擧名號等三가 答이라 凡約境生信에 有其二義하니 一은 標擧境法하야 明有所在오 二는 攝以就心하야 令成信行이니 前會는 約初義오 此會는 約後義니라
問이라 何不入定고 以未入位로 性不定故일세니라 若爾댄 十定은 豈散善耶아 然이나 說法之儀는 通有四句하니 一은 定後說이니 如諸會오 二는 說後定이니 如無量義經等이오 三은 定中說이니 如第九會에 無出言故오 四는 不入說이니 如此信中과 及第七會니 諸文非一이라 第九 表

517

證은 唯證能說이니 一得永常하야 不礙起用故오 第七은 爲表常在定故니라 又入爲受加니 彼不須加일세 故不須入이니라 說後入者는 說在行故오 將起後故니 是知動寂唯物이오 聖無常規라 故下文中에 辨十信之用하야 一方은 入正定이오 餘方은 起出說호대 自在無礙也니라 餘會에 摩頂後說하고 此會에 說後摩頂은 是知此經體勢縱橫하야 不可定準일세니라

"五周因果는 차별이 있어 평등하지 않은데 어찌하여 分名을 종합하여 하나로 보는가?"

"중생의 차별을 통하여 평등을 이해한 때문이며, 修生을 떠나서는 무슨 修顯을 말할 수 있겠는가라는 이유 때문이다."

"앞의 법회에서 결과를 들어 말한 것은 본래 신심을 내고자 함인데 여기에서 어찌하여 거듭 명호 등 3가지를 들어 말하는가?"

"무릇 경계를 가지고 신심을 내는 데에는 2가지의 뜻이 있다.

① 경계와 법을 들어 소재가 있음을 밝힘이며,

② 마음이 나아가는 것을 들어 신행을 성취하게 함이다.

앞의 법회에서는 ①에서 말한 뜻을 가지고 말하였고, 이번 법회에서는 ②의 뜻을 가지고 말한 것이다."

"어찌하여 선정에 들어가지 않은 것인가?"

"지위에 들어가지 못함으로써 성품이 선정에 들지 못하였기 때문이다."

"그렇다면 十定은 어쩜 散善인가?"

"그러나 설법 의식에는 공통으로 4구가 있다.

① 선정에 들어간 후에 설법하는 것이다. 이는 모든 법회와 같다.

② 설법한 이후에 선정에 드는 것이다. 이는 無量義經 등에서 말한 바와 같다.

③ 선정 속에서 설법하는 것이다. 이는 제9 법회에서 말씀하신 바 없는 것과 같다.

④ 선정에 들지 않고 설법하는 것이다. 이는 十信의 가운데와 제7 법회와 같다.

이처럼 여러 경문은 딱 한 가지가 아니다.

제9 법회에서 증득을 나타낸 것은 오직 증득해야 설법할 수 있다. 한 번 영원하고 떳떳함을 얻어서 작용을 일으키는 데에 장애가 없기 때문이다.

제7 법회의 경우는 항상 선정 속에 있음을 나타내기 때문이다. 또한 선정에 들어가 가피를 받는 법인데, 그는 굳이 가피를 받을 필요가 없었기 때문에 구태여 선정에 들어가지 않은 것이다.

설법한 후에 선정에 들어가는 것은 설법이란 행에 있기 때문이며, 선정에서 일어난 뒤이기 때문이다. 이는 움직일 적이나 선정의 고요함 속에서도 오직 중생만을 생각하기 때문에 성인에게는 꼭 일정한 법이 없음을 알 수 있다.

이 때문에 아래의 경문에서 십신의 작용을 논변하되 어느 한 지방에서는 바른 선정에 들어가고 나머지 지방에서는 선정에서 일어나 설법하였지만 움직임과 고요함에 자재하여 걸림이 없다. 나머지 법회에서는 법회에 모인 대중보살의 이마를 쓰다듬은 후에 설법하였고, 이 법회에서는 설법한 이후에 이마를 쓰다듬었다. 이는 경문의 체재와 문맥이 종횡으로 막힘이 없어 일정한 기준이 없음을 알 수 있다."

◉ 論 ◉

第二會六品經은 明菩薩信心門이라 於此一會之中에 自有序分·正說·流通하니 今從第十二卷初爾時已下에 有四行半經은 是序分이오 已下至賢首品은 是正說分이오 賢首品末에 有三行半經은 是流通分이라 第七如來名號品은 從此已下로 至賢首品히 是第三長科文中에 以果成信하야 信自己心이 是佛分이니 於此一段之中에 約有六法하야 以成信心佛果하야 令信者로 入佛果故라

제2 법회에서의 6품의 경문은 보살의 신심을 밝힌 부분이다. 하나의 법회 가운데에는 원래 序分·正說分·流通分이 있다. 지금 제12권 첫 부분의 爾時로부터 아래에 4줄 반의 경문은 '서분'이며, 그 아래로부터 賢首品에 이르기까지는 '정설분'이며, 현수품 끝부분에 3줄 반의 경문은 '유통분'이다. 제7 여래명호품은 그 이하로부터 현수품에 이르기까지는 제3 긴 과목의 경문[長科文] 속에 결과로써 신심을 이뤄서 자기 마음이 부처임을 믿는 분이다. 이 하나의 단락 가운데 대략 6가지의 법이 있어 信心佛果를 성취하여 믿은 이들로 하여금 佛果에 들도록 한 때문이다.

一은 佛名號品은 令信心者로 信佛名號 徧一切世間名하야 知名性

離故니라

(1) 불명호품은 신심이 있는 자로 하여금 부처님의 명호가 일체세간의 이름에 두루 함을 믿어 이름의 자성이 여읨을 알도록 한 때문이다.

二는 四聖諦品은 令信心者로 自信一切世間苦諦 卽聖諦하야 不別求故니라

(2) 사성제품은 신심이 있는 자로 하여금 스스로 일체세간의 苦諦가 곧 聖諦임을 믿고서 별달리 구하지 않도록 한 때문이다.

三은 光明覺品은 令信心者로 自以自心光明으로 覺照一切世間無盡과 大千世界 總佛境界일세 自亦同等하야 以心隨光하야 一一照之에 心境이 合一하야 內外見亡이니 初三千大千世界已하고 次還以東方爲首하야 光至東方十三千大千世界하고 照百三千大千世界하며 如是十方十重을 倍倍周廻하야 十方圓照하면 身心一性이 無礙徧周하야 同佛境界니 一一作意하야 如是觀察然後에 以無作方便定으로 印之하야 入十住初心에 生如來智慧家하야 爲如來智慧法王之眞子―如光明所照니 如經具明이라 不可作佛光明하야 自無其分이오 須當自以心光이 如佛光으로 開覺其心하야 圓照法界니라

(3) 광명각품은 신심이 있는 자로 하여금 스스로 나의 마음 지혜광명으로써 그지없는 일체세간과 대천세계가 모두 부처님의 경계이기에 자아 또한 동등함을 깨달아, 나의 마음으로써 지혜광명을 따라서 하나하나를 모두 비추매 마음과 경계가 하나로 합하여 안팎을 차별하는 견해가 사라지게 된다.

처음엔 삼천대천세계에 대해 이처럼 다하고, 그다음엔 또한 동방을 첫머리로 삼아 광명이 동방의 10개 삼천대천세계에 이르고, 더 나아가 1백 개의 삼천대천세계를 비추고, 이와 같이 시방세계의 열 겹을 곱절 곱절로 두루 하여 시방을 모두 비춰주면 몸과 마음의 하나가 자성이 되어 그 어디에도 걸림 없이 두루 함으로써 부처님의 경계와 똑같을 것이다.

하나하나 이런 생각을 가지고서 이와 같이 관찰한 후에 조작 없는 방편선정으로써 인증을 거쳐서 十住 初心에 들어가면 여래 지혜의 집안에 태어나 여래 지혜법왕의 참 아들이 되어 한결같이 광명을 비추게 될 것이다. 경문에서 자세히 밝힌 바와 같다. 부처님의 광명을 조작하여 스스로 그런 본분이 없다고 생각해서는 안 된다. 반드시 나의 마음 광명이 부처님의 광명과 같다고 그 마음을 깨달아 법계를 원만하게 관조해야 할 것이다.

四는 問明品은 令信心者로 所信之法門이니라

(4) 문명품은 신심이 있는 자로 하여금 믿어야 할 법문을 믿도록 함이다.

五는 淨行品은 令信心者로 信菩薩이 初發心時에 皆發大願爲首며 又 令信心者로 便困無始妄念하야 以成智海無生滅性이니라

(5) 정행품은 신심이 있는 자로 하여금 보살이 처음 발심할 때에 모두 큰 서원을 일으키는 것으로 으뜸을 삼아야 함을 믿도록 함이며, 또 신심이 있는 자로 하여금 문득 無始妄念을 돌이켜서 지혜바다의 생멸이 없는 자성을 성취하도록 하는 것이다.

六는 賢首品은 令信心者로 信佛神力이 通化無邊하야 得大自在와 及
信心之福이니 信此六法이 名爲賢首오 以此六法으로 觀行相應이 名
爲信心이라 皆以不動智佛等十智如來 是自心之果니 以不動智로
爲體하고 餘智로 爲用이니 至下方明호리라 文殊師利와 覺首目首十首
菩薩等은 是修行信心者之身이오 此品已下로 至賢首品已來히 六品
經은 是長科一部經中에 第三以果成信門也니 爲明初會는 是擧佛
果勸修하야 信諸佛所得이오 此第二會一會는 以果成信하야 信自心
이 是佛이라 與果佛不異故니 至文方明호리라 前之已成佛果로 將用勸
修어니와 此擧佛名號果勸修니 十方世界에 無有一名도 非佛名者는
名體性이 自解脫故라 但隨衆生所聞不同故라 此는 明佛名號徧周니
卽明於一切名에 無所著故니라

(6) 현수품은 신심이 있는 자로 하여금 부처님의 신통력이 모든 곳에 통하여 변화가 그지없어 대자재를 얻음과 信心의 복을 믿도록 함이다.

이 6가지의 법을 믿는 이의 이름을 현수 보살이라 하고, 이 6가지의 법으로써 觀行이 상응함을 信心이라고 말한다. 모두 부동지불 등 十智如來가 나의 마음의 결과이다. 부동지로 본체를 삼고 나머지 지혜로 묘용을 삼는다. 이에 대해서는 아래의 해당 부분에서 밝힐 것이다.

문수사리, 覺首, 目首의 十首 보살 등은 이런 신심을 수행하는 자의 몸이며, 본 품 이하로 현수품 이하에 이르기까지 6품의 경문은 이 화엄경의 장항의 과목[長科] 가운데 제3의 果로써 신심을 성

취하는 부분이다. 初會는 佛果를 들어 수행을 권하여 제불의 얻은 바를 믿도록 함이며, 제2 회의 一會는 불과로써 신심을 성취하여 나의 마음이 곧 부처라, 果를 성취한 부처님과 다르지 않다는 것을 믿도록 함을 밝혀주기 위한 때문이다. 해당 본문에서 이를 밝힐 것이다.

앞에서는 이미 성취한 佛果를 가지고서 수행을 권했거니와 여기에서는 부처님의 名號에 대한 결과를 들어 수행을 권함이다. 시방세계에 어느 이름도 부처님의 명호 아님이 없다는 것은 명호의 체성 그 자체가 해탈인 까닭에 다만 중생이 들은 바에 따라 똑같지 않기 때문이다. 이는 부처님의 명호가 두루 함을 밝힘이니 곧 일체의 명호에 집착할 바가 없음을 밝혀주기 때문이다.

釋此品에 作三門호리니 一은 釋品來意요 二는 釋品名目이오 三은 隨文釋義라

본 품의 해석은 3부분이다.
(1) 유래한 뜻을 해석함이요,
(2) 품의 명목을 해석함이요,
(3) 경문을 따라 그 뜻을 해석함이다.

一은 釋品來意者는 明前之初會엔 但明如來成等正覺之身과 及智攝生이오 未明如來名號의 攝生廣狹일세 今此第二會普光明殿에 方明佛果名號攝生故로 此品이 須來며 又爲擧佛果名하야 令生信解故로 此品이 須來라 前會엔 明身智徧周오 此會엔 明名身及智俱徧周故니 初會엔 世主雖問이나 未有其答일세 此品에 答前所問하야 使令生

後信者之心하야 令使信佛名身及智 普徧法界하야 應機利物하고 照俗破迷일새 故成普光明殿이니 約德名殿이오 約殿明德故로 此品이 須來니라

"(1) 유래한 뜻을 해석한다."는 것은 앞의 初會에서는 다만 여래의 等正覺을 성취한 몸 및 지혜로 중생을 攝化하는 것만을 밝혔고, 여래 명호의 중생 攝化에 대한 廣狹의 범주는 밝히지 않았다. 여기 제2 법회 普光明殿에서 비로소 佛果 명호에 의한 중생 섭화를 밝힌 까닭에 본 품을 반드시 여기에 쓰게 된 것이며, 또한 佛果의 명호를 들어 말하여 중생으로 하여금 신심과 이해를 내도록 마련해준 것이다. 이 때문에 본 품을 반드시 여기에 쓰게 된 것이다. 앞의 법회에서는 부처님의 몸 및 지혜가 두루 함을 밝혔고, 이번 법호에서는 명호와 몸 및 지혜를 모두 밝혔기 때문이다.

처음 법회에서는 世主의 물음은 있으나 그에 관한 대답이 있지 않기에 본 품에서 앞에서 질문했던 부분에 대해 대답하여 뒤에 신심을 가진 이들의 마음을 내도록 하였다. 그리고 그들로 하여금 부처님의 명호와 몸 및 지혜가 법계에 널리 두루 하여 중생의 근기에 부응하여 중생에게 이익이 되도록 하고 세속에 광명을 비춰주어 혼미를 타파해준 까닭에 그 이름을 普光明殿이라 말한 것이다. 부처님의 덕을 들추어 殿을 이름하고 殿의 이름을 들추어 부처님의 덕을 밝혀주고 있음을 믿도록 하기 위한 까닭에 본 품을 여기에 쓰게 된 것이다.

二는 釋品名目者는 於此佛名號中에 約有五緣하야 以成佛號니 一은

以法界自體根本智緣으로 以成佛號오 二는 約如來示成正覺이니 約自德緣하야 以成佛號오 三은 約如來利生方便緣이니 約位進修하야 以成佛號오 四는 明如來 以一切衆生隨根所樂緣으로 以成佛號오 五는 約法界體用平等緣이니 一切諸法이 總名佛號라

"(2) 품의 명목을 해석한다."는 것은 부처님의 명호에는 대략 5가지의 반연이 있어 그와 같은 佛號가 이뤄진 것이다.

① 법계의 自體 根本智를 반연함으로써 불호가 이뤄졌다.

② 여래의 正覺 성취를 보여주는 것으로 말함이니 부처님의 덕에 관한 반연으로 불호가 이뤄졌다.

③ 여래의 중생에게 이익을 주는 방편 반연으로 말함이니 지위를 닦아 나아가는 경계를 가지고 불호가 이뤄졌다.

④ 여래가 일체중생의 근기 따라 좋아하는 바를 반연함으로써 불호가 이뤄졌음을 밝혔다.

⑤ 법계 體用의 평등한 반연으로 말함이니 일체 모든 법을 총괄하여 그 이름을 불호로 삼는다.

一以法界自體根本智以成佛號者는 如下不動智佛과 無礙智佛과 滅暗智佛의 如是十智佛號 是也니 以此法界根本智上에 以施十種之名하야 以成十種信力이라 至位方明廣意호리니 大意 令衆生으로 達自根本無明이 本唯如來根本大智하야 令諸衆生으로 頓識本故며 頓作佛故라

"① 법계의 자체 근본지를 반연함으로써 불호가 이뤄졌다."는 것은 아래에서 말한 不動智佛, 無礙智佛, 滅暗智佛 등 이와 같은

十智의 불호가 바로 그것이다. 이는 법계의 근본지 측면에서 10가지의 명호를 마련하여 이를 통하여 10가지의 '믿음의 힘[信力]'을 성취코자 함이다. 해당 지위에서 바야흐로 자세히 그 뜻을 밝히겠지만, 큰 의의는 중생으로 하여금 자신의 根本無明이 본래 여래의 根本大智임을 깨닫게 하여 모든 중생으로 하여금 단번에 근본대지를 알도록 한 때문이며, 단번에 성불하도록 하기 위한 때문이다.

二 約如來示成正覺 自德成號者는 卽十方諸佛이 示成正覺에 共同十號시니 所謂如來應供正徧知 是며 又毘盧遮那는 是總名이니 是大智光明으로 照耀種種諸法과 及種種衆生故라 故로 毘云種種이며 盧遮那는 云徧照라

"② 여래의 정각 성취를 보여주는 것으로 말함이니 부처님의 덕에 관한 반연으로 불호가 이뤄졌다."는 것은 곧 시방제불이 정각의 성취를 보이시매 모두가 함께하는 10가지의 불호이다. 이른바 '如來'・'應供'・'正徧知' 등이 바로 그것이며, 또 비로자나불은 총체의 명호이다. 이는 大智의 광명으로 가지가지 모든 법 및 가지가지의 중생을 밝게 비춰주기 때문이다. 이런 연유로 비로자나불(Virocana)의 '毘(Vi)'는 '가지가지'라는 뜻을 말하고, '로자나(rocana)'는 두루 비춘다는 뜻으로 말한 것이다.

三 明如來利生方便 約位進修緣 以成佛號者는 卽如下에 擧十箇根本不動智佛하야 以成十信하고 擧十箇月佛의 下名悉同號之爲月하야 以成十住는 明創契法身本智에 心得淸凉이니 爲明此位菩薩이 契理惑亡하야 得法性智淸凉故로 約自得益之法하야 以成佛號오 十

行位中에 以十箇眼佛이 下名悉同하야 號之爲眼은 爲明十行에 以智知根하야 利生攝益일새 故로 佛號爲眼이라 以善知根性故니 皆是約自得益하야 立名爲佛이오 十廻向中에 以十箇妙佛이 上名悉同하야 號之爲妙는 爲明十廻向位中菩薩이 進修漸熟에 妙智現前일새 故로 佛號爲妙오 十地도 同妙라

已上은 以明從十信中으로 自信自心分別之智 與一切諸佛根本不動智佛로 本來是一하야 以成信心이니 心外見法이면 不成信心也라 從此信已下에 以三昧力으로 契理會源이 名爲十住니 佛號爲月은 皆是約修行之人의 所得之法하야 以成佛號라 安立五位한 五十箇佛名이 五十箇因이며 五十箇果니 爲當位에 具因果故로 成一百重因果오 爲根本五位中에 本有五因五果하야 成一百一十重因果니 法門이 不異며 法界體 不異일새 十信中所信之法인 根本不動智佛로 以爲諸位進修라 且約如是어니와 廣意는 至下本位廣明호리니 是名隨位進修하야 以成佛號라

"③ 여래의 중생에게 이익을 주는 방편 반연으로 말함이니 지위를 닦아 나아가는 경계를 가지고 불호가 이뤄겼음"을 밝힌다는 것은 아래의 경문에서, "열 분의 根本不動智佛을 들어서 十信을 성취하고, 열 분 月佛의 명호를 모두 똑같이 ○○月佛을 붙여 이로써 十住를 성취한다."는 것은 처음 법신의 근본지에 하나가 되어 마음이 淸凉하게 됨을 밝힌 것이다. 이런 지위의 보살이 이치에 하나가 되어 미혹이 사라져 法性智의 청량함을 얻은 까닭에 자신이 얻은 이익의 법으로 불호가 성취됨을 밝힌 것이다.

十行位 가운데 열 분의 眼佛의 명호를 모두 똑같이 ○○眼佛을 붙여 말한 것은 十行에 지혜가 근본임을 알아서 중생을 거두어 이익을 주어 이롭게 하기 때문에 그 佛號를 '眼'이라 한다. 이는 根性을 잘 알았기 때문이다. 이는 모두 자신이 얻은 이익을 가지고서 명호를 내세워 부처가 되었음을 밝힌 것이다.

十廻向位 가운데 보살이 닦아가는 수행이 점차 성숙하면서 미묘한 지혜가 앞에 나타난 까닭에 해당 불호에다가 '妙' 자를 쓰게 되었음을 밝힌 것이다.

十地도 미묘함이 이와 같다.

위에서 말한 바는 十信으로부터 중생의 자신 마음에 있는 分別智가 일체제불의 根本不動智佛과 본래 하나라는 것임을 스스로가 믿고서 신심을 성취하도록 해야 함을 밝힌 것이다. 마음 밖에서 법을 보면 신심을 이룰 수 없다. 이런 신심에서 출발하여 그 아래에 三昧力으로 이치와 하나가 되어 본원을 깨닫는 것을 이름하여 十住라 한다. 불호에 '月' 자를 붙인 것은 모두 수행하는 사람이 얻은 경지의 법을 가지고서 불호를 삼은 것이다.

5位를 安立한 50개의 부처님의 명호에는 50개의 因과 50개의 果가 있다. 해당 지위에 인과를 갖추고 있기 때문에 1백 겹 인과를 이루고, 근본 5位 가운데 본래 5가지의 因, 5가지의 果가 있어 1백 1십 겹의 인과를 이루고 있다. 法門이 다르지 않으며 法界體가 다르지 않기에 十信 가운데 믿음의 대상이 되는 法인 根本不動智佛로써 모든 지위를 닦아나가는 것이다.

대략 이와 같거니와 자세한 의미는 아래의 해당 본 지위 부분에서 자세히 밝힐 것이다. 이를 명명하여 "지위를 닦아 나감에 따라서 佛號를 성취"함이라 한다.

四 明如來以一切衆生隨根所樂 以成佛號者는 卽以對現色身하야 等衆生界호대 爲佛爲天하며 爲神爲主하며 爲人爲仙하야 徧衆生界하야 令諸衆生으로 不作惡者 總是라 不可以自凡情所測也니 總是佛名號徧周라

"④ 여래가 일체중생의 근기 따라 좋아하는 바를 반연함으로써 불호가 이뤄졌음을 밝혔다."는 것은 곧 色身을 상대로 나타내어 중생세계와 같이 하되 부처님의 몸으로, 하늘의 몸으로, 신명의 몸으로, 법주의 몸으로, 사람의 몸으로, 신선의 몸으로 중생세계에 두루두루 현신하여 모든 중생으로 하여금 악을 짓지 않도록 하는 이들이 모두 이런 부처님이다. 이는 나의 범부의 情識으로 헤아릴 바가 아니다. 이는 모두 부처님의 명호가 두루 함을 말한다.

五는 明法界體用平等일새 一切諸法이 總名佛號者는 爲一切諸法과 及以名言이 自體性離故로 一切法自體性離卽法界性이니 法界性이 卽佛號故라 是故로 一切法과 及名言이 皆是佛號故니 爲如來 稱此一切法自性離之法하사 以成佛故라 欲廣引經文證義인댄 爲此敎文이 弘廣하야 言繁翳本하면 作業者 難解니 但依此經上下하야 自相契會하면 作業者 易解故니라

"⑤ 법계 체용의 평등한 반연으로 말함이니 일체 모든 법을 총괄하여 그 이름을 불호로 삼는다."는 것은 일체 모든 법 및 명제와

언어가 自體性을 여읜 것이기에 一切法의 자체성을 여읨이 곧 法界性인바, 법계성이 곧 불호이기 때문이다. 이런 연유로 일체 모든 법 및 명제와 언어가 모두 이 불호이기 때문이다. 여래가 이러한 일체 모든 법의 자성을 여읜 법에 하나가 되어야 성불할 수 있기 때문이다. 경문을 널리 인용하여 의의를 증명코자 한다면 이 가르침의 경문이 크고 광대한 까닭에 말이 복잡하여 근본 종지를 가릴 수 있다. 이 때문에 업을 짓는 중생이 알기 어려운 것이다. 다만 이 경문에 따라 위로 보고 아래로 보고 또다시 아래로 보고 위로 보아 이처럼 반복 熟讀하여 깨달은 바 있으면 업을 짓는 중생으로서도 쉽게 알 수 있기 때문이다.

如三乘中에도 亦說根本智後得智로대 今欲令三乘人으로 迴心하야 指此金色世界不動智佛하야 令使直認是自心의 能分別智 本無所動이며 文殊師利 卽是自心의 善簡擇無相妙慧며 覺首目首等菩薩이 卽是自心의 隨信解中所見之理智어늘 如是三乘之人의 未迴心者는 定當不信하나니 何以故오 爲歷三阿僧祇劫後에 當得佛故라 爲直認自身及心이 總是凡夫일세 但信佛有不動智等하고 不自信自心이 是根本不動智佛이라 與佛無異하나니 以是義故로 不成此教法界乘中에 以根本智로 爲信心이니라

저 三乘敎 가운데에서도 또한 根本智와 後得智를 말했지만 여기에서 삼승의 사람으로 하여금 그들의 마음을 돌이켜서(삼승교에서 근본지와 후득지를 말했으나 삼승의 사람들은 근기가 용렬한 까닭에 僧祇劫 이후에나 佛果를 얻었으면 하고 바라는 退轉의 마음에 사로잡혀 있고, 자신의 마음, 즉

無明과 分別 속에 존재하는 當體의 寂寂한 본성이 바로 佛果임을 믿지 않은 까닭에 그들의 그런 마음을 돌이키고자 함이다.) 이 금색세계 不動智佛을 가리켜 주어 그들로 하여금 바로 그 자신의 마음에 분별할 수 있는 주체의 지혜가 본래 움직이는 바가 없고, 문수사리는 곧 그 자신의 마음에 잘 간택하는 無相妙慧이며, 覺首·目首 菩薩 등이 곧 그 자신의 마음에 믿음과 이해를 따르는 가운데 所見의 理智임을 인식하도록 주선해주었다. 그럼에도 이처럼 삼승의 사람들의 마음을 되돌리지 못한 자는 반드시 이런 사실을 믿으려 들지 않는다.

　이는 무엇 때문일까? 그들의 마음이 3아승기겁을 지난 후에나 성불할 수 있다고 자포자기하기 때문이다. 이는 바로 자신의 몸 및 마음이 모두 범부로서 부처님과는 다르다고 잘못 인식한 까닭에 부처님만이 不動智 등을 지녔다고 믿을 뿐, "나의 마음이 바로 根本不動智佛이라, 부처님과 더불어 다를 바가 없다."는 점을 스스로가 믿지 못한 것이다. 이런 의의 때문에 이 教法界乘의 가운데 根本智로써 신심을 삼지 못하기에 이른 것이다.

此經信心은 應當如是하야 直信自心分別之性이 是法界性中根本不動智佛이며 金色世界 是自心無染之理며 文殊師利 是自心善簡擇妙慧며 覺首目首等菩薩이 是隨信心中理智現前이니 以信因中에 契諸佛果法호대 分毫不謬하야사 方成信心이라 從此信已에 以定慧로 進修하야 經歷十住十行十迴向十地十一地호대 日月歲劫의 時分이 無遷하야 法界如本하며 不動智佛이 如舊하고 而成一切種智海하야 教化衆生호대 因果不遷하며 時劫不改하야사 方成信也어니와 若立僧祇定

532

實하야 身是凡夫라 凡聖二途오 時劫移改하야 心外有佛이라하면 不成信心이라

如是已上에 有此五種佛名號不同이니라

이 경문에서 말한 信心은 응당 이처럼 바로 나의 마음에 分別하는 자성이 法界性 가운데 근본부동지불이며, 금색세계가 바로 나의 마음에 오염이 없는 이치이며, 문수사리가 나의 마음에 잘 간택하는 妙慧이며, 각수·목수 보살 등이 이 신심을 따르는 가운데 理智가 앞에 나타난 것임을 믿는 것이다.

신심의 원인[信因] 가운데 제불의 果法에 하나가 되되 털끝만큼의 오류가 없어야 만이 비로소 신심을 성취할 수 있다. 이로부터 신심을 성취하고 나면 定慧로써 닦아 나아가 十住·十行·十迴向·十地·十一地를 지나가되 日月歲劫의 시간에 의해 변함이 없어 법계가 근본과 같고 부동지불이 예전과 같고 一切種智海를 성취하여 중생을 교화하되 인과가 변함이 없고 시간에 변함이 없어야 만이 바야흐로 신심을 이룰 수 있다. 만일 승기겁을 거쳐야 성불할 수 있다는 定實을 내세워 나의 몸은 범부라, 범부와 성인이 다르고, 시간에 따라 변화하고 마음 밖에 부처가 있다고 잘못 인식하면 신심을 성취할 수 없다.

'應當如是' 이상에는 이처럼 5가지의 각기 다른 부처님의 명호가 있다.

三은 隨文釋義者는 於此段中에 義分爲二호리니 一은 長科三十二品經意니 第三禪中에 說十一地一品이 未來오 二는 科當品經意라

"⑶ 경문을 따라 그 뜻을 해석한다."는 것은 이 단락의 의의를 2부분으로 구분한다.

① 32品 경문의 뜻을 장항으로 과목을 나눔이니 第三禪 가운데 十一地 1품을 말하지 않았다.

② 이 품의 경문 뜻을 과목으로 나눔이다.

一은 長科三十二品者는 從此如來名號品第二會世主起問二十八問已下로 直至向後如來出現品히 是世主所問一終因果니 所答이 總有三十二品經하야 是答二十八問故로 以從普光明智法界佛果報居之殿에 擧佛果名號하여 幷擧佛果所行敎化衆生四聖諦法門하며 幷擧法界根本智體佛號不動智佛하야 以成信修로 直至彼如來出現品히 三十二品經이 是信進修行之一終因果之極也니 明此普光明智殿佛果로 至如來出現品히 此信進修行의 因果不二故며 又明此始成正覺한 果德之上에 起信心修行일세 至後如來出現品中히 明法界 無時可隔故니 以明法界體中에 凡夫 妄見無量劫이어니와 始起信進修行者인댄 依眞起行하야 以爲進修일세 經歷五位行門호대 無時可移故라 若未起信進修行時엔 常謂已前諸佛이 先已成佛하야 經無量劫이라가 及其以正信力으로 便見十方無量劫已成佛者하야는 而自身이 與彼先成佛者로 一時成佛하야 無先後故니 以是義故로 如來始成正覺時에 如今凡夫 始發菩提心하야 起行進修하야 自行已滿호대 畢竟不離如來初成正覺한 初出現時니 爲無情量하야 依本法界하야 本無時故라

"① 32品 경문의 뜻을 장항으로 과목을 나눈다."는 것은 여래

명호품에 제2 법회의 世主가 28가지의 질문을 제시한 이하로부터 바로 뒤의 여래출현품에 이르기까지 세주가 물었던 一終의 인과이다. 대답한 바가 모두 32품의 경문에 있어 28가지의 물음에 대해 대답한 까닭에 普光明智의 法界佛果인 報居의 殿에 佛果의 명호를 들어서 아울러 佛果의 행할 바, 중생을 교화하는 四聖諦 법문을 들어 말하였고, 아울러 法界根本智體의 불호인 不動智佛을 들어서 믿음과 수행을 성취함으로부터 바로 여래출현품에 이르기까지 32품의 경문이 믿고 닦아 나가는 行의 一終因果의 극치이다.

이 보광명지전의 佛果로부터 여래출현품에 이르기까지 믿고 닦아 나가는 行의 인과가 둘이 아님을 밝힌 때문이며, 또한 처음 정각을 성취한 果德의 위에 신심을 일으켜 수행함을 밝힌 까닭에 뒤의 여래출현품 가운데 이르기까지는 법계가 시간에 막힘이 없음을 밝힌 때문이다. 法界體의 가운데 범부가 망령되이 무량겁을 보거니와 만일 믿고 닦아 나가는 行을 일으키는 자라면 참다운 법에 의해 行을 일으켜 닦아 나갈 적에 五位行門을 지나되 시간에 따라 변천이 없음을 밝힌 때문이다.

만일 믿고 닦아 나가는 行을 일으키지 않을 때, 항상 말한 것은 "이전의 제불이 먼저 이미 성불하여 무량겁을 지냈다."고 했는데, 그 바른 신심의 힘으로 문득 시방 무량겁에 이미 성불한 자를 봄에 있어서는 "자신이 먼저 성불한 자로 더불어 일시에 성불하여 선후가 없기 때문이다."고 말하였다. 이런 의의 때문에 여래가 처음 정각을 성취할 적에 지금 범부들이 처음 보리심을 내어 행을 일으켜 닦아 나아가 나의 행이 이미 원만하되 결국은 여래께서 처음 정각을 성취하여 처음 출현한 때를 여의지 않을 것이다. 情量이 없기에 本法界를 依하여 본래 시간이 없기 때문이다.

是故로 經에 言發心畢竟이 二不別者는 爲法界性이 無三世別故로 以三世時 無別이니 以無時故로 無別이오 以智無別故로 無別이오 爲不異不動智佛體故로 妙慧用이 無別이오 不異文殊의 善簡擇妙慧故로 行이 無別이오 爲從初發心으로 不異十波羅蜜行普賢行而爲修行故로 大悲 無別이오 常敎化故로 大願이 無別이오 不捨衆生故로 四攝이 無別이며 四無量心이 無別이며 三十七道品이 無別이니 故로 云發心畢竟이 二不別이라 是故發心先心難이니 爲明入此信解者 難故라 若心外에 信有他佛得道하고 我是凡夫者인댄 卽世間人情量이 是니 此乃不論信進修行이오 直是生死長流에 常隨見網이니 何大苦哉아 以此로 如今第二會와 及初會에 明始成正覺한 如來出現하시고 後三十二品에 又著如來出現品하사 明始終信進修行者 與三世佛로 一時出現하시니 明法界 總一時故라 如持寶鏡하야 普臨衆像에 頓照顯現하야 無前後時故니 明於法界根本佛智境界中에 頓現衆法이라 不可將情量度量하야 作前後解故니 一依彌勒樓閣中境界라 初會中始成正覺佛은 是擧果勸修佛이오 出現品中佛은 是明諸菩薩進修五位因果行終佛이니 與信位中不動智佛로 相對故니라

이 때문에 경에 이르기를, "발심과 畢竟, 이 2가지는 다르지 않다."는 것은 다음과 같다.

法界性이 삼세와 차별이 없기에 삼세의 시간에는 차별이 없

으며,

시간이 없기에 차별이 없으며,

지혜가 다름이 없기에 차별이 없으며,

부동지불의 본체와 다르지 않기에 妙慧의 작용이 차별이 없으며,

문수사리의 잘 간택하는 妙慧와 다르지 않기에 行이 차별이 없으며,

처음 發心으로부터 十波羅蜜行의 普賢行과 다르지 않게 수행하기에 大悲가 차별이 없으며,

항상 중생을 교화하는 까닭에 大願이 차별이 없으며,

중생을 버리지 않기에 四攝이 차별이 없으며,

四無量心이 차별이 없으며,

37道品이 차별이 없다.

이처럼 10가지의 차별이 없는 까닭에 "발심과 필경, 이 2가지는 다르지 않다."고 한다. 이 때문에 발심인 첫 마음이 어렵다고 하니, 이 10가지의 믿음과 이해에 들어가기 어려움을 밝힌 이유이다.

만일 마음 밖에 다른 부처님이 도를 얻었다고 잘못 믿고, 나는 범부라고 자포자기를 한다면 이는 세간 사람의 情識의 度量이 바로 그것이다. 이는 곧 믿음으로 닦아 나가는 行에 대해 논하지 않고 그저 생사의 기나긴 흐름 속에서 언제나 見網을 따를 뿐이니, 그 얼마나 힘들겠는가. 이로써 지금 제2 법회 및 처음 법회에 처음 正覺을 성취한 여래의 출현을 밝히시고, 뒤의 32품에서 또다시 여

래출현품을 나타내어 始終 믿음으로 닦아 나가는 行을 지닌 자가 三世佛로 더불어 일시에 출현함을 밝히셨다. 이는 법계가 모두 일시임을 밝힌 때문이다. 보배의 거울로 수많은 형상을 널리 비춤에 한꺼번에 모두 나타나 전후의 시간 차별이 없음과 같기 때문이다. 법계의 根本佛智 경계 가운데 한꺼번에 수많은 법을 나타내기에 정식의 도량으로 헤아려 전후 알음알이를 지을 수 없음을 밝힌 때문이다. 하나같이 미륵이 손가락을 튕기는 사이에 善財가 그 누각에서 삼세의 일을 한꺼번에 나타내는 일을 밝힌 것이다.

처음 법회 가운데 처음 정각을 성취한 부처님은 이런 果를 들어 수행을 권한 부처님이며, 여래출현품에서 말한 부처님은 모든 보살의 5位를 닦아 나아가 因果行을 마친 부처님임을 밝힌 것이다. 信位 가운데 부동지불과 서로 마주하기 때문이다.

自此如來名號品已去로 直至如來出現品히 總有三十二品經은 是 十信十住十行十廻向十地十一地進修因果니 以初卽後며 以後卽初라 不二之位故니 如大王路 其法常爾하야 非故新也라 如文殊師利頌에 云一念普觀無量劫호니 無去無來亦無住라 如是了知三世事하야 超諸方便成十力이라하시니라

이 여래명호품 이후로부터 바로 여래출현품에 이르기까지 모두 32품의 경문은 十信·十住·十行·十廻向·十地·十一地를 닦아 나가는 인과이다. 처음이 곧 뒤이며, 뒤는 곧 처음이다. 이처럼 둘이 없는 지위이기 때문이다. 대왕이 다니는 길은 그 법이 항상 똑같아서 옛길과 새 길의 차이가 없는 것과 같다. 문수사리의 게송에

이르기를, "한 생각으로 한량없는 겁을 널리 살펴보니 가는 것도 없고 오는 것도 없고 또한 머무는 것도 없다. 이와 같이 삼세의 일을 깨달아 일체 언설문자의 방편을 뛰어넘어 부처님의 十力을 성취한다."고 하였다.

二는 科當品者는 於當品中에 長科爲四라【鈔_ 如文自具니라】

② 본 품의 과목은 본 품 가운데 장항의 과목이 4가지이다.【초_ 경문에서 말한 바와 같이 그 자체에 모두 잘 갖춰져 있다.】

第五 釋文

5. 경문의 해석

從此로 終第七會는 卽當第二修因契果生解分이라 若順諸會인댄 應直分問答이오 今爲順文인댄 一會分三이니 第一 序分이오 第二 請分이오 第三 說分이라【鈔_ 若順諸會者는 以六會로 共答此中問故일세니라 第一序分은 唯屬此會하야 爲加序分하니 名爲順文이라】

이로부터 제7 회의 끝까지는 곧 제2의 원인을 닦아 결과를 깨닫고 견해를 내는 분에 해당된다. 만일 많은 법회를 따른다면 당연히 곧바로 문답으로 나눠야 하지만 여기에서 문장을 따라 본다면 하나의 법회는 3가지로 나뉜다. 제1. 序分, 제2. 請分, 제3. 說分이다.【초_ "만일 많은 법회를 따른다면"이라는 것은 여섯 법회에 이의 물음을 모두 답하였기 때문이다. 제1의 序分은 오직 이 법회에

539

속하여 序分을 더하게 되었다. 이를 "문장을 따라 본다."고 말한다.】

今先序分이니 具如經初로되 但加普光이 以爲小異니라
畧分爲三이니 初는 標主時處라

　제1. 서분

　모두 경문의 처음처럼 구체적으로 말했지만 단 '普光'을 더한 것이 조금 차이점이라 하겠다.

　이를 간단하게 나누면 3단락이다.

　1. 법주의 시간과 도량을 나타내다

經

爾時에 世尊이 在摩竭提國阿蘭若法菩提場中하사
　그때 세존이 마갈제국의 아란야법 보리도량에 계시면서

二는 別顯三事라
　2. 3가지의 일을 개별로 밝히다

經

始成正覺하사 於普光明殿에 坐蓮華藏師子之座하시니라
妙悟皆滿하시며 二行永絶하시며 達無相法하시며 住於佛住
하시며 得佛平等하시며 到無障處와 不可轉法하시며 所行無
礙하시며 立不思議하시며 普見三世하시니라

비로소 정각을 이루시고 보광명전에서 연화장 사자좌에 앉으셨다.

⑴ 미묘한 깨달음이 모두 원만하시고

⑵ 번뇌행(煩惱行)과 소지행(所知行) 2가지 장애가 길이 끊어지셨고

⑶ 모양 없는 법을 통달하시고

⑷ 부처님 머무시는 데 머무시고

⑸ 부처님의 평등을 얻었으며

⑹ 장애 없는 곳에 이르셨으며

⑺ 굴릴 수 없는 법을 굴림에 이르셨으며

⑻ 행하는 바가 걸림이 없으시며

⑼ 헤아릴 수 없는 뜻을 세우시며

⑽ 두루 삼세를 보셨다.

● 疏 ●

分三이니 初는 別顯說時오 二 '於普光'下는 別顯說處니 處在菩提場東南 可三里許 熙連河曲이니 彼河之龍이 爲佛造此어늘 今擧總攝別이라 前標國名은 以本收末이오 上擧場稱이라 故下不動覺樹而徧十方이라

3부분으로 나뉜다.

⑴ 설법한 시기를 개별로 나타낸 것이다.

⑵ '於普光' 이하는 설법한 도량을 개별로 나타낸 것이다. 도량은 보리도량 동남쪽 3리쯤 되는 熙連河 굽이에 있다. 희련하의 용

이 부처님을 위해 이 도량을 만들어 주었는데, 여기에서는 총체를 들어 개별을 포괄한 것이다. 앞에서 마갈제국의 이름을 들어 말한 것은 근본으로써 지엽을 거둔 것이며, 위에서는 도량을 들어 말한 까닭에 아래에서는 깨달음의 나무[覺樹]가 흔들리지 않고 시방에 두루 가득한 것이다.

◉ 論 ◉

爾時已下兩行經은 是序分이니 序前初得菩提處와 幷普光明殿은 意明二處不異니 爲不移本處道場코 而身偏坐一切處故며 爲菩提場體是法界體故며 爲普光明殿이 是法界報居所都故로 法報二體性相一眞이라 本末因果 本無異故니 由斯道理故로 重序之라

'爾時' 이하 2줄의 경문은 序分이다. 앞의 처음 보리를 얻은 곳과 아울러 보광명전을 서술한 뜻은 2곳이 다르지 않음을 밝힌 것이다. 이는 본래 자리의 도량에 옮기지 않고서도 몸이 모든 곳의 법좌에 두루 앉았기 때문이며, 보리도량의 본체가 법계의 본체가 되기 때문이며, 보광명전이 법계 報居의 도읍이 되기에 法報의 二體가 性相이 하나의 眞이라, 本末因果가 본래 다름이 없기 때문이다. 이런 도리를 따랐기 때문에 이를 거듭 서술한 것이다.

◉ 疏 ◉

三妙悟下는 別顯主德이니 亦卽示成正覺之相也라 準第八會初와 及深密經等이면 皆說佛有二十一種功德이니 升兜率品에 當廣明之라

(3) '妙悟' 이하는 법주의 덕을 개별로 나타냄이니 이 또한 곧 정각을 성취한 모습을 보여준 것이다. 제8회의 첫 부분과 해심밀경 등을 준하여 보면 모두 "부처님에게는 21가지의 공덕이 있다."고 말한다. 승도솔품에서 이에 대해 자세히 밝힐 것이다.

今文에 有初十句니 亦畧釋耳라 十句中에 初總餘別이니 總中에 妙悟皆滿者는 妙悟는 晉經에 名善覺이라하고 論經에 名正覺이라하니 以梵音 '云蘇'에 含於妙善及正等故로 譯者 隨取하니 悟는 卽覺也라 雙照眞俗일세 故稱妙悟오 備下諸句는 異於因人일세 故復稱滿이라

이 경문의 첫 부분에 10구가 있는바, 이 또한 간단하게 해석할 것이다. 10구 가운데 첫 구절은 총체이며, 나머지는 개별이다.

총체 가운데 '妙悟皆滿'의 '妙悟'는 晉經(舊華嚴)에서는 '善覺'이라 명명하였고, 論經에서는 '正覺'이라 명명하였다. 범어의 '云蘇'에 '묘선'과 '정등'의 뜻을 포괄하고 있기에 역경 하는 사람들이 편의에 따라 그 하나의 뜻만을 취한 것이다. 悟는 곧 깨달음이다. 眞諦와 俗諦를 모두 두루 비춘 까닭에 이를 '妙悟'라 말하고, 아래의 나머지 구절에 갖추고 있는 것은 因人과 다르기 때문에 다시 '원만'이라 말한 것이다.

別中에 一'二行永絶'者는 煩惱所知와 生死涅槃을 皆名二行이오 俱不現前을 名爲永絶이라 煩惱所知者는 親光云 凡夫二乘은 現行二障이로되 世尊은 無故로 凡夫의 現行生死는 起諸雜染하나니 卽煩惱障이오 二乘의 現行涅槃은 棄利樂事로되 世尊은 無彼二事일세 故云永絶이라하니라

개별의 가운데 (1) '二行永絶'이라는 것은 번뇌장, 소지장, 생사

543

열반을 모두 二行이라 말하고, 모두 앞에 나타나지 않은 것을 "길이 끊었다."고 말한다. 번뇌장과 소지장은 친광 스님이 말하기를, "범부 이승은 2가지의 장애가 나타나 행하지만 세존께서는 이러한 것이 없기 때문에 범부에게 나타나 행해지는 생사란 모든 잡염에서 일어난 것이다. 이것이 바로 번뇌장이다. 이승의 앞에 나타나 행해지는 열반은 이익과 쾌락의 일을 버렸지만 세존은 그러한 2가지의 일이 없기 때문에 "길이 끊었다."고 말한 것이다.

二達無相法者는 淸淨眞如를 名無相法이오 達者는 了也라

(2) '達無相法'이란 청정진여를 무상법이라 말하고, 達이란 깨달음이다.

三 如來 常住大悲하사 任運利樂하시고 又常安止聖天梵住일세 故云 '住於佛住'라하니라【鈔_ 聖天梵住'者는 卽智論第三云 聖은 謂三乘聖人이오 天은 謂六欲天이오 梵은 卽色無色이오 復次三三昧[10]를 名聖住오 布施·持戒·善心 三事를 名天住오 四無量[11]은 是梵住라 釋曰 此雖二文이나 義乃是一이라 前擧果住하고 後出因耳라 或爲四住를 謂加

----

10 삼삼매(三三昧): ①공삼매(空三昧), ②무상삼매(無相三昧), ③무원삼매(無願三昧). 삼삼마지(三三摩地), 삼등지(三等地)라고도 함. 해탈에 도달하는 세 가지 법문(法門). 곧 일체 만유(萬有)가 공(空)이라는 것을 깨달아 해탈에 이르는 공 해탈문(空解脫門), 모든 존재에 특정한 형상이 없음을 증득하는 무상 해탈문(無相解脫門), 일체가 공하고 무상임을 안다면 삼계에 원할 것이 없어져 생사에 자재하게 되는 무원 해탈문(無願解脫門)의 세 가지를 이르는 말이다.

11 사무량(四無量): 사무량심(四無量心). ①자(慈), 비(悲), 희(喜), 사(捨) 등 네 가지의 한량없는 마음. 사등(四等), 사범행(四梵行). ②중생을 향한 보살의 네 가지 광대한 마음. 사무량심이란 모든 중생에게 즐거움을 주고 괴로움과 미혹을 없애기 위해 보살이 가지는 네 가지 광대한 마음이다. 자비희사(慈悲喜捨) 네 가지 마음을 무량으로 일으켜, 무량의 사람들을 깨우침으로 이끄는 것을 뜻한다.

佛住니 如來 常住首楞嚴諸三昧故일세니라 雖徧住四住나 智海已滿하야 大悲深故로 特言大悲니 卽梵住所攝이라 】

(3) 여래께서 항상 대비에 머무시어 마음대로 이로움과 즐거움을 펼치시고 항상 聖天梵住에 편안하게 머문 까닭에 "佛住에 머문다."고 말한 것이다. 【초_ '聖天梵住'라 하는 것은 지도론 제3에 이르기를, "聖이란 三乘聖人을 말하고, 天은 六欲天을 말하고, 梵은 色無色天을 말하고, 또한 다음 三三昧를 聖住라 말하고, 보시·지계·선심 3가지의 일을 天住라 말하고, 四無量은 梵住이다."고 하였다. 이에 대해 다음과 같이 해석하였다. 이는 비록 2가지의 경문이 있으나 뜻은 곧 하나이다. 앞에서는 果住를 들어 말하였고 뒤에서는 원인을 들어 말한 것이다. 혹자는 四住를 加佛住라 말하니 여래께서는 항상 首楞嚴諸三昧에 머물기 때문이다. 비록 두루 四住에 머무시나 지혜의 바다가 이미 원만하여 대자비의 마음이 깊기 때문에 특별히 대비라 말하니 곧 梵住에 포괄되는 것이다.】

四 所證能證과 及以化用은 皆等諸佛이오

(4) 증득할 대상과 증득할 주체 및 교화의 작용은 모두 제불과 같다.

五 具能治道하야 解脫障故오

(5) 다스림의 도가 구족하여 장애에서 해탈한 때문이다.

六 所說教法을 外道不能轉故오

(6) 설법하신 가르침과 법을 외도가 마음대로 할 수 없기 때문이다.

七 行諸世間에 違順魔寃이 不能礙故오

(7) 모든 세간에 행함에 거슬리거나 순종한 마귀와 원이 장애가 되지 않기 때문이다.

八 安立教法이 超言念故오

(8) 교법을 세우는 것이 말과 생각을 초탈한 때문이다.

九 於三世境에 若事若理를 了達記別하야 無錯謬故일세니라

(9) 삼세의 경계에 사법계와 이법계를 깨닫고 記別하는 데에 착오와 오류가 없기 때문이다.

具此九別하야 成初總句니 同異成壞를 準思可知니라

이 9가지의 개별을 갖추어 총체의 첫 구절을 성취하는 것이다. 같고 다르고 이뤄지고 무너지는 것을 이에 준하여 생각해 보면 말하지 않아도 알 수 있다.

第三 輔翼圓滿

3. 보필하는 보살의 원만

經

與十佛刹 微塵數 諸菩薩로 俱하시니 莫不皆是一生補處라 悉從他方하야 而共來集하니라 普善觀察諸衆生界와 法界와 世界와 涅槃界와 諸業果報와 心行次第와 一切文義와 世出世間과 有爲無爲와 過現未

來하시니라

열 불찰 티끌과 같이 셀 수 없이 무한한 보살과 함께하시니 모두 이 일생의 보처(補處) 아닌 것이 없다. 모두 다른 지방으로부터 다 함께 법회에 모여들었다.

모든 중생계, 법계, 세계, 열반계, 모든 업의 과보, 마음으로 행하는 차례, 온갖 글의 뜻, 세간, 출세간, 함이 있고, 함이 없음과 과거·현재·미래를 두루 잘 관찰하셨다.

● 疏 ●

文分二別이니 一은 標數揀定이니 菩薩은 揀非凡小오 補處는 明非下位오 他方而來는 非舊衆也라
言'一生'者는 釋有二義니 一約化相이니 謂如彌勒은 此復有三이니 一은 人中一生이오 二는 天上一生이오 三은 下降一生이니 正取天中이라 二는 約實報一生이니 謂於四種變易生死中에 唯有末後一種을 名無有生死오 一位所繫어늘 此文은 多約化相耳라【鈔_ 一生者는 此生之後에 便成佛故니 如那含人은 當涅槃故일세니라】

경문의 구분은 2가지로 분별된다.
(1) 수를 나타내어 선정의 차별을 말한 것이니 보살은 범인과 소인이 아님을 가리는 것이며, 보처는 하위가 아님을 밝힌 것이며, 타방이래는 옛 대중이 아님을 말한 것이다.

'一生'이라 말한 데에는 2가지의 해석이 있다.
첫째는 化相을 가지고 말하니 미륵과 같은 경우에는 이에 다시

3가지가 있다.

　① 사람의 가운데에 일생이며,

　② 천상에서의 일생이며,

　③ 하강에서의 일생이니, 바로 천중의 일생을 취한 것이다.

　둘째는 實報의 일생을 가지고 말하니 4가지의 變易生死 가운데 오직 맨 끝의 한 가지를 두는 것을 '생사가 없다' 이름하고, 한 지위에 얽매이는 바를 이 문장에서는 대부분 化相을 가지고 말하였다. 【초_ '一生'이란 이 생이 끝난 후에 곧 성불하기 때문이다. 阿那含人의 경우, 의당 열반을 얻을 수 있기 때문이다.】

二'普善'下는 歎其勝德이니 德雖無量이나 畧歎一普나라 '善觀察'者는 能觀智也라 普有二義하니 一은 普衆同有此德이오 二는 普觀十境이라 善有三義하니 一 善知相이오 二 善知無相이오 三 善知此二無礙라 '衆生界'下는 明其所觀이니 皆具上三義라

　(2) '普善' 이하는 그 덕을 찬탄함이다. 덕이 한량없으나 간단하게 하나의 지혜만을 찬탄하였다.

　'普善觀察'이란 능히 관찰할 수 있는 주체의 지혜이다.

　'普'에는 2가지의 뜻이 있다.

　① 수많은 대중이 똑같이 이 덕을 소유함이며,

　② 10가지의 경계를 널리 봄이다.

　十境을 普觀함이다.

　'善'에는 3가지의 뜻이 있다.

　① 相을 잘 앎이며,

② 無相을 잘 앎이며,

③ 장애가 없는 2가지를 잘 앎이다.

'衆生界' 이하는 관찰의 객관 대상을 밝힌 것이다.

이는 모두 위의 3가지 뜻을 갖추고 있다.

十中에 初是總句니 所化衆生이오 次는 此生何來오 由迷法界하야 起於世界니 我當令彼住涅槃界하야 淨諸業果일새 故須識心行之病과 文義之藥하야 令厭世間하고 欣出世間하야 不盡有爲하고 不住無爲라 上辨橫觀十法이어니와 今竪達三世하면 觀涅槃하야 知已·現·當證하고 觀諸業의 已·現·當造와 果報의 已·現·當受와 心行의 已·現·當發이라 餘可類知니 亦以六相融之니라

10가지의 경계 가운데 첫 구절(衆生界)은 총체로 말한 구절인바, 교화해야 할 대상으로서의 중생이며, 그다음(제2 法界)은 이 중생이 어디에서 왔는가. 법계를 깨닫지 못하여 혼미한 데에서 제3 '世界'를 일으킨 것이다. 나는 그들로 하여금 제4 '열반계'에 머물러 제5 모든 業果를 청정하게 한 까닭에 반드시 제6 '心行의 病과 제7 '文義의 藥'을 알아서 그들로 하여금 제8 '세간을 싫어하고 출세간을 좋아'하도록 하여 제9 '有爲를 다하지 않고 無爲에 머물지도 않는다.'

위에서 말한 바는 공간[橫]으로 10가지의 법을 보는 것으로 논변했거니와 여기(제10)에서는 시간[竪]으로 三世를 통달하면 열반을 관하여 과거·현재·미래에 증득함을 알고 모든 업의 과거·현재·미래에 지었던 일, 果報의 과거·현재·미래에 받았던 일, 心行의 과거·현재·미래에 일으켰던 함을 살펴보는 것이다. 나머지는

이로 유추해 알 수 있다. 또한 6가지의 相으로 융통할 수 있다.

第一序分 竟하다

제1. 서분을 끝마치다.

第二 請分이니 分二라 先은 擧人標念이라

제2. 청분

법문을 청하는 부분이다. 이는 2부분으로 나뉜다.

1. 보살을 들어 그들의 생각을 밝혀주다

經

時에 諸菩薩이 作是思惟하사대

그때 모든 보살이 이러한 생각을 하였다.

二 正顯問端이라 然句雖五十이나 問但四十이니 以第二十句 是說意故니라 此四十問을 望第一會면 有同有異하니 後二十句는 全同하고 前二十句는 大同小異니라 又復前後不同하니 初十句는 卽前第三十海니 前會는 卽總說所觀深廣이오 此則別說如來依正이니 以前會中爲總故오 此會는 別顯信所依故라 故前會는 皆致海言이오 此中에 但云 刹等이라

第二十句는 前名菩薩十海오 此列住等行位니 前通諸會하야 總顯圓

融行布因故오 此約常分이니 欲顯差別因之相故일세니라 後二十句는 雖則全同이나 前總此別이오 又前卽所信이나 今辨所成이니 欲顯所信所成이 體無異故로 文句全同이니라

(2) 바로 질문의 단서를 밝힌 것이다. 그러나 구절로 보면 50구이지만 질문은 단 40문항이다. 제2의 10구가 설명하려는 뜻이기 때문이다. 이 40문항을 第一會와 대조해 보면 같은 부분도 있고 다른 점도 있다. 뒤의 20구는 모두 똑같고 앞의 20구는 크게는 같지만 작게는 다르다.

또다시 앞뒤가 똑같지 않다. 처음 10구는 곧 앞의 제3에서 말한 十海이다. 앞의 법회에서는 곧 관찰할 대상이 깊고 광대함을 총체로 말하였고, 여기에서는 곧 여래의 依報와 正報를 개별로 말한 것이다. 이는 前會에서 말한 바가 총체이기 때문이고 이번 법회는 신심의 의지가 되는 대상을 개별로 밝힌 때문이다. 이 때문에 앞의 법회에서는 모두 '바다[海]'를 말하였고 여기에서는 '佛刹' 등이라 말하였다.

제2의 10구는 앞에서는 보살의 十海라 명명하였고 여기에서는 十住 등의 行位를 열거하였다. 앞에서는 모든 법회를 통하여 圓融門과 行布門의 원인을 총체로 밝힌 때문이며, 여기에서는 해당 부분을 가지고서 차별 원인의 현상을 나타내고자 한 때문이다.

뒤의 20구는 비록 모두 똑같으나 앞은 총체요, 이는 개별이며, 또 앞은 곧 믿어야 할 대상이요, 이는 성취해야 할 대상을 논변한 것이다. 믿어야 할 대상과 성취해야 할 대상의 본체가 다름이 없음

을 나타내고자 한 까닭에 글귀가 모두 똑같다.

若唯約義댄 亦可分三이라 謂初十句는 問佛德應機無方大用이니 辨因所依果요 次十句는 問菩薩行位니 卽果所成因이오 後二十句는 佛果勝德이니 顯因所成果니 是則以佛爲緣而起於因하고 還以此因而成於果니 是此分之大意也라 故論云多聞熏習이 無不從此法身流오 無不還證此法身이라하니 卽其義也라

今取文義俱便하야 大分爲二니 初十句는 直爾疑問이오 後三十句는 引例請問이니 義不異前이라 今은 初라

만일 오직 그 의의로 말한다면 또한 이는 3단락으로 나뉠 수 있다.

처음 10구는 중생의 근기에 따라 응하여 일정한 곳이 없는 부처님의 큰 妙用을 물음이다. 원인의 의지할 대상의 결과를 논변하였다.

다음 10구는 보살의 行位를 물음이다. 이는 곧 결과의 성취할 대상이 되는 원인이다.

뒤의 20구는 佛果의 뛰어난 덕이다. 원인의 성취할 대상이 되는 결과를 나타낸 것이다.

이는 곧 부처님으로써 반연을 삼아 원인을 일으키고, 또한 이러한 원인으로써 결과를 성취함이다. 이는 이 부분의 大意이다. 이 때문에 논에 이르기를, "多聞熏習이 법신으로부터 유출하지 않음이 없고, 또한 이 법신을 증득하지 않음이 없다."고 함이 바로 그런 의의이다.

여기에서는 문장의 의의에 대한 모든 편의를 취하여 큰 부분으

로 나누면 2부분이다.

처음 10구는 바로 의심되는 바를 물음이며, 뒤의 30구는 예를 인용하여 청하여 물음이다. 그 의의는 앞과 다르지 않다.

이는 처음 10구이다.

經

若世尊이 見愍我等이신댄 願隨所樂하사 開示佛刹·佛住· 佛刹莊嚴·佛法性·佛刹清淨·佛所說法·佛刹體性·佛威 德·佛刹成就·佛大菩提케 하소서

만약 세존께서 저희를 가엾이 여기신다면 바라옵건대 저희가 좋아하는 바를 따라, (1) 부처님의 세계, (2) 부처님의 머무심, (3) 부처님 세계의 장엄, (4) 부처님의 법성, (5) 부처님 세계의 청정, (6) 부처님이 말씀하신 법, (7) 부처님 세계의 자체 성품, (8) 부처님의 위덕, (9) 부처님 세계의 성취, (10) 부처님의 큰 보리를 열어 보이소서.

● 疏 ●

文二니 先總顯請意오 後開示下는 別列所疑라 十句에 依正을 間問 者는 正報應機에 必依刹故오 亦表依正無障礙故며 五句 依者는 一 刹類오 二莊嚴이오 三清淨이오 四體性이오 五成就니 上五는 即前二海 니 廣如四五二品이오 其佛住等 五句는 即正報大用이니 一은 佛身 徧 住諸刹과 佛心 常住大悲오 二는 所具功德과 及所證法性이오 三은 隨 機說法이오 四는 作用威光이오 五는 修行得證하야 現成菩提니라 然此

五는 卽前會七海니 一卽佛海오 二卽解脫海오 三卽演說海오 四卽變化海오 五卽名號와 及壽量海와 波羅蜜海오 其衆生海는 但是所化일새 故畧不擧니 含諸海中이라 此之十句는 下有言說과 及現相答이니 至下當知니라【鈔_ 一刹類者는 卽形狀長短等이라 言卽前二海廣如四五二品'者는 第四成就品에 答世界安立海하고 第五華藏世界品에 答世界海故니라 】

이의 경문은 2단락으로 나뉘는데, 앞의 단락은 물음을 청한 뜻을 총괄하여 밝혔고, 뒤의 '開示' 이하는 의심되는 부분을 개별로 열거하였다.

10구에 依報와 正報를 뒤섞어서 물은 것은 正報가 중생의 근기를 응하매 반드시 세계를 의지한 때문이며, 또한 의보와 정보에 장애 없음을 나타낸 때문이다. 5구의 의보란 ① 刹類, ② 莊嚴, ③ 淸淨, ④ 體性, ⑤ 成就이다.

위의 5가지는 곧 앞에서 말한 2가지의 바다[二海]이다. 제4 세계성취품과 제5 화장세계품 2품에서 자세히 말한 바와 같다.

'佛住' 등 5구는 正報의 大用이다.

① 부처님의 몸이 모든 세계에 두루 함과 부처님의 마음이 항상 大悲에 머무시며,

② 갖춰야 할 공덕 및 증득해야 할 대상으로서의 법성이며,

③ 중생의 근기를 따라 설법함이며,

④ 작용의 威光이며,

⑤ 수행하여 증득함으로써 반드시 보리를 성취함이다.

그러나 이 5가지는 곧 前會에서 말한 7가지의 바다이다.

① 佛海, ② 解脫海, ③ 演說海, ④ 變化海, ⑤ 名號海, ⑥ 壽量海, ⑦ 波羅蜜海이다. 그 가운데 衆生海는 단 교화의 대상이 되기에 이를 생략하여 들어 말하지 않고 여러 바다 가운데 포함시켰다. 이 10구는 아래 해당 부분에서 말한 바와 現相으로 답하였다. 아래의 해당 부분에서 이 점을 알 수 있다.【초_ '① 刹類란 형상과 장단 등이다. "곧 앞에서 말한 2가지의 바다이다. 이는 제4·제5 2품에서 자세히 말한 바와 같다."고 말한 것은 제4 세계성취품에서 世界安立海를 답하였고, 제5 화장세계품에서 世界海를 답했기 때문이다.】

第二는 引例請問이니 文分爲三이니 初十句는 標彼說意하야 明其有悲오 後三十句는 擧彼所說하야 顯其有智오 末後一句는 結以正請이니 彼佛旣爾땐 此亦宜然이라 今은 初라

　　제2는 예를 인용하여 여쭈는 것이다. 이의 경문은 3부분으로 나뉜다.

　　처음 10구는 그 설법한 뜻을 나타내어 그 자비가 있음을 밝힘이며,

　　뒤의 30구는 그 설법한 바를 들어서 그 지혜가 있음을 밝힘이며,

　　맨 끝의 1구는 正請으로써 끝맺음이니 저 부처님이 이미 그러하다면 여기에서 말한 부처님 또한 이와 같을 것이다.

이의 경문은 제2의 10구이다.

經
如十方一切世界의 諸佛世尊이 爲成就一切菩薩故며
令如來種性不斷故며
救護一切衆生故며
令諸衆生으로 永離一切煩惱故며
了知一切諸行故며
演說一切諸法故며
淨除一切雜染故며
永斷一切疑網故며
拔除一切希望故며
滅壞一切愛著處故로

저 시방 일체 세계의 모든 부처님 세존이

(1) 일체 보살의 성취를 위한 때문이며,

(2) 여래의 종성(種性)이 끊이지 않도록 하기 위한 때문이며,

(3) 일체 중생을 구호하기 위한 때문이며,

(4) 모든 중생으로 하여금 길이 온갖 번뇌를 여의도록 하기 위한 때문이며,

(5) 일체 모든 행을 분명히 알기 위한 때문이며,

(6) 일체 모든 법을 연설하기 위한 때문이며,

(7) 일체 더러움을 깨끗이 없애주기 위한 때문이며,

(8) 일체 의심의 그물을 길이 끊어주기 위한 때문이며,

(9) 일체 희망(탐욕의 마음)을 뽑아 없애주기 위한 때문이며,

(10) 일체 애착하는 곳을 없애어 깨뜨리기 위한 때문에

● 疏 ●

十句中에 初句는 總이니 謂令諸菩薩行願成就故오 餘九는 別이니 一은 上繼佛種이라 二는 云何繼오 以救衆生故니라 三은 云何救오 令離惑故니라 四는 如何救오 知彼根行故니라 五는 以何救오 說法藥故니라 六은 成何益고 一除集諦染이오 二 決道諦疑오 三 拔苦希望이오 四 證滅愛處故니라

10구 가운데 첫 구절은 총체이다.

(1) 모든 보살들의 行願을 성취시켜주기 위한 때문이다.

나머지 9구는 개별이다.

(2)(別1) 위로 여래의 종성을 계승함이다.

(3)(別2) 무엇 때문에 여래의 종성을 계승하려는 것일까? 중생을 구제하기 위한 때문이다.

(4)(別3) 무엇 때문에 중생을 구제하는가. 중생으로 하여금 미혹을 여의도록 하기 위한 때문이다.

(5)(別4) 어떻게 중생을 구제하는가. 중생의 근기와 行을 알기 때문이다.

(6)(別5) 무엇으로써 중생을 구제하는가. 중생의 병을 치료해주는 법문의 약을 말씀하신 때문이다.

(7)(別6) 설법으로 무슨 이익을 이뤄주는가. ① 集諦의 오염을 없애주는 것이며,

(8)(別7) ② 道諦의 의심을 결단해주는 것이며,

(9)(別8) ③ 苦의 희망(탐욕)을 뽑아줌이며,

(10)(別9) ④ 애착이 있는 곳을 없애주는, 滅諦를 증득한 때문이다.

又成菩薩行은 具悲智也니 具此悲智는 何所爲耶아 令佛種不斷이니라 佛種不斷은 有何相耶아 謂成三德이니 救護衆生하야 成就恩德하고 永斷煩惱하야 成於斷德하고 了知諸行하야 成於智德이니라 諸行 有三하니 一者는 心行이오 二는 所行行이오 三은 所了行이니 謂一切行無常無相이 卽所了也니라 云何救護오 演說諸法이오 云何永斷고 淨諸雜染이니 永斷煩惱는 種現雙亡이오 除諸雜染은 謂唯現惑이라 云何成智오 謂永斷疑網이오 智成何益고 斷諸希望이오 惑除何益고 滅諸愛著이니라 一切著者는 著有著空과 著行著果니 不著諸法이면 正智現前하야 悲救衆生하야 佛種不斷이니 是菩薩之要오 諸佛之本意也라 所陳諸問이 一一皆有斯益이라

또 보살행을 성취함은 大悲大智를 갖춤이다. 대비대지를 갖추는 것은 무엇을 하고자 함일까? 여래의 종자를 끊이지 않도록 하고자 함이다. 여래의 종자가 끊어지지 않으면 무슨 모습이 있는가. 3가지의 덕을 성취한 것이다.

① 중생을 구제하고 보호하여 은덕을 성취하고

② 길이 번뇌를 끊어 斷滅의 덕을 성취하고

③ 모든 행[諸行]을 깨달아 지혜의 덕을 성취함이다.

'모든 행'에는 3가지가 있다. ㉠ 心行, ㉡ 所行行, ㉢ 所了行이다. 所了行이란 일체행의 無常과 無相이 곧 깨달음의 대상이다.

어떻게 중생을 구제하는가. 일체 모든 법을 연설하는 방법이다. 어떻게 길이 끊을 수 있을까? 모든 雜染을 청정하게 함이다. 번뇌를 길이 끊는다는 것은 종자와 現行이 모두 사라짐이며, 모든 雜染을 없애는 것은 오직 現惑이다. 어떻게 지혜가 이뤄지는가. 의심 그물을 길이 끊음이다. 지혜는 무슨 이익을 이뤄주는가. 모든 탐욕의 바람을 끊음이다. 미혹이 사라지면 무엇이 이익이 있는가. 모든 애착을 없애는 것이다. 일체 着이란 有에 있어서의 집착, 空에 있어서의 집착, 行에 있어서의 집착, 果에 있어서의 집착이다. 모든 법에 집착하지 않으면 바른 지혜[正智]가 앞에 나타나 자비로 중생을 구제하여 여래의 종자가 끊어지지 않도록 하는 것이다. 이는 보살의 요체이며, 제불의 본의이다. 진술한바 모든 질문이 하나하나 모두 이런 이익이 있다.

又釋컨대 一切菩薩 是所成就니 云何成就오 不斷佛種은 卽自成就오 救護衆生은 成就於他니라 云何救護오 謂離二障이니 永斷煩惱는 無煩惱障이오 了知一切는 無所知障이라 以何方便으로 能斷二障고 謂說諸法이니라 此煩惱障은 其相云何오 謂愛與見이니 除諸雜染은 絶愛煩惱이오 永斷疑網은 絶見煩惱니라 此所知障은 其相云何오 謂於境不了하야 有所希望이오 法執未忘하야 一切生著이어니와 今相無不了이어니 何所希望이며 達法性空이어니 當何所著가 二障旣寂이라 二智現前하야 成菩提涅槃이니 謂不斷佛種은 則菩薩成就矣니라

또한 해석하면 일체보살이 성취해야 할 대상이다. 어떻게 성취해야 하는가. 여래의 종자가 끊어지지 않도록 하는 것은 곧 자아의 성취이며, 중생을 구제하고 보호하는 것은 他의 성취이다. 어떻게 구제하고 보호하는가. 2가지의 장애를 여읨이다. 길이 번뇌를 끊는다는 것은 煩惱障이 없음이며, 일체를 깨닫는다는 것은 所知障이 없음이다. 무슨 방편으로써 2가지의 장애를 끊어야 하는가. 모든 법문을 연설함이다.

번뇌장은 그 모습이 어떤 것일까? 愛煩惱와 見煩惱를 이름이다. 모든 잡염을 없애는 것은 애번뇌를 끊음이며, 길이 의심 그물을 끊음은 견번뇌를 끊음이다.

소지장은 그 모습이 어떤 것일까? 경계에 대해 깨닫지 못하여 탐욕으로 바라는 바가 있고, 법집을 잊지 못하여 일체에 집착을 낼 수 있는데, 여기에서 그 장애의 모습을 깨닫지 못함이 없거니 그 무엇을 탐욕으로 바라는 바가 있겠는가. 법성의 空을 통달했거니 그 무엇을 집착할 바가 있겠는가. 번뇌장과 소지장 2가지가 이미 사라져 적적함에 근본지와 후득지 2가지의 지혜가 앞에 나타나 보리열반을 성취할 수 있다. 여래 종자가 끊이지 않으면 보살이 성취됨을 말한다.

▬

第二 擧彼所說이니 文分爲二니 初十句는 問因이오 後二十句는 問果라 今은 初라

2. 그 연설하실 대상을 들어 말하다

이의 경문은 2부분이다. (1) 10구는 원인에 대한 물음이며, (2) 20구는 성취한 불과에 대한 물음이다.

이는 첫 부분, 불과의 원인에 대한 물음이다.

經

說諸菩薩의 **十住**와 **十行**과 **十廻向**과 **十藏**과 **十地**와 **十願**과 **十定**과 **十通**과 **十頂**하소서

모든 보살의 ① 십주, ② 십행, ③ 십회향, ④ 십장, ⑤ 십지, ⑥ 십원, ⑦ 십정, ⑧ 십통, (⑨ 십인(十忍)), ⑩ 십정을 말씀해주시고,

● **疏** ●

文有九句라 昔云欠第九十忍一句라하다 又以十信은 自不成位니 是住方便이라 攝在住中일세 故不別問이니라【鈔_ 又以十信下는 二出其所以니 不開十信인댄 則不合問信이요 下有忍品일세 故知脫忍이라】

앞의 경문에는 9구뿐이다. 옛사람이 말하기를 "제9 十忍 1구가 빠졌다."고 말하였다.

또한 十信은 그 자체가 하나의 지위를 이루지 못하고 있다. 이는 十住의 방편이라, 十住 가운데 포괄되기에 별도로 묻지 않은 것이다.【초_ '又以十信' 이하는 두 번째 그 이유를 말한 것이다. 십신을 말하지 않는다면 신심을 묻는 데 부합하지 못하고, 아래에 십인품이 있기 때문에 忍에서 벗어남을 알 수 있다.】

十頂은 新舊梵本에 俱無忍問이로되 答中卽有일새 故知彼忍이니 卽此頂也라 言十頂者는 因位終極하야 十定十通이 皆等覺位오 十忍居後하야 又得頂名은 問中에 約位終極일새 故名爲頂이오 答據法門忍受인댄 以智印定일새 故云忍也니라 非位終極이면 不具十忍이오 非有十忍이면 不極因位니 二文更顯이라 故十忍品 末云 通達此忍門이면 成就無礙智하야 超過一切衆하야 轉於無上輪等이라하니 旣言'超過'인댄 卽是頂義니 亦猶四善根中 忍頂法門이니 義相類故니라 不爾인댄 忍無別問이어늘 空答何爲오 設欲成十이면 應脫十信이니라 十信은 雖未成位나 亦隨法界하야 修廣大行이면 德用殊勝이라 別一會答은 應有問故일새니라 若將十忍已下四品인댄 共答頂問이니 於理無失이오 俱是等覺之終極故니라 【鈔_ 上引但明信住不開어늘 今明何必要開리오마는 而不妨有問이라 何者오 十願十藏은 非是別位로되 得爲問端이어늘 信不成位라도 何妨有問가 又藏願等 寄他會答은 尙有別問이오 十信法門은 別一會答이오 解行德能은 三品宏深하니 豈合無問이리오】

　　十頂은 新舊의 범본에 모두 忍에 대한 물음이 없지만 대답 가운데 그런 뜻이 담겨 있기에 그것이 忍인 줄을 알 수 있다. 그것이 곧 여기에서 말하는 頂이다. '십정'이라 말한 것은 因位의 극치에 이르러 십정과 십통이 모두 覺位와 같고, 십인은 뒤에 있어 또한 '頂'이라는 이름을 얻게 된 것은 물음 가운데 지위의 극치를 가지고 말하였기 때문에 '頂'이라 명명한 것이며, 법문의 忍受에 근거하여 대답한 것으로 보면 智로써 禪定을 인정한 까닭에 이를 忍이라 말한 것이다.

지위의 극치가 아니면 十忍을 갖출 수 없고, 십인이 있지 않으면 因位를 다할 수 없다. 이 두 문장을 종합하여 보면 더욱 분명하다. 이 때문에 십인품의 끝부분에서 말하기를 "이 忍門을 통달하면 걸림이 없는 지혜를 성취하여 일체중생을 뛰어넘어 무상의 법륜을 굴린다."는 등등을 말하니 이미 '일체중생을 뛰어넘었다[超過].'고 말한다면 바로 이것이 '頂' 자의 뜻이다. 이 또한 4가지의 선근 가운데 忍頂法門과 같으니 그 뜻이 서로 같기 때문이다.

그렇지 않다면 '忍'에 대해 별도의 물음이 없는데 공연히 대답한 것은 무엇 때문인가. 만일 10가지를 이루려고 한다면 당연히 십신에서 벗어나야 한다. 십신은 비록 지위를 성취하지 못했지만 또한 법계를 따라 광대한 행을 닦아 나아가면 덕의 묘용이 뛰어난 것이다. 별도 하나의 법회에서 대답은 당연히 그에 대한 질문이 있었기 때문이다. 만약 십인품 이하 4품을 가지고 말한다면 공통으로 '頂'에 대한 질문을 답한 것이다. 사리에 잘못된 것이 없고 모두 등각의 마지막 극치가 되기 때문이다. 【초_ 위에서는 단 십신, 십주를 말하지 않은 데 대해 밝혔을 뿐인데 여기에서는 어찌하여 굳이 이를 말씀하셨는가를 밝혔지만 여기에 대한 물음은 나쁘지 않다. 무엇 때문인가. 十願·十藏은 별개의 지위가 아니지만 물음의 실마리를 삼은 것인데, 십신은 지위를 성취하지 못했다 할지라도 어찌 이에 대한 질문이 나쁘겠는가. 또한 十願·十藏 등은 다른 법회의 대답에 붙여보는 것은 오히려 별도의 물음이 있기 때문이며, 십신의 법문은 별도 하나의 법회에서 대답한 것이며, 解行德能은 3품

에서 크고 깊이 있게 말했으니 어찌 물음이 없을 수 있겠는가.】

第二 二十句는 問所成果라
　(2) 20구는 성취한 불과에 대한 물음이다

經
及說如來地와 如來境界와 如來神力과 如來所行과 如來力과 如來無畏와 如來三昧와 如來神通과 如來自在와 如來無礙와
如來眼과 如來耳와 如來鼻와 如來舌과 如來身과 如來意와 如來辯才와 如來智慧와 如來最勝하시나니 願佛世尊도 亦爲我說하소서

　① 여래의 지위, ② 여래의 경계, ③ 여래의 신력, ④ 여래의 행하는 바, ⑤ 여래의 힘, ⑥ 여래의 두려움 없음, ⑦ 여래의 삼매, ⑧ 여래의 신통, ⑨ 여래의 자재, ⑩ 여래의 걸림 없음과
　① 여래의 눈, ② 여래의 귀, ③ 여래의 코, ④ 여래의 혀, ⑤ 여래의 몸, ⑥ 여래의 뜻, ⑦ 여래의 변재, ⑧ 여래의 지혜, ⑨ 여래의 가장 수승함, ⑩ 여래의 광명)을 말씀하시니 원컨대 부처님 세존께서도 또한 저희들을 위하여 말씀해주십시오.

● 疏 ●

全同初會라 於中에 亦初十句는 明內德成滿이오 後十句는 體相顯著니라

初中 '如來神力'은 前會에 名佛加持니 卽神力加持故니 神通은 約外用無壅이오 神力은 約內有幹能이니 離世間品에 各有十事하니 其相自別이라 言'無礙'者는 謂如來所作 無能障礙也니 上文에 名無能攝取 等이니 義皆同也니라

後十中에 '辨才'는 是語業이오 智慧는 是意業이오 最勝은 是身業이니 準前會中이면 唯欠'佛光明'之一句오 餘如前釋이라 其所答文도 亦如前引出現과 不思議相海品說이로되 但前總會라 故引此文所引之文하야 正答今問이니 說者宜重引之니라

　이는 모두가 처음 법회와 같다. 이의 경문 가운데 앞의 10구는 내면의 덕이 원만하게 성취했음을 밝혔고, 뒤의 10구는 부처님 몸의 모습으로 나타남을 밝힌 것이다.

　앞의 10구 가운데 '여래 신통력'은 앞의 初會에서 말한 '부처님의 가피'를 말한 것으로 곧 '신통력의 가피'이기 때문이다. '神通'은 바깥 사물의 묘용에 막힘이 없는 것으로 말하고, '神力'이란 내면의 능력으로 말한다. 이세간품에 따르면 각기 10가지가 있는바, 그 모습이 모두 별개이다. '無礙'라 말한 것은 여래께서 하시는 일마다 장애가 없기 때문이다. 위의 문장에서 '그 누구도 간섭할 수 없다[無能攝取].' 등이라 명명하니 그 뜻이 모두 이와 같다.

　뒤의 10구 가운데 '辨才'는 語業이며, 지혜는 意業이며, 最勝은

身業이다. 앞 법회의 문장에 준하여 보면 유독 '佛光明' 한 구절이 빠졌고 나머지는 앞 법회의 해석과 같다. 그 답한 바의 경문 또한 앞서 여래출현품, 부사의품, 여래십신상해품에서 말한 바를 인용했지만, 단 앞에서는 총괄하여 말한 것이다. 이 때문에 이 품에서 인용한 경문을 인용하여 바로 여기에서의 물음을 대답한 것인바, 이에 대해 설명하는 자는 마땅히 거듭 이를 인용해야 할 것이다.

三願佛下는 結請이라 請同彼說일세 故致亦言이라

제3단락의 '願佛' 이하는 請法을 끝맺은 부분이다. 청법이 저 앞에서 말한 바와 같기에 '또다시'라는 '亦' 자를 말한 것이다.

請分 竟하다

제2. 請分을 끝맺다.

◉ 論 ◉

問曰 初會中世主所問이 與此義多相似로되 但廣畧이 不同이어늘 何故로 此第二會는 還復再問如上之問이니잇고 答曰 前會는 是世主問이라 擧佛果勸修하야 信佛所得이오 此會는 是自信自身自心이 是佛이며 及入位修行일세 故須再問이라 前位는 是普賢이 入定擧果오 此會는 卽明文殊 生起入信之初니 卽明凡夫始信에 爲彰信心麤故로 不入定說이오 十住已去라야 始明當位菩薩이 入定始說이라 以是義故로 前問이 雖義理少同이나 應緣差別故로 異니 前會는 信他佛得이오 此會는 自入信修行也라 古人이 說前會는 是請이오 此會는 是問이라하니 其義不然이니 前後總是其請이라 當請是問故니 但爲勸修與自入이 法事

少殊라 如前會엔 擧如來의 修行道滿과 及過去諸佛已成道者의 行滿之果오 此第二會엔 擧十方諸佛根本之智의 凡聖共有之果니 卽一切處 金色世界며 一切處 不動智佛十智佛等이 是也니 明一切諸佛衆生이 共有此不動智오 金色은 是理法性身也니 爲信心이 生滅일세 故言色也하야 以十色世界로 表之라

"첫 법회에 世主의 물은 바가 이의 뜻과 같은 부분이 많지만 단 앞에서는 자세히 말하였고 여기에서는 간단하게 말한 부분이 다를 뿐인데, 무슨 까닭에 제2 법회에 또다시 2차례나 위의 질문을 한 것일까?"

이에 대한 대답은 다음과 같다.

앞의 법회는 세주가 물은 터라, 佛果를 들어 수행을 권면하여 부처님이 얻은 바를 믿도록 하고자 함이며, 이 법회는 자아의 몸과 마음이 곧 부처임을 믿도록 하는 것과 지위에 들어가 수행하도록 하는 데에 있기에 반드시 다시 물을 수밖에 없다. 앞의 지위는 보현보살이 선정에 들어 그 결과를 들어 말함이며, 이 법회는 문수보살이 신심으로 들어가는 첫 단계를 일으키는 것으로 밝힌 것이다. 곧 범부가 처음 믿음을 가질 적에 신심의 거친 부분을 밝히기 위한 까닭에 선정에 들지 않고 설법하였음을 밝힘이며, 十住 이하라야 비로소 해당 지위에 오른 보살이 선정에 들어 비로소 설법함을 밝힌 것이다. 이런 의의에 의해 앞의 법회에서 물은 의리가 조금은 같으나 반연하는 바가 다른 까닭에 이처럼 다른 것이다. 앞의 법회는 내가 아닌 他의 부처님이 얻은 바를 믿음이며, 이 법회는 나 자

신이 믿음에 들어가 수행함을 말하였다.

　옛사람이 "앞의 법회는 법문을 청함이며, 이 법회는 법문을 물은 것이다."고 말하지만, 그 뜻이 그렇지 않다. 전후 법회가 모두 법문을 청한 것이다. 법문을 청함에 있어 이를 물은 때문이다. 다만 '수행의 권면'과 '자신이 스스로 들어가야 한다.'는 법이 조금 다를 뿐이다. 저 앞의 법회에서는 여래께서 수행하신 도가 원만함과 과거 제불의 이미 성도한 자의 행이 원만한 결과를 들어 말하였고, 이 제2 법회에서는 시방제불 根本智란 범부와 성인이 모두 소유한 결과를 들어 말한 것이다. 곧 그 모든 세계가 바로 金色世界이며, 그 모든 세계가 바로 不動智佛의 十智佛 등이란 것이 바로 그런 뜻이다. 이는 일체제불과 중생이 똑같이 不動智가 있음을 밝힘이며, 금색세계는 이 이치의 法性身이다. 신심이란 생겨나기도 하고 사라지기도 한 까닭에 '色'을 말하여 10가지 색의 세계로 이를 나타낸 것이다.

▬

第三 說分이라 於中에 通下六會하야 答此所問이라 準問長科댄 亦爲三分이니 此初三品은 答所依果問이오 二 問明已下는 答所修因問이오 三 從不思議品下는 答所成果問이어니와 其平等因果는 因乃果中之因이오 果乃此果之用이라 故屬果收하다

初中 分二니 先은 如來現相答이니 由其念請故오 又如來證窮故며 後는 文殊言說答이니 伴助主故오 假言顯故니라

제3. 說法分

이 가운데 아래의 6법회를 통하여 여기에서 물은 바를 대답하고 있다. 질문에 준하여 장항의 산문에 대한 과목을 나누면 또한 3부분이다.

1. 3품은 依報가 되는 결과의 물음에 대한 대답이며,

2. 2품은 '問明' 이하는 닦아야 할 원인의 물음에 대한 대답이며,

3. 부사의품으로부터 이하는 성취해야 할 결과의 물음에 대한 대답이지만, 그 平等因果는 因이란 결과 속의 因이요, 果란 이런 결과의 用이기에 果收에 속한다.

"1. 依報가 되는 결과의 물음에 대한 대답" 부분은 다시 2부분으로 나뉜다.

(1) 여래의 現相에 대한 대답이다. 보살들이 생각으로 법문을 청한 연유 때문이며, 또한 여래께서 궁극의 자리를 증득하기 때문이다.

(2) 문수보살이 말씀하신 대답이다. 道伴이 法主를 돕기 때문이며, 언설을 빌려 그 뜻을 밝히기 때문이다.

今初 分二니 一은 佛現神通이오 二는 衆海雲集이라

"(1) 여래의 現相에 대한 대답"은 다시 2부분으로 나뉜다.

① 부처님이 신통을 나타냄이며,

② 대중이 운집함이다.

今은 初라

① 부처님이 신통을 나타내다

爾時에 世尊이 知諸菩薩心之所念하시고 各隨其類하사 爲現神通하시니라

그때 세존이 모든 보살의 마음에 생각한 바를 아시고 각각 그 유를 따라서 그들을 위하여 신통을 나타내셨다.

● 疏 ●

知其心念者는 領念請也오 現神通者는 示相答也라 言隨類者는 有其三義니 一은 隨疑者所宜異故니 謂或示色令見하고 以聲令聞하고 冥資令曉하야 皆是現通이니 以法界身으로 圓明頓現也이오 二는 隨疑者流類別故오 三은 隨疑者所疑異故니라

謂若疑十信인댄 卽見如來足輪放光하야 周乎法界等이오 若疑十住인댄 則見如來足指放光하야 百刹塵外菩薩集等이니 如放光一事旣爾댄 餘相도 皆然이니라【鈔_ 謂若疑十信下는 出隨疑現通之相이니 於中에 初疑十信은 卽是此文과 及第十三經光明覺品이오 言周乎法界等者는 等取十方名인댄 過十佛刹微塵數世界菩薩雲集이라 故下經云悉以佛神力故로 十方 各有一大菩薩이 一一各與十佛刹微塵數諸菩薩로 俱하샤 等이라하니라

若疑十住者는 卽第三會十住品初이며 言菩薩雲集等者는 此一等字는 等取行向地等이니 謂十行則足上放光이오 十向則膝輪放光이오 十地則眉間放光等이니 十行千刹과 十向十千等이니 此一等字는 等於一分放光中事라 如放光下는 例於餘相이니 謂動刹 雨華 香雲等

이니 皆隨宜不同也니라 】

보살들의 마음과 생각을 안다는 것은 생각으로 청하려는 법문을 앎이며, 신통을 나타낸 것은 그 모습을 보여 대답함이다.

'隨類'라는 말에는 3가지의 뜻이 있다.

⑴ 의심하는 자의 적절한 대상이 각기 다른 점을 따르기 때문이다. 어떨 때는 색을 보여 그들로 하여금 보도록 하거나, 음성을 통하여 그들로 하여금 듣도록 하거나, 보이지 않게 도움을 주어 그들로 하여금 깨닫게 함이 모두 신통을 나타내줌이다. 법계의 몸으로 원만하고 분명하게 한꺼번에 나타냄이다.

⑵ 의심 하는 자의 부류가 각기 다른 점을 따르기 때문이다.

⑶ 의심하는 자의 의심하는 대상이 각기 다른 점을 따르기 때문이다. 만일 十信을 의심하면 곧 여래께서 足輪에서 방광하여 법계에 그 광명이 충만함을 보여주는 등이며, 만일 十住를 의심하면 곧 여래께서 足指에서 방광하여 1백 刹塵 밖에 보살이 찾아옴을 보여주는 등이다. 放光하는 하나의 일이 이미 그와 같은바, 그 나머지의 현상도 모두 그와 같다. 【초_ "만일 十信을 의심하면" 이하는 의심에 따라 신통의 모습을 보여준 것이다. 그 가운데 처음 십신을 의심하는 것은 곧 이의 문장과 제13경 광명각품을 말하며, "법계에 그 광명이 충만함[周乎法界]" 등을 말한 것은 시방의 명칭을 대등하게 취하여 보면 '열 불찰 미진수 세계'를 지난 곳에서까지 그곳의 보살들이 운집한 것이다. 이 때문에 아래의 도솔궁중게찬품에서 이르기를, "모두 부처님의 신통력 때문에 시방세계에 각기 하

나의 대보살이 하나하나 각기 열 불찰 미진수 제보살과 함께한다."
는 등이라고 말한 것이다.

"만일 十住를 의심하면"이라는 것은 곧 제3회 십주품 첫 부분이며, '보살 운집' 등이라 말한 것은 이 하나의 '等' 자는 十行·十向·十地 등을 대등하게 취한 것이다. 십행은 발 위에서 방광하고 십향은 무릎에서 방광하고 십지는 미간에서 방광하는 등등이다. 십행 千刹과 십향 十千 등이니 이 하나의 '等' 자는 1분의 방광하는 가운데 일과 대등한 것이다. '如放光' 이하는 나머지 모습에 준하면 된다. 땅이 흔들거리고 꽃비가 내리고 향기의 구름 피어나는 등등이 모두 편의에 따라 똑같지 않은 것이다.】

故知初會現相은 徧於九會하고 此會 現神通은 通於一分이나 結集에 隨義하야 編之作次耳라 故下三會에 皆有不起覺樹之言이라【鈔_ 故知初會下는 示通局이니 此會를 望初면 則局一分이라 彼通九會는 謂佛前現華는 通表一部所詮華嚴이오 眉間勝音은 通表九會能詮教故로 結集編次에 非現前後니라 故下三會下는 引文爲證이니 旣不起前二而昇四天이니 明正當此處現通에 四天齊現耳라】

그러므로 다음과 같은 사실을 알아야 한다. 처음 법회에서 부처님께서 그 모습을 나타낸 것은 9차 법회에 두루 하고, 이 법회에서 신통을 나타낸 것은 한 부분에 통하지만 이 화엄경을 結集할 적에 그 뜻을 따라 편찬하여 차례를 정한 것이다. 이 때문에 아래의 3차 법회에서 모두 "覺樹(보리수) 아래에서 일어나지 않았다."는 말을 한 것이다.【초_ '故知初會' 이하는 전체를 보여준 것이다. 이 법회를 처음 법회와 대조해 보면 일부분에 국한된다. 저 앞에서 9회에 모두 통하는 것은 부처님 앞에 연꽃이 나타난 것은 일부에서 말한 화엄경을 전체로 나타낸 것이며, 眉間의 방광에서 울려 나오는 음성은 9회에서 가르치고자 하는 주체의 설법을 전체로 말한 때문에 화엄경의 결집하는 편차에 전후를 나타낸 것이 아니다. '故下三會' 이하는 경문을 인용하여 증험한 것이다. 이미 앞의 2가지를 일으키지 않고서 四天에 오른 것이다. 바로 신통을 나타내는 이 곳에서 四天이 한꺼번에 나타남을 밝힌 것이다.】

第二. 衆海雲集
② 대중이 운집하다

經

現神通已에 **東方** **過十佛刹微塵數世界**하야 **有世界**하니 **名金色**이오 **佛號**는 **不動智**시며 **彼世界中**에 **有菩薩**하니 **名文殊師利**라 **與十佛刹微塵數 諸菩薩**로 **俱**하야 **來詣佛所**하사 **到已作禮**하고 **卽於東方**에 **化作蓮華藏師子之座**하사 **結跏趺坐**하시니라

　신통을 나타내시고 동방으로 열 불찰 티끌과 같이 셀 수 없이 무한한 세계를 지나 세계가 있다. 그 이름을 금색(金色)세계라 하고, 부처님의 명호는 부동지(不動智)이시며, 그 세계에 보살이 계시

니 문수사리이다. 열 불찰 티끌과 같이 셀 수 없이 무한한 모든 보살과 함께 부처님이 계신 곳으로 나아가 절을 올리고 곧장 동방에 연화장 사자좌를 변화하여 만들어 그 위에 결가부좌하셨다.

南方 過十佛刹微塵數世界하야 有世界하니 名妙色이오 佛號는 無礙智시며 彼有菩薩하니 名曰覺首라 與十佛刹微塵數 諸菩薩로 俱하야 來詣佛所하사 到已作禮하고 卽於南方에 化作蓮華藏師子之座하사 結跏趺坐하시니라

　남방으로 열 불찰 티끌과 같이 셀 수 없이 무한한 세계를 지나 세계가 있다. 그 이름을 묘색(妙色)세계라 하고, 부처님의 명호는 무애지(無礙智)이시며, 그 세계에 보살이 계시니 그 이름은 각수(覺首)이다. 열 불찰 티끌과 같이 셀 수 없이 무한한 모든 보살과 함께 부처님이 계신 곳으로 나아가 절을 올리고 곧장 남방에 연화장 사자좌를 변화하여 만들어 그 위에 결가부좌하셨다.

西方 過十佛刹微塵數世界하야 有世界하니 名蓮華色이오 佛號는 滅闇智시며 彼有菩薩하니 名曰財首라 與十佛刹微塵數 諸菩薩로 俱하야 來詣佛所하사 到已作禮하고 卽於西方에 化作蓮華藏師子之座하사 結跏趺坐하시니라

　서방으로 열 불찰 티끌과 같이 셀 수 없이 무한한 세계를 지나 세계가 있다. 그 이름을 연화색(蓮華色)세계라 하고, 부처님의 명호는 멸암지(滅闇智)이시며, 그 세계에 보살이 계시니 그 이름은 재수

(財首)이다. 열 불찰 티끌과 같이 셀 수 없이 무한한 모든 보살과 함께 부처님이 계신 곳으로 나아가 절을 올리고 곧장 서방에 연화장 사자좌를 변화하여 만들어 그 위에 결가부좌하셨다.

北方 過十佛刹微塵數世界하야 **有世界**하니 **名薝蔔華色**이오 **佛號**는 **威儀智**시며 **彼有菩薩**하니 **名曰寶首**라 **與十佛刹微塵數 諸菩薩**로 **俱**하야 **來詣佛所**하사 **到已作禮**하고 **即於北方**에 **化作蓮華藏師子之座**하사 **結跏趺坐**하시니라

　북방으로 열 불찰 티끌과 같이 셀 수 없이 무한한 세계를 지나 세계가 있다. 그 이름을 담복화색(薝蔔華色)세계라 하고, 부처님의 명호는 위의지(威儀智)이시며, 그 세계에 보살이 계시니 그 이름은 보수(寶首)이다. 열 불찰 티끌과 같이 셀 수 없이 무한한 모든 보살과 함께 부처님이 계신 곳으로 나아가 절을 올리고 곧장 북방에 연화장 사자좌를 변화하여 만들어 그 위에 결가부좌하셨다.

東北方 過十佛刹微塵數世界하야 **有世界**하니 **名優鉢羅華色**이오 **佛號**는 **明相智**시며 **彼有菩薩**하니 **名功德首**라 **與十佛刹微塵數 諸菩薩**로 **俱**하야 **來詣佛所**하사 **到已作禮**하고 **即於東北方**에 **化作蓮華藏師子之座**하사 **結跏趺坐**하시니라

　동북방으로 열 불찰 티끌과 같이 셀 수 없이 무한한 세계를 지나 세계가 있다. 그 이름을 우바라화색(優鉢羅華色)세계라 하고, 부처님의 명호는 명상지(明相智)이시며, 그 세계에 보살이 계시니 그 이름

은 공덕수(功德首)이다. 열 불찰 티끌과 같이 셀 수 없이 무한한 모든 보살과 함께 부처님이 계신 곳으로 나아가 절을 올리고 곧장 동북방에 연화장 사자좌를 변화하여 만들어 그 위에 결가부좌하셨다.

東南方 過十刹微塵數世界하야 **有世界**하니 **名金色**이오 **佛號**는 **究竟智**시며 **彼有菩薩**하니 **名目首**라 **與十佛刹微塵數 諸菩薩**로 **俱**하야 **來詣佛所**하사 **到已作禮**하고 **即於東南方**에 **化作蓮華藏師子之座**하사 **結跏趺坐**하시니라

　동남방으로 열 불찰 티끌과 같이 셀 수 없이 무한한 세계를 지나 세계가 있다. 그 이름을 금색(金色)세계라 하고, 부처님의 명호는 구경지(究竟智)이시며, 그 세계에 보살이 계시니 그 이름은 목수(目首)이다. 열 불찰 티끌과 같이 셀 수 없이 무한한 모든 보살과 함께 부처님이 계신 곳으로 나아가 절을 올리고 곧장 동남방에 연화장 사자좌를 변화하여 만들어 그 위에 결가부좌하셨다.

西南方 過十佛刹微塵數世界하야 **有世界**하니 **名寶色**이오 **佛號**는 **最勝智**시며 **彼有菩薩**하니 **名精進首**라 **與十佛刹微塵數 諸菩薩**로 **俱**하야 **來詣佛所**하사 **到已作禮**하고 **即於西南方**에 **化作蓮華藏師子之座**하사 **結跏趺坐**하시니라

　서남방으로 열 불찰 티끌과 같이 셀 수 없이 무한한 세계를 지나 세계가 있다. 그 이름을 보색(寶色)세계라 하고, 부처님의 명호는 최승지(最勝智)이시며, 그 세계에 보살이 계시니 그 이름은 정진

수(精進首)이다. 열 불찰 티끌과 같이 셀 수 없이 무한한 모든 보살과 함께 부처님이 계신 곳으로 나아가 절을 올리고 곧장 서남방에 연화장 사자좌를 변화하여 만들어 그 위에 결가부좌하셨다.

西北方 過十佛刹微塵數世界하야 **有世界**하니 **名金剛色**이오 **佛號**는 **自在智**시며 **彼有菩薩**하니 **名法首**라 **與十佛刹微塵數 諸菩薩**로 **俱**하야 **來詣佛所**하사 **到已作禮**하고 **卽於西北方**에 **化作蓮華藏師子之座**하사 **結跏趺坐**하시니라

서북방으로 열 불찰 티끌과 같이 셀 수 없이 무한한 세계를 지나 세계가 있다. 그 이름을 금강색(金剛色)세계라 하고, 부처님의 명호는 자재지(自在智)이시며, 그 세계에 보살이 계시니 그 이름은 법수(法首)이다. 열 불찰 티끌과 같이 셀 수 없이 무한한 모든 보살과 함께 부처님이 계신 곳으로 나아가 절을 올리고 곧장 서북방에 연화장 사자좌를 변화하여 만들어 그 위에 결가부좌하셨다.

下方 過十佛刹微塵數世界하야 **有世界**하니 **名玻瓈色**이오 **佛號**는 **梵智**시며 **彼有菩薩**하니 **名智首**라 **與十佛刹微塵數 諸菩薩**로 **俱**하야 **來詣佛所**하사 **到已作禮**하고 **卽於下方**에 **化作蓮華藏師子之座**하사 **結跏趺坐**하시니라

하방으로 열 불찰 티끌과 같이 셀 수 없이 무한한 세계를 지나 세계가 있다. 그 이름을 파려색(玻瓈色)세계라 하고, 부처님의 명호는 범지(梵智)이시며, 그 세계에 보살이 계시니 그 이름은 지수(智首)

이다. 열 불찰 티끌과 같이 셀 수 없이 무한한 모든 보살과 함께 부처님이 계신 곳으로 나아가 절을 올리고 곧장 하방에 연화장 사자좌를 변화하여 만들어 그 위에 결가부좌하셨다.

上方 過十佛刹微塵數世界하야 **有世界**하니 **名平等色**이오 **佛號**는 **觀察智**시며 **彼有菩薩**하니 **名賢首**라 **與十佛刹微塵數 諸菩薩**로 **俱**하야 **來詣佛所**하사 **到已作禮**하고 **卽於上方**에 **化作蓮華藏師子之座**하사 **結跏趺坐**하시니라

상방으로 열 불찰 티끌과 같이 셀 수 없이 무한한 세계를 지나 세계가 있다. 그 이름을 평등색(平等色)세계라 하고, 부처님의 명호는 관찰지(觀察智)이시며, 그 세계에 보살이 계시니 그 이름은 현수(賢首)이다. 열 불찰 티끌과 같이 셀 수 없이 무한한 모든 보살과 함께 부처님이 계신 곳으로 나아가 절을 올리고 곧장 상방에 연화장 사자좌를 변화하여 만들어 그 위에 결가부좌하셨다.

◉ 疏 ◉

衆海雲集이니 卽現相하야 答初十句之問이니 光現佛刹은 答佛刹問이오 刹有金色等은 是刹莊嚴이오 旣以金成인댄 亦答刹體라 彼刹菩薩도 亦刹莊嚴이니 菩薩大寶 以爲嚴故오 亦刹淸淨이니 純淨佛刹에 唯菩薩故니라 淨修梵行은 是刹成就니 淨土行故오 亦刹淸淨이니 所修淨故니라 此已上은 答五句依問하고 兼答五句正報니 土各有佛과 及見如來坐蓮華藏은 是答佛住오 現通·放光은 是答威德이오 名不動

智等은 是答法性이오 見佛轉法輪은 是答說法이오 佛成正覺은 是答菩提니 文雖在下나 義皆此具니 光明覺現은 卽現此故니라【鈔_ 文雖在下等者는 釋通妨難이니 謂有難云適所引文은 皆光明覺品이라 此中現相은 言答十問이어늘 乃引下經이 豈成此答이리오 釋云 六會現通이 尙在一時은 況光明覺은 義不在此아 故光明覺說은 說此所現일새 是以此中別하야 列十方佛刹菩薩하야 一一各說이라 光明覺品은 一時總牒이니 明是說此所現相耳라】

대중이 운집함이다. 곧 부처님의 모습을 나타내어 처음 10구의 물음을 대답한 것이다. 광명 속에 불국토가 나타난 것은 불국토의 물음에 대한 대답이며, 세계에 金色 등이 있음은 세계의 장엄이며, 이미 황금으로 이뤄졌다면 이 또한 세계 본체에 대한 대답이다. 그 세계의 보살 또한 세계의 장엄이다. 이는 보살이라는 큰 보배로 장엄하였기 때문이며, 또한 세계가 청정하니 純淨한 불국토엔 오직 보살이 있기 때문이다. 청정하게 梵行을 닦음은 세계의 성취이다. 이는 淨土行이기 때문이며, 또한 세계의 청정이니 닦은 바가 청정하기 때문이다.

이 이상은 5구의 依報의 물음에 대한 대답이자, 겸하여 5구의 正報의 물음에 대한 대답이다. 국토마다 각각 부처님이 있고 여래께서 蓮華藏 위에 앉아 있음을 본 것은 부처님이 머무신 곳에 대한 대답이며, 신통을 보인 것과 광명을 쏟아내는 것은 부처님의 威德에 대한 대답이며, 不動智 등이라 명명함은 法性에 대한 대답이며, 부처님의 法輪을 굴리는 것을 봄은 설법에 대한 대답이며, 부처님이 정각을 성취함은 보리에 대한 대답이다. 경문이 비록 아래에 있으나 그 의의는 모두 여기에 갖춰 있다. 光明覺이 나타남은 곧 이를 나타내기 위한 때문이다. 【초_ '文雖在下' 등이란 논란을 통하여 해석한 것이다. 어느 사람이 논란하여 말하기를, "여기에서 인용한 문장은 모두 光明覺品이다. 이 가운데 현상은 10가지의 질문에 대한 대답인데, 이에 아래의 경문을 인용한다는 것이 어떻게 이에 해당하는 대답이라 말할 수 있겠는가."

이에 대해 다음과 같이 해석하였다.

6차의 법회에서 신통을 보인 것이 오히려 일시에 있는 일인데 하물며 광명각품은 그 뜻이 여기에 있지 않을까? 그러므로 光明覺品에서 말한 것은 여기에서 나타내 보인 현상을 말한 것이기에 여기에서 분별하여 시방 불국토의 보살을 나열하여 하나하나 각기 말한 것이다. 광명각품에서는 일시에 총체로 들어 말함이니 이는 여기에 나타낸 부처님의 모습을 말하고 있음을 밝혀주는 것이다.】

十方衆集은 卽爲十段이어늘 一一方內에 文各有八이니 一 遠近이오 二 土名이오 三 佛號이오 四 上首이오 五 眷屬이오 六 詣佛이오 七 到已致敬이오 八 化座安坐니라 去此遠近이 皆十刹塵數者는 前會에 爲說所信因果深廣일세 故須遠集華藏之外十方刹海이어니와 今爲說於生解因果漸漸增修일세 故但集娑婆隣次之刹이니 信行最劣일세 故復云十이라하고 後後漸增일세 至法界品하야 還集刹海니라 初不云一하고 直云十者는 表無盡故오 要刹塵者는 比餘勝故니라 爲有所表일세 故分階級이언정 非初信等이 不是通方이라 故結及證成에 十方齊說이니라 【鈔

【_'爲有所表'下는 通難이라 難云華嚴이 旣是通方之敎인댄 未有一土
不說此經이어늘 今擧十刹인댄 則十外不收오 今說百刹인댄 應百外不
攝이니 豈爲通方이리오 釋意可知니라】

시방 대중이 운집한 부분이 10단락이다. 하나하나 지방의 내
에 관한 경문은 각각 8부분으로 나뉜다. ① 遠近, ② 土名, ③ 佛
號, ④ 上首, ⑤ 眷屬, ⑥ 부처님께 찾아감이며, ⑦ 부처님 앞에 이
르러 공경한 마음을 다함이며, ⑧ 법좌를 변화하여 만들어 편안하
게 앉음이다.

여기에서 그 지방까지의 원근이 모두 '열 불찰 미진수'에 대해
앞의 법회에서 所信因果의 深廣한 부분을 말한 까닭에 반드시 멀
리 연화장의 밖, 시방세계의 대중이 운집하였다. 그러나 여기에서
는 生解因果를 점점 더 닦아 나아가는 부분을 말한 까닭에 다만 사
바세계의 이웃 세계에 머무는 대중이 법회에 운집하였다.

言行은 가장 용렬한 부분이다. 이 때문에 다시 10가지를 말하
였고, 뒤는 뒤로 갈수록 점점 더해가는 것이기에 法界品에 이르러
서는 또한 세계바다가 법회에 운집하였다.

처음에 '一'이라 말하지 않고 바로 '十'이라 말한 것은 '그지없음
[無盡]'을 나타내기 때문이며, '세계 미진수'를 요한 것은 나머지 부
분에 비해 수승하기 때문이다. 법을 나타낸 바이기에 계급을 구분
하는 것이었을지언정 처음 신심[初信] 등이 시방으로 통하는 것이
아니다. 이 때문에 끝맺음과 증득의 성취에 대해서는 시방세계에
똑같이 말하였다. 【초_ '爲有所表' 이하는 논란을 전체로 말한 것이

다. 논란하여 말하기를, "화엄경이 이미 시방에 모두 통하는 가르침이라면 어느 한곳에서도 이 경전을 설법하지 않은 곳이 없는 법인데, 여기에서 열 개의 세계만을 들어 말한다면 열 개의 밖은 여기에 해당되지 않으며, 그리고 여기에서 백 개의 세계를 말한다면 당연히 백 개의 세계 밖에는 여기에 해당되지 않는다. 어떻게 모든 곳으로 통한다고 말할 수 있겠는가?" 이에 대해 해석한 뜻을 살펴보면 이를 말하지 않아도 알 수 있다.】

又隨迷名外오 悟處名來로되 而實佛土는 本無遠近이라 土皆名色者는 表信麤現故며 亦表顯然이 可生信故니라 佛號同智者는 有信無智이면 增無明故며 信中之智는 本覺起故니라

主同名首者는 梵云室利니 一名四實이라 一首. 二勝. 三吉祥. 四德이라 是以譯者 前後不同이어늘 今通用之니 以信爲首하야 攝諸位故며 次第行中에 信最勝故로 甚難得故며 於生死中에 創發信心이 爲吉祥故며 信能增長智功德等一切德故니라

此十菩薩 同表信門일새 故皆名室利오 各隨一門하야 達一切法일새 故復有差니 次文當釋이라 亦有傳云 梵云室利는 此云吉祥이니 室利云首도 亦是一理니라 【鈔_ '亦有傳云'者는 卽興善三藏譯이니 余親問三藏에 有同此說이어늘 今欲會意라 故前收四說이라 】

또한 혼미함을 따르는 것을 '밖[外]'이라 말하고, 깨달은 부분을 '來'라고 이름 하지만, 실로 불국토에는 본래 원근의 차이가 없다. 국토를 모두 '色'으로 말한 것은 신심의 麤現을 나타내기 때문이며, 또한 이를 뚜렷이 나타냄이 신심을 낼 수 있기 때문이다. 부처님의

명호에 대해 똑같이 '智'로 말한 것은 신심만 있고 지혜가 없으면 無明을 더하기 때문이며, 믿음 속의 지혜는 本覺에 의해 일어나기 때문이다.

법주에 대해 똑같이 'ㅇ首'라 명명한 것은 범어로 말하면 室利(曼殊室利: Manjushri)이다. 하나의 이름에 4가지의 실상이 있다. ① 머리[妙首: 頭], ② 殊勝, ③ 妙吉祥, ④ 妙德이다. 이 때문에 역자가 각기 다른 하나의 뜻을 들어 말한 경우가 있기에 전후 문장에 쓰인 바가 똑같지 않다. 그러나 여기에서는 모두 통용하고 있다.

믿음을 으뜸[首]으로 삼아서 모든 지위를 포괄하기 때문이며,

次第行 가운데 신심이 가장 뛰어난[殊勝] 까닭에 얻기가 매우 어렵기 때문이며,

生死 가운데 처음 신심을 일으킴이 '吉祥'이 되기 때문이며,

신심이 智功德 등의 일체 '덕'을 더욱 키워주기 때문이다.

이 열 분의 보살이 한 가지 신심의 법문을 나타낸 까닭에 모두 '室利'라 명명하고, 각각 하나의 부분을 따라서 일체 법을 통달한 까닭에 또한 차이가 있다. 이는 다음 아래의 해당 경문에서 해석하겠다.

또한 傳에 이르기를, "범어로 '室利'라 말한 것은 중국말로 하면 吉祥이다. '室利'를 首라 말한 것 또한 하나의 이치이다."고 하였다. 【초_ '亦有傳云'에서 말한 것은 興善三藏의 번역이다. 내가 직접 삼장에게 물었을 적에 이와 같은 말을 했었는데, 여기에서는 여러 가지의 뜻을 합성[會意]하여 쓰고자 한 까닭에 앞에서 4가지의 말을 모두 총괄한 것이다.】

眷屬皆十刹塵者는 表一一行이 攝無盡德故오 皆詣佛者는 有歸向故니 餘如前會니라 又下菩薩名等은 皆是表法이니 菩薩은 表所行之行이오 本刹은 表所證之理오 佛名은 表所得之智라

今初東方言金色者는 心性無染하야 與緣成器일세 爲自體故며 本智如空하야 離覺所覺하야 湛然不動이니 動卽是妄이라 非曰智故니라 又縱成佛果나 不異凡故로 卽本覺智 住心眞如니라【鈔_ '今初東方下는 別釋十方이라 八段之中에 皆釋三事니 一 刹名이오 二 佛名이오 三 主菩薩名이라 唯初東方은 按經之次컨대 下之九方은 從後倒釋이라 以十首菩薩로 表十甚深이니 是助化主라 故先擧之오 餘二는 因此일세 故在後釋이니 細尋可知니라 】

　　권속이 모두 '열 불찰 미진수'라 말한 것은 하나하나 行마다 그지없는 덕을 지니고 있음을 나타내기 때문이며, 모두 부처님에게 찾아간 것은 귀의하여 향함이 있기 때문이다. 나머지는 앞의 법회에서 말한 바와 같다.

　　또 아래에 보살의 명호 등은 모두 법을 나타낸 것이다. 보살은 행해야 할 바를 행하였음을 나타낸 것이며, 본 국토는 증득해야 할 이치를 나타냄이며, 부처님의 명호는 얻은 바의 지혜를 나타냄이다.

　　여기에서 첫 부분에 말한 동방의 세계를 '金色'이라 말한 것은 心性이 오염됨이 없어 반연하는 일마다 그릇을 성취하기에 그 자체가 되기 때문이며, 근본 지혜가 허공과 같아서 覺의 주체와 覺의 대상을 떠나서 담담하게 동요가 없다. 동하면 그것은 곧 거짓이기에 지혜라 말할 수 없기 때문이며, 또한 비록 佛果를 성취했을지라

도 그것은 범부와 다르지 않기 때문이다. 곧 本覺智가 心眞如에 머문 것이다.【초_ '今初東方' 이하는 시방세계를 개별로 해석한 것이다. 8단락 가운데 모두 3가지의 일을 해석한 것이다. 첫째는 세계의 이름이며, 둘째는 부처님의 이름이며, 셋째는 主菩薩의 이름이다. 오직 처음 동방세계는 경문의 차례로 살펴보면 아래의 9곳의 지방은 뒤로부터 거꾸로 해석하였다. 열 분의 首菩薩로써 열 가지의 매우 심오한 법을 나타냄이니 이는 부처님의 교화를 돕는 주보살이다. 이 때문에 먼저 들어 말하였고, 나머지 2가지는 이를 따른 까닭에 뒤에서 해석한 것이다. 이를 자세히 살펴보면 이를 알 수 있다.】

菩薩妙德者는 慧達佛境에 處處文殊라 由慧揀擇하야 契於本智일세 故分因果니라【鈔_ 處處文殊者는 下文當釋이라 從'由慧揀擇'下는 通難이니 難云 佛은 名不動智오 文殊는 表慧어늘 二相寧分가 答中에 然하다 智慧二字는 乃有多門이로되 今此는 正用分別名慧오 決斷名智며 以慧爲因이오 以智爲果니라】

(1) 보살 妙德이란 지혜로 부처님의 경계를 통달하여 곳곳마다 문수이기에 지혜의 간택으로 말미암아 근본 지혜에 결합한 까닭에 因(慧)과 果(智)를 구분하였다.【초_ '處處文殊'는 아래의 해당 문장에서 해석할 것이다. '由慧揀擇'으로부터 이하는 논란을 통함이다. 다음과 같이 논란하였다.

"부처는 不動智라 이름하고 文殊는 慧를 나타낸 것인데 어떻게 2가지의 형상으로 나누어질 수 있는가."

이에 대한 대답은 다음과 같다.

"그렇다. '智·慧' 2글자는 이에 여러 부분이 있지만, 여기에서 이것은 바로 분별하는 것을 '慧'라 이름하고 결단하는 것을 智라 이름하며, 慧로써 원인을 삼고 智로써 결과를 삼는다."】

二 覺首者는 覺心性也니 無性이 不礙隨緣하고 隨緣이 不礙無性은 無礙智也오 不染而染과 染而不染을 俱難了知는 爲妙色也라

(2) 覺首란 心性을 깨달음이니 無性이 반연에 따라 걸림이 없고 반연에 따르되 無性에 걸림이 없는 것은 '無礙智'이며, 오염되지 않으면서도 오염됨과 오염되면서도 오염되지 않는 것을 모두 깨닫기 어려움은 '妙色'이라 한다.

三 財首者는 法財敎化 卽滅闇智오 了衆生空이 如蓮不著이니라

(3) 財首란 法財로 교화함이니 곧 '滅闇智'이며, 중생의 공함을 깨달음이 마치 연꽃에 때가 묻지 않는 것과 같다.

四 寶首者는 眞俗無違 可珍貴故오 善知業果하야 不犯威儀하고 性相無違하야 唯一乘旨 是爲唯黂薝蔔華矣니라

(4) 寶首란 眞俗에 어김이 없어 진귀하기 때문이며, 業果를 잘 알아 위의를 범하지 않으며, 性相에 어김이 없어 오직 一乘인 종지가 이처럼 오직 크고 노란색의 薝蔔華 향기를 맡음과 같다.

五 德首는 了達如來應現說法之功德故니 卽是明於法相이오 又了佛德하야 心明白也니 若有此智면 如靑蓮華하야 最爲第一이니라

(5) 德首란 중생을 구제하기 위해 여러 형태로 몸을 바꾸어 이 세상에 나타나 설법하는 여래의 공덕을 깨달았기 때문이다. 곧 이는 法相에 밝음이며, 또한 부처님의 공덕을 알아 마음이 밝은 것이

다. 만일 이런 지혜가 있으면 푸른 연꽃과 같아 가장 으뜸이 된다.

六 目首는 福田照導 如目將身하고 平等福田이 爲究竟智니 是最可重이라 故云金色이니 佛爲福田이라 以佛爲境故로 同上文殊依金色界니라

(6) 目首란 복전으로 밝게 인도하심이 우리의 두 눈이 우리의 몸을 이끄는 것과 같고, 平等福田이 究竟智이다. 이것이 가장 귀중한 까닭에 '金色'이라 한다. 부처님은 복전이시다. 부처님으로 경계를 삼은 까닭에 위의 첫째 문수사리가 금색세계를 의지함과 같다.

七 精進首는 正敎甚深일세 必在精進하니 能策萬行이 爲最勝智오 圓明可貴라 故復云寶라하니라

(7) 精進首란 바른 가르침이 매우 심오한 까닭에 반드시 정진에 있다. 모든 행을 경책하여 분발함이 最勝智라 하고, 圓明하여 귀한 까닭에 다시 '寶'라고 말한다.

八 法首는 法門雖多나 必在正行하나니 於法能行이라야 方得自在오 得般若之堅利 爲金剛色이니라

(8) 法首란 법문이 비록 많으나 반드시 正行에 있다. 법으로 행해야 바야흐로 자재함을 얻고, 반야의 견고함과 예리함을 얻음이 金剛色이 된다.

九 智首는 佛之助道 雖無量門이나 智爲上首라 能淨萬行일세 故云梵智니 智淨體淨이 猶若玻瓈 明徹無染이니라

(9) 智首란 부처님이 도를 돕는 데에 비록 한량없는 법문이 있으나 지혜가 가장 으뜸이다. 지혜는 모든 행을 청정하게 하기에 이를 '梵智'라 한다. 지혜가 청정하고 몸이 청정함이 마치 한 점의 티

가 없는 유리의 밝음과 같다.

十賢首는 前佛後佛의 一道淸淨은 由自性善이라 故稱曰賢이오 能知此賢이 是觀察力이니 觀察本性常平等故니라【鈔_ 又釋十段은 皆暗取十甚深義니 一云慧達佛境이니 卽佛境甚深故오 二 覺首는 緣起甚深이니 心性是一故오 三 財首는 敎化甚深이오 四 寶首는 業果甚深이오 五 德首는 說法이오 六 目首는 福田이오 七 精進首는 正敎오 八 法首는 正行이오 九 智首는 助道오 十 賢首는 一道니 故並可思니라】

⑩ 賢首란 앞의 부처님과 뒤의 부처님이 하나같이 청정함이 자성의 선을 연유한 까닭에 이를 '賢'이라 칭하고, 이런 어짊을 앎이 이 觀察力이다. 본성이 항상 평등함을 관찰하였기 때문이다.【초_ 또 10단락을 해석함은 모두 보이지 않게 10가지의 매우 심오한 뜻을 취해 말한 것이다.

① 지혜로 부처님의 경계를 통달했다고 말한 것은 곧 부처님의 경계가 매우 심오하기 때문이다.

② 覺首는 緣起가 매우 심오하다. 이는 心性이 하나이기 때문이다.

③ 財首는 교화가 매우 심오하기 때문이다.

④ 寶首는 業果가 매우 심오하기 때문이다.

⑤ 德首는 설법이 매우 심오하기 때문이다.

⑥ 目首는 복전이 매우 심오하기 때문이다.

⑦ 精進首는 바른 가르침이 매우 심오하기 때문이다.

⑧ 法首는 바른 행이 매우 심오하기 때문이다.

⑨ 智首는 도를 도움이 매우 심오하기 때문이다.

⑩ 賢首는 하나의 도가 매우 심오하기 때문이다. 이를 모두 곰곰 생각하면 말하지 않아도 알 수 있다.】

又十佛相望이면 不動是體요 餘皆是用이며 十菩薩相望이면 文殊爲總이요 餘皆是別이니 以總導別일새 故九菩薩이 不離妙德이니라【鈔_ 文殊爲總者는 若以法門爲總인댄 文殊는 主般若하야 統收萬行하고 九首之德은 皆是般若隨緣別相이며 同明佛德은 卽是同相이요 緣起敎化 互不相收는 卽是異相이며 統十甚深하야 爲成佛境은 卽是成相이요 各住一甚深은 卽是壞相이니 餘如下說이라 若約人爲總別인댄 文殊爲上首라 故是總이요 餘九 爲伴은 是別이며 同名爲首요 異卽賢等이며 共成十首는 表信之人이요 壞各住自니라】

또한 十佛을 서로 대조해 보면 不動佛은 본체이고 나머지는 모두 묘용이며, 十菩薩을 대조해 보면 문수보살은 총체이고 나머지는 모두 개별이다. 총체로 개별을 이끈 까닭에 아홉 보살은 미묘한 덕을 여의지 않는다.【초_ "문수보살은 총체"란 것은 법문으로 총체를 삼는다면 문수보살은 반야를 주로 하여 萬行을 모두 총괄하고, 九首의 덕은 모두 이 반야의 隨緣別相이며, 한 가지 佛德을 밝힘은 곧 同相이며, 緣起敎化가 서로 포괄하지 못함은 곧 異相이며, 10가지의 매우 심오함을 통합하여 성불의 경계를 삼음은 곧 成相이며, 각각 하나의 매우 심오함에 머무는 것은 곧 壞相이다. 나머지는 아래에서 말한 바와 같다. 만일 보살의 총체와 개별로 말한다면 문수보살은 상수인 까닭에 총체이고, 나머지 아홉 보살은 도

589

반이기에 개별이며, 똑같은 바로 말하면 모든 보살의 이름이 '首'이고, 차이점으로 말하면 곧 '賢' 등이며, 똑같이 十首를 성취함은 신심을 나타낸 보살이며, 壞는 각각 自己의 자리에 머묾이다.】

以前後流例로 畧爲此釋이니 惟虛己而求之니라 不信此理면 甚深法門이 於我何預리오【鈔_ 以前後流例下는 結釋勸修라 前은 如現華表義와 現衆表教오 後는 如十慧說住와 十林說行과 十幢說向과 十藏說地와 離世間品 菩薩萬行으로 寄表甚深이니 斯爲觀心이라 非是臆斷이어늘 不信此理하고 一向外求면 如數他寶일세 故非我分이니라】

전후에 전해오는 예로 이를 간략하게 해석하였다. 오직 몸을 비워 추구해야 한다. 이 이치를 믿지 않으면 매우 심오한 법문인들 나와 그 무슨 상관이 있겠는가.【초_ '以前後流例' 이하는 위의 해석을 끝맺으면서 수행을 권면함이다. 앞에서 연꽃을 나타낸 것은 그 의의를 밝힘이며, 대중을 나타낸 것은 그 가르침을 밝힘이다. 뒤에서 저 十慧로 머문 자리를 말하는 것과, 十林으로 行을 말하는 것과, 十幢으로 向을 말하는 것과, 十藏으로 地를 말하는 것과, 離世間品에서 보살의 만행으로 매우 심오함을 덧붙여 밝힌 것이다. 이는 마음을 觀한 것이라 억측으로 단정 지음이 아닌데, 이런 이치를 믿지 않고 하나같이 밖에서 추구하면 남의 보물을 셈하는 것과 같기에 나의 것이 아니다.】

◉論◉

第三은 爾時世尊知諸菩薩心之所念已下四十一行經은 明如來神

通現法分이라 於此分中에 義分爲二호리니 一은 明隨類現法이오 二는 明約初信心이라

제3. '爾時 世尊知諸菩薩心之所念' 이하 41항의 경문은 여래 신통으로 법문을 나타낸 부분을 밝힌 것이다. 이 부분의 뜻은 2단락으로 나뉜다.

(1) 중생의 유를 따라 법을 나타내고 있음을 밝힘이며,

(2) 처음 信心을 가지고 밝힘이다.

第一隨類現法中에 有二하니 一은 隨五位之中菩薩之類하야 各現十種佛位니 十住十行十廻向十地十一地中에 各有隨位佛果名號 是오 二는 隨一切國刹一切衆生之類하야 各現名號不同이니 如下文殊師利所說佛號者 是라

"(1) 중생의 유를 따라 법을 나타내는" 데에는 2가지가 있다.

① 5위 가운데 보살의 유를 따라 각각 10가지 부처님의 지위를 나타낸 것이다. 十住·十行·十廻向·十地·十一地 가운데 각각 지위에 따른 佛果의 명호가 있다는 것이 바로 그것이다.

② 일체국토와 일체중생의 유를 따라 각각 명호가 똑같지 않음을 나타낸 것이다. 아래의 문수사리불이 말한 佛號와 같은 것이 바로 그것이다.

第二約信心者는 卽此當品과 及通一部하야 總爲信心이라 於此信心에 總信五位中因果하야 心無滯疑하야 方可以行修行이니 如有教에 說譬如有人이 過五百由旬嶮道에 先知通塞然後에 行往이라하시니 喩如十信菩薩이 於信心之中에 先知五位進修通塞하야 預以願行防之라

以信自心分別之性이 本是一切諸佛不動智體하야 用防邪見의 外取他境故니 以隨位妄識이 散動하야 障眞智故로 以禪波羅蜜로 防之하고 以隨位第八住第八行第八迴向第八地엔 智增滯寂하야 障眞無作大悲故로 以一百四十大願으로 防之하고 以樂生死에 障眞智故로 以四念處觀等의 三十七助菩提分法으로 防之하며 及十四諦觀과 及十二緣生觀으로 防之하고 以十波羅蜜로 利益衆生호대 恐不弘廣故로 以四攝四無量法으로 防之하고 以求自樂果에 敎化衆生이 不周廣故로 起十迴向하며 加以大願과 大慈大悲로 不捨一切惡道地獄人天코 偏生其處하야 以防自樂이 違菩提心하야 有所得故라 以是義故라 十信之心이 總通五位하야 悉皆成信이니 若自信徹이면 趣求에 無法不達이어니와 若也疑心不除하면 豈成信也리오 如此品은 擧佛果門이오 至賢首品하얀 擧佛神通과 及佛所行行業하야 使初信心者로 信徹故니 始名信心이라 今此一部之經은 頓擧五位因果와 諸佛果門하야 總成信也니 從總信已에 入位修行하야사 方始不迷理智니 如人이 造食에 五味一時頓熟하야사 方始食之라 從初食時로 五味同食하며 乃至食竟에 其味不離五也니 明五位因果를 十信總明하야 時亦不移本末이라 爲信三世一際故로 畢竟佛果 不離初信之法이니 如依樣畵像等喩可知니라

 "(2) 처음 信心을 가지고 밝힌다."는 것은 곧 해당 본 품 및 화엄경 전체를 총괄하여 모두 신심으로 말한 것이다. 이 신심은 모두 5位 가운데 인과를 믿고서 마음에 의심이 없어야 바야흐로 行을 닦아 나갈 수 있다. 그 어느 가르침에서 말하기를, "비유하면 어느 사람이 5백 유순의 험난한 길을 가려면 먼저 어느 길이 좋은지 나

쁜지를 알아야 만이 길을 가거나 멈추는 것과 같다."고 하셨다. 十信菩薩이 신심 가운데 가장 먼저 5位를 닦아 나가는 데에 좋고 나쁜 길을 알아서 미리 願行으로써 막아내는 것과 같음을 비유한 것이다. 내 마음의 분별 자성이 본래 일체제불의 不動智 본체임을 믿고서 '밖으로 다른 경계를 취하는 삿된 견해'를 막아내기 때문이다. 지위를 따른 妄識이 이리저리 동요하여 참 지혜[眞智]의 장애가 되는 까닭에 禪波羅蜜로써 이를 막아내고, 隨位의 第八住, 第八行, 第八廻向, 第八地에서는 지혜가 더욱 뛰어나 寂에 가로막혀 조작 없는 참 大悲에 장애가 되는 까닭에 1백4십 大願으로써 이를 막아내고, 생사를 좋아하는 것이 참 지혜에 장애가 되는 까닭에 四念處觀 등 보리에 도움이 되는 37가지의 법문[助菩提分法]으로써 이를 막아내며 더불어 14諦觀 및 10가지의 十二緣生觀으로 이를 막아내고, 十波羅蜜로써 중생에게 크고 많은 이익을 주지 못할까 두려워하는 까닭에 四攝과 四無量法으로써 이를 막아내고, 自樂果를 구함에 있어 중생을 교화함이 두루 드넓지 못할까 두려운 마음에 十廻向을 일으키고 한 걸음 더 나아가 大願과 大慈大悲로써 일체의 악도와 지옥과 人天을 버리지 않고 두루 그 모든 곳을 찾아가 自樂이 菩提心을 위반하여 얻을 바 있음을 막아내기 때문이다.

 이런 의의 때문에 十信의 마음이 모두 5位에 통하여 모두 믿음을 성취하였다. 만일 스스로의 믿음이 철저하면 나아가 구함에 법마다 통달하지 못함이 없으려니와, 만일 의심을 없애지 못하면 어떻게 믿음을 이룰 수 있겠는가. 본 품은 佛果의 부분을 들어 말하였고 賢首品에서는 부처님의 신통력 및 부처님이 행하신 行業을 들어서, 처음 신심을 지닌 자로 하여금 신심이 철저하게 하려는 까닭이다. 이처럼 해야 만이 비로소 신심이라고 말한다. 여기에서 화엄경 전체는 한꺼번에 五位因果와 諸佛果門을 들어 모두 신심을 성취하는 것이다.

모두 신심을 성취한 후에 位에 들어 수행해야 바야흐로 비로소 이치와 지혜가 혼미하지 않다. 사람이 음식을 조리할 적에 五味가 일시에 한꺼번에 익어야 비로소 먹을 수 있다. 처음 음식을 먹을 때부터 오미를 똑같이 먹고, 음식을 모두 먹을 때까지 음식 맛은 오미에서 벗어나지 않는 것과 같다. 5位 인과를 十信에 모두 밝혀서 시간 또한 본말에 옮기지 않음을 밝힌 것이다. 三世가 똑같이 하나의 시간임을 믿는 까닭에 필경의 佛果가 첫 신심의 법에서 벗어나지 않는다. 표본을 의지하여 그림을 그리는 등의 비유와 같으니 이는 말하지 않아도 알 수 있다.

於此神通示法門中에 總有四十一行經을 長科爲十一段호리니 第一은 爾時世尊知諸菩薩已下一行半經은 明如來 知衆所念하사 以神通現法이오 第二는 東方過十佛刹塵已下三十九行半經은 總明十方菩薩來集이니 十方은 自有分齊라 不煩更科어니와 於此十方菩薩來衆之中에 義分爲十호리니 一은 擧佛刹方面이오 二는 擧佛刹遠近이오 三은 擧世界名色이오 四는 擧佛名號오 五는 擧上首菩薩之名이오 六은 明大衆之數오 七은 明大衆이 來已致敬이오 八은 明隨方化座오 九는 明座之名目이오 十은 明大衆이 昇座而坐라

이러한 신통으로 법문을 보인 가운데, 모두 41항의 경문을 長科로 나누면 11단락이다.

　　제1(佛現神通) '爾時 世尊知諸菩薩' 이하에 1항 반의 경문은 여래가 대중이 생각하는 바를 아시고서 신통력으로 법문을 나타내고 있음을 밝힌 것이다.

　　제2(衆海雲集) '東方 過十佛刹塵' 이하에 39항 반의 경문은 모두 시방보살이 법회에 찾아와 모인 것을 밝힌 것이다. 시방은 각 지방 스스로의 한계와 구분이 있다. 번거롭게 다시 과목을 나누지 않겠지만 이 시방보살이 찾아온 대중에 대한 의의는 10가지로 나뉜다.

　　⑴ 제불국토의 방면을 들어 말하였고,

　　⑵ 제불국토의 원근 거리를 들어 말하였고,

　　⑶ 세계의 이름과 색깔을 들어 말하였고,

　　⑷ 부처님의 명호를 들어 말하였고,

　　⑸ 상수보살의 명호를 들어 말하였고,

　　⑹ 대중의 수효를 밝혀 말하였고,

　　⑺ 대중이 법회에 이른 후에 경외의 마음을 다함을 밝혔고,

　　⑻ 지방을 따라 법좌를 변화하여 만들었음을 밝혔고,

　　⑼ 법좌의 명목을 밝혔고,

　　⑽ 대중이 법좌에 올라앉음을 밝혔다.

言彼世界中에 有佛號不動智者는 爲明不動智佛이 是十方凡聖共有根本之智니 明於此智에 能起信心故로 號之爲來라 此不動智佛은 一切衆生이 常自有之어니와 若取相隨迷하면 卽塵障이 無盡이오 若一念

에 覺迷達相하면 卽淨若虛空이니 但爲隨迷稱外오 悟處言來언정 而實 佛刹은 本無遠近內外等障하며 亦無去來하야 無邊佛刹이 不出毛孔 微塵之表어늘 令致遠近은 意令初信心者로 心廣大故며 言其從彼世 界中來는 又明從迷入悟일새 故言爲來也오 有佛號不動智者는 明是 信者의 自根本智故니 由有此智로 一切衆生이 而能發菩提心이라 故 로 以根本智體로 能了迷性하야 超信解故니 超彼迷境일새 稱之曰來라

저 세계 가운데 부처님의 명호에 不動智佛이 있다고 말한 것은 부동지불이 시방세계 凡聖의 똑같은 근본 지혜임을 밝힌 것이다. 근본 지혜에 대한 신심을 일으키는 까닭에 그 부처님에게 '來'라는 명호를 붙이게 됨을 밝힌 것이다.

이 부동지불은 일체중생 그 모든 이들이 항상 스스로 그 내면에 가지고 있지만 만일 외면의 相을 취하여 혼미를 따르면 6塵의 장애가 그지없고, 만일 한 생각에 혼미를 깨달아 相을 통달하면 곧 청정하여 허공과 같게 된다. 다만 혼미를 따르는 것을 밖[外]이라 칭하고 깨달은 곳을 '來'라고 말할지언정 실로 제불국토는 본래 원근과 내외 등 장애가 없으며, 또한 오는 것도 떠나는 것도 없다. 그 지없는 제불국토는 毛孔과 微塵을 벗어나지 않는다. 그럼에도 원근의 거리를 말한 것은 처음 신심을 이룬 자들의 마음을 드넓게 만들어주려는 까닭이며, 그리고 '저 어떤 세계에서 왔다.'고 말한 것은 또한 혼미의 세계로부터 깨달음의 경지에 들어가게 만들려는 까닭에 '來'라고 말함을 밝힌 것이며, '부동지불'이라는 불호를 말한 것은 바로 이를 믿는 자의 자기 자신의 根本智임을 밝혀주기 위한

때문이다. 이처럼 모든 사람에게 근본 지혜가 있는 까닭에 일체중생이 보리심을 일으킬 수 있기 때문이다. 이러한 근본 지혜의 본체로써 혼미한 자성을 깨달아 신심 견해를 단번에 뛰어 들어갈 수 있기 때문이다. 저 혼미의 경계에 초월하였기에 이를 '來'라고 말한다.

如起信論에 云不思議業相者는 以依智淨相하야 能作一切勝妙境界하나니 所謂無量功德之相이 常無斷絶하야 隨衆生根일세 自然相應하야 種種而見하야 得利益故라하며 又云依本覺上하야 而起不覺故라하며 又云依於智故로 生其苦樂이라하시니 如起信論廣明이라 意明一切衆生이 迷根本智하야 而有世間苦樂法故니 爲智無性故로 隨緣不覺하야 苦樂業生이오 爲智無性故로 爲苦所纏이라가 方能自覺根本無性하며 衆緣無性하야 萬法自寂이오 若不覺苦時엔 以無性故로 總不自知有性無性이니 如人이 因地而倒라가 因地而起인달하야 一切衆生도 因自心根本智而倒라가 因自心根本智而起라 以是義故로 如來 於此一乘之經에 頓彰本法하야 爲金色世界는 明法身의 白淨無染이오 頓彰本智하야 號不動智佛하며 頓彰文殊師利 是自心妙擇之慧하시니 餘九箇世界와 九箇智佛과 九箇菩薩은 是隨自心信解修行位上進修增勝하야 法身智身이 隨行異名故라

저 기신론에 이르기를, "不思議業相이란 智淨相을 依하여 일체 수승하고 미묘한 경계를 만들어낸다. 이른바 한량없는 공덕의 모습들이 언제나 끊임없이 중생의 근기를 따르기에 자연스럽게 중생의 근기에 상응하여 갖가지의 모습을 나타내어 중생이 이익을 얻도록 해주기 위한 때문이다."고 하며, 또 이르기를, "本覺 상에 의

597

하여 不覺을 일으키기 때문이다."고 하며, 또 이르기를, "智(六麁中 智相)를 依한 까닭에 그 苦樂의 상을 만들어낸다."고 하니, 기신론에서 자세히 밝힌 바와 같다.

　기신론에 말한 뜻은 일체중생이 근본 지혜를 잃고서 세간 苦樂의 법이 있게 됨을 밝힌 때문이다. 근본 지혜가 체성이 없는 까닭에 반연을 따라 枝末不覺으로 苦樂의 업이 생겨나고, 지혜가 性이 없기에 苦에 얽히게 되다가 바야흐로 스스로 근본이 체성이 없으며, 수많은 반연이 체성이 없어 모든 법이 본래 고요함을 깨닫고, 만일 苦를 깨닫지 못할 때엔 체성이 없는 까닭에 모두 스스로 有性·無性을 알지 못한 것이다.

　땅에서 넘어진 자는 땅을 짚고 일어나야 하는 것처럼 일체중생도 자기 마음의 근본 지혜에서 거꾸러진 자는 자기 마음의 근본 지혜로 인하여 일어나야 한다. 이러한 의의 때문에 여래께서 이 一乘의 경전에서 한꺼번에 근본법을 드러내어 금색세계를 삼은 것은 법신에 결백 청정하여 잡염이 없음을 밝힘이며, 근본 지혜를 드러내어 不動智佛이라 말하며, 단번에 문수사리가 미묘하게 간택하는 자신의 마음속에 지혜를 밝혀주셨다. 그 밖에 나머지 9가지의 세계, 9가지의 智佛, 아홉 분의 보살은 자기 마음속의 信解修行하는 지위 위에서 닦아 나가고 더욱 수승함을 따라서 法身과 智身이 행을 따라 그 이름을 달리하기 때문이다.

從斯自心本不動智佛自覺之上으로 見道入位하야 起十住十行十迴向十地十一地하야 加行進修法身智身과 大願大慈大悲와 四攝

四無量과 十波羅蜜과 三十七助道分法일세 從初發心根本法身本不動智體上으로 用資萬行하야 悲願糺融하야 互爲資熟호대 法身資行하야 使令無染하고 行資法身하야 使令純熟이니 五位中에 各各立十箇佛果와 十箇菩薩은 明隨位進修中에 約自行所得處의 佛果菩薩行果立名故오 非他佛號며 非他菩薩로 而立其名이니 隨智佛果하며 隨其行果하야 五位之上에 因果 各有五十하야 共爲一百하고 通本五位에 有五箇因果하야 共爲一百一十城之法門故라

자신의 마음이 곧 본래 不動智佛임을 스스로 깨달음으로부터 도를 보고 지위에 들어가 十住·十行·十迴向·十地·十一地를 일으켜 加行으로 法身·智身과 大願·大慈·大悲와 四攝·四無量과 十波羅蜜과 三十七助道分法을 닦아 나갈 적에, 처음 발심한 근본 법신의 본래 不動智 본체 자리라는 점으로부터 萬行을 도와 大悲大願이 모두 원융하여 서로 힘입고 성숙케 하되, 법신으로 行을 도와 잡염이 없도록 하고 行으로 법신을 도와 純熟하도록 하였다. 5位 가운데 각각 10가지의 佛果, 열 분의 보살을 세운 것은 지위에 따라 닦아 나가는 가운데, 스스로 행하여 얻은 자리의 佛果와 菩薩行果를 가지고서 이름을 붙였기 때문이며, 다른 부처님의 명호가 아니며, 그 보살로 그 이름을 내세움이 아님을 밝힌 것이다. 이는 智佛果를 따르며 그 行果를 따라서 5位의 위에 인과가 각각 50가지가 있어 모두 1백이 되고, 本五位에 5가지의 인과가 있음을 통하여 모두 110城의 법문이 되기 때문이다.

問曰一切衆生이 本有不動智어늘 何故로 不自應眞常淨하고 何故로

隨染이니잇고 答曰一切衆生이 以此智故로 而生三界者는 爲智無性하야 不能自知是智非智善惡苦樂等法이니 爲智體無性하야 但隨緣現호미 如空谷響이 應物成音하야 無性之智 但應緣分別이라 以分別故로 癡愛隨起하고 因癡愛故로 卽我所病이 生하고 有我所故로 自他執業이 便起하고 因執取故로 號曰末那오 以末那執取故로 名之爲識이오 因識種子하야 生死相續하고 以生死故로 衆苦無量하고 以苦無量일세 方求不苦之道하나니 迷不知苦者는 不能發心이오 知苦求眞者는 還是本智라 會苦緣故로 方能知苦하고 不會苦緣일세 不能知苦하며 知苦緣故로 方能發心하야 求無上道하나니라 有種性菩薩이 以宿世에 先已知苦하고 發心信解하야 種強者는 雖受人天樂果라도 亦能發心하야 求無上道하나니 是故로 因智隨迷오 因智隨悟라 是故로 如人이 因地而倒라가 因地而起니 正隨迷時를 名之爲識이오 正隨悟時를 名之爲智며 在纏名識이오 在覺名智니 識之與智 本無自名이언마는 但隨迷悟하야 而立其名故니 不可計常計斷名也라 此智之與識이 但隨迷悟立名이니 若覓始終이면 如空中求跡하며 如影中求人하며 如身中에 求我依住所在하야 終不可得故新長短處所之相也라 如此無明及智 無有始終하야 若得菩提時에도 無明이 不滅이니 何以故오 爲本無故로 更無有滅이오 若隨無明時에도 不動智亦不滅이니 爲本無故로 亦更無有滅이라 但爲隨色聲香所取緣을 名爲無明이오 但爲知苦發心緣을 名之爲智며 但隨緣을 名之爲有니 故로 體無本末也하야 如空谷響이니 思之하면 可見이라

"일체중생에게 본래 不動智가 있는데, 무슨 까닭으로 스스로 眞에 응하여 항상 청정하지 못하고, 무슨 까닭에 잡염을 따르는 것

일까?"

　일체중생이 이런 부동지 때문에 三界에 태어나는 자는 지혜가 본성이 없어 스스로 이 智와 非智, 선악, 고락 등의 법을 알지 못한다. 지혜의 본체가 자성이 없어 다만 반연을 따라 나타남이 마치 빈 골짜기의 메아리가 물체에 상응하여 소리를 이루는 것과 같다. 자성이 없는 지혜가 다만 반연에 응하여 분별하게 된다. 이러한 분별심 때문에 어리석음과 애착이 따라 일어나고, 어리석음과 애착 때문에 곧 我所의 병이 생겨나고, 我所의 병이 있기 때문에 자타의 執業이 문득 일어나고, 자타의 집착으로 인한 까닭에 末那, 즉 제7 染汚識이라 말하고, 말나식의 집착 때문에 '識'이라고 말한다. '식'의 종자로 인하여 생사가 서로 이어지고, 생사 때문에 수많은 괴로움이 한량없고, 괴로움이 한량없는 까닭에 괴롭지 않은 도를 추구하는 것이다. 혼미하여 괴로움 자체를 모르는 사람은 발심하지 못하고, 괴로움을 알고서 참 자리를 추구하는 자 또한 이러한 근본지혜라, 괴로움이 반연하는 바를 알고 있는 까닭에 바야흐로 괴로움을 아는 것이다. 그러므로 괴로움의 반연하는 바를 모르는 까닭에 괴로움을 알지 못하고, 괴로움의 반연하는 바를 아는 까닭에 바야흐로 발심하여 無上道를 추구하게 되는 것이다.

　種性(善根과 같은 술어. 種은 종자이기에 '발생한다'는 뜻이 있고, 性은 性分이기에 '변하지 않는다'는 뜻이 있다.)이 있는 보살이 宿世에 진즉 이러한 괴로움을 앞서 알았기에 발심하고 믿고 이해하여, 種性이 강한 자는 비록 人天의 樂果를 받을지라도 또한 발심하여 無上道를 추구하는 법이다.

이 때문에 지혜로 인하여 혼미를 따르고 지혜로 인하여 깨달음이 따르는 터라, 이런 이유로 땅에서 넘어진 자는 땅을 짚고 일어나야 하는 것과 같다. 바로 '혼미를 따를 때'를 識이라 말하고 바로 '깨달음을 따를 때'를 쮑라 말하며, 얽매임이 있으면 識이라 말하고 깨달음이 있으면 쮑라 말한다. 識과 쮑는 본래 그 자체의 이름은 없지만 단 혼미와 깨달음의 차이에 따라서 그 이름이 세워지기 때문이다. 常을 헤아리고 斷을 헤아려서 이름 붙이지 못한다. 이 쮑와 識이 단 혼미와 깨달음의 차이에 따라서 그 이름이 세워진 것인 바, 만일 이에 대해서 시작과 끝을 찾는다면 허공에 발자취를 찾는 격이며, 그림자 속에서 사람을 찾는 격이며, 몸속에서 나의 의지하고 머물 바를 찾는 격이어서 결국은 옛것과 새것, 길고 짧은 것, 處所의 相을 찾을 수 없을 것이다.

이처럼 無明 및 지혜는 시작도 끝도 없다. 만일 보리를 얻을 때에도 無明이 사라지지 않는다. 무엇 때문일까? 본래 없는 것이기에 다시는 사라질 게 없다. 또한 무명을 따를 때에도 不動智 또한 사라진 게 아니다. 본래 없는 것이기에 또한 다시는 사라질 게 없기 때문이다. 다만 色·聲·香을 따라 취하게 되는 대상의 반연이 되는 바를 無明이라 이름하고, 다만 괴로움을 알고서 발심하는 반연이 되는 것을 쮑라고 이름하며, 다만 반연을 따르는 것을 有라고 말한다. 이 때문에 體가 本末이 없어 빈 골짜기의 메아리와도 같다. 이를 생각하면 말하지 않아도 볼 수 있다.

第二 爾時文殊下는 辨言說答이라 就文分四니 一 歎衆希奇오 二 諸佛子下는 牒問總歎이오 三 何以故下는 徵歎總釋이오 四 諸佛子如來下는 廣顯難思라

(2) '爾時 文殊' 이하는 문수보살이 말씀하신 대답을 논변한 부분이다.

이의 경문은 4단락으로 나뉜다.

① 대중의 희유하고 기이함을 찬탄함이며,

② '諸佛子' 이하는 물음에 이어서 총체로 찬탄함이며,

③ '何以故' 이하는 물음을 찬탄하고 총체로 해석함이며,

④ '諸佛子如來' 이하는 불가사의함을 자세히 나타냄이다.

今은 初라

① 대중의 희유하고 기이함을 찬탄하다

經

爾時에 文殊師利菩薩摩訶薩이 承佛威力하사 普觀一切菩薩衆會하고 而作是言하사대 此諸菩薩이 甚爲希有로다

그때 문수사리 보살마하살이 부처님이 지닌, 헤아릴 수 없는 영묘하고도 불가사의한 힘을 받들어 모든 보살대중들을 두루 관찰하고 이 말씀을 하셨다.

"이 모든 보살들이 심히 희유(希有)하도다."

● 疏 ●

前衆疑問이어늘 佛令文殊答者는 以文殊示居此土에 生有十徵이오 來自他方은 體含萬德이오 降魔制外通辨難思라 化滿塵方하고 用周三際라 道成先劫하사 已稱龍種尊王이오 現證菩提하사 復曰摩尼寶積이라하니 實爲三世佛母어니 豈獨釋迦之師리오【鈔〗 '以文殊者는 釋文殊說意니 上明是主菩薩이니 廬山遠公은 但云文殊師利는 是遊方大士라하니 唯見一經이오 但覩一跡耳이어늘 今具出之하야 是主是客이오 亦果亦因이니 具難思也라

言'示生此土'者는 卽文殊般泥洹經에 云 '佛言跋陀婆羅하사되 此文殊師利 有大慈悲하야 生此國土 多羅聚落 梵德 婆羅門家하니 其生之時에 家內屋宅이 化如蓮華하고 從母右脇而生하니 身紫金色이오 墮地能言이오 如天童子하야 有七寶蓋 隨覆其上이라하니 釋曰 言此國者는 卽舍衛國이니 佛正在此說故오 此經에 復云 '文殊師利는 具三十二相 八十種好라하니 則相好同佛이오 復有經說에 '生有十徵하니 無非吉瑞라 一 光明滿室이오 二 甘露垂庭이오 三 地踊七珍이오 四 神開伏藏이오 五 雞生鳳子오 六 猪誕龍狐오 七 馬產麒麟이오 八 牛生白澤이오 九 倉變金栗이오 十 象具六牙'라 由是로 得立妙吉祥號하다

'來自他方'者는 卽今經文에 從東方金色世界中來라하야 節節 皆言所住世界하니 謂金色等이 旣周法界하고 不動而徧하야 各領十佛刹塵數菩薩하야 說佛功德하니 明萬德斯備矣라 上之二對는 標其主客이오 下는 累說勝德이라

'降魔制外通辨難思'者는 然此二句는 有通有別하니 通은 則通用通辨

이니 降伏魔怨하야 制諸外道오 別은 明以神通이오 怖之以威라 故言降이오 用四辨하야 屈之以辨이라 故言制라 然其事頗多하니 畧擧一二호리라 如幻三昧經云 時有善住意天子하니 白文殊하사 同見佛할새 文殊 現變三十二部交絡重閣하야 有諸菩薩이 先至佛所하야 身子覩變이어늘 恠問佛한대 佛答호되 是文殊 令諸菩薩集會니라 又問호되 何以不見文殊이닛고 佛答호되 文殊 住降毁諸魔三昧正受하야 蔽魔宮殿하고 興大威變하고 詣如來所니라 於是에 文殊 住降毁諸魔三昧하니 應時에 三千大千世界 百億魔宮이 一時皆蔽하니 不樂其處하고 各各懷懼어늘 時에 魔波旬이 自見老耄 羸毁少氣로 拄杖而行하고 所有宮人과 及綵女等이 亦復羸老오 又見宮殿而復崩壞하야 暗暗冥冥하야 不知東西하다 時에 魔波旬이 卽懷恐懼하야 身毛爲豎하고 心自念言호되 此何變恠로 令吾宮殿이 委頓乃爾오 將死罪至하야 歸命終盡에 天地遇災하야 劫被燒耶아 時에 魔波旬이 棄除貢高하고 捨惡思想한대 時에 文殊師利 所化百億天子 在交絡者 住諸魔前하야 謂魔波旬호되 莫懷恐懼하라 汝等之身은 終無患難이리라 有不退轉菩薩大士하니 名文殊師利라 威德殊絶하사 總攝下方하니 德過須彌오 智超江海며 慧越虛空이라 於今에 已入降毁魔場三昧正受라 是其威神이 下取意引이니라 時에 魔 恐懼하고 魔宮 震動이어늘 求化菩薩하야 願見救濟한대 菩薩答言호되 勿懼하라 可請釋迦如來所하야 有無盡慈悲하사 令無所畏게호리라 言訖 不現하다 魔卽俱來하야 詣佛請救호되 我等이 聞文殊名호니 卽懷恐懼하야 不能自安이오 畏亡身命이로소이다 佛讚文殊하시고 魔請歸依하야 願脫斯苦어늘 佛令且待須臾하고 文殊當來면 卽脫此難이니라 後에 文殊 至어늘 佛

605

問三昧한대 彼廣說竟하고 令捨諸魔하고 文殊問魔호되 汝穢惡此身耶아 魔答호되 云爾니이다 若爾댄 當厭貪欲事면 不住三界니라 魔敬從命하니 卽令諸魔로 皆復本形하야 五體如故等이 此卽降魔也니라

制外者는 卽文殊般泥洹經에 佛說하사되 文殊 初詣諸仙하야 求出家法이러니 諸婆羅門 九十五種 諸論義師 無能酬對오 唯於我所에 出家學道라하니 餘文 廣博하야 不可具引이오 至如聖智怖心하야 開聲揚而擗地하고 寂順思覲하야 入隱身而立空이라 故得帝釋欣喜하야 雨天華而至膝하고 蔽魔愁憂하야 行拄杖而垂淚하고 劫火燒刹에 蹈水芝而上行하고 霖雨絶供에 化鉢飯而無盡하며 示多身以抗迦葉하고 放一鉢而發本原이라하니 皆是通辨降魔制外也라

又如度二十億佛하야 現說法者는 持地猶存이어니와 化百千諸龍하야 立登正覺者는 王女 是一이라 是以로 禮妙慧而不忘敬本하고 勸善財而增長發心하며 無言於不二法門하고 悉力於安樂行品하며 敎龍吉祥之分衛하니 下位莫知오 答瑠璃光之光明하니 正覺稱妙라 談般若之玄致하야 屢質本師하고 說權實之雙行하야 頻驚小聖이라하니 皆辨才也라

'化滿塵方'者는 辯德用橫豎深廣也니 謂十方微塵刹土는 皆是文殊化處라 故菩薩處胎經에 云 '我身如微塵이어늘 今在他國土'라 三十二相明하야 在在無不現이라하다 餘는 如衆海雲集中引이오 又般泥洹經에 云 '住首楞嚴三昧하사 以三昧力으로 於十方國에 或現初生出家하고 滅度入般涅槃하사 分布舍利하야 饒益衆生이라하고 又寶藏陀羅尼經에 廣說하니 至下菩薩住處品에 當更明之오 卽今文中에 一切處 一時說偈는 卽橫周法界니라

'道成先劫'者는 此下別明豎窮이니 畧示一二也라 先劫은 卽過去 名이라

'龍種上尊王'은 智度論十二에 具引首楞嚴三昧經하야 說名龍種上尊 王이라 經文에 但名龍種上佛이라하니 卽譯人廣畧耳라 五十三佛名도 亦名龍種上尊王이오 其首楞嚴三昧經에 有三卷하니 卽當下卷이라 因 文殊廣說首楞嚴三昧境界竟하니 爾時에 長老 摩訶迦葉이 白佛言하시 되 世尊이시여 我謂文殊法王子라 曾於先世에 已作佛事하고 現坐道場 하야 轉於法輪하야 示諸衆生하고 入大滅度이로소이다 佛言하사되 如是如 是로다 如汝所說이로다 迦葉은 過去久遠 無量無邊 不可思議 阿僧祇 劫이라 爾時에 有佛하니 號龍種上如來. 應供. 正徧知라 云云하고 於此 世界南方에 過於千佛國土하야 國名平正이니 無有砂礫瓦石이오 丘陵 堆阜는 地平如掌하야 生柔軟草하야 如迦陵伽어늘 龍種上佛이 於彼世 界에 得阿耨多羅三藐三菩提하야 初轉法輪하야 教化成就七十億數 諸菩薩衆이라 云云하다 佛壽四百四千萬歲니 下取意引인댄 涅槃後에 起三十六億塔하고 法住十萬歲오 記智明菩薩이 次當作佛이라하고 下 結會에 云爾時에 平等世界 龍種上佛이 豈異人乎아 卽文殊法王子오

'是現證菩提'者는 卽央掘摩羅經이니 此經에 有四卷하니 事出第四 라 初卷中에 明舍衛城北에 有村하니 名薩那라 有一貧窮婆羅門女하 니 名跋陀羅오 女生一子하니 名一切世間現이라 少失其父하고 年將 十二에 聰明辨慧라 有異村하니 名頗羅訶私오 有一舊住婆羅門師 하니 名摩尼跋陀羅라 下取意引인댄 世間現이 從其受學이러니 師受王 請하야 留其守舍한대 師婦 年少하야 染心逼之어늘 世間現이 不受한대

607

其師少婦 自懸毀害러니 師歸에 言世間現이 强逼이라하니 師言호되 汝
已爲惡이어니 當殺千人이면 可滅汝罪니라 卽殺千人하고 還歸見師한대
師怪其存하야 又令殺千人하야 各取一指하야 作鬘冠首어늘 唯欠一人
이라 母爲送食이어늘 便欲害母러니 世尊現前에 捨母趣佛하야 爲佛所
降을 廣顯深妙라 第四末에 波斯匿王이 嚴四兵至하야 欲罰央掘하야
來至佛所어늘 佛示央掘이러니 後發其迹하야 云大王이여 南方으로 去此
에 過六十二恒河沙刹이면 有國하니 名一切寶莊嚴이오 佛名은 一切世
間樂見上大精進이라 下取意引인댄 壽命無量하고 國土嚴淨하며 純說
一乘하니 卽央掘是라 由前文殊廣與對揚하고 後顯文殊之迹云 大王
이여 北方으로 去此에 過四十二恒河沙刹이면 有國하니 名常喜오 佛名은
歡喜藏摩尼寶積이라 純一大乘이오 無餘乘名이라하니 卽文殊師利 是
라 故云現證菩提라하다
復曰 摩尼寶積은 盖言畧耳라 下顯師와 及師婦와 央掘之母 三人은
皆是如來化現耳라 上畧舉過·現이오 不說未來成佛者는 未來成佛
은 現卽是因이어늘 非殊勝故로 疏畧不顯이라 若欲說者댄 卽大寶積文
殊會中에 說於未來成佛할세 號普見如來라 以恒河沙界莊嚴으로 爲
一佛國하고 以安養世界莊嚴으로 比之면 析毛滴海라도 不可爲喩니라
其中衆生은 具三十二相하고 天眼無礙하야 鏡照十方이오 不聞生老
病死等苦오 但出佛法僧之聲이라 若人欲見이면 應念便覩오 不待解
釋코 疑網皆除오 聞名이면 得最上善利오 聆記면 爲面見諸佛等이라
實爲三世佛母者는 結其實德이니 七十九經에 云文殊師利 所有大
願은 非餘無量百千億那由他菩薩之所能有니라 善哉라 文殊師利

여 其行廣大하고 其願無邊하사 出生一切菩薩功德하야 無有休息이라 善哉라 文殊師利여 常爲無量百千億那由他諸佛母오 常爲無量百千億那由他諸菩薩師하사 教化成就一切衆生等이라 佛名經에 說호되 過去無量恒河沙佛이 皆是文殊라 教令發心이라하나 然猶帶數일세 故今顯實이니 實爲一切佛母하사 不可窮其始末이니라
豈獨釋迦之師者는 即前所引處胎經에 云昔爲能仁師러니 今爲佛弟子라 二尊不並立일세 故我爲菩薩이라하니 即法華九世祖師니 亦帶方便이오 住首楞嚴三昧도 亦是跡中일세 故弛張乎權實之場하고 瑩徹乎眞如之際하사 住諸佛不思議之境하나니 豈可語其始終이리오 無言疆言하사 爲三世佛母耳니라 】

　앞의 대중이 의심을 가지고서 물었기에 부처님께서 문수보살로 하여금 대답하게 한 것은, 문수보살이 이 국토에 머무심을 보이며 탄생할 적에 10가지의 상서가 있었다. "다른 지방에서 오셨다[來自他方]."는 것은 본체에 수많은 덕을 포괄함이며, 마군을 항복받고 외도를 제재하여 불가사의함을 전체로 논변한 것이다. 교화는 미진국토에 가득하고 묘용은 과거·현재·미래 삼제에 두루 한 터라, 도는 선겁에 성취하시어 이미 '龍種尊王'이라 일컬어져 왔고, 현재에 보리를 증득하여 다시 '摩尼寶積'이라 말하니, 실로 三世佛의 어머니이신데 어찌 유독 석가모니불의 스승에 국한되겠는가.
【초_ '以文殊'라 하는 것은 문수보살이 말씀하신 뜻을 해석한 것이다. 위에서는 주보살임을 밝혔다. 廬山遠公은 단, "문수사리보살은 사방으로 행각한 큰 보살"이라고만 말하였다. 이는 오직 하나의 경

전만을 보았고 단 하나의 발자취만을 찾아본 것이다. 여기에서는 구체적으로 제시하여 主요 客이며, 또한 결과요 원인이니 불가사의함을 자세히 말하고 있다.

'示生此土'라 말한 것은 文殊般泥洹經에 이르기를, "부처님께서 발다바라에게 말씀하시되, 문수사리는 대자비의 마음이 있어 이 국토의 다라취락 梵德 바라문 집안에 태어났다. 그가 태어날 적에 그 집은 모두 연꽃으로 변하였고 어머니의 오른쪽 갈비를 통하여 태어났다. 몸은 자금색이고, 땅에 떨어지자마자 말을 하였고, 하늘의 동자처럼 생겼다. 칠보 덮개로 그의 몸을 덮어주었다."

이에 대해 다음과 같이 해석하였다.

'이 국토'란 곧 舍衛國이다. 부처님이 바로 그곳에 계시면서 설법하였기 때문이다. 이 경에서 다시 말하기를, "문수사리는 32相 80가지의 아름다운 모습을 갖추었다."고 한다. 이로 보면 문수보살의 훌륭한 상은 부처님과 똑같다. 또한 경전의 말에 의하면, 문수보살이 태어날 적에 10가지 상서가 있었는데, 길한 상서 아닌 게 없었다.

　① 광명이 집에 가득하였고,
　② 뜰에 감로수가 내렸으며,
　③ 땅에서는 칠보가 솟아났으며,
　④ 신통력으로 땅속에 묻힌 보물이 솟아났으며,
　⑤ 닭이 봉황의 새끼를 낳았고,
　⑥ 돼지는 용을 낳았고,

⑦ 말이 기린을 낳았고,

⑧ 소가 白澤(말을 할 줄 아는 神獸)을 낳았고,

⑨ 창고는 황금 곡식으로 변하였고,

⑩ 코끼리는 6개의 상아가 있었다.

이런 상서 때문에 '妙吉祥'이라는 명호를 얻게 된 것이다.

'來自他方'이란 본 경문에서 "동방의 금색세계로부터 왔다."고 하여 구절구절마다 모두 머문 세계를 말하고 있다. '금색' 등이 이미 법계를 두루 하고, 꼼짝하지 않고서도 시방에 두루 하여 각기 열 개의 불국토 미진수와도 같은, 수많은 보살들을 거느리고서 부처님의 공덕을 찬양하였다. 이는 수많은 덕이 이에 갖춰 있음을 밝힌 것이다. 위의 2가지 상대(부처님과 보살)는 그 주객을 나타냄이며, 아래에서는 훌륭한 덕을 간단하게 말하였다.

"마귀를 항복받고 외도를 제재하여 불가사의함을 전체로 논변하였다[降魔制外 通辨難思]."에서, 이 2구절은 전체와 개별로 말한 것이다. 전체라는 通이란 通用과 通辨이다. 이는 마군과 원수를 항복받고 외도를 제재함이다. 개별이란 신통으로 밝혀주고 위엄으로 두렵게 한 까닭에 '降(降魔)'이라 말하고, 四辨을 사용하여 논변으로 굴복시켰기 때문에 '制(制外)'라 말한 것이다. 그러나 그에 관련된 일은 매우 많지만 여기에서는 간단하게 한두 가지만을 들어 말하고자 한다.

여환삼매경에서 다음과 같이 적고 있다.

당시 善住意天子가 있었는데, 문수보살에게 아뢰어 보살과 함께 부처님을 친견할 적에 문수보살이 32部의 누각이 서로 연결되어 줄지어 있는 모습을 변화로 나타내었다. 모든 보살들이 먼저 부처님의 처소에 이르렀는데 그들의 몸이 변화하는 것을 보고서 이를 괴이쩍게 여겨 부처님에게 여쭈자, 부처님께서 대답하셨다.

"이는 문수보살이 수많은 보살로 하여금 법회에 모이도록 한 것이다."

"그렇다면 어찌하여 정작 문수는 보이지 않는 것입니까?"

"문수는 모든 마군을 항복받는 삼매 정수[降毁諸魔三昧正受]에 머물면서 마군의 궁전을 가리고 큰 위엄과 변함을 일으키고서 여래께서 계신 처소로 나아간 것이다."

이에 문수보살이 모든 마군을 항복시키는 삼매에 머물기에 그 당시 삼천대천세계 백억 마군의 궁전이 일시에 모두 가려지자, 그 처소에 편히 있지 못하고 마군은 각기 두려운 마음을 가지고 있었다. 당시 마군 波旬이 자신의 모습을 살펴보니, 늙고 파리하고 수척하여 기운이 빠진 몸으로 지팡이를 짚고 다니는 모습을 보았고, 여기에 있는 궁인과 채녀 등 또한 파리하고 늙은 모습을 보았다. 그리고 다시 궁전을 바라보자 모두 무너져 어둡고 어두워서 동서남북을 알 길이 없었다. 당시 마군 파순이 곧 두려운 마음에 머리털이 쭈뼛 섰다. 이에 마음속으로 스스로 생각했다.

'이 무슨 변괴로 나의 궁전이 이처럼 무너진 것일까? 머지않아 죽음이 이르러 명이 다하고 목숨이 다하여 돌아가면 천지가 재앙을 만나 겁에 불타게 되는 것일까?'

당시 마군 파순은 자만한 마음과 악한 생각을 버리려고 하였는데 당시 문수사리가 변화로 만들어낸 백억 천자가 서로 줄을 이어 모든 마군의 앞에 서서 마군 파순에게 말하였다.

"두려운 마음을 품지 마라. 너희의 몸은 끝내 어려움을 겪지 않을 것이다. 不退轉菩薩大士가 계시니 그 이름은 문수사리라 한다. 위엄과 덕이 뛰어나 모두 아래의 국토를 포괄하고 있다. 그의 덕은 수미산보다도 더 높고 그의 지혜는 강과 바다보다도 넓으며 그의 지혜는 허공보다도 더 높다. 이제 이미 마군의 도량을 항복시키는 삼매 정수에 드신 터라, 이에 그 위엄과 신통력의 뜻을 취하여 인용하면 다음과 같다."

당시 마군이 두려워하고 마군의 궁전이 진동하자, 보살에게 가르침을 구하여 구제해주기를 원하자, 보살이 대답하셨다.

"두려워하지 마라. 석가여래가 계신 도량을 찾아가 청하면 그 지없는 자비심으로 두려움을 없애줄 것이다."

그 말을 마치자, 그 모습을 찾아볼 수 없었다. 마군이 곧바로 모두 찾아와 부처님에게 구제해주기를 청하였다.

"저희들이 문수보살의 이름을 듣고서 곧 두려운 마음에 저희의 마음이 편치 않으며 목숨을 잃을까 두렵습니다."

부처님께서 문수보살을 찬탄하셨다.

마군이 귀의하여 이러한 고통에서 벗어나기를 원하자, 부처님은 마군들에게, "잠시 기다리도록 하라. 문수가 찾아오면 곧 이러한 어려움에서 벗어날 수 있다."고 하였다. 한참 뒤에 문수보살이 도착하자, 부처님께서 삼매에 대해 물으니 문수보살은 자세히 모두 다 말씀드리고, 모든 마군들을 놓아주었다. 문수보살이 마군에게 물었다.

"너희들은 그 몸을 악으로 더럽혔느냐?"

"그렇습니다."

"그렇다면 탐욕사를 싫어하면 三界에 머물지 않을 것이다."

마군들이 문수보살의 말씀을 공경하는 마음으로 따르자, 곧 모든 마군들이 다시 본래의 모습으로 회복하여 오체가 예전처럼 되었다.

이처럼 여환삼매경에서 말한 등등이 바로 마군을 항복받은 고사이다.

"외도를 제재한다[制外]."는 것은 文殊般泥洹經에서 다음과 같이 말하였다.

"부처님께서 말씀하시되, 문수보살이 처음 신선에게 찾아가 출가법을 구했지만 바라문 95종의 수많은 論師들은 문수보살에게 대답할 수 없었으며, 오직 나의 처소에 찾아와 출가의 도를 배웠다."

나머지 문장은 너무 광범하고 많아서 모두 인용할 수 없고, "슬기로운 지혜로 두려운 마음에 큰 소리를 떨쳐 땅을 열어주었고, 고요하고 순한 마음으로 친견할 것을 생각하여 몸을 숨기는 데 들어가 허공에 섰다. 이 때문에 제석천왕이 기뻐하여 하늘의 꽃을 무릎까지 빠지도록 내려주었고, 마군을 가려서 근심 걱정에 주장자를 짚고 걸으면서 눈물을 흘리게 만들었고, 겁화로 세계를 불태울 적에 물 위의 지초를 밟고서 그 위로 행하였고, 장맛비에 공양이 끊어지자 바리때의 밥으로 변화하여 그지없이 내려주었으며, 많은 몸을 보이어 가섭에게 보여주었고, 하나의 바리때를 놓아 근본을 일으켰다."는 대목은 모두 "마군을 항복받고 외도를 제재"한 것을 전체로 논변한 것이다.

또한 "20억 부처님을 제도하여 설법했다."는 것은 "持地 보살은 오히려 남아 있지만 百千 諸龍을 교화하여 正覺에 오른 자는 王女가 하나이다. 이 때문에 妙慧 보살에게 예를 올려 근본에 공경하는 마음을 잊지 않았고, 선재 보살에게 권하여 발심을 증장시켜 주었으며, 不二法門은 말이 없고 安樂行品에 힘을 다하며 龍吉祥의 分衛를 가르쳐주니 아래 지위에 있는 이들은 이를 알 수 없고 瑠璃光의 광명에 답하니 正覺은 오묘함을 칭찬하였다. 반야의 玄致를 말하여 여러 차례 本師에게 물었고 權實의 雙行을 설법하여 자주 小聖을 놀라게 하였다."고 하니 이 모두가 辨才이다.

'化滿塵方'이란 德用이 종횡으로 심오하고 광대함을 논변한 것이다. 시방세계 미진수 국토는 모두 문수보살이 교화하신 곳이다. 이 때문에 菩薩處胎經에서 말하기를, "나의 몸은 미세한 티끌과 같은데 이제는 저 국토에 있다. 32상이 분명하여 모든 곳에 현신하지 않은 곳이 없다."고 하였다. 나머지는 衆海雲集에서 인용하는 바와 같고, 또한 般泥洹經에 이르기를, "首楞嚴三昧에 머무시어 삼매의 힘으로 시방국토에 혹 처음 태어나 출가함을 나타내고, 멸도로 반열반에 드시어 사리를 나눠주어 중생에게 큰 이익을 주었다."고 하였고, 또한 寶藏陀羅尼經에서는 이에 대해 자세히 말하고 있는바, 아래의 보살주처품에서 다시 이를 밝힐 것이다. 현재 본 경문에서 일체 도량과 일시에 설법한 게송은 모두 횡(공간)으로 법계에 두루 하였다.

'道成先劫'이란 이 아래는 개별로 시간의 다함을 밝혀주는 것이니 간단하게 한두 가지만을 말하고자 한다. 先劫이란 과거에 대한 이름이다.

'龍種上尊王'은 지도론 12에서 수능엄삼매경을 자세히 인용하여 '龍種上尊王'이라 말하였다. 경문에서는 단 '龍種上佛'이라고 명명하였다. 이는 번역한 사람에 따라 자세히 말하기도 하고 생략한 까닭에 이처럼 차이가 난 것이다. 53불의 명호에서도 또한 龍種上尊王이라 이름하였고, 수능엄삼매경 3권 가운데 이는 곧 하권에 해당된다. 문수보살이 수능엄삼매의 경계를 자세히 모두 말하였기 때문이다.

그 당시 장로 마하가섭이 부처님에게 아뢰었다.

"세존이시여, 저는 文殊法王子라 말합니다. 일찍이 先世에 이미 불사를 지었고, 현재 도량에 앉아 법륜을 굴려 모든 중생들에게 보여주었고 대열반에 들었습니다."

부처님께서 말씀하셨다.

"그러하고 그러하다. 그대가 말한 바와 같다. 가섭은 과거 오래전, 한량없고 그지없는 불가사의의 아승기겁, 그때 부처님이 계셨다. 龍種上如來, 應供, 正徧知라 말한다고 운운하였고, 이 세계 남방에 千佛 국토를 지나서 하나의 나라가 있는데 그 나라의 이름을 '平正'이라고 한다. 모래, 자갈, 기왓장, 돌멩이 하나 없었고, 구릉과 언덕은 손바닥처럼 평평하여 부드러운 풀이 돋아나 迦陵伽와 같은데 龍種上佛이 그 세계에서 아누다라삼먁삼보리를 얻어 처음 법륜을 굴려 교화하여 70億 數의 모든 보살대중을 성취하였다고 운운하였다."

부처님의 수명은 4백4천만 세이다. 아래에서 그 뜻을 취하여 인용한다면, "열반 이후에 36억 탑을 일으켰고 법은 10만 세에 머물며 智明菩薩이 다음 부처님이 된다."고 하였고, 아래의 結會에서 이르기를, "그때 평등세계 용종상불이 어찌 사람과 다르겠는가. 곧 문수법왕자이다."고 하였다.

'現證菩提'는 央掘摩羅經에서 말한 전고이다. 앙굴마라경은 4권이다. 이에 관한 고사는 제4권에서 나온다. 그 첫째 권에 의하면 다음과 같다.

사위성 북쪽에 마을이 있다. 그 마을을 薩那라 부른다. 그 마을에 어느 가난한 바라문 여인이 있었는데 그 여인의 이름은 跋陀羅(Bhadra)이다. 그 여인이 아들을 낳았는데 그 이름을 '一切世間現'이라 하였다. '일체세간현'은 어렸을 적에 그 부친을 여의었고, 나이 12세가 되었을 무렵 총명과 말재주가 있었다.

또 다른 마을이 있는데, 그 마을 이름은 '頗羅訶私'라 하였고, 오랫동안 바라문에 머문 스님이 한 분 있었는데, 그 이름은 '摩尼跋陀羅'라 하였다.

아래에서 그 뜻을 취하여 인용한다면, '일체세간현'이 그 스님에게서 학문을 닦았는데 스님이 왕의 초청을 받아 그의 집에서 머물도록 하였다. 스님의 젊은 부인이 좋지 않은 마음으로 핍박하자, 일체세간현은 이를 받아들이지 않았다. 그 스승의 젊은 부인이 스스로

목을 매다가 몸을 다쳤는데, 스님이 돌아오자 일체세간현이 강제로 덮쳤다고 거짓말을 하였다. 이에 스님은 일체세간현에게 말하였다.

"너는 이미 악한 일을 범하였으니 천 명의 사람을 죽이면 너의 죄가 사라질 것이다."

그는 곧 천 명의 사람을 죽이고서 돌아와 스승을 찾아뵙자, 스승은 그가 살아 있는 것을 이상하게 생각하여 또다시 그에게 천 명을 죽이어 각기 손가락 하나를 잘라서 鬘冠의 首飾을 만들도록 하였는데, 오직 한 사람이 부족하였다. 그의 어머니가 밥을 가져다주려고 오자, 곧 어머니를 해치려는 찰나에 세존이 그의 앞에 나타나 어머니를 살려두고 부처님을 찾아가 부처님에게 항복하였다. 이는 심오하고 오묘함을 널리 나타낸 것이다.

앙굴마라경 제4권의 끝부분에 의하면 다음과 같다.

波斯匿王이 四兵을 장엄하게 갖추고서 央掘을 정벌하고자, 부처님 계신 곳을 찾아왔는데 부처님께서 앙굴에게 이러한 사실을 알려주었다. 그 후에 그 사실이 밝혀지자, 부처님께서 말씀하셨다.

"대왕이여, 남방으로 여기에서 62恒河沙 국토를 지나가면 하나의 나라가 있다. 그 나라의 이름을 '一切寶莊嚴'이라 하고, 부처님의 명호는 '一切世間樂見上大精進'이라 한다."

아래의 부분에서 그 뜻을 취하여 인용한다면 다음과 같다.

수명은 한량없고 국토는 장엄 청정하며 순전히 일승만을 설법하니 곧 앙굴이 바로 그 사람이다. 앞에서는 문수보살이 자세히 대답함으로 말미암아 뒤에서는 문수의 발자취를 나타내어 말하기를, "대왕이여, 북방으로 여기에서 42恒河沙 국토를 지나가면 한 나라가 있다. 그 나라의 이름을 '常喜'라 하고, 부처님의 명호는 '歡喜藏摩尼寶積'이다. 純一한 대승이고, 나머지 승의 이름은 없다."고 하니 문수사리는 바로 그 사람이다. 이 때문에 '現證菩提'라고 말한 것이다.

또한 '摩尼寶積'이란 생략하여 말한 것이다. 아래에서 스승, 스승의 부인, 앙굴의 어머니 세 사람을 나타낸 것은 모두 여래의 화신이다. 위에서 간단하게 과거와 현재를 들어 말하였고, 미래 성불을 말하지 않은 것은 미래 성불이란 현재가 곧 원인이 되는 것인데 수승하지 못한 까닭에 이를 생략하여 나타내지 않은 것이다. 만약 이를 말하고자 한다면 大寶積文殊 법회 가운데 미래 성불의 불호는 普見如來이다. 恒河沙界莊嚴으로 하나의 불국토를 삼고, 세계를 편히 기르는 장엄으로 비유한다면 수많은 붓으로 바닷물을 적셔 글을 쓴다 할지라도 이를 모두 다 비유할 수 없다. 그 가운데 중생은 32상을 갖추었고, 가림이 없는 天眼은 맑은 거울처럼 시방세계를 비춰보고, 생로병사의 괴로움이 있다는 말을 듣지 못하였고, 단 佛法僧의 소리만이 울려 나왔다. 만약 사람들이 그를 친견하고자 한다면 곧 생각하는 바에 따라 곧 뵐 수 있고, 해석할 필요 없이 의심이 모두 사라지고, 이름을 들으면 최상의 善利를 얻게 되고, 들어서 기억하면 바로 앞에서 제불을 볼 수 있다는 등등이다.

'實爲三世佛母'는 그 實德을 끝맺은 말이다. 79경에 이르기를, "문수사리가 지닌 큰 소원은 나머지 한량없는 백천억 那由他 보살이 가질 수 있는 바가 아니다. 훌륭하다, 문수사리여! 그 행이 광대하고 그 서원이 끝이 없어 일체보살 공덕을 끝없이 만들어냈다. 훌륭하다, 문수사리여! 항상 한량없는 백천억 나유타 제불의 어머니이고 항상 한량없는 백천억 나유타 제보살의 스승이 되어 일체중생을 교화하고 성취한다."는 등등이다. 그리고 佛名經에서 말하기를, "과거 한량없는 恒河沙 부처님이 모두 문수보살이다. 교화로써 발심하도록 했다."고 하나, 오히려 숫자를 가지고 있기 때문에 여기에서는 그 실상을 나타낸 것인바, 실로 일체제불의 어머니로서 그 시말을 다할 수 없다.

'豈獨釋迦之師'는 곧 앞에서 인용한 處胎經에 이르기를, "옛적에 능인의 스승이었는데 이제는 부처님의 제자가 되었다. 높으신 두 분이 함께 설 수 없기 때문에 나는 보살이 되었다."고 하니 곧 法華九世祖師이다. 또한 방편을 가지고 있으며, 수능엄삼매에 머무는 것 또한 발자취 가운데 있기 때문에 權實의 도량에서 한 번 풀어주고 한 번 팽팽히 당기며, 眞如의 시간에 밝게 통하여 제불의 불가사의의 경계에 머무니 어찌 그 처음과 끝을 말할 수 있겠는가. 말할 수 없는 데에서 억지로 말하여 三世佛의 어머니라고 말한 것이다.】

影響而來에 一切咸見故로 其說也 何不待請고 敬同佛故일세니라 何不待告오 承佛神力하야 佛意許故일세니라 衆旣念請에 佛方現相하시니 非夫尊極大士면 安能理契潛通이리오 故上以光示普賢하시고 此乃冥加妙德이니라 若爾댄 普賢云何定後更請고 表設所信甚深細故오 何不入定고 以果從因하야 同於信故니라 餘는 如上說이라 何故無加오 以無定故며 又承佛神力이 是冥加故니라【鈔_ 影響而來者는 結也오

影響은 顯非實因也라 何不入定者는 問意云信未入位일세 許不入定이어니와 說佛三業에 何不入定고 故爲此通이라 以果從因에 因卽十信이니 十信不入일세 果亦不入이니 是十信中에 所說果故니라 】

영향으로 옴에 일체가 모두 보이는 고로 그 말함에 있어 어찌하여 청법을 필요로 하지 않는가. 존경하기를 부처님과 똑같기 때문이다. 어찌하여 고함을 필요로 하지 않는가. 부처님의 신통력을 받들어 부처님이 마음으로 허락하기 때문이다. 대중이 이미 마음으로 법을 청함에 부처님이 바야흐로 그 모습을 나타내시니 尊極大士가 아니면 어떻게 이치와 보이지 않게 통하여 깨달음을 얻을 수 있겠는가. 이 때문에 위에서는 放光으로써 보현보살에게 보여주었고, 여기에서는 이에 妙德에게 가피를 내려주었다. 그러하다면 보현보살은 어찌하여 선정에 든 후에 다시 법을 청하는가. 믿은 바를 말함이 매우 심오하고 미세함을 나타내기 때문이다. 문수보살은 어찌하여 선정에 들지 않는가. 결과로써 원인을 따라 믿음과 같이하기 때문이다. 나머지는 위에서 말한 바와 같다. 무슨 까닭으로 加持가 없는가. 선정이 없기 때문이며, 또한 부처님의 신통력을 받음이 가피이기 때문이다. 【초_ "영향으로 왔다."는 것은 끝맺는 말이다. 영향은 실제 원인이 아님을 나타낸 것이다. "어찌하여 선정에 들지 않는가."라고 묻는 의도는 "신심은 지위에 들어가지 못한 까닭에 선정에 들지 않음을 인정하거니와 부처님의 三業을 말함에 있어 어찌하여 선정에 들지 않는가."라는 생각 때문에 이처럼 전체로 말한 것이다. 결과로써 원인을 따르는바, 원인은 곧 十信이다. 십신에 들어가지 않은 까닭에 결과 또한 들어가지 않는다. 이것이 십신 가운데 말한 결과이기 때문이다.】

'歎衆希有'者는 畧有五義니 感應懸隔하야 難一遇故오 德行內充일세 總稱歎故오 以名表法이 甚希有故오 創起信行이 未曾有故오 此一衆會 卽是等空法界會故니라

'歎衆希有'란 간단하게 말하면 5가지의 뜻이 있다.

(1) 감응이 아주 드물어서 한번 만나기 어렵기 때문이다.

(2) 덕행이 내면에 충만한 까닭에 총체로 찬탄하기 때문이다.

(3) 명호로써 법을 나타냄이 매우 드물기 때문이다.

(4) 처음 信行을 일으킴이 일찍이 없던 일이기 때문이다.

(5) 이 하나의 대중법회가 곧 虛空法界會와 같기 때문이다.

二. 牒問總歎

② 물음에 이어서 총체로 찬탄하다

經

諸佛子야 佛國土는 不可思議라 佛住와 佛刹莊嚴과 佛法性과 佛刹淸淨과 佛說法과 佛出現과 佛刹成就와 佛阿耨多羅三藐三菩提가 皆不可思議니

여러 불자들이여, 부처님의 국토는 여느 사람으로서는 생각할 수조차 없다.

부처님의 머무심, 부처님 세계의 장엄, 부처님 법의 성품, 부처님 세계의 청정함, 부처님의 설법, 부처님의 출현, 부처님 세계의 성취, 부처님의 아뇩다라삼먁삼보리가 모두 여느 사람으로서는 생각할 수조차 없다.

● 疏 ●

牒問中에 脫於刹體라 佛出現者는 即前威德也라 阿는 云無也오 耨多羅는 上也오 三者는 正也오 藐者는 等也이오 又三은 徧也이오 菩提는 覺也니 謂道不可加를 曰無上也오 無邪委知 爲正徧也라

물음 가운데 '刹體'가 누락되었다. '佛出現'이란 곧 앞에서 말한 부처님의 威德이다. 阿耨多羅三藐三菩提의 阿는 無를 말하고, 耨多羅는 上이며, 三이란 正이며, 藐이란 等이며, 또한 三은 徧이며, 菩提는 깨달음이다. 이는 道가 더할 수 없음을 無上이라 말하고, 삿됨이 없이 자세히 아는 것을 正徧이라고 한다.

三 徵歎總釋

③ 물음을 찬탄하고 총체로 해석하다

經

何以故오 諸佛子야 十方世界一切諸佛이 知諸衆生의 樂欲不同하사 隨其所應하야 說法調伏하사대 如是乃至等法

界虛空界시니라

무슨 까닭인가. 여러 불자들이여, 시방세계의 모든 부처님들이 모든 중생의 좋아함과 욕망이 똑같지 않음을 아시고 그 감응해야 할 대상을 따라 법을 설하여 조복하시며, 이와 같이 법계와 허공계까지도 똑같이 하셨다.

● **疏** ●

徵上難思言也라 下釋云 能感之機 差別無邊일세 如來普應하사 周于法界는 廣難思也니 下結文具顯이라【鈔_ 結文具顯者는 卽品末에 云 如世尊 昔爲菩薩時에 以種種談論. 種種語言. 種種音聲. 種種業. 種種報. 種種處. 種種方便. 種種根. 種種信解. 種種地位로 而得成就일세 亦令衆生으로 如是知見하야 而爲說法이 卽其文이라】

위의 불가사의하다는 말을 징명한 것이다. 아래에서 해석하면 다음과 같다.

감촉하는 주체의 각기 다른 근기가 그지없기에 여래는 이에 널리 응하여 법계에 두루 함이 광대하여 불가사의하다. 아래의 끝맺는 경문에서 자세히 밝히겠다.【초_ "아래의 끝맺는 경문에서 자세히 밝히겠다."는 것은 본 품의 끝부분에 이르기를, "세존이 옛적 보살이었을 때, 갖가지 談論, 갖가지 語言, 갖가지 音聲, 갖가지 業, 갖가지 報, 갖가지 處, 갖가지 方便, 갖가지 根, 갖가지 信解, 갖가지 지위로 성취하였다. 이 또한 중생으로 하여금 이와 같이 알고 보도록 하기 위해 說法한다."고 함이 곧 그 경문이다.】

又隨宜說法은 意趣難思라 又等法界者는 擧一說法이 等餘多門이니 門不可盡하야 量等法界일새 法門難思니라【鈔_ '又隨宜說法'者는 上指品末에 廣故로 難思어늘 今明意趣 深故로 難思니라 亦如法華方便品說이니 謂稱體大用이 或隨自意하고 或隨他意故니라 又'等法界'下는 多門難思니라】

또한 편의를 따른 설법의 뜻이 불가사의하다. 또한 법계와 똑같다는 것은 하나의 설법이 나머지 많은 부분과 같음을 들어 말한 것이다. 그 부분이 끝이 없기에 그 양이 법계와 같은 까닭에 법문이 불가사의하다.【초_ "또한 편의를 따른 설법의 뜻이 불가사의하다."는 것은 위에서 말한 본 품의 끝부분에서 자세히 말한 까닭에 불가사의한 것임을 가리킴이며, 여기에서는 그 뜻이 심오한 까닭에 불가사의함을 밝힌 것이다. 또한 법화경 方便品에서 말한 바와 같다. 본체에 걸맞은 大用이 혹은 自意를 따르고 혹은 他意를 따르며 혹은 자타의 뜻을 따르기 때문이다. "또한 법계와 똑같다."는 이하는 많은 부분이 불가사의함을 말한다.】

第四 廣顯難思

④ 불가사의함을 자세히 나타내다

文二니 先은 總顯多端이오 二는 隨門別顯이라

경문은 2단락이다.

첫째, 총체로 수많은 실마리를 나타냄이며,

625

둘째, 부분을 따라 개별로 밝힘이다.

今은 初라

이는 첫째 단락이다.

諸佛子 如來가 **於此娑婆世界諸四天下**에 **種種身**과 **種種名**과 **種種色相**과 **種種修短**과 **種種壽量**과 **種種處所**와 **種種諸根**과 **種種生處**와 **種種語業**과 **種種觀察**로 **令諸衆生**으로 **各別知見**케하시니라

여러 불자들이여, 여래께서 이 사바세계의 모든 사천하에서

(1) 가지가지 몸,

(2) 가지가지 이름,

(3) 가지가지 색상,

(4) 가지가지 길고 짧음,

(5) 가지가지 수명의 양,

(6) 가지가지 처소,

(7) 가지가지 모든 근(根),

(8) 가지가지 나는 곳,

(9) 가지가지 말씀의 업,

(10) 가지가지 관찰로써 모든 중생으로 하여금 제각기 달리 알고 보도록 하기 위함이다.

● 疏 ●

舉娑婆爲首하야 畧顯十種의 差別多端이로되 準下結通이면 實通法界니라
十句는 不出三業이니

사바세계를 첫머리에 들어 간단하게 10가지의 수많은 차별의 모습을 나타냈으나 아래의 전체로 끝맺은 부분에 준하여 보면 실로 법계에 통하였다.

10구는 三業에서 벗어나지 않는다.

一은 身爲總相이니 現十法界不同일세 故云種種이오

(1) 가지가지의 몸이 총체의 모습이다. 十法界에 나타남이 똑같지 않은 까닭에 가지가지[種種]라고 말한다.

二는 名以召實이니 次下廣辨이오

(2) 가지가지의 이름으로써 실상을 부른 것이다. 다음 아래에서 자세히 논변하겠다.

三은 金銀等色不同과 三十二相等異니라【鈔_ 三金銀等色者는 如觀佛三昧海經第三廣說이니 今當義引이라라 佛爲父王하사 說觀諸相竟하고 佛白父王하사 乃勅阿難하사되 吾今爲汝하야 悉現具足微妙身相호리라 說是語已하시고 佛從座起하사 令衆俱起하야 令觀如來호되 從頂順觀하야 至足輪相하고 復從足相하야 逆觀至頂하니 一一身分이 分明了了如人執鏡하야 自見面像이라 若生垢惡不善心者와 若有曾毁佛禁戒者는 見像純黑이 猶如炭人이오 五百釋子는 但見炭人하고 有千比丘는 見赤土色하고 優婆塞 十六人은 見黑象腳色하고 優婆夷 二十四

627

人은 見如聚墨하고 比丘尼는 見如白銀하고 優婆塞 優婆夷는 有見如藍染靑色이라 四衆은 悲淚하고 釋子는 拔髮碎身하야 自述所見이라 父王安慰 竟에 釋子 卽起하야 白阿難言호되 我宿罪故로 不見佛身이라하야늘 佛爲說因호되 過去 毘婆尸佛時에 有長者하니 名日月德이라 有五百子하야 聰慧無雙호되 不信父之正法이러니 子臨終時에 父云 汝等이 邪見으로 不信正法이라가 今無常刀割汝身心하나니 爲何所怙오 令稱毘婆尸佛名한대 未及法僧而終하야 生四王天이라 後邪見因故로 墮地獄하야 鐵叉刺眼이어늘 憶父所敎하야 得生人中이라 六佛 出現에 聞名而不得見이나 以得聞六佛名故로 與我同生이라 如來令稱佛名하야 禮拜懺悔케하야 還見相好하고 卽得初果하야 求佛出家하야 得阿羅漢하다

'千比丘見赤土色'者는 過去 然燈佛時에 像法中에 有千弟子 疑師어늘 師 見其臨終하고 令稱念然燈佛名케하야 生忉利天이로되 以疑師罪로 墮餓鬼中하야 洋銅灌咽이라가 以稱佛名으로 今得値佛이라 佛示胸前卍字하사 令讀케하고 於此字中에 說八萬四千功德行하야 卽便懺悔케하야 罪障消滅하야 得記作佛하다

'比丘尼見白銀色'者는 過去 釋迦佛時에 五百童女 在山澤中이라가 忽遇比丘할세 皆脫銀鐶散上하고 發願호되 願此比丘成佛時에 願我見之를 如所散鐶이라하더니 此後生生에 作銀山神하고 今見銀色이라 從是已來로 恒値諸佛하다

'優婆塞見黑象脚'者는 此等이 昔時에 皆作國王이어늘 受邪沙門이 說於邪法이라 其說法人은 墮阿鼻獄하고 汝等은 隨惡友敎故로 墮黑暗獄이라가 由前聞法善心力故로 今得遇我하야 得受五戒하야 令其懺悔

러니 佛放眉間白毫光照에 便得初果하야 求佛出家하야 成阿羅漢하다 '優婆夷見聚墨色'者는 佛說昔時寶蓋燈王佛 像法中에 有一比丘 巡行乞食할세 至淫女家러니 其女見之하고 盛滿鉢飯하야 戲弄比丘言호되 汝顔色可惡이 猶如聚墨하고 身所著衣는 狀如乞人이로다 比丘擲 鉢하고 騰空飛去어늘 諸女 慚愧하야 懺悔 發願호되 願此施食所有功 德으로 未來에 得如比丘自在라하니 以施食故로 千二百劫에 常不饑渴 하고 惡罵因故로 六十小劫에 墮黑暗獄하고 由發善心하야 今得值我하 야 受其五戒하고 乃是供養阿羅漢故로 見舍利弗이나 不見我身하다 佛 爲臍中에 出大蓮華하사 化成光臺하시니 有百千聲聞이라 身子와 目連 이 作十八變한대 諸女 消二十億劫煩惱之結하야 得須陀洹果하고 後 見佛身의 相好端嚴이나 而猶不得見白毫相하다 佛告大王하사되 戲弄 惡口로도 乃至得道히 見佛不明이라하다

餘는 廣如經일세 更不會說이라 如藍之緣은 準例可知니 下十定品에 見色多種이라】

(3) 금은색 등의 똑같지 않음과 32相 등의 차이이다.【초_"(3) 금은색 등"은 觀佛三昧海經 제3에서 자세히 설명하고 있다. 여기 에서 그 의의를 간추려 인증하겠다.

부처님이 부왕을 위하여 모든 상을 보는 데 대해 모두 말씀하시 고, 부처님이 부왕께 말씀드려 이에 아난에게 가르침을 내리셨다.

"내가 이제 그대를 위하여 모두 구족하고 미묘한 몸의 모습을 보여주리라."

이 말씀을 마치고서 부처님이 법좌에서 일어나 대중들에게 모

두 일어나 부처님을 바라보도록 하였다. 부처님의 이마로부터 위에서 아래로 足輪相에 이르고 다시 족륜상으로부터 거꾸로 이마에 이르기까지 하나하나 부처님의 몸이 분명하고 또렷함이 마치 거울을 가지고 스스로 얼굴을 보는 것과 같았다. 만일 더럽고 추악하여 선하지 못한 마음을 내는 자와 일찍이 부처님의 계율을 범한 자는 온통 새까만 모습이 마치 숯 굽는 사람처럼 보였다. 5백 명의 釋子는 다만 숯 굽는 사람처럼 새까만 얼굴만을 보았고, 1천 비구는 赤土色의 얼굴을 보았고, 우바새 16인은 검은 코끼리 다리와 같은 색[黑象脚色]을 보았고, 우바이 24인은 먹물을 부어놓은 것과 같은 색을 보았고, 비구니는 하얀 은색과 같음을 보았고, 우바새와 우바이는 쪽으로 물들인 푸른색과 같음을 보았다. 사부대중이 슬픈 마음에 눈물을 흘렸고, 釋子는 머리털을 뽑고 몸을 부수며 자신이 보았던 대로 말씀드렸다.

부왕이 그들을 위로하자, 釋子가 일어나 아난에게 말하였다.

"내가 宿世의 죄 때문에 부처님의 몸을 볼 수 없다."

부처님이 그를 위해 그 원인을 말씀해주셨다.

"과거 毘婆尸佛 때에 장자 한 분이 계셨다. 그 이름은 日月德이다. 그의 슬하에 5백 명의 아들이 있었는데 총명하고 지혜롭기 짝이 없었지만 부처님의 바른 법을 믿지 않았다. 아들이 임종할 적에 그 부친이 아들에게 말하였다.

'너희들이 삿된 견해로 바른 법을 믿지 않다가 이제 無常의 칼날이 너의 몸과 마음을 자르게 되었으니 그 무엇을 의지하고 믿을

수 있겠느냐?'

그처럼 말하고 임종을 맞이하려는 아들에게 비바시불의 명호를 외도록 하였다. 미처 法과 스님이 도착하기도 전에 죽었는데 사천왕의 하늘에 태어났다가 그 후에 삿된 견해의 원인 때문에 지옥에 떨어져 쇠꼬챙이로 눈을 찔리는 고통을 받았다. 그러나 부친이 가르쳐준 바를 생각하여 다시 사람으로 태어나게 되었다. 여섯 부처님이 출현하셨지만 그 명호만을 들었을 뿐, 미처 친견하지 못했으나 여섯 부처님의 명호를 들은 인연으로 나와 함께 태어나게 된 것이다. 이에 여래께서 그로 하여금 부처님의 명호를 칭송하면서 절을 올리고 참회케 함에 또한 부처님의 거룩하신 얼굴을 보고서 곧바로 初果를 얻어 부처님께 출가를 구하여 아라한과를 얻었다.

'1천 비구는 적토색을 보았다.'는 것은 과거 연등불 때에 像法 中에 1천 제자가 있었는데, 스님을 의심하였다. 스님이 그들의 임종을 보면서 그들에게 연등불의 명호를 외도록 하여 도리천에 태어나게 되었다. 하지만 스님을 의심한 죄 때문에 餓鬼 중에 떨어져 洋銅으로 목구멍에 들어붓는 고통을 당했는데 연등불의 명호를 외운 인연으로 금생에 부처님을 만난 인연을 얻은 것이다. 부처님이 가슴 앞에 卍字를 보여주면서 그에게 卍字를 읽어보게 하였고, 이 글자 속에 8만 4천 공덕행이 있음을 설법하여 곧 참회하도록 하셨다. 이에 업장이 소멸하여 授記를 얻어 부처님이 되었다.

'비구니는 하얀 은색과 같음을 보았다.'는 것은 과거 석가불 때에 5백 동녀가 山澤에 있다가 생각지 않게 비구를 만나 모두가 은 가락지를 뽑아 위로 던지면서 발원하였다. '이 비구가 성불할 때에 원컨대 내가 지금 던진 가락지처럼 성불한 비구를 친견하리라.'고 하였는데, 그 후 세세생생에 銀山神이 되었고 금생에 은색을 본 것이다. 이로부터 그 이후로 언제나 제불을 만났다.

'우바새가 검은 코끼리 다리와 같은 색을 보았다.'는 것은 그들이 옛적에 모두 국왕이 되어서 삿된 沙門이 삿된 법을 설한 것을 받은 까닭에 설법한 사문은 아비옥에 떨어졌고 그대들은 惡友의 가르침을 따른 까닭에 黑暗獄에 떨어졌다가 앞서 법문을 들은 선한 마음의 힘 때문에 금생에 나와 만나 五戒를 받게 된 것이다. 그들을 참회하도록 하고 부처님이 眉間 白毫光을 놓아 비추자, 문득 初果를 얻어 부처님께 출가를 구하여 아라한을 성취하였다.

'우바이는 먹물을 부어놓은 것과 같은 색을 보았다.'는 것은 부처님이 설한, 옛적 보개등왕불의 像法中에 한 비구가 있었는데, 순행 걸식하다가 음탕한 여인의 집에 이르자, 그 음탕한 여인이 비구를 보고서 바리때에 가득 밥을 담아주면서 비구에게 농을 건넸다. '너의 못생긴 얼굴이 마치 먹물을 부어놓은 것과 같고, 몸에 걸친 옷은 걸인과 같다.' 비구가 바리때를 던져버리고 허공으로 날아오르자, 여러 여인이 부끄러워하면서 참회하고 발원하였다. '원컨대 施食의 공덕으로 미래에 비구의 자재함과 같음을 얻어지이다.' 비구에게 施食한 까닭에 1천2백 겁을 항상 배고프거나 목마르지 않았고, 비구에게 욕을 한 인연 때문에 60小劫을 黑暗獄에 떨어졌고, 선심을 일으킨 까닭에 금생에 나를 만나 五戒를 받았고, 이에 아라

한에게 공양을 올린 까닭에 사리불은 친견할 수 있었지만 나의 몸은 보지 못한 것이다,

부처님이 그들을 위하여 배꼽에서 큰 연꽃을 피어내어 변화신통으로 光臺를 이루시니 百千의 聲聞이 있는 터라, 身子와 目連이 18變을 부리자, 많은 여인이 20억겁 맺힌 번뇌를 소멸하고 須陀洹果를 얻었으며, 뒤에 부처님 몸의 相好가 단정하고 장엄함을 보기는 하였지만 오히려 白毫相은 보지 못하였다."

부처님이 대왕께 말하였다.

"희롱 惡口로도 이에 得道에 이르기까지 부처님의 친견이 분명하지 못하다."

나머지는 크게 경문과 같기에 다시는 말하지 않는다. "쪽으로 물들인 푸른색과 같다."는 인연은 이에 준하여 보면 말하지 않아도 알 수 있다. 아래의 十定品에서 여러 가지의 색을 볼 수 있다.】

四는 形有長短이니 三尺丈六으로 乃至無邊이라【鈔_ '三尺'等者는 三尺之身은 卽瞿師羅長者所見이오 '丈六'無邊은 卽無邊身菩薩이 窮上界而有餘니라 準十定品컨대 或見如來一由旬量과 百千由旬으로 乃至不可說不可說 佛刹微塵數 世界量等이니 畧去中間일세 故云 乃至無邊이라하니라 】

(4) 부처님의 몸은 키가 크기도 하고 작기도 하다. 3척과 丈六으로부터 내지 끝이 없다.【초_ '3척' 등이란 3척의 몸은 곧 瞿師羅長者가 본 모습이며, 丈六으로부터 끝이 없다는 것은 곧 無邊身菩薩이 上界 끝까지 닿고서도 남은 키이다. 十定品에 준하여 보면 혹

여래의 1由旬의 양과 百千由旬 내지 말할 수 없고 말할 수 없는, 佛刹微塵數世界量을 본다는 등이다. 중간을 생략한 까닭에 "내지 끝이 없다."고 말한 것이다.】

五는 壽命限量이니 或無量劫이오 或不滿百年이오 下至朝現暮寂이라
【鈔_ '五壽命'者는 或無量劫은 如阿彌陀오 '或不滿百年'은 如今世尊이라 故涅槃云 '我聞호니 諸天 壽命極長이어늘 云何如來는 是天中天이로되 壽命短促하야 不滿百年'고하니라
'下至朝見暮寂'者는 如月面佛은 壽一日夜라 故佛名經 第六에 云 妙聲佛은 壽六十百千歲오 智自在佛은 壽十二千歲오 威德自在佛은 壽七十六千歲오 摩醯首羅佛은 壽一億歲오 梵聲佛은 壽十億歲오 大衆自在佛은 壽六十千歲오 勝聲佛은 壽百億歲오 月面佛은 壽一日夜오 日面佛은 壽一千八百歲오 梵面佛은 壽二十三千歲라하고 又 第二에 云 諸佛壽命 長短差別이 有十阿僧祇 百千萬億이라하고 毘盧遮那品云 '一切功德須彌勝雲佛은 壽五十億歲라하고 下經之中에 說諸佛壽의 長短多門하라】

(5) 수명의 한량이다. 혹은 無量劫이며, 혹은 백 년이 채 되지 않으며, 아래로는 아침에 나타났다가 저녁이면 사라지기도 한다.
【초_ '(5) 수명'의 혹은 무량겁이란 아미타와 같고, 혹은 백 년이 채 되지 않는다는 것은 현재의 세존과 같다, 이 때문에 열반경에 이르기를, "나는 듣자니 諸天의 수명이 지극히 장수를 누리는데, 어찌하여 여래는 하늘 가운데 하늘이신데 수명이 짧아서 백 년이 채 되지 않는가."라고 하였다.

"아래로는 아침에 나타났다가 저녁이면 사라지기도 한다."는 것은 저 月面佛은 수명이 하루 밤낮이다. 이 때문에 불명경 제6에 이르기를, "妙聲佛은 수명이 60百千 세이며, 智自在佛은 수명이 12千 세이며, 威德自在佛은 수명이 76千 세이며, 摩醯首羅佛은 수명이 1억 세이며, 梵聲佛은 수명이 10억 세이며, 大衆自在佛은 수명이 60千 세이며, 勝聲佛은 수명이 100억 세이며, 月面佛은 수명이 하루 밤낮이며, 日面佛은 수명이 1천8백 세이며, 梵面佛은 수명이 23千 세이다."고 하며, 또 제2에 이르기를, "제불 수명의 장단 차별이 10아승기 백천만억이 있다."고 하며, 비로자나품에 이르기를, "一切功德須彌勝雲佛은 수명이 50억 세"라 하며, 下經 가운데 제불 수명의 장단을 말함이 많은 부분이다.】

六은 處니 謂化處의 染淨等殊오

(6) 처소이다. 교화하신 곳의 잡염과 청정 등의 차이가 있음을 말한다.

七은 根이니 謂眼等이 隨感現異오

(7) 根이다. 눈 등이 감각을 따라 차이를 나타냄을 말한다.

八은 生處니 有刹利等別오

(8) 태어난 곳이다. 刹利 등의 차별이 있다.

九는 依語之用이니 隨方言音하야 施設非一故오

(9) 언어에 따른 묘용이다. 지방의 언어와 음성을 따라서 베푸는 바가 하나가 아니기 때문이다.

十 觀察者는 周旋顧眄하야 以應羣機라 又觀存亡·安危·可不이니 智

照諸境하야 示有多端이라 下結意云 '令諸衆生으로 各稱已分하야 而自知見으로 得調伏耳라하다

⑩ 관찰이란 주선하고 돌아보면서 중생의 근기에 감응하는 것이다. 또한 존망과 안위와 가부를 살펴봄이니 지혜로 모든 경계를 관조하여 나타나 보여주는 바가 여러 가지 실마리가 있다. 아래에서 그 뜻을 끝맺어 이르기를, "모든 중생으로 하여금 제각각 자기의 분수에 걸맞게 스스로 알고 보고서 조복을 얻게 한다."고 하였다.

第二 隨門別顯이니 文分爲三이라

둘째, '諸佛子' 이하는 부분을 따라 개별로 밝힘이다. 경문은 3단락으로 나뉜다.

初는 終此品히 辨身名差別者하야 答上佛住之問하고 近廣種種身等 八句이니 以色相等이 皆屬身故오

㉠ 이 품의 끝까지 身名의 차별을 논변하여 위의 佛住에 대한 물음에 답하였고, 가까이는 '가지가지의 몸' 등의 8구를 자세히 말함이니 色相 등이 모두 몸에 속하기 때문이다.

二는 四諦品에 辨言教徧周하야 答佛所說法問하고 近廣種種語業이오

㉡ 사제품에서는 말씀과 가르침이 두루 함을 논변하여 부처님께서 말씀하신 법에 대한 물음을 답하였고, 가까이는 가지가지 語業을 자세히 말하였다.

三은 光明覺品에 明光輪窮照하야 答上威德法性菩提三問하고 近廣

種種觀察이라 其五句依報는 但有現相答이니 廣在前會故니라

ⓒ 광명각품에서는 光輪이 끝까지 비침을 밝혀 위에서 질문한 威德과 法性과 菩提에 대한 3가지를 대답하였고, 가까이는 가지가지의 관찰을 자세히 말하였다. 그 5구의 依報는 다만 現相에 대한 답이 있을 뿐이다. 이는 자세한 설명이 前會에 있기 때문이다.

今初廣上名者는 然聖人無名이로되 爲物立稱이니 若就德以立인댄 德無邊涯하고 若隨機立名인댄 等衆生界하나니 雖復多種이나 皆爲隨宜·生善·滅惡·見理而立일세 海印頓現이라 不應生著也니라【鈔_ 雖復多種下는 以義統收인댄 不出四悉檀義니 一 世界悉檀이니 但令歡喜하야 如來立名이니 少從於此오 多約後三이라 今言隨宜는 此爲總句니 四悉이 皆是隨物宜故니 此句 亦攝世界悉檀이라 二 生善者는 卽是爲人이오 三 滅惡者는 卽是對治오 四 見理者는 卽第一義라 四悉 亦名四隨니 問明品 中에 更當廣說호리라 海印頓現者는 無盡之名이 皆我本師 海印頓見이니 卽攝十方三世佛號하야 皆屬一佛隨宜之號오 非約多佛이니라】

이의 첫 부분에 身名을 자세히 말했다는 것은 성인은 이름이 없지만 중생을 위해 이런 명호를 세운 것이다. 만일 덕의 입장에서 명호를 세운다면 덕이란 끝이 없지만, 근기를 따라 명호를 세운다면 중생세계와 같다. 비록 또한 여러 가지가 있으나 모두 편의를 따르고 선한 마음을 내고 악을 없애고 이치를 보기 위하여 세운 까닭에 海印이 단번에 나타나게 된다. 따라서 집착을 낼 게 없다.
【초_ '雖復多種' 이하는 2가지의 뜻으로 전체를 귀결 짓는다면 四悉檀義에서 벗어나지 않는다.

① 世界悉檀이다. 다만 그들로 하여금 환희심을 일으키게 하기 위하여 여래가 명호를 세운 것이다. 적게는 이를 따르고, 많게는 뒤의 3가지를 가지고 말한다. 여기에서 "편의를 따른다."는 것은 총체의 구절[總句]이다. 四悉이 모두 중생의 편의를 따르기 때문이다. 이 구절 또한 世界悉檀에 속한다.

② 生善이란 곧 爲人이며,

③ 滅惡이란 곧 對治이며,

④ 見理란 곧 第一義이다.

四悉 또한 四隨라 말하기도 한다. 問明品에서 다시 자세히 말할 것이다.

海印頓現이란 그지없는 이름이 모두 우리 本師의 海印이 단번에 나타남이다. 곧 十方三世의 불호를 모두 받아들인 것으로 이는 모두 한 부처님이 편의에 따른 불호에 속함이며, 많은 부처님으로 말함이 아니다.】

文中 分四니 一 娑婆之內에 自有百億이오 二 娑婆隣近이니 卽百億之外오 三 類通一切이니 謂盡十方이오 四 釋差別所由니 由隨物故니라

경문은 4단락으로 나뉜다.

제1. 사바세계의 안에 그 나름 백억 세계가 있으며,

제2. 사바세계의 인근이니 곧 백억 세계의 밖이며,

제3. 일체세계를 유별로 통함이니 시방세계에 다함을 말하며,

제4. 세계 차별의 유래를 해석함이니 사물을 따른 데에서 연유하기 때문이다.

初中 分三이니 初는 此四洲오 二는 四洲之隣十界오 三은 總結娑婆라

제1. 사바세계의 안에 그 나름 백억 세계가 있다

이는 3단락으로 나뉜다.

1) 四洲이며,

2) 사주의 인근 十界이며,

3) 사바세계를 총체로 끝맺음이다.

今初亦三이니 初標處오 次列名이오 後結數니 他皆倣此하다

1) 四洲 또한 3부분으로 나뉜다.

(1) 처소를 나타냄이며,

(2) 명호를 열거함이며,

(3) 수효를 끝맺음이다. 나머지는 모두 이와 같다.

經

諸佛子야 如來가 於此四天下中에 或名一切義成이며 或名圓滿月이며 或名師子吼며 或名釋迦牟尼며 或名第七仙이며 或名毘盧遮那며 或名瞿曇氏며 或名大沙門이며 或名最勝이며 或名導師시니 如是等이 其數十千이라 令諸衆生으로 各別知見케하시니라

여러 불자들이여, 여래가 이 사천하에서

(1) 혹은 일체의성(一切義成)이라 이름하며,

(2) 혹은 원만월(圓滿月)이라 이름하며,

(3) 혹은 사자후(師子吼)라 이름하며,

(4) 혹은 석가모니(釋迦牟尼)라 이름하며,

(5) 혹은 제칠선(第七仙)이라 이름하며,

(6) 혹은 비로자나(毘盧遮那)라 이름하며,

(7) 혹은 구담씨(瞿曇氏)라 이름하며,

(8) 혹은 대사문(大沙門)이라 이름하며,

(9) 혹은 최승(最勝)이라 이름하며,

(10) 혹은 도사(導師)라 이름하니

이와 같은 이름이 그 수효가 10천이라, 모든 중생으로 하여금 제각기 달리 알고 보도록 하기 위함이다.

● 疏 ●

舉四洲者는 昔云意取閻浮라 言總意別이니 餘三天下엔 佛不出故라하니 然雖不出이나 除北俱盧코 餘容有往나 下並準之니라 一切義成은 卽悉達也니 無事不成就故일세니라【鈔_ '一切義成'者는 梵名悉達多니 太子時號라 果收因名이어늘 恐人不知일세 故將梵言하야 以釋唐語니라】

四洲를 들어 말한 것은 옛적에 이르기를, "그 뜻은 閻浮를 취함이다. 총체를 말하여 개별을 뜻함이다. 나머지 3가지의 천하엔 부처님이 나오시지 않기 때문이다. 그러나 비록 부처님이 나오지 않으나 北俱盧를 제외하고 나머지는 가시는 경우가 간혹 있다. 아래는 모두 이에 준한다.

'一切義成'이란 곧 悉達(Siddhrtha)이다. 어느 일이든 성취하지 않음이 없기 때문이다.【초_ '一切義成'이란 범어의 명호로는 悉達多이다. 태자 당시의 호칭이다. 결과는 원인에 의한 이름이지만 사람들이 이를 알지 못할까 두려운 까닭에 범어를 중국말로 해석한 것이다.】

圓滿月者는 惑斷智圓하고 恩蔭淸涼故니라 師子吼者는 名決定說이오 釋迦牟尼者는 釋迦는 云能이니 能仁種故오 牟尼는 云寂黙이니 契寂理故일세니라

第七仙者는 七佛之末故니라 若取賢劫인댄 當第四니 仙은 卽喩也니 無欲染故니라 毘盧遮那는 廣如前釋하다

瞿曇氏者는 唯約姓也니 此云地主니 以從劫初로 代代相承하야 爲轉輪王故니라 然上云釋迦는 乃是族望이오 此卽姓望이라 故智論 第二에 云釋迦牟尼는 姓瞿曇이라하니 故佛名經 亦然하다

沙門은 此云息惡이니 無惡不息故니라 復稱大最勝者는 聖中極故며 德無加故니라

導師者는 引導衆生離險難故며 於生死海에 示衆寶故니라 然名含多義로되 畧釋此十은 恐文繁博이오 餘는 但隨難解之하다

圓滿月이란 미혹이 끊어지고 지혜가 원만하고 은혜의 그늘이 시원하기 때문이다. 師子吼란 決定說이라 명명한다.

釋迦牟尼란 釋迦는 能仁을 말하니 能仁의 종자이기 때문이며, 牟尼는 寂黙을 말하니 고요한 이치에 부합하기 때문이다.

第七仙이란 七佛의 끝이기 때문이다. 만일 賢劫을 취한다면 제

4에 해당한다. 仙이란 곧 비유이다. 욕심과 잡염이 없기 때문이다.

毘盧遮那는 앞에서 자세히 해석한 바와 같다.

瞿曇氏란 오직 성씨로 말한 것이다. 중국말로 하면 地主라는 뜻이다. 劫初로부터 대대로 이어오면서 轉輪王이 되었기 때문이다. 그러나 위에서 '석가'라는 이름은 族望이라는 뜻이며, 중국에서는 곧 姓望, 명성과 덕망이 있는 집안을 말한다. 이 때문에 지도론 제2에 이르기를, "석가모니는 성씨가 瞿曇"이라고 하였다. 이 때문에 불명경 또한 그와 같이 말하였다.

沙門은 중국말로 하면 息惡이다. 악을 종식시키지 않음이 없기 때문이다. 다시 大最勝이라 말한 것은 성인 가운데 최고의 극치이기 때문이며, 덕이 더할 수 없기 때문이다.

導師란 중생을 인도하여 험난한 일을 여의게 하기 때문이며, 生死의 바다에 수많은 보배를 보여주기 때문이다.

그러나 명호에는 많은 뜻을 포함하고 있으나 여기에서 이를 간단하게 10가지로 해석한 것은 경문이 복잡하고 번거로울까 두려워한 때문이다. 나머지는 다만 논란된 부분만을 따라 해석하였다.

二. 此洲之隣十界니 卽爲十段이라

2) 사주의 인근 10계이다. 이는 10단락이다.

初는 善護라

(1) 선호세계

經

諸佛子야 此四天下東에 次有世界하니 名爲善護라 如來가 於彼에 或名金剛이며 或名自在며 或名有智慧며 或名難勝이며 或名雲王이며 或名無諍이며 或名能爲主며 或名心歡喜며 或名無與等이며 或名斷言論이시니 如是等이 其數十千이라 令諸衆生으로 各別知見케하시니라

여러 불자들이여, 이 사천하의 동쪽에 다음 세계가 있다. 그 세계 이름은 선호(善護)이며, 여래께서 그 세계에서는

(1) 혹은 금강(金剛)이라 이름하며,

(2) 혹은 자재(自在)라 이름하며,

(3) 혹은 유지혜(有智慧)라 이름하며,

(4) 혹은 난승(難勝)이라 이름하며,

(5) 혹은 운왕(雲王)이라 이름하며,

(6) 혹은 무쟁(無諍)이라 이름하며,

(7) 혹은 능위주(能爲主)라 이름하며,

(8) 혹은 심환희(心歡喜)라 이름하며,

(9) 혹은 무여등(無與等)이라 이름하며,

(10) 혹은 단언론(斷言論)이라 이름하니

이와 같은 이름이 그 수효가 10천이라, 모든 중생으로 하여금

제각기 알고 보게 하신다.

● 疏 ●

其善護等은 皆四洲之通稱也라 今初는 東方이라 斷言論者는 證離言故며 無能說過故일세니라【鈔_ '無能說過'者는 即大薩遮尼乾子 所說經 第四卷에 有嚴熾王이어늘 請薩遮 入宮供養하고 因問云 '大師여 頗有人이 於衆生界中에 聰明大智하고 利根黠慧호되 有罪過不아 答言 有니라 下有十重問答이어늘 大意 皆同하다

一 問是誰오 一云 能雨婆羅門은 聰明大智호되 常多淫慾하여 喜侵他妻하고 二 頗羅蟄婆羅門은 多睡하고 三 黑王子는 多嫉妒하고 四 勝仙王子는 多殺生하고 五 無畏王子는 慈心太過하고 六 天力王子는 飮酒太過하고 七 婆藪天王子는 行事太過하고 八 大仙王子는 貪心太過하고 九 大天王子는 輕躁戲笑하야 放逸太過하고 十 波斯匿王은 噉食太過니라

第十一問에 '還更有不아 答云 '有니라 王亦有過하니 謂太暴惡急卒이니라 王聞大怒하야 令殺尼乾한대 尼乾이 驚怖하야 乞容一言하야 云 '我亦有過하니 實語太過니라 大王은 黠慧之人이라 不應於一切時 常行實語하고 觀其可不어늘 我於暴卒人前에 出其實語일세 故爲太過니라'

王이 悟하야 悔過하고 更問호되 '頗有聰明大智利根이 無有過不아 答言 '有하다'

問 '誰是오' 答云 '沙門 瞿曇은 此一無過니라 我 四圍陀經 中에 說호되 釋種沙門이 無有過失이라하니 所謂生在大家하야 不可譏嫌이니라 何以故오 是轉輪王種故며 種姓 豪貴하야 不可譏嫌이니 以甘蔗種姓家生

644

故며 福德莊嚴 不可譏嫌이니 三十二相 八十種好로 莊嚴身故라하야 下廣說如來具大慈悲와 無礙辯才와 十力無畏와 諸不共德하고 廣說 三十二相과 八十種好와 一切功德하야 云唯此一人이 無有過失이라한 대 王聞發心하니 則顯餘皆不免이라 故今疏云'無能說過라하니라】

여기에서 말한 '善護' 등은 모두 四洲의 통칭이다.

이의 첫 부분은 동쪽이다. 斷言論이란 언어를 여읜 자리를 증득하였기 때문이며, 죄와 잘못을 말할 수 없기 때문이다.【초_ "죄와 잘못을 말할 수 없다."는 것은 곧 大薩遮尼乾子의 所說經 제4권에 의하면 다음과 같다.

嚴熾王이 대살자니건자를 초청하여 궁중으로 모셔 공양하고, 이를 계기로 물었다.

"대사여, 사람이 중생세계 가운데 총명하고 큰 지혜가 있으며 利根으로 영리하면서도 죄와 잘못이 있을 수 있습니까?"

"있습니다."

아래에 열 가지의 문답이 있는데 그 대의는 아래와 같다.

첫 물음은 "그런 사람은 누구인가?"이다.

① 능우 바라문은 총명하고 큰 지혜를 지녔지만 언제나 음욕이 많아 남의 아내를 범하기 좋아하였다.

② 파라타 바라문은 수면이 많고,

③ 흑 왕자는 질투가 많고,

④ 승선 왕자는 살생이 많고,

⑤ 무외 왕자는 자비심이 너무 지나치고,

⑥ 천력 왕자는 음주가 너무 지나치고,

⑦ 바수천 왕자는 행사가 너무 지나치고,

⑧ 대선 왕자는 탐심이 너무 지나치고,

⑨ 대천 왕자는 경망하고 장난과 웃기를 좋아하여 放逸이 너무 지나치고,

⑩ 바사익 왕은 음식 먹는 게 너무 지나치다.

제11 물음에 "또 이밖에도 있습니까?"

"있습니다. 왕 또한 잘못이 있습니다. 너무 포악하고 성질이 급합니다."

왕이 그의 말을 듣고서 몹시 성내어 대살자니건자를 살해하려고 하자, 대살자니건자는 깜짝 놀라 말 한마디만 할 수 있도록 허락해주기를 청하였다.

"나 또한 잘못이 있습니다. 사실대로 말하는 게 너무 지나칩니다. 대왕은 총명하신 분이라, 모든 시간에 언제나 진실한 말을 행하지 않고 그 옳은 일인지 잘못된 일인지를 살펴보지 않는데, 나는 포악하고 성질 급한 사람 앞에서 사실대로 말한 까닭에 너무 지나친 일이 된 것입니다."

왕은 그 말에 깨달은 바 있어 그의 잘못을 뉘우치고서 또 물었다.

"총명하고 큰 지혜가 있고 利根을 지닌 사람은 죄와 잘못이 없을 수 있습니까?"

"있습니다."

"누구입니까?"

"沙門 瞿曇은 하나도 잘못이 없습니다. 내가 四圍陀經에서 釋種沙門이 잘못이 없음을 말하였습니다. 이른바 大家에 태어나 시비와 혐의를 할 수 없습니다. 이는 무엇 때문일까요? 轉輪王種이기 때문이며, 種姓이 고귀하여 시비와 혐의를 할 수 없습니다. 이는 甘蔗種姓家에 태어났기 때문이며, 복덕으로 장엄하여 시비와 혐의를 할 수 없습니다. 이는 32相과 80가지의 잘생긴 모습으로 몸을 장엄하였기 때문입니다." 아래에서는 여래께서 대자비, 걸림 없는 辯才, 十力無畏, 모든 不共德을 갖추고 있음을 자세히 말하였고, 32相과 80가지의 잘생긴 모습과 일체 공덕을 자세히 말하면서 "오직 이분만이 잘못이 없다."고 하였다.

왕이 그의 말을 듣고서 발심하였다. 나머지는 모두 면치 못함을 나타낸 것이다. 이 때문에 청량 疏에서 "罪過를 말할 수 없다."고 한 것이다.】

二 難忍

　(2) 난인세계

經

諸佛子야 此四天下南에 次有世界하니 名爲難忍이라 如來가 於彼에 或名帝釋이며 或名寶稱이며 或名離垢며 或名實語며 或名能調伏이며 或名具足喜며 或名大名稱이며 或名

能利益이며 或名無邊이며 或名最勝이시니 如是等이 其數
十千이라 令諸衆生으로 各別知見케하시니라

여러 불자들이여, 이 사천하의 남쪽에 다음 세계가 있다. 그 세계 이름은 난인(難忍)이며, 여래께서 그 세계에서는

(1) 혹은 제석(帝釋)이라 이름하며,

(2) 혹은 보칭(寶稱)이라 이름하며,

(3) 혹은 이구(離垢)라 이름하며,

(4) 혹은 실어(實語)라 이름하며,

(5) 혹은 능조복(能調伏)이라 이름하며,

(6) 혹은 구족희(具足喜)라 이름하며,

(7) 혹은 대명칭(大名稱)이라 이름하며,

(8) 혹은 능이익(能利益)이라 이름하며,

(9) 혹은 무변(無邊)이라 이름하며,

(10) 혹은 최승(最勝)이라 이름하니

이와 같은 이름이 그 수효가 10천이라, 모든 중생으로 하여금 제각기 알고 보도록 하기 위함이다.

● 疏 ●

南云帝釋者는 爲天人主니 能稱物心故니라

남쪽 세계에서 '제석'이라 말한 것은 하늘과 사람의 주인이니 중생의 마음을 잘 맞추어주기 때문이다.

三 親慧

(3) 친혜세계

經

諸佛子야 此四天下西에 次有世界하니 名爲親慧라 如來가 於彼에 或名水天이며 或名喜見이며 或名最勝王이며 或名調伏天이며 或名眞實慧며 或名到究竟이며 或名歡喜며 或名法慧며 或名所作已辦이며 或名善住시니 如是等이 其數十千이라 令諸衆生으로 各別知見케하시니라

여러 불자들이여, 이 사천하의 서쪽에 다음 세계가 있다. 그 세계 이름은 친혜(親慧)이며, 여래께서 그 세계에서는

(1) 혹은 수천(水天)이라 이름하며,

(2) 혹은 희견(喜見)이라 이름하며,

(3) 혹은 최승왕(最勝王)이라 이름하며,

(4) 혹은 조복천(調伏天)이라 이름하며,

(5) 혹은 진실혜(眞實慧)라 이름하며,

(6) 혹은 도구경(到究竟)이라 이름하며,

(7) 혹은 환희(歡喜)라 이름하며,

(8) 혹은 법혜(法慧)라 이름하며,

(9) 혹은 소작이판(所作已辦)이라 이름하며,

(10) 혹은 선주(善住)라 이름하니

이와 같은 이름이 그 수효가 10천이라, 모든 중생으로 하여금 제각기 알고 보도록 하기 위함이다.

◉ 疏 ◉

西云水天者는 水는 善利萬物이며 天은 光淨故니라

서쪽 세계에서 '수천'이라 말한 것은 물이란 만물에 좋은 이익을 준다는 뜻이며, 하늘이란 광명이 청정하기 때문이다.

━

四師子

(4) 사자세계

經

諸佛子야 此四天下北에 次有世界하니 名爲師子라 如來가 於彼에 或名大牟尼며 或名苦行이며 或名世所尊이며 或名最勝田이며 或名一切智며 或名善意며 或名淸淨이며 或名瞖羅跋那며 或名最上施며 或名苦行得이시니 如是等이 其數十千이라 令諸衆生으로 各別知見케하시니라

여러 불자들이여, 이 사천하의 북쪽에 다음 세계가 있다. 그 세계 이름은 사자(師子)이며, 여래께서 그 세계에서는

(1) 혹은 대모니(大牟尼)라 이름하며,

(2) 혹은 고행(苦行)이라 이름하며,

650

(3) 혹은 세소존(世所尊)이라 이름하며,

(4) 혹은 최승전(最勝田)이라 이름하며,

(5) 혹은 일체지(一切智)라 이름하며,

(6) 혹은 선의(善意)라 이름하며,

(7) 혹은 청정(淸淨)이라 이름하며,

(8) 혹은 예라발나(瞖羅跋那)라 이름하며,

(9) 혹은 최상시(最上施)라 이름하며,

(10) 혹은 고행득(苦行得)이라 이름하니

이와 같은 이름이 그 수효가 10천이라, 모든 중생으로 하여금 제각기 알고 보도록 하기 위함이다.

● 疏 ●

北方瞖羅跋那者는 具云瞖濕弗羅跋那니 瞖濕弗은 自在也오 羅跋那者는 聲也니 卽圓音自在耳니라

북방세계에 '예라발나'란 구체적으로 말하면 '예습불라발나'이다. 瞖濕弗은 自在라는 뜻이며, 羅跋那는 음성을 말한다. 이는 곧 원만한 음성이 자재하다는 뜻이다.

五. 妙觀察

(5) 묘관찰세계

諸佛子야 此四天下東北方에 次有世界하니 名妙觀察이라 如來가 於彼에 或名調伏魔며 或名成就며 或名息滅이며 或名賢天이며 或名離貪이며 或名勝慧며 或名心平等이며 或名無能勝이며 或名智慧音이며 或名難出現이시니 如是等이 其數十千이라 令諸衆生으로 各別知見케하시니라

여러 불자들이여, 이 사천하의 동북쪽에 다음 세계가 있다. 그 세계이름은 묘관찰(妙觀察)이며, 여래께서 그 세계에서는

⑴ 혹은 조복마(調伏魔)라 이름하며,

⑵ 혹은 성취(成就)라 이름하며,

⑶ 혹은 식멸(息滅)이라 이름하며,

⑷ 혹은 현천(賢天)이라 이름하며,

⑸ 혹은 이탐(離貪)이라 이름하며,

⑹ 혹은 승혜(勝慧)라 이름하며,

⑺ 혹은 심평등(心平等)이라 이름하며,

⑻ 혹은 무능승(無能勝)이라 이름하며,

⑼ 혹은 지혜음(智慧音)이라 이름하며,

⑽ 혹은 난출현(難出現)이라 이름하니

이와 같은 이름이 그 수효가 10천이라, 모든 중생으로 하여금 제각기 알고 보도록 하기 위함이다.

六 喜樂

(6) 희락세계

經

諸佛子야 此四天下東南方에 次有世界하니 名爲喜樂이라 如來가 於彼에 或名極威嚴이며 或名光焰聚며 或名徧知며 或名秘密이며 或名解脫이며 或名性安住며 或名如法行이며 或名淨眼王이며 或名大勇健이며 或名精進力이시니 如是等이 其數十千이라 令諸衆生으로 各別知見케하시니라

여러 불자들이여, 이 사천하의 동남쪽에 다음 세계가 있다. 그 세계 이름은 희락(喜樂)이며, 여래께서 그 세계에서는

(1) 혹은 극위엄(極威嚴)이라 이름하며,

(2) 혹은 광염취(光焰聚)라 이름하며,

(3) 혹은 변지(徧知)라 이름하며,

(4) 혹은 비밀(秘密)이라 이름하며,

(5) 혹은 해탈(解脫)이라 이름하며,

(6) 혹은 성안주(性安住)라 이름하며,

(7) 혹은 여법행(如法行)이라 이름하며,

(8) 혹은 정안왕(淨眼王)이라 이름하며,

(9) 혹은 대용건(大勇健)이라 이름하며,

(10) 혹은 정진력(精進力)이라 이름하니

이와 같은 이름이 그 수효가 10천이라, 모든 중생으로 하여금 제각기 알고 보도록 하기 위함이다.

七 甚堅牢
(7) 심견뢰세계

經

諸佛子야 此四天下西南方에 次有世界하니 名甚堅牢라 如來가 於彼에 或名安住며 或名智王이며 或名圓滿이며 或名不動이며 或名妙眼이며 或名頂王이며 或名自在音이며 或名一切施며 或名持衆仙이며 或名勝須彌시니 如是等이 其數十千이라 令諸衆生으로 各別知見케하시니라

여러 불자들이여, 이 사천하의 서남쪽에 다음 세계가 있다. 그 세계 이름은 심견뢰(甚堅牢)이며, 여래께서 그 세계에서는

(1) 혹은 안주(安住)라 이름하며,

(2) 혹은 지왕(智王)이라 이름하며,

(3) 혹은 원만(圓滿)이라 이름하며,

(4) 혹은 부동(不動)이라 이름하며,

(5) 혹은 묘안(妙眼)이라 이름하며,

(6) 혹은 정왕(頂王)이라 이름하며,

(7) 혹은 자재음(自在音)이라 이름하며,

(8) 혹은 일체시(一切施)라 이름하며,

(9) 혹은 지중선(持衆仙)이라 이름하며,

(10) 혹은 승수미(勝須彌)라 이름하니

이와 같은 이름이 그 수효가 10천이라, 모든 중생으로 하여금 제각기 알고 보도록 하기 위함이다.

八 微妙地

(8) 미묘지세계

經

諸佛子야 此四天下西北方에 次有世界하니 名爲妙地라 如來가 於彼에 或名普徧이며 或名光焰이며 或名摩尼髻며 或名可憶念이며 或名無上義며 或名常喜樂이며 或名性淸淨이며 或名圓滿光이며 或名修臂며 或名住本이시니 如是等이 其數十千이라 令諸衆生으로 各別知見케하시니라

여러 불자들이여, 이 사천하의 서북쪽에 다음 세계가 있다. 그 세계 이름은 묘지(妙地)이며, 여래께서 그 세계에서는

(1) 혹은 보변(普徧)이라 이름하며,

(2) 혹은 광염(光焰)이라 이름하며,

(3) 혹은 마니계(摩尼髻)라 이름하며,

(4) 혹은 가억념(可憶念)이라 이름하며,

(5) 혹은 무상의(無上義)라 이름하며,

(6) 혹은 상희락(常喜樂)이라 이름하며,

(7) 혹은 성청정(性淸淨)이라 이름하며,

(8) 혹은 원만광(圓滿光)이라 이름하며,

(9) 혹은 수비(修臂)라 이름하며,

(10) 혹은 주본(住本)이라 이름하니

이와 같은 이름이 그 수효가 10천이라, 모든 중생으로 하여금 제각기 알고 보도록 하기 위함이다.

九 焰慧

(9) 염혜세계

經

諸佛子야 此四天下次下方에 有世界하니 名爲焰慧라 如來가 於彼에 或名集善根이며 或名師子相이며 或名猛利慧며 或名金色焰이며 或名一切知識이며 或名究竟音이며 或名作利益이며 或名到究竟이며 或名眞實天이며 或名普徧勝이시니 如是等이 其數十千이라 令諸衆生으로 各別知見케하시니라

여러 불자들이여, 이 사천하의 아래쪽에 다음 세계가 있다. 그 세계 이름은 염혜(焰慧)이며, 여래께서 그 세계에서는

(1) 혹은 집선근(集善根)이라 이름하며,

(2) 혹은 사자상(師子相)이라 이름하며,

(3) 혹은 맹리혜(猛利慧)라 이름하며,

(4) 혹은 금색염(金色焰)이라 이름하며,

(5) 혹은 일체지식(一切知識)이라 이름하며,

(6) 혹은 구경음(究竟音)이라 이름하며,

(7) 혹은 작이익(作利益)이라 이름하며,

(8) 혹은 도구경(到究竟)이라 이름하며,

(9) 혹은 진실천(眞實天)이라 이름하며,

(10) 혹은 보변승(普徧勝)이라 이름하니

이와 같은 이름이 그 수효가 10천이라, 모든 중생으로 하여금 제각기 알고 보도록 하기 위함이다.

十持地

(10) 지지세계

經

諸佛子야 此四天下次上方에 有世界하니 名曰持地라 如來가 於彼에 或名有智慧며 或名淸淨面이며 或名覺慧며 或名上首며 或名行莊嚴이며 或名發歡喜며 或名意成滿이며 或名如盛火며 或名持戒며 或名一道시니 如是等이 其數十千이라 令諸衆生으로 各別知見케하시니라

여러 불자들이여, 이 사천하의 위쪽에 다음 세계가 있다. 그 세계 이름은 지지(持地)이며, 여래께서 그 세계에서는

(1) 혹은 유지혜(有智慧)라 이름하며,

(2) 혹은 청정면(淸淨面)이라 이름하며,

(3) 혹은 각혜(覺慧)라 이름하며,

(4) 혹은 상수(上首)라 이름하며,

(5) 혹은 행장엄(行莊嚴)이라 이름하며,

(6) 혹은 발환희(發歡喜)라 이름하며,

(7) 혹은 의성만(意成滿)이라 이름하며,

(8) 혹은 여성화(如盛火)라 이름하며,

(9) 혹은 지계(持戒)라 이름하며,

(10) 혹은 일도(一道)라 이름하니

이와 같은 이름이 그 수효가 10천이라, 모든 중생으로 하여금 제각기 알고 보도록 하기 위함이다.

◉ 疏 ◉

上云'盛火'者는 盛火焚薪에 不擇材木이오 佛智利物에 無揀賢愚니라 問이라 餘聖教說호되 大輪圍內에 平布百億하야 上卽諸天이오 下安地獄이라하야늘 如何此說上下皆有四洲잇가
答이라 此教所說은 事理理融일세 隨說法處하야 卽是當中이니 縱極上際하고 旁至大輪圍山이라도 亦有十方하야 互爲主伴이니라 以融爲眷屬이언정 本數非多니 十方界融도 亦準於此라 因此署說娑婆融通과 改

非改相인댄 畧有其五니 一은 約事常定이니 如小乘說이오 二는 隨心見異니 若身子·梵王이오 三은 就佛而言인댄 本非淨穢이오 四는 隨法迴轉이니 如上主伴互爲오 五는 潛入微塵이니 如前會說이니라【 鈔_ 因此以下는 二에 類顯義理니 卽五敎意오 二는 通始終하고 三은 卽頓敎오 四五는 皆圓이니라 】

위쪽의 세계에서 '盛火'라 말한 것은 치성한 불로 섶을 불태우면 나무숲을 가리지 않듯이 부처님의 지혜로 중생에게 이익을 줄 적에 현명한 이나 어리석은 이를 가림이 없다.

"나머지 聖敎에서 말하기를 '大輪圍 내에 백억 세계가 펼쳐 있어 위는 곧 諸天이요 아래는 지옥이 있다.'고 하였는데, 어찌하여 여기에서는 상하에 모두 四洲가 있다고 말했습니까?"

"이 가르침에서 말한 바는 사법계가 이법계를 따라 하나로 융합하기에 설법한 곳에 따라서 곧 이 가운데에 해당하니 가로로 위에 다하고 세로로 大輪圍山에 이를지라도 또한 시방세계가 있어 서로 主伴이 된다.

융통하여 권속이 될지언정 본래의 수가 많은 것은 아니다. 시방세계가 융합함도 또한 이에 준한다. 이로 인하여 간단하게 사바세계의 융통과 바뀌고 바뀌지 않는 모습을 말한다면 대략 5가지가 있다.

(1) 사법계의 常定으로 말하니 소승의 말과 같고,
(2) 마음을 따라 차이를 봄이니 身子와 梵王과 같고,
(3) 부처님으로 말한다면 본래 청정과 雜穢가 아니고,
(4) 법을 따라 회전함이니 위에 主伴이 서로 하는 것과 같고,

(5) 微塵에도 잠겨 있음이니 앞의 법회에서 말한 바와 같다."
【초_ '因此畧說娑婆融通' 이하는 二에 義理를 유로 나타낸 것이다. 곧 五敎의 뜻이다. (2)는 始와 終에 통하고, (3)은 곧 頓敎이며, (4)~(5)는 모두 圓敎이다.】

若通論餘淨土인댄 更有五義니 謂諸刹의 相入義. 相卽義. 一具一切義. 廣陝自在義. 帝網重疊義니 並如前後諸文所說하다

만일 나머지 淨土를 전체로 논한다면 또한 5가지의 뜻이 있다. 모든 刹土의 相入義, 相卽義, 一具一切義, 廣狹自在義, 帝網重疊義이다. 아울러 전후 모든 경문에서 말한 바와 같다.

三. 總結娑婆
3) 사바세계를 총체로 끝맺다

經
諸佛子야 此娑婆世界에 有百億四天下어든 如來가 於中에 有百億萬種種名號하사 令諸衆生으로 各別知見케하시니라

여러 불자들이여, 이 사바세계에 백억의 사천하가 있는데, 여래가 그 가운데서 백억만의 가지가지 명호를 두어 모든 중생으로 하여금 제각기 알고 보도록 하셨다.

二. 彰娑婆隣近十方이니 亦爲十段이라

　제2. 사바세계 인근의 시방을 나타내다

　이 또한 10단락이다.

初密訓

　(1) 동방 밀훈세계

經

諸佛子야 此娑婆世界東에 次有世界하니 名爲密訓이라 如來가 於彼에 或名平等이며 或名殊勝이며 或名安慰며 或名開曉意며 或名聞慧며 或名眞實語며 或名得自在며 或名最勝身이며 或名大勇猛이며 或名無等智시니 如是等百億萬種種名號를 令諸衆生으로 各別知見케하시니라

　여러 불자들이여, 이 사바세계 동방에 다음 세계가 있다. 그 세계 이름은 밀훈(密訓)이다. 여래께서 그 세계에서

　(1) 혹은 평등(平等)이라 이름하며,

　(2) 혹은 수승(殊勝)이라 이름하며,

　(3) 혹은 안위(安慰)라 이름하며,

　(4) 혹은 개효의(開曉意)라 이름하며,

　(5) 혹은 문혜(聞慧)라 이름하며,

　(6) 혹은 진실어(眞實語)라 이름하며,

　(7) 혹은 득자재(得自在)라 이름하며,

(8) 혹은 최승신(最勝身)이라 이름하며,

(9) 혹은 대용맹(大勇猛)이라 이름하며,

(10) 혹은 무등지(無等智)라 이름하니

이러한 백억만 가지가지 명호를 두어 모든 중생으로 하여금 제각기 알고 보도록 하기 위함이다.

● 疏 ●

密訓唯九者는 勘晉經컨대 開曉意下에 闕一聞慧니라

밀훈세계에 오직 아홉 명호만 있는 것은 晉經과 대조하여 보면 '開曉意' 아래에 하나의 '聞慧'가 빠졌다.

二 豐溢

(2) 남방 풍일세계

經

諸佛子야 此娑婆世界南에 次有世界하니 名曰豐溢이라 如來가 於彼에 或名本性이며 或名勤意며 或名無上尊이며 或名大智炬며 或名無所依며 或名光明藏이며 或名智慧藏이며 或名福德藏이며 或名天中天이며 或名大自在시니 如是等百億萬種種名號를 令諸衆生으로 各別知見케하시니라

여러 불자들이여, 이 사바세계 남방에 다음 세계가 있다. 그 세

계이름은 풍일(豊溢)이다. 여래께서 그 세계에서

   (1) 혹은 본성(本性)이라 이름하며,

   (2) 혹은 근의(勤意)라 이름하며,

   (3) 혹은 무상존(無上尊)이라 이름하며,

   (4) 혹은 대지거(大智炬)라 이름하며,

   (5) 혹은 무소의(無所依)라 이름하며,

   (6) 혹은 광명장(光明藏)이라 이름하며,

   (7) 혹은 지혜장(智慧藏)이라 이름하며,

   (8) 혹은 복덕장(福德藏)이라 이름하며,

   (9) 혹은 천중천(天中天)이라 이름하며,

   (10) 혹은 대자재(大自在)라 이름하니

이러한 백억만 가지가지 명호를 두어 모든 중생으로 하여금 제각기 알고 보도록 하기 위함이다.

三 離垢

   (3) 서방 이구세계

經

諸佛子야 此娑婆世界西에 次有世界하니 名爲離垢라 如來가 於彼에 或名意成이며 或名知道며 或名安住本이며 或名能解縛이며 或名通達義며 或名樂分別이며 或名最勝見이

며 或名調伏行이며 或名衆苦行이며 或名具足力이시니 如是等百億萬種種名號를 令諸衆生으로 各別知見케하시니라

여러 불자들이여, 이 사바세계 서방에 다음 세계가 있다. 그 세계 이름은 이구(離垢)이다. 여래께서 그 세계에서

(1) 혹은 의성(意成)이라 이름하며,

(2) 혹은 지도(知道)라 이름하며,

(3) 혹은 안주본(安住本)이라 이름하며,

(4) 혹은 능해박(能解縛)이라 이름하며,

(5) 혹은 통달의(通達義)라 이름하며,

(6) 혹은 낙분별(樂分別)이라 이름하며,

(7) 혹은 최승견(最勝見)이라 이름하며,

(8) 혹은 조복행(調伏行)이라 이름하며,

(9) 혹은 중고행(衆苦行)이라 이름하며,

(10) 혹은 구족력(具足力)이라 이름하니

이러한 백억만 가지가지 명호를 두어 모든 중생으로 하여금 제각기 알고 보도록 하기 위함이다.

四 豊樂

　(4) 북방 풍락세계

諸佛子야 此娑婆世界北에 次有世界하니 名曰豊樂이라 如來가 於彼에 或名薝蔔華色이며 或名日藏이며 或名善住며 或名現神通이며 或名性超邁며 或名慧日이며 或名無礙며 或名如月現이며 或名迅疾風이며 或名淸淨身이시니 如是等 百億萬種種名號를 令諸衆生으로 各別知見케하시니라

여러 불자들이여, 이 사바세계 북방에 다음 세계가 있다. 그 세계 이름은 풍락(豊樂)이다. 여래께서 그 세계에서

　(1) 혹은 담복화색(薝蔔華色)이라 이름하며,

　(2) 혹은 일장(日藏)이라 이름하며,

　(3) 혹은 선주(善住)라 이름하며,

　(4) 혹은 현신통(現神通)이라 이름하며,

　(5) 혹은 성초매(性超邁)라 이름하며,

　(6) 혹은 혜일(慧日)이라 이름하며,

　(7) 혹은 무애(無礙)라 이름하며,

　(8) 혹은 여월현(如月現)이라 이름하며,

　(9) 혹은 신질풍(迅疾風)이라 이름하며,

　(10) 혹은 청정신(淸淨身)이라 이름하니

이러한 백억만 가지가지 명호를 두어 모든 중생으로 하여금 제각기 알고 보도록 하기 위함이다.

五攝取

(5) 동북방 섭취세계

經

諸佛子야 此娑婆世界東北方에 次有世界하니 名爲攝取라 如來가 於彼에 或名永離苦며 或名普解脫이며 或名大伏藏이며 或名解脫智며 或名過去藏이며 或名寶光明이며 或名離世間이며 或名無礙地며 或名淨信藏이며 或名心不動이시니 如是等百億萬種種名號를 令諸衆生으로 各別知見케하시니라

여러 불자들이여, 이 사바세계 동북방에 다음 세계가 있다. 그 세계 이름은 섭취(攝取)이다. 여래께서 그 세계에서

(1) 혹은 영리고(永離苦)라 이름하며,

(2) 혹은 보해탈(普解脫)이라 이름하며,

(3) 혹은 대복장(大伏藏)이라 이름하며,

(4) 혹은 해탈지(解脫智)라 이름하며,

(5) 혹은 과거장(過去藏)이라 이름하며,

(6) 혹은 보광명(寶光明)이라 이름하며,

(7) 혹은 이세간(離世間)이라 이름하며,

(8) 혹은 무애지(無礙地)라 이름하며,

(9) 혹은 정신장(淨信藏)이라 이름하며,

(10) 혹은 심부동(心不動)이라 이름하니

이러한 백억만 가지가지 명호를 두어 모든 중생으로 하여금 제각기 알고 보도록 하기 위함이다.

六饒益

(6) 동남방 요익세계

經

諸佛子야 此娑婆世界東南方에 次有世界하니 名爲饒益이라 如來가 於彼에 或名現光明이며 或名盡智며 或名美音이며 或名勝根이며 或名莊嚴蓋며 或名精進根이며 或名到分別彼岸이며 或名勝定이며 或名間言辭며 或名智慧海시니 如是等百億萬種種名號를 令諸衆生으로 各別知見케하시니라

여러 불자들이여, 이 사바세계 동남방에 다음 세계가 있다. 그 세계 이름은 요익(饒益)이다. 여래께서 그 세계에서

(1) 혹은 현광명(現光明)이라 이름하며,

(2) 혹은 진지(盡智)라 이름하며,

(3) 혹은 미음(美音)이라 이름하며,

(4) 혹은 승근(勝根)이라 이름하며,

(5) 혹은 장엄개(莊嚴蓋)라 이름하며,

(6) 혹은 정진근(精進根)이라 이름하며,

(7) 혹은 도분별피안(到分別彼岸)이라 이름하며,

(8) 혹은 승정(勝定)이라 이름하며,

(9) 혹은 간언사(間言辭)라 이름하며,

(10) 혹은 지혜해(智慧海)라 이름하니

이러한 백억만 가지가지 명호를 두어 모든 중생으로 하여금 제각기 알고 보도록 하기 위함이다.

七鮮少

(7) 서남방 선소세계

經

諸佛子야 此娑婆世界西南方에 次有世界하니 名爲鮮少라 如來가 於彼에 或名牟尼主며 或名具衆寶며 或名世解脫이며 或名徧知根이며 或名勝言辭며 或名明了見이며 或名根自在며 或名大仙師며 或名開導業이며 或名金剛師子시니 如是等百億萬種種名號를 令諸衆生으로 各別知見케하시니라

여러 불자들이여, 이 사바세계 서남방에 다음 세계가 있다. 그 세계 이름은 선소(鮮少)이다. 여래께서 그 세계에서

(1) 혹은 모니주(牟尼主)라 이름하며,

(2) 혹은 구중보(具衆寶)라 이름하며,

(3) 혹은 세해탈(世解脫)이라 이름하며,

(4) 혹은 변지근(徧知根)이라 이름하며,

(5) 혹은 승언사(勝言辭)라 이름하며,

(6) 혹은 명료견(明了見)이라 이름하며,

(7) 혹은 근자재(根自在)라 이름하며,

(8) 혹은 대선사(大仙師)라 이름하며,

(9) 혹은 개도업(開導業)이라 이름하며,

(10) 혹은 금강사자(金剛師子)라 이름하니

이러한 백억만 가지가지 명호를 두어 모든 중생으로 하여금 제각기 알고 보도록 하기 위함이다.

八 歡喜

(8) 서북방 환희세계

經

諸佛子야 此娑婆世界西北方에 次有世界하니 名爲歡喜라 如來가 於彼에 或名妙華聚며 或名栴檀蓋며 或名蓮華藏이며 或名超越諸法이며 或名法寶며 或名復出生이며 或名淨妙蓋며 或名廣大眼이며 或名有善法이며 或名專念法이며 或名網藏이시니 如是等百億萬種種名號를 令諸衆生으로 各別知見케하시니라

여러 불자들이여, 이 사바세계 서북방에 다음 세계가 있다. 그 세계 이름은 환희(歡喜)이다. 여래께서 그 세계에서

⑴ 혹은 묘화취(妙華聚)라 이름하며,

⑵ 혹은 전단개(栴檀蓋)라 이름하며,

⑶ 혹은 연화장(蓮華藏)이라 이름하며,

⑷ 혹은 초월제법(超越諸法)이라 이름하며,

⑸ 혹은 법보(法寶)라 이름하며,

⑹ 혹은 부출생(復出生)이라 이름하며,

⑺ 혹은 정묘개(淨妙蓋)라 이름하며,

⑻ 혹은 광대안(廣大眼)이라 이름하며,

⑼ 혹은 유선법(有善法)이라 이름하며,

⑽ 혹은 전념법(專念法)이라 이름하며,

⑾ 혹은 망장(網藏)이라 이름하니

이러한 백억만 가지가지 명호를 두어 모든 중생으로 하여금 제각기 알고 보도록 하기 위함이다.

● 疏 ●

西北方에 名有十一者는 獨此有餘하야 不成文體니 此中專念法이 應卽是前所脫聞慧니 亦是梵本之漏를 注者誤安貝葉耳라

서북방에 11가지의 명호가 있는 것은 유독 이 부분만 하나의 명호가 더 있어 문체에 알맞지 않다. 여기에서 말한 '專念法'은 아마 앞에서 누락된 '聞慧'일 것이다. 이 또한 梵本의 누락 부분을 주석을 붙인 자가 잘못하여 여기 貝葉에 둔 것이다.

九 關鑰

(9) 하방 관약세계

經

諸佛子야 此娑婆世界_次下方_에 有世界하니 名爲關鑰이라 如來가 於彼에 或名發起焰이며 或名調伏毒이며 或名帝釋弓이며 或名無常所며 或名覺悟本이며 或名斷增長이며 或名大速疾이며 或名常樂施며 或名分別道며 或名摧伏幢이시니 如是等百億萬種種名號를 令諸衆生으로 各別知見케하시니라

여러 불자들이여, 이 사바세계 아래쪽에 다음 세계가 있다. 그 세계 이름은 관약(關鑰)이다. 여래께서 그 세계에서

(1) 혹은 발기염(發起焰)이라 이름하며,

(2) 혹은 조복독(調伏毒)이라 이름하며,

(3) 혹은 제석궁(帝釋弓)이라 이름하며,

(4) 혹은 무상소(無常所)라 이름하며,

(5) 혹은 각오본(覺悟本)이라 이름하며,

(6) 혹은 단증장(斷增長)이라 이름하며,

(7) 혹은 대속질(大速疾)이라 이름하며,

(8) 혹은 상락시(常樂施)라 이름하며,

(9) 혹은 분별도(分別道)라 이름하며,

(10) 혹은 최복당(摧伏幢)이라 이름하니

이러한 백억만 가지가지 명호를 두어 모든 중생으로 하여금 제각기 알고 보도록 하기 위함이다.

● 疏 ●

下方云'帝釋弓'者는 如來念定之弓이니 以明利箭으로 能射業惑阿修羅故니라 然舊云法命主라하니 意取帝釋이 以法敎命으로 爲天主故어늘 今云其弓은 但一事耳라 若作宮室字인댄 以處取人이니 大同晋本하다

아래쪽의 세계에 '帝釋弓'이라 말한 것은 여래 念定의 활이다. 明利箭으로 業惑阿修羅를 쏘아 맞히기 때문이다. 그러나 舊本에서는 '法命主'라고 한다. 그 뜻은 제석이 法敎命으로 천주가 되었다는 의의를 취한 까닭이다. 그러나 여기에서 '弓'이라 말한 것은 단 하나의 일만을 들어 말한 것이다. 만일 '宮室'이라는 글자로 본다면 공간의 장소를 통하여 그곳에 거주하는 사람을 들어 말한 것인바, 크게는 晋本과 같다.

十振音

⑽ 상방 진음세계

經

諸佛子야 此娑婆世界次上方에 有世界하니 名曰振音이라 如來가 於彼에 或名勇猛幢이며 或名無量寶며 或名樂大施

며 或名天光이며 或名吉興이며 或名超境界며 或名一切主
며 或名不退輪이며 或名離衆惡이며 或名一切智시니 如是
等百億萬種種名號를 令諸衆生으로 各別知見케하시니라

여러 불자들이여, 이 사바세계 위쪽에 다음 세계가 있다. 그 세계 이름은 진음(振音)이다. 여래께서 그 세계에서

(1) 혹은 용맹당(勇猛幢)이라 이름하며,

(2) 혹은 무량보(無量寶)라 이름하며,

(3) 혹은 낙대시(樂大施)라 이름하며,

(4) 혹은 천광(天光)이라 이름하며,

(5) 혹은 길흥(吉興)이라 이름하며,

(6) 혹은 초경계(超境界)라 이름하며,

(7) 혹은 일체주(一切主)라 이름하며,

(8) 혹은 불퇴륜(不退輪)이라 이름하며,

(9) 혹은 이중악(離衆惡)이라 이름하며,

(10) 혹은 일체지(一切智)라 이름하니

이러한 백억만 가지가지 명호를 두어 모든 중생으로 하여금 제각기 알고 보도록 하기 위함이다.

第三 類通一切

제3. 일체세계를 유별로 통하다

> 經

諸佛子야 如娑婆世界하야 如是東方百千億과 無數無量無邊無等과 不可數不可稱不可思不可量不可說인 盡法界虛空界의 諸世界中에 如來名號도 種種不同이며 南西北方과 四維上下도 亦復如是하니

여러 불자들이여, 사바세계처럼 이같이 동방으로 백천억 세계와 수없이 한량없고 그지없고 같을 수 없고 셀 수 없고 일컬을 수 없고 생각할 수 없고 헤아릴 수 없고 말할 수 없는, 온 법계와 허공계의 모든 세계 가운데 여래의 명호도 가지가지로 같지 않으며, 남방 서방 북방과 네 간방과 상방과 하방 또한 이와 같다.

⦿ 疏 ⦿

準四諦品하야 更有擧此니 例餘十方이오 亦如娑婆 互爲主伴이라

사성제품에 준하여 보면 또한 이를 들어 말한 바 있다. 나머지 시방도 이런 예이며, 또한 사바세계처럼 서로 主伴이 된다.

第四釋差別所由

제4. 세계 차별의 유래를 해석하다

> 經

如世尊이 昔爲菩薩時에 以種種談論과 種種語言과 種種

音聲과 種種業과 種種報와 種種處와 種種方便과 種種根과 種種信解와 種種地位로 而得成熟이실새 亦令衆生으로 如是知見하야 而爲說法하시니라

세존이 옛날 보살로 계실 때에

(1) 가지가지 담론,

(2) 가지가지 말씀,

(3) 가지가지 음성,

(4) 가지가지 업,

(5) 가지가지 과보,

(6) 가지가지 처소,

(7) 가지가지 방편,

(8) 가지가지 근(根),

(9) 가지가지 믿고 이해함,

(10) 가지가지 지위로써 성숙함을 얻었기에 또한 중생으로 하여금 이와 같이 알고 보도록 하기 위해 법을 설하신 것이다.

● 疏 ●

此有二意하니 一은 自旣由於差別名言等而得成就일새 今還倣古하야 以差別熟他오 二는 昔菩薩時에 隨機調物일새 今時出世에 稱本立名이며 如昔敎衆生에 令空妄境일새 今成正覺에 爲立超境界名이니 他皆倣此이라 故而得成熟之言은 通自他也니라

여기에는 2가지의 뜻이 있다.

675

(1) 부처님 자신이 앞서 가지가지의 명제와 말씀 등을 따라 성취되었기에 여기에서 또한 옛일을 본받아서 가지가지의 차별을 통하여 그들을 성숙시켜주는 것이다.

(2) 옛적 보살로 계실 때에 근기를 따라 중생을 조복한 까닭에 금세에 출현하여 근본에 걸맞게 명제를 세우셨고, 옛적 중생을 교화할 때에 허망한 경계를 空하게 하셨던 까닭에 금세에 正覺을 성취하시자, 중생을 위해 경계를 초월한 이름을 세운 것이다. 다른 사람들이 모두 이를 따른 까닭에 "성숙함을 얻다[而得成熟]."라는 말이 自他에 통하는 것이다.

◉ 論 ◉

此如來名號品은 非但論名號徧周요 但是如來의 身口意業이 總皆徧周일세 文殊師利菩薩이 畧而都擧시니 如前文中에 云諸佛子야 如來이 於娑婆世界諸四天下에 種種身과 種種名과 種種色相等이니 如經廣明이라 卽明此品은 總答如來身語意業이 一切徧周니 從此品文殊師利이 擧佛果海의 身語等이 一切徧周하사 令大衆으로 自信己身이 同佛三業하야 入如來性海하야 等如來智로 發跡進修호대 經過十住十行十廻向十地十一地하야 直至如來出現品히 是其一終因果라

이 여래명호품은 명호의 두루 함을 논했을 뿐 아니라, 단 여래의 身口意 3업이 모두 두루 갖춰진 까닭에 문수사리보살이 이를 간단하게 모두 들어 말한 것이다. 앞의 경문에서 이르기를, "여러 불자들이여, 여래께서 사바세계의 모든 사천하에서 가지가지의

몸, 가지가지의 이름, 가지가지의 색상"이라는 등이니, 경문에서 자세히 밝힌 바와 같다. 곧 이 품에서는 모두 여래의 신구의 3업이 일체에 두루 함의 물음에 대한 대답을 밝힌 것이다.

이 품으로부터 문수사리가 부처님의 果海의 身語 등이 일체에 두루 함을 들어 말하여 대중으로 하여금 스스로 자기의 몸이 부처님의 삼업과 똑같다는 점을 믿고서 如來性海에 들어가 여래와 같은 지혜로 발자취를 일으켜 닦아 나가게 하되 十住, 十行, 十廻向, 十地, 十一地를 지나서 바로 여래출현품에 이르기까지 이는 그 一終의 因果이다.

此名號品은 是始初入信名號徧周니 卽一切名이 總是自佛之果오 出現品은 是己身自修行行滿之果라 是故로 如來이 放眉間光하사 灌文殊頂하야 使令問佛出現果法케하시고 放口中光하사 灌普賢口하야 使令說佛果德하사 始明自行因果徹故니 明文殊普賢의 理智妙行이 此齊體也라 離世間品과 法界品은 雖在其後나 爲文字相排일세 似有前後이 總是前後이 相通徹法故며 總是一圓滿法故오 如法界品은 是此一部經之大體니 爲一切凡聖之本源也라 前初會信佛果에 卽以如來와 並普賢爲首는 卽明已成佛果와 及已行之果生信이오 今以自己入信修行門엔 卽以文殊師利와 及如來名號와 并四諦法門으로 爲所信之因果는 卽明以妙慧法門과 及名言으로 而修學故라

이 명호품은 시초의 入信에 명호가 두루 함이니 곧 일체의 명호가 모두 自佛의 果이며, 출현품은 자신이 스스로 수행하여 行이 원만한 果이다. 이 때문에 여래가 미간에 광명을 쏟아내어 문수에게 灌頂

하여 그로 하여금 부처님이 출현하신 果法을 묻게 하시고, 입속에서의 방광으로 보현보살의 입에 쏟아 넣어 그로 하여금 부처님의 果德을 말하도록 하여 비로소 자신의 行의 인과가 사무침을 밝혔기 때문이다. 문수와 보현의 理智와 妙行의 본체가 똑같음을 밝힌 것이다.

이세간품과 법계품은 비록 그 뒤에 있으나 문자로 서로 배열하였기에 전후의 차이가 있는 것 같으나 총체가 전후로 모두 통하는 법이기 때문이며, 모두 이 一圓滿法이기 때문이며, 저 법계품은 이것이 화엄경의 大體이다. 모든 범부와 성인의 본원이다. 앞의 初會에 佛果를 믿음에 곧 여래와 아울러 普賢으로 첫머리를 삼은 것은 곧 이미 성취한 佛果 및 이미 행하신 果로 신심을 내도록 함을 밝힘이다. 여기에서는 자신의 入信修行門에 들어가면 곧 문수사리 및 여래의 명호와 아울러 四諦法門으로써 믿음이 되는 인과를 삼은 것은 곧 妙慧法門 및 名言으로써 닦아야 할 학문을 밝힌 때문이다.
問曰何故로 如來이 不自說其教하시고 何用放光하야 令菩薩說이니잇고 答曰如來이 意令當位菩薩로 說當位法門하샤 令修學者로 知分劑易解故라 文殊는 常與一切諸佛과 及一切眾生으로 作信心之因하야 成妙慧之本母하시고 普賢菩薩은 常與一切諸佛眾生으로 作修行之因하나니 以此二人으로 成就菩提의 無作智果와 大悲之海일세 令二人으로 自相對問하야 如來出現品은 明是修行者의 因果始終이 圓滿하야 前後因果性果智果行果이 相徹一體故오 明從此品으로 至出現品히 文殊普賢의 二行因果는 信心者의 修行位滿에 體用이 徹故니 令後學者로 易解故라 如有兩品經을 如來自說은 前已述訖이니 明是佛果二愚는 至佛方明이니라

"무슨 까닭에 여래께서 스스로 그 가르침을 말씀하지 않으시고, 어찌하여 방광하여 보살로 하여금 말하게 하는 것일까?"

"여래의 뜻은 해당 지위에 있는 보살로 하여금 해당 지위의 법문을 말하게 하여, 수행자로 하여금 한계와 제한을 알고서 이해하기 쉽도록 하기 위한 때문이다. 문수보살은 언제나 일체제불 및 일체중생과 함께 신심의 원인을 이루어 妙慧의 本母를 성취시켜주시고, 보현보살은 언제나 일체제불 및 일체중생과 함께 수행의 원인을 이루도록 마련해주셨다. 이 두 보살로써 보리의 작위 없는 智果와 大悲의 바다를 성취할 때에 두 보살로 하여금 서로 문답하여 여래출현품을 말하게 한 것은 수행자의 인과 시종이 원만하여 전후의 인과와 性果와 智果와 行果가 서로 통하여 一體임을 밝힌 때문이며, 이 품으로부터 여래출현품에 이르기까지 문수와 보현의 二行 인과는 신심을 지닌 자의 修行位가 원만함에 체용이 하나임을 밝힌 때문이다. 후학자로 하여금 알기 쉽도록 하기 위한 때문이다. 그 兩品의 경을 여래가 스스로 말씀하신 것은 앞에서 이미 서술하였다. 이 佛果 二愚는 부처님의 경계에 이르렀을 때에 비로소 밝음을 밝힌 것이다."

如來名號品 竟하다

여래명호품을 끝마치다.

여래명호품 제7   如來名號品 第七
화엄경소론찬요 제20권   華嚴經疏論纂要 卷第二十

화엄경소론찬요 ④
華嚴經疏論纂要

2017년 5월 26일 초판 1쇄 발행

편저자 혜거
발행인 박상근(至弘) • 편집인 류지호 • 편집 김선경, 양동민, 이기선, 주성원
디자인 쿠담디자인 • 제작 김명환 • 전략기획 유권준, 김대현, 박종욱, 양민호 • 관리 윤애경
펴낸 곳 불광출판사 03150 서울시 종로구 우정국로45-13, 3층
　　　　대표전화 02) 420-3200 편집부 02) 420-3300 팩시밀리 02) 420-3400
　　　　출판등록 1979. 10. 10 (제300-2009-130호)

ISBN 978-89-7479-346-3　04220
ISBN 978-89-7479-318-0　04220 (세트)

이 도서의 국립중앙도서관 출판예정도서목록(CIP)은
서지정보유통지원시스템 홈페이지(http://seoji.nl.go.kr)와
국가자료공동목록시스템(http://www.nl.go.kr/kolisnet)에서 이용하실 수 있습니다.
(CIP제어번호: 2017010531)

잘못된 책은 구입하신 서점에서 바꾸어 드립니다.
독자의 의견을 기다립니다. www.bulkwang.co.kr
불광출판사는 (주)불광미디어의 단행본 브랜드입니다.